ITQ 엑셀 2021

초판 발행일 | 2024년 03월 20일
2쇄 발행일 | 2025년 11월 20일
저자 | 해람북스 기획팀
발행인 | 최용섭
책임편집 | 이준우
기획진행 | 조재건

㈜해람북스
주소 | 서울시 용산구 한남대로 11길 12, 6층
문의전화 | 02-6337-5419
팩스 | 02-6337-5429
홈페이지 | https://class.edupartner.co.kr

발행처 | (주)미래엔에듀파트너 출판등록번호 | 제2020-000101호

ISBN 979-11-6571-193-1 (13000)

정보기술자격(ITQ) 시험 안내

정보기술자격(ITQ) 시험이란?

정보화 시대의 기업, 기관, 단체 구성원들에 대한 정보기술능력 또는 정보기술 활용능력을 객관적으로 평가하는 시험입니다. 정보기술 관리 및 실무능력 수준을 지수화, 등급화하여 객관성을 높였으며, 과학기술정보통신부에서 공식 인증하는 국가공인자격 시험입니다. 또한, 산업인력의 정보 경쟁력 강화를 통한 국가 정보화 촉진을 목적으로 시행하고 있으며, 초등학생부터 대학생, 직장인, 노년층에 이르기까지 다양한 계층에서 IT 실력을 검증받고 있습니다.

응시 자격 및 시험 과목

- 정보기술자격(ITQ) 시험은 대한민국 국민 누구나 응시가 가능합니다.
- 동일 회차에 아래한글/MS, 한글엑셀/엑셀, 한글액세스, 한글파워포인트/한쇼, 인터넷의 5개 과목 중 최대 3과목까지 응시가 가능합니다. 단, 한글엑셀/한셀, 한글파워포인트/한쇼, 아래한글/MS 워드는 동일 과목군으로 동일 회차에 응시가 불가능합니다(자격증에는 "한글엑셀(한셀)", "한글파워포인트(한쇼)"로 표기되며, 최상위 등급이 기재됨).

자격 종목(과목)		프로그램 및 버전		등급	시험 방식	시험 시간
		S/W	공식 버전			
ITQ 정보기술자격	아래한글	한컴오피스	2022 / 2020 선택 응시	A등급 B등급 C등급	PBT	60분
	한셀		2022			
	한쇼					
	MS워드	MS오피스	2021			
	한글엑셀					
	한글액세스					
	한글파워포인트					
	인터넷	내장 브라우저 IE8.0 이상				

※ 아래한글 : 2022/2020 중 선택 응시(시험지 2022/2020 공용), 한쇼/한셀 : 2022 단일 응시
※ MS오피스 : 2021 단일 응시(시험지 2021)

합격 결정 기준

500점 만점을 기준으로 A등급부터 C등급까지 등급별 자격을 부여하며, 낮은 등급을 받은 응시자가 차기 시험에 다시 응시하여 높은 등급을 받으면 등급을 업그레이드 해주는 방법으로 평가를 합니다.

등급	점수	수준
A등급	400점 ~ 500점	주어진 과제의 80%~100%를 정확히 해결할 수 있는 능력
B등급	300점 ~ 399점	주어진 과제의 60%~79%를 정확히 해결할 수 있는 능력
C등급	200점 ~ 299점	주어진 과제의 40%~59%를 정확히 해결할 수 있는 능력
500점 만점이며 200점 미만은 불합격입니다.		

| 시험 배점 및 시험 시간 |

시험 배점	문항 및 시험 방법	시험 시간
과목당 500점	5~10문항 실무 작업형 실기 시험	과목당 60분

| 시험 출제 기준(한글엑셀/한셀) |

문항	배점	출제 기준
표 작성	100점	출력형태의 표를 작성하고, 조건에 따른 서식 변환 및 함수 사용 능력 평가 • 데이터 입력 및 셀 편집 • 도형을 이용한 제목 작성 및 편집 • 그림으로 복사, 이름 정의, 유효성 검사 등
	140점	• 함수 (*함수 출제 범위 참조)를 이용한 수식 작성 • 조건부 서식
필터, 목표값 찾기, 표 서식	80점	[유형1] 필터 및 서식 기본 데이터를 이용한 데이터 필터 능력과 서식 작성 능력 평가 • 고급 필터 : 정확한 조건과 추출 위치 지정 • 표 서식 : 서식 적용
		[유형2] 목표값 찾기 및 필터 원하는 결과값을 구하기 위해 변경되는 값을 구하는 능력과 데이터 필터 능력 평가 • 목표값 찾기 : 정확한 목표값 산출 • 고급 필터 : 정확한 조건과 추출 위치 지정
부분합, 피벗 테이블	80점	부분합 : 기본 데이터를 이용하여 특정 필드에 대한 합계, 평균 등을 구하는 능력을 평가 • 항목의 종류별 정렬/부분합 조건과 추출 결과
		피벗 테이블 : 데이터 자료 중에서 필요한 필드를 추출하여 보기 쉬운 결과물을 만드는 능력을 평가 • 항목의 종류별 정렬/부분합 조건과 추출 결과
차트	100점	기본 데이터를 이용하여 보기 쉽게 차트로 표현하는 능력을 평가 • 차트 종류 • 차트 위치 및 서식 • 차트 옵션 변경

| 기관별 ITQ 시험 활용 분야 |

구분	활용 분야
기업	의무 취득, 입사 시 우대, 사원교육제도, 승진가점, 경진대회 등
대학교/대학	학점인정, 교양필수, 개설과목적용, 졸업인증제, 정보화능력배양, 신입생특별전형 등
정부부처/지자체	의무 취득, 공무원 채용가점, 공무원 승진가점, 경진대회, 이벤트, 주민정보화교육 등

ITQ 답안 작성 요령

❖ 시험 절차

수험자 시험 시작 20분전 입실

▼

답안 파일 작성 교육

▼

수험자 등록(수험번호)

▼

시험 시작(응시 과목 답안 작성)

▼

답안 파일 저장(수험자 PC에 저장)

▼

답안 파일 전송(감독관 PC로 전송)

▼

시험 종료(수험자 퇴실)

❖ 수험자 로그인

❶ 바탕 화면에서 [KOAS 수험자용] 아이콘을 더블 클릭하여 실행한 후 시험 과목(한글엑셀)을 선택합니다.

❷ [수험자 등록] 대화 상자가 나타나면 수험번호를 입력하고, [확인] 버튼을 클릭합니다.

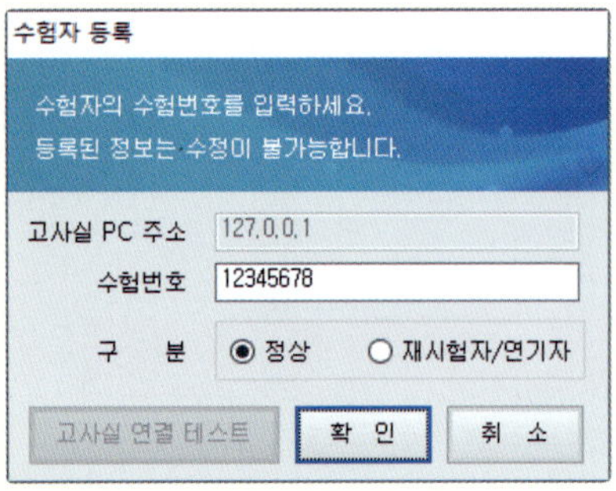

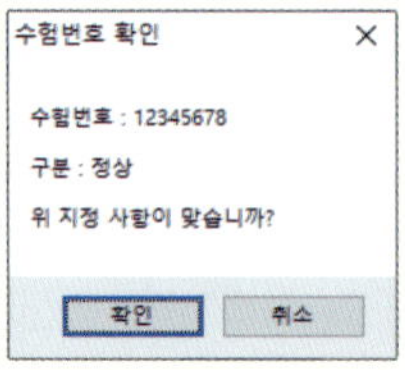

❸ [수험자 버전 선택] 대화 상자에서 'MS 오피스 2007 이상'을 선택하고, [확인] 버튼을 클릭합니다.

❹ 다시 [수험자 버전 선택] 대화 상자에서 수험자 정보를 확인하고, [확인] 버튼을 클릭합니다(수험자 정보가 다른 경우 [취소] 버튼을 클릭한 후 감독위원에게 문의).

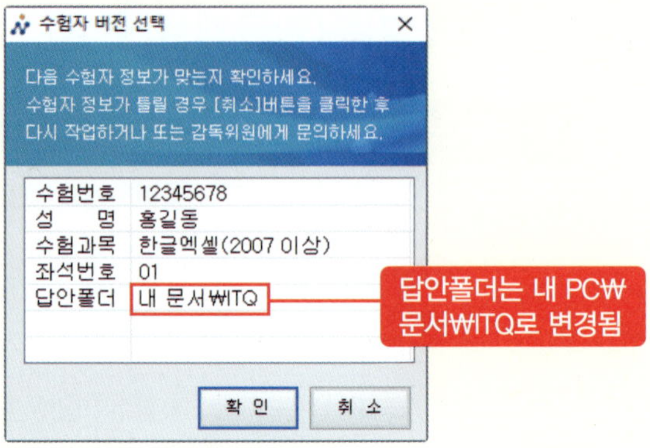

❖ 답안 파일 저장(수험자 PC에 저장)

❶ Excel 2021을 실행한 후 [파일]-[저장]-[찾아보기]를 선택합니다.

❷ [다른 이름으로 저장] 대화 상자에서 저장 위치(내 PC₩문서₩ITQ)와 파일 이름(12345678-홍길동)을 지정하고, [저장] 버튼을 클릭합니다.

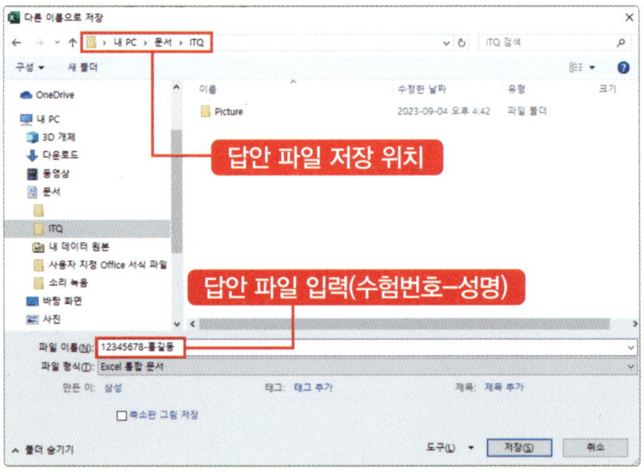

❸ 제목 표시줄에서 저장된 파일 이름(수험번호-성명)을 확인합니다.

❹ 답안 파일을 작성하는 중간에도 주기적으로 저장(Ctrl+S)합니다.

❖ 답안 파일 전송(감독관 PC로 전송)

❶ 답안 파일을 전송하기 위해 [답안 전송] 버튼을 클릭합니다.

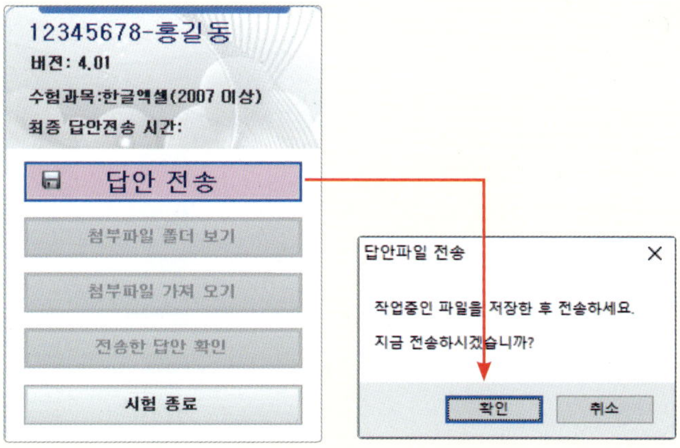

❷ [고사실 PC로 답안 파일 보내기] 대화 상자에서 답안 파일을 확인하고, [답안전송] 버튼을 클릭합니다(이전 파일 용량과 동일하다는 창이 나타나면 파일을 재저장한 후 [전송] 버튼을 클릭).

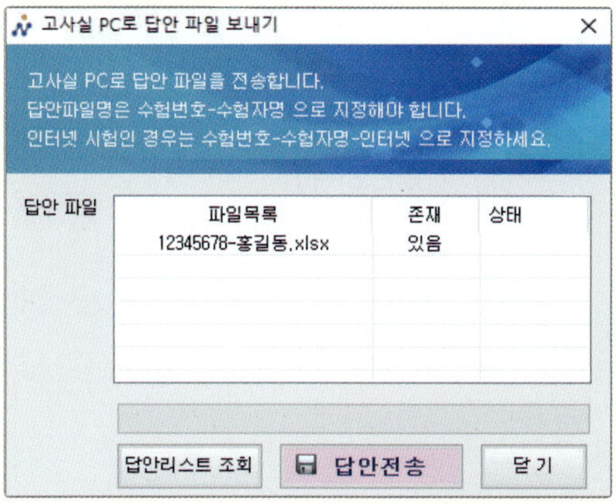

❸ 계속해서 답안 파일의 전송 상태(성공)를 확인하고, [닫기] 버튼을 클릭합니다(전송 상태가 '실패'로 표시될 경우 [답안전송] 버튼을 다시 클릭).

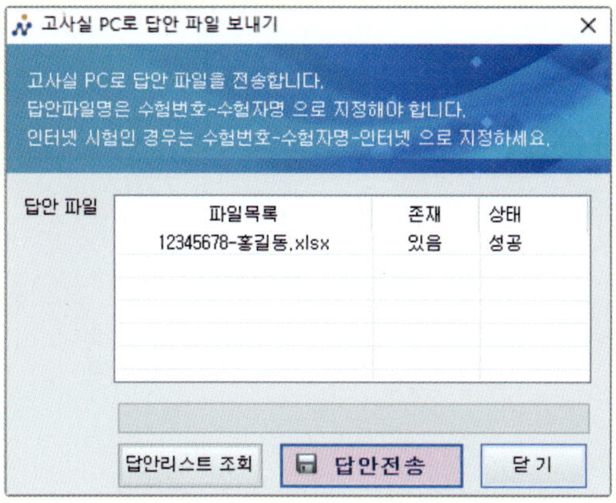

❖ 시험 종료 전 주의사항

- 파일명은 본인의 "수험번호-성명"으로 입력하여 답안 폴더(내 PC₩문서₩ITQ)에 하나의 파일로 저장하고, 답안 문서 파일명이 "수험번호-성명"과 일치하지 않거나 답안 파일을 전송하지 않아 미제출로 처리될 경우 실격 처리합니다(예 : 12345678-홍길동.xlsx).
- 답안 작성을 마치면 파일을 저장하고, [답안전송] 버튼을 클릭하여 감독위원 PC로 답안을 전송하되 수험생 정보와 저장한 파일명이 다를 경우는 전송되지 않습니다.
- 답안 작성 중에도 주기적으로 저장하면서 [답안전송]을 해야 문제 발생을 줄일 수 있으며, 작업한 내용을 저장하지 않고 전송할 경우 이전에 저장된 내용이 전송됩니다.
- 시험을 완료한 수험자는 답안 파일이 전송되었는지를 확인한 후 감독위원의 지시에 따라 문제지를 제출하고 퇴실합니다.

❖ 교재의 [ITQ답안폴더] 설치하기

❶ ITQ 시험에서는 [내 PC₩문서₩ITQ] 폴더가 자동으로 생성되어 있으므로 별도로 폴더를 작성할 필요가 없습니다.

❷ 본 교재에서는 부록으로 제공된 'ITQ답안폴더.exe' 파일을 이용하여 폴더를 생성합니다.

❸ 미래엔에듀파트너(https://class.edupartner.co.kr)의 [자료실]-[IT수험서]에서 'ITQ답안폴더.exe' 파일을 다운로드한 후 파일을 더블 클릭하면 [내 PC₩문서₩ITQ] 폴더가 자동으로 생성됩니다.

❖ 함수 출제 범위

범주	종류
통계 함수	AVERAGE, COUNT, COUNTA, COUNTIF, LARGE, MAX, MEDIAN, MIN, RANK.EQ, COUNTBLANK, MODE, SMALL
수학/삼각 함수	INT, MOD, PRODUCT, ROUND, ROUNDDOWN, ROUNDUP, SUM, SUMPRODUCT, SUMIF, TRUNC, ABS, CEILING, ODD, PI, POWER, SUBTOTAL, TRIMMEAN
논리 함수	AND, IF, OR, NOT, TRUE, FALSE
텍스트 함수	CONCATENATE, LEFT, MID, REPLACE, RIGHT, LEN, LOWER, PROPER, VALUE, WON, REPT
날짜/시간 함수	DATE, HOUR, MONTH, TODAY, WEEKDAY, YEAR, DAY, MINUTE, NOW, SECOND, TIME
찾기/참조 함수	CHOOSE, HLOOKUP, VLOOKUP, INDEX, MATCH, ADDRESS, OFFSET, TRANSPOSE
데이터베이스 함수	DAVERAGE, DCOUNT, DGET, DMAX, DMIN, DSUM, DCOUNTA, DVAR, DPRODUCT, DSTDEV

CONTENTS

이 책의 차례

PART 01 출제 유형 완전 분석

PART 02 실전모의고사

PART 03 최신기출유형

PART 01

출제 유형 완전 분석

유형 분석

01 [기본적인 서식 설정]

기본적인 서식 설정에서는 답안 작성 시 미리 공통적으로 설정해야 되는 열 너비와 시트 추가 및 시트 이름 변경 방법에 대하여 알아봅니다.

시험 유형 미리 보기

• 예제 파일 : 없음 / • 완성 파일 : 유형 분석 01₩유형 01_완성.xlsx

《조건》

○ 모든 작업 시트의 A열은 열 너비 '1'로, 나머지 열은 적당하게 조절하시오.

○ 답안 시트 이름은 "제1작업", "제2작업", "제3작업", "제4작업"이어야 하며 답안 시트 이외의 것은 감점 처리됩니다.

《출력형태》

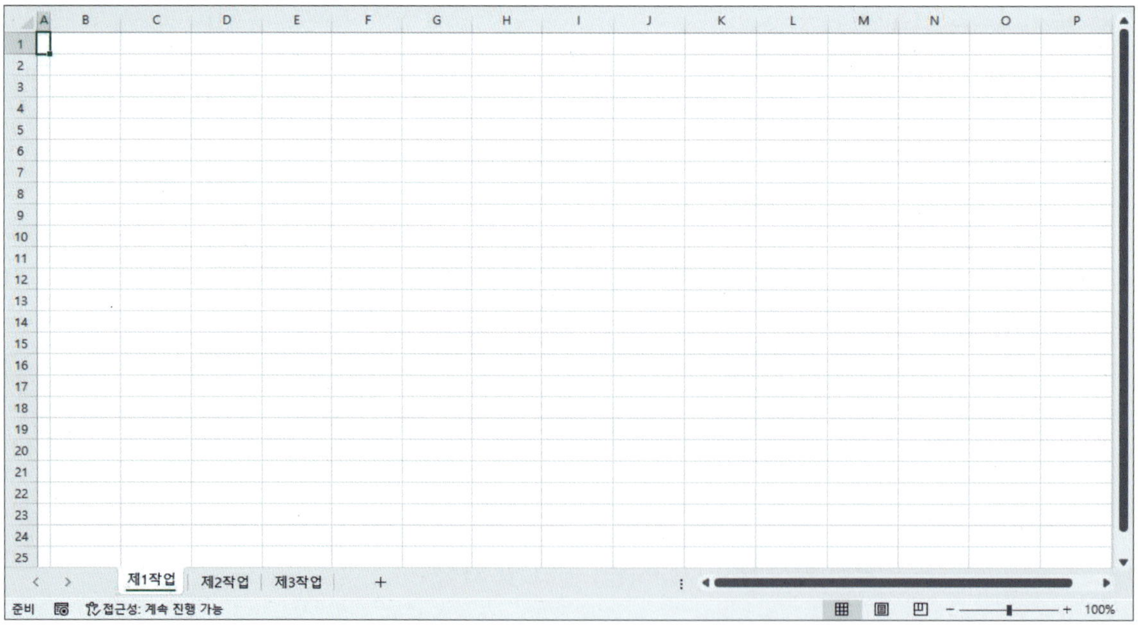

유형 잡기 01 시트 이름 변경하기

1 Excel 2021 초기 화면에서 워크시트를 추가하기 위해 하단에 있는 새 시트(+) 아이콘을 두 번 클릭합니다.

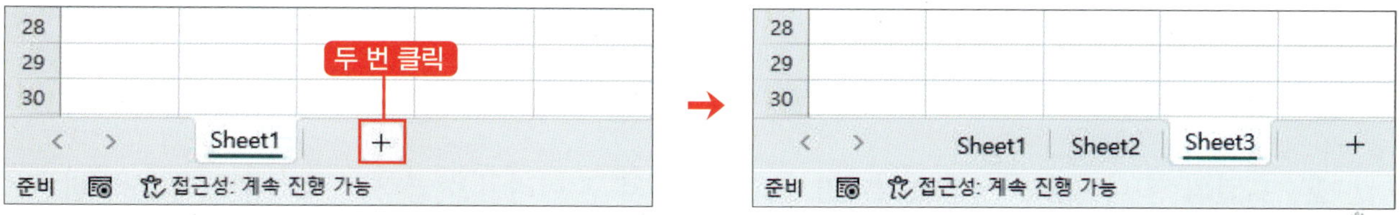

2 시트 이름을 변경하기 위하여 [Sheet1] 탭을 더블 클릭한 후 "제1작업"을 입력하고, Enter 키를 누릅니다.

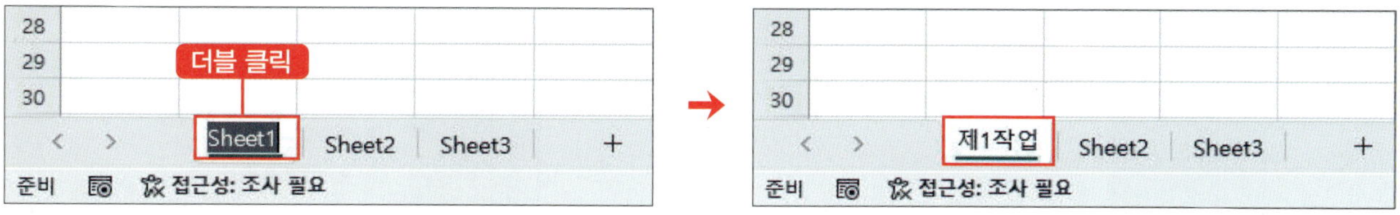

3 동일한 방법으로 [Sheet2]와 [Sheet3] 탭의 이름을 "제2작업", "제3작업"으로 각각 수정합니다.

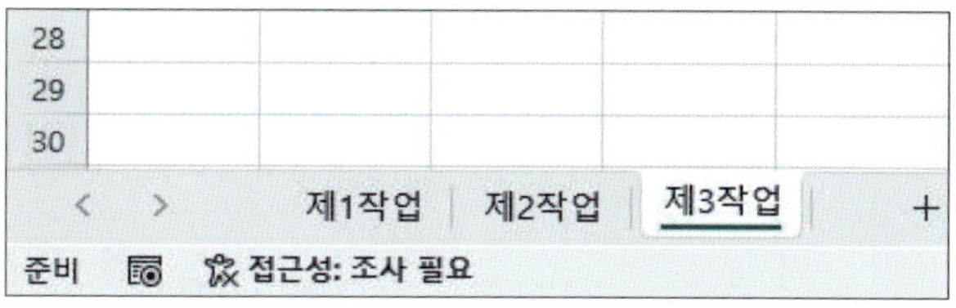

| TIP | "제4작업" 시트

"제4작업" 시트는 차트 시트이므로 차트 작성 후에 시트 이름을 변경합니다.

유형 잡기 02 열 너비 조정하기

1 모든 시트를 선택하기 위하여 [제1작업] 시트를 클릭한 후 Shift 키를 누른 상태에서 [제3작업] 시트를 클릭합니다.

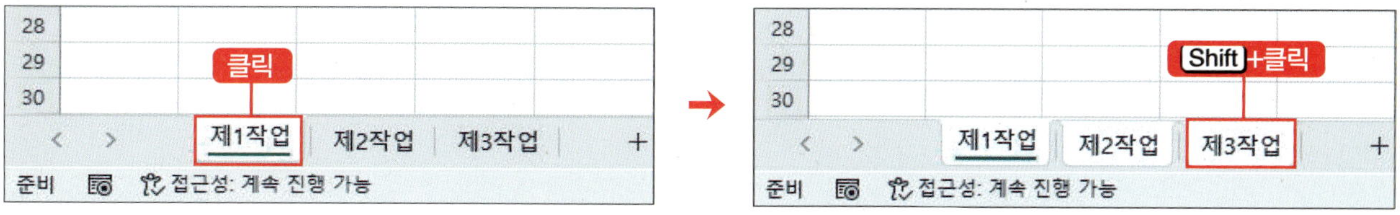

| TIP | 시트 그룹

- 모든 시트를 선택할 경우 임의의 시트 탭에서 마우스 오른쪽 버튼을 클릭하고, [모든 시트 선택]을 선택해도 됩니다.
- 모든 시트가 선택되면 제목 표시줄에 [그룹]이라고 표시됩니다.

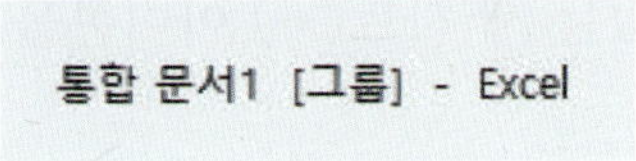

2 A열의 열 너비를 동시에 변경하기 위하여 A열의 열 머리글을 클릭한 후 마우스 오른쪽 버튼을 클릭하고, [열 너비]를 선택합니다.

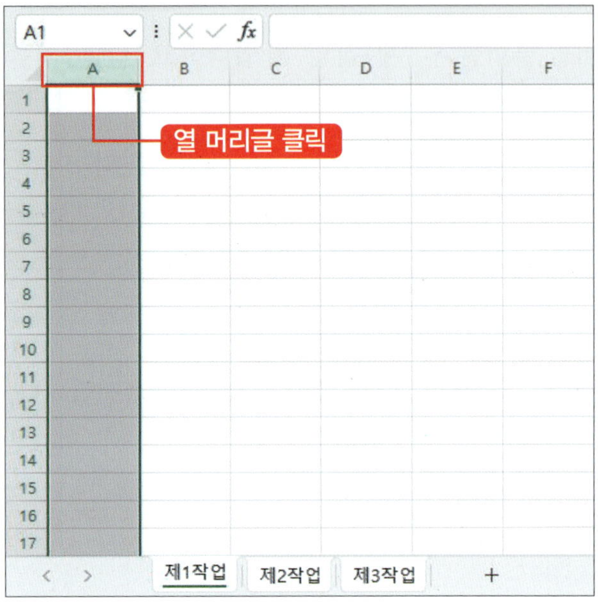

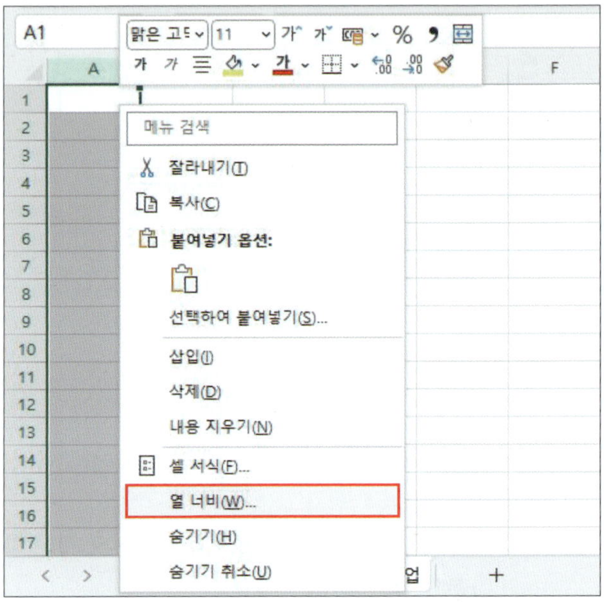

3 [열 너비] 대화 상자에서 열 너비에 "1"을 입력하고, [확인] 버튼을 클릭합니다.

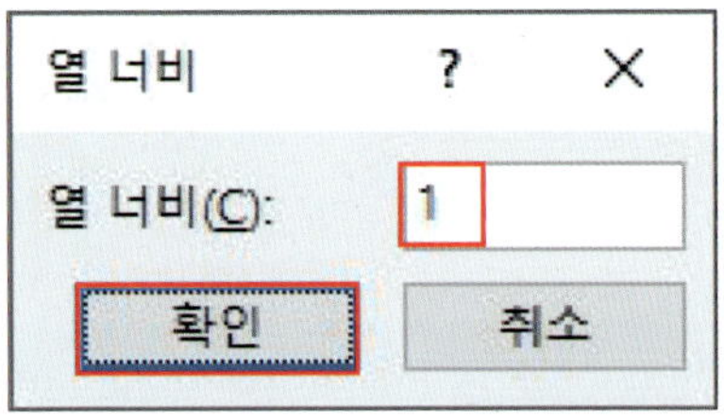

4 [제1작업]~[제3작업] 시트의 A열 너비가 모두 '1'로 조정된 것을 확인할 수 있습니다.

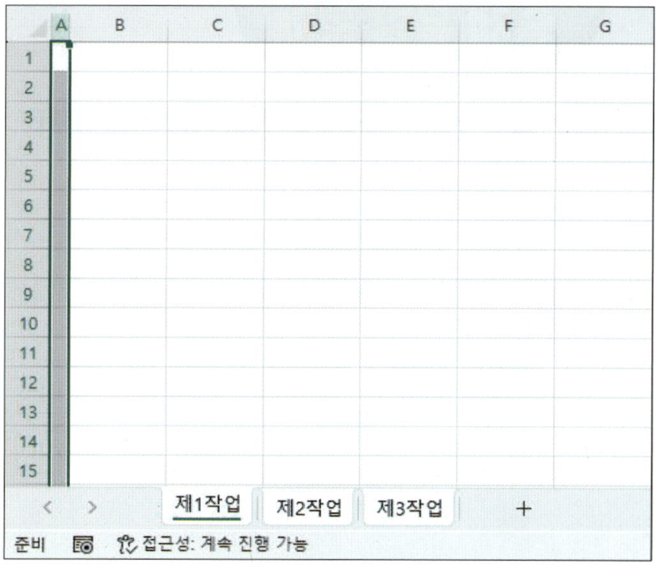

5 여러 시트의 그룹을 해제하기 위하여 [제2작업]이나 [제3작업] 시트 탭을 클릭합니다.

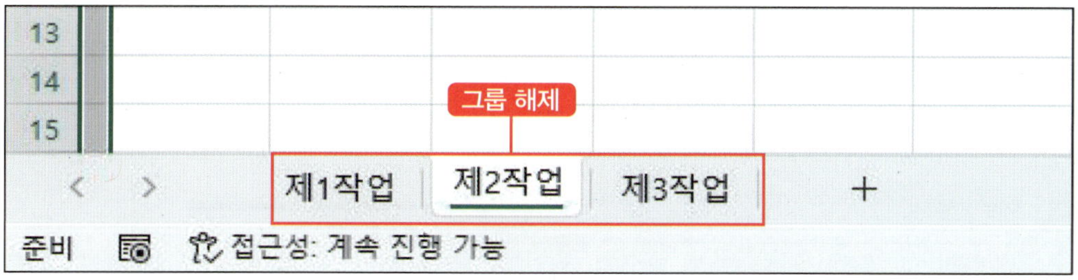

| TIP | **시트 그룹 해제**

그룹으로 지정된 임의의 시트 탭에서 마우스 오른쪽 버튼을 클릭하고, [시트 그룹 해제]를 선택해도 됩니다.

6 모든 작업이 완료되면 빠른 실행 도구 모음에서 저장( ) 단추를 클릭하여 완성 파일을 저장합니다.

출제 유형 문제

• 예제 파일 : 없음 / • 완성 파일 : 유형 분석 01₩유형 02_완성.xlsx

01 문제지의 ≪조건≫을 참조하여 ≪출력형태≫에 맞게 작업하시오.

≪조건≫

○ 모든 작업 시트의 A열은 열 너비 '1'로, 나머지 열은 적당하게 조절하시오.

○ 답안 시트 이름은 "제1작업", "제2작업", "제3작업", "제4작업"이어야 하며 답안 시트 이외의 것은 감점 처리됩니다.

≪출력형태≫

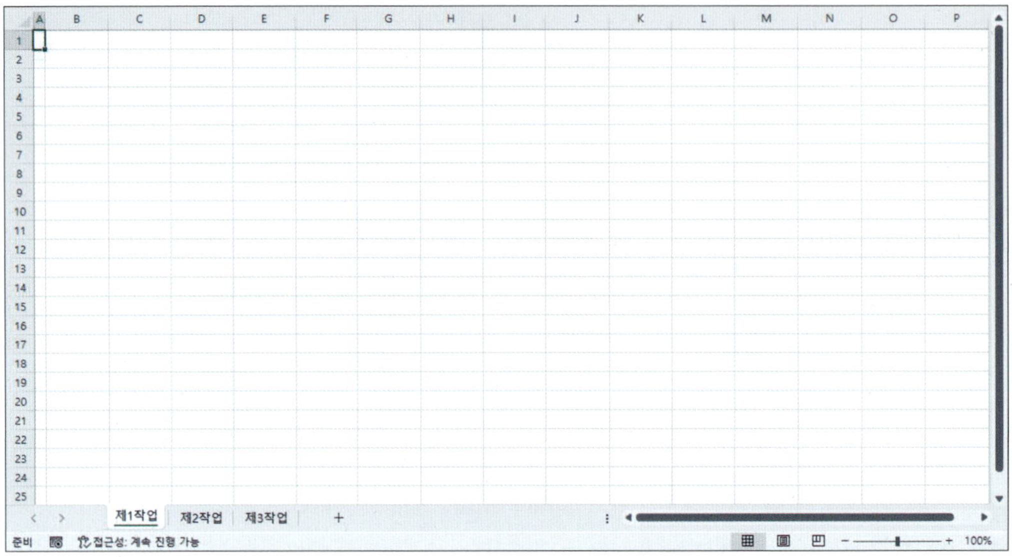

• 예제 파일 : 없음 / • 완성 파일 : 유형 분석 01₩유형 03_완성.xlsx

02 문제지의 ≪조건≫을 참조하여 ≪출력형태≫에 맞게 작업하시오.

≪조건≫

○ 모든 작업 시트의 A열은 열 너비 '1'로, 나머지 열은 적당하게 조절하시오.

○ 답안 시트 이름은 "제1작업", "제2작업", "제3작업", "제4작업"이어야 하며 답안 시트 이외의 것은 감점 처리됩니다.

≪출력형태≫

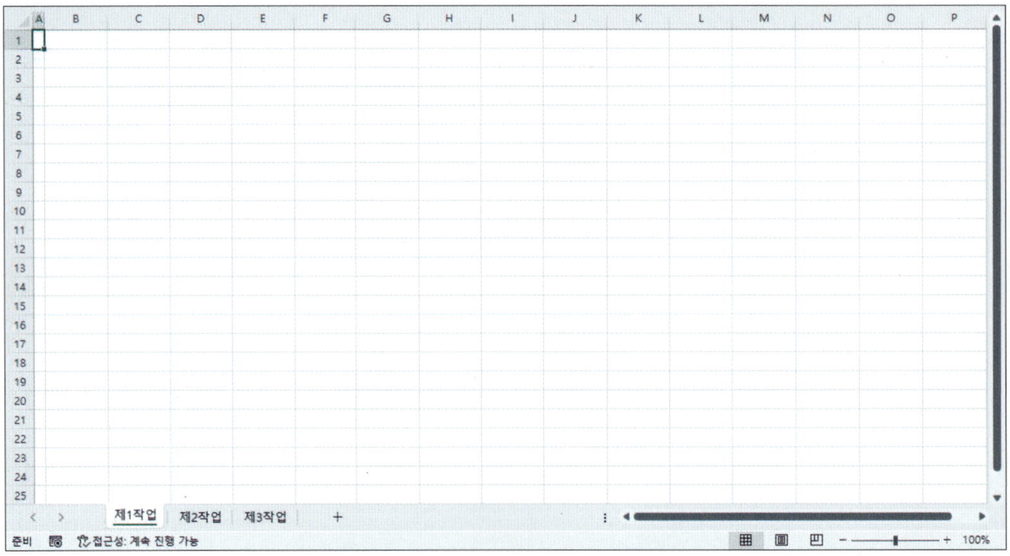

출제 유형 문제

• **예제 파일** : 없음 / • **완성 파일** : 유형 분석 01₩유형 04_완성.xlsx

03 문제지의 ≪조건≫을 참조하여 ≪출력형태≫에 맞게 작업하시오.

≪조건≫

○ 모든 작업 시트의 A열은 열 너비 '1'로, 나머지 열은 적당하게 조절하시오.

○ 답안 시트 이름은 "제1작업", "제2작업", "제3작업", "제4작업"이어야 하며 답안 시트 이외의 것은 감점 처리됩니다.

≪출력형태≫

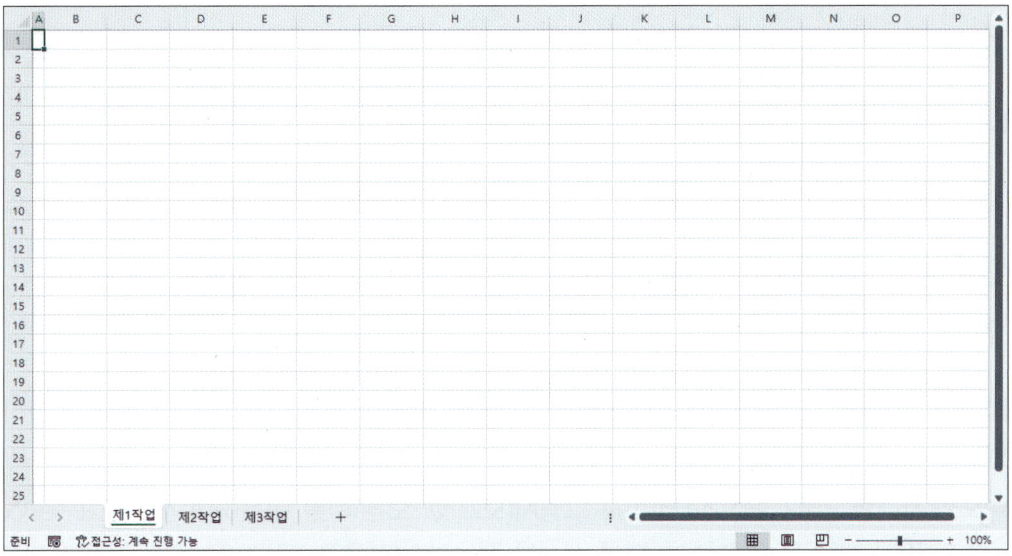

• **예제 파일** : 없음 / • **완성 파일** : 유형 분석 01₩유형 05_완성.xlsx

04 문제지의 ≪조건≫을 참조하여 ≪출력형태≫에 맞게 작업하시오.

≪조건≫

○ 모든 작업 시트의 A열은 열 너비 '1'로, 나머지 열은 적당하게 조절하시오.

○ 답안 시트 이름은 "제1작업", "제2작업", "제3작업", "제4작업"이어야 하며 답안 시트 이외의 것은 감점 처리됩니다.

≪출력형태≫

유형 분석

02 [제1작업] 표 서식 작성(1)

표 서식 작성(1)에서는 기본적인 자료 입력에 대한 다양한 서식(글꼴, 정렬)을 지정하고, 도형을 이용하여 제목을 작성한 후 주어진 조건에 맞게 편집하는 방법에 대하여 알아봅니다.

시험 유형 미리 보기

• 예제 파일 : 유형 분석 02₩유형 01_문제.xlsx / • 완성 파일 : 유형 분석 02₩유형 01_완성.xlsx

☞ **다음은 'eBook 베스트 판매 현황'에 대한 자료이다. 자료를 입력하고 조건에 맞도록 작업하시오.**

《조건》

○ 모든 데이터의 서식에는 글꼴(굴림, 11pt), 정렬은 숫자 및 회계 서식은 오른쪽 정렬, 나머지 서식은 가운데 정렬로 작성하며 예외적인 것은 ≪출력형태≫를 참조하시오.

○ 제 목 ⇒ 도형(사각형: 잘린 한쪽 모서리)과 그림자(오프셋: 오른쪽)를 이용하여 작성하고 "eBook 베스트 판매 현황"을 입력한 후 다음 서식을 적용하시오(글꼴–굴림, 24pt, 검정, 굵게, 채우기–노랑).

○ 모든 작업 시트의 테두리는 《출력형태》와 같이 작업하시오.

《출력형태》

eBook 베스트 판매 현황

분류코드	도서명	옮긴이	분야	출간일	판매가격	리뷰 (단위:개)	열람기간	판매가격 순위
SE-312	코스모스	서창호	과학/공학	2024-03-24	14850	1316		
SD-121	1퍼센트 부자의 법칙	김진아	자기계발	2023-02-06	12000	495		
LA-212	인스타 브레인	한송희	인문	2024-11-03	9450	604		
SE-322	이기적 유전자	정세훈	과학/공학	2022-12-24	12600	867		
LA-231	정리하는 뇌	신성재	인문	2022-05-18	13860	1008		
SE-332	건강의 뇌 과학	유경숙	과학/공학	2023-01-11	13500	1125		
SD-124	부는 어디서 오는가	나영진	자기계발	2021-11-10	9450	505		
LA-241	사랑의 기술	박희준	인문	2021-08-30	7560	924		
자기계발 분야 도서 수					최대 리뷰(단위:개)			
과학/공학 분야 도서 판매가격 평균					도서명		판매가격	

유형 잡기 01 기본 데이터 입력하기

1 [파일]-[열기]-[찾아보기]를 차례로 선택하고, [열기] 대화 상자에서 '유형 분석 02₩유형 01_문제.xlsx'를 불러오기 합니다.

2 모든 데이터의 글꼴 서식을 미리 설정하기 위하여 [제1작업] 시트를 클릭한 후 Shift 키를 누른 상태에서 [제3작업] 시트를 클릭합니다.

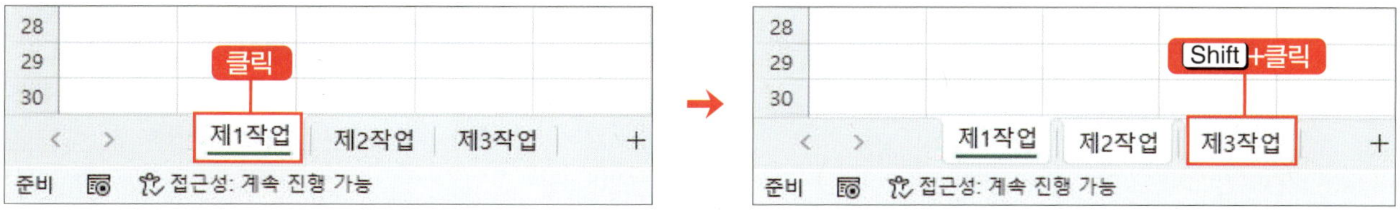

3 모든 시트가 그룹화된 상태에서 행 머리글과 열 머리글의 교차점인 모두 선택(◢) 단추를 클릭합니다 (=Ctrl+A).

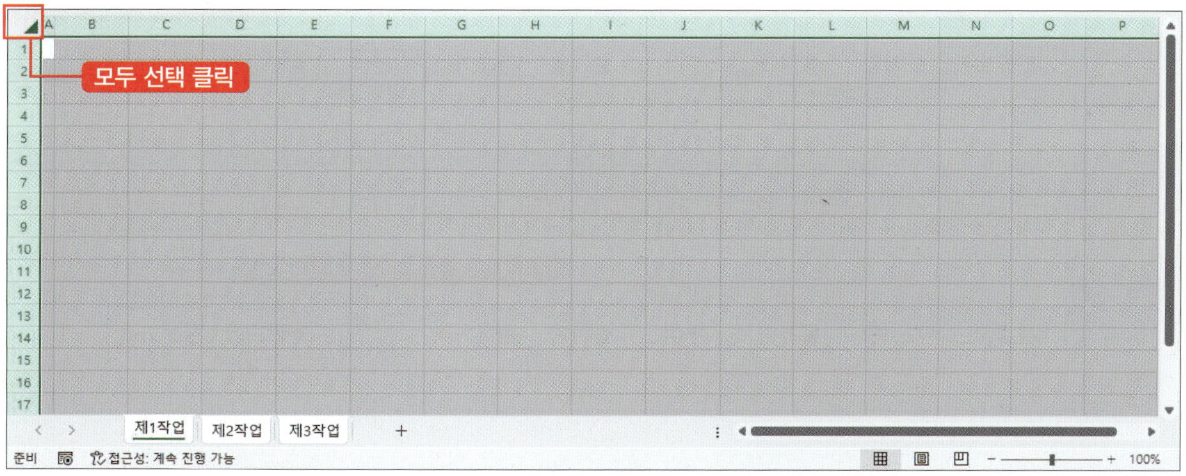

4 [홈] 탭의 [글꼴] 그룹에서 글꼴은 '굴림', 글꼴 크기는 '11'을 지정한 후 [맞춤] 그룹에서 가운데 맞춤(≡) 단추를 클릭합니다.

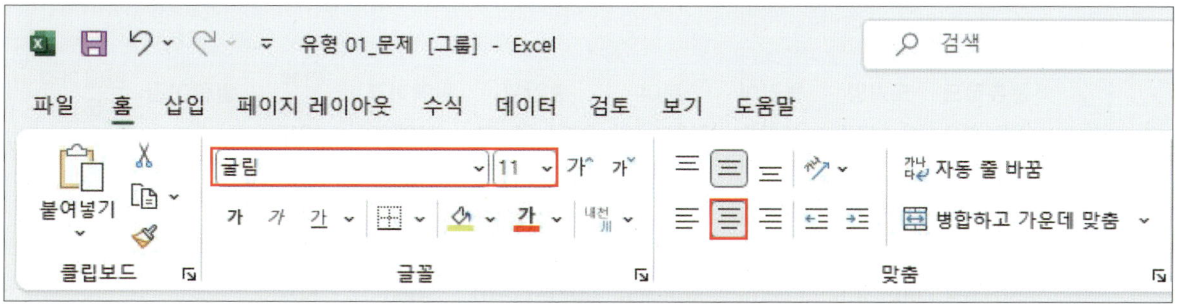

5 시트 그룹을 해제하기 위하여 [제1작업] 시트에서 마우스 오른쪽 버튼을 클릭하고, [시트 그룹 해제]를 선택합니다.

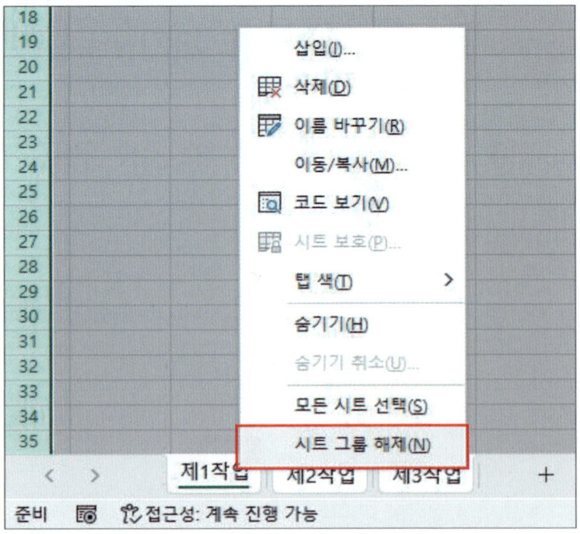

6 블록을 해제한 후 ≪출력형태≫를 참고하여 주어진 데이터를 입력하되 한 셀에 두 줄을 입력하려면 첫 번째 줄 내용을 입력한 다음 Alt+Enter 키를 누르고, 나머지 내용을 입력합니다.

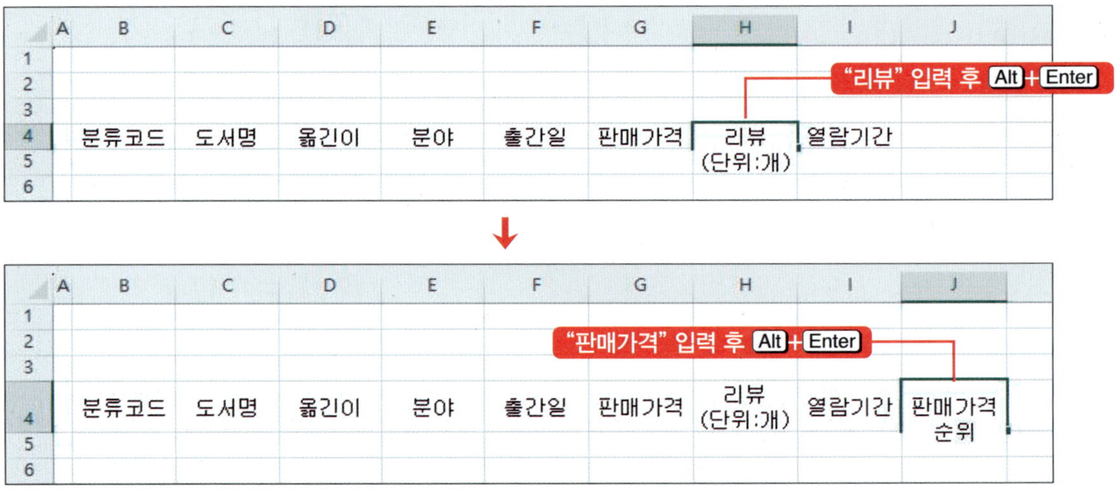

7 데이터 입력 후 해당 셀들을 병합하기 위하여 Ctrl 키를 누른 상태에서 [B13:D13], [B14:D14], [F13:F14], [G13:I13] 영역을 각각 블록 지정합니다.

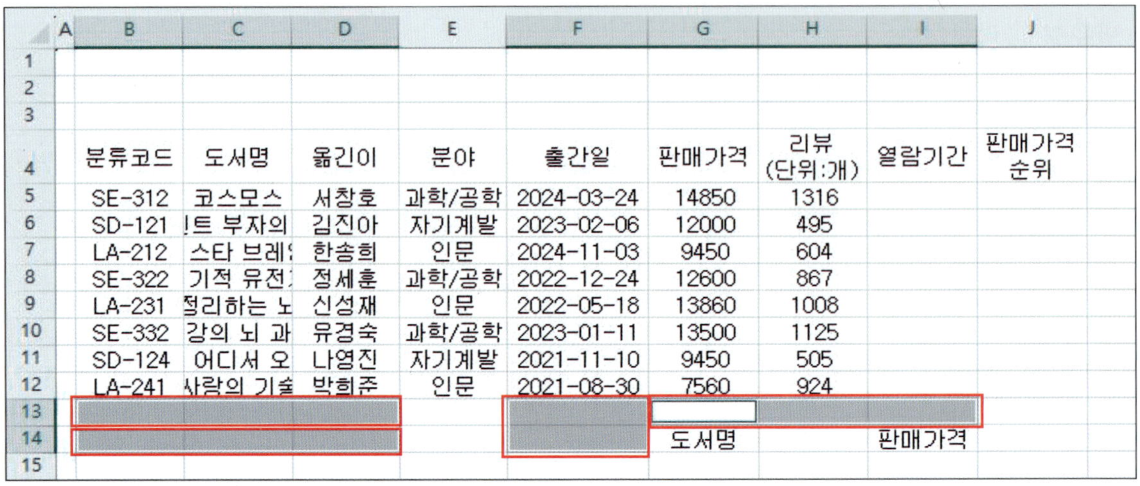

| TIP | **셀 블록 지정**

- 연속된 셀 범위 : 첫 번째 셀을 클릭한 후 Shift 키를 누른 상태에서 마지막 셀을 클릭합니다.
- 떨어진 셀 범위 : 첫 번째 셀을 클릭한 후 Ctrl 키를 누른 상태에서 원하는 셀을 마우스로 클릭하거나 드래그합니다.

8 [홈] 탭의 [맞춤] 그룹에서 병합하고 가운데 맞춤(병합하고 가운데 맞춤) 단추를 클릭한 후 해당 내용을 각각 입력합니다.

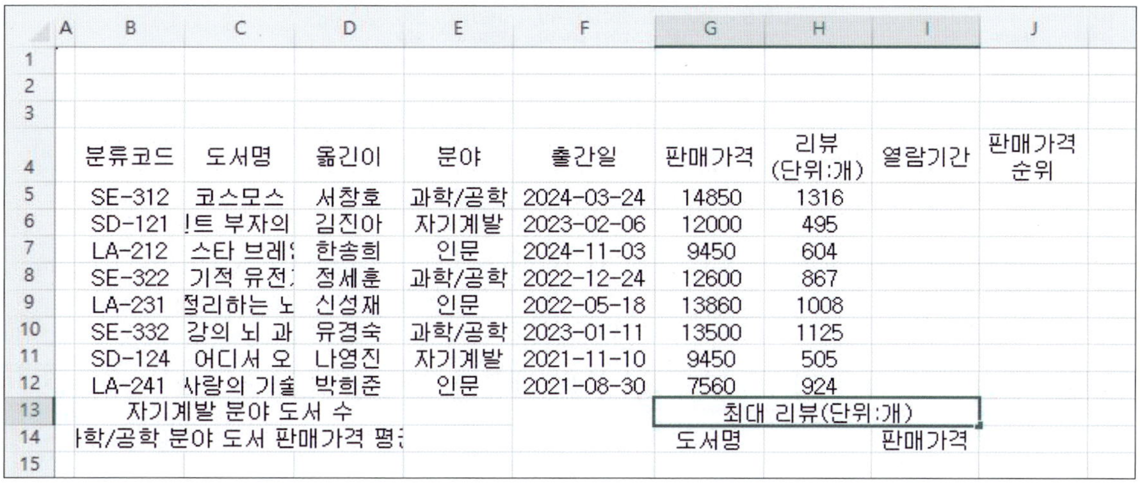

	A	B	C	D	E	F	G	H	I	J
1										
2										
3										
4		분류코드	도서명	옮긴이	분야	출간일	판매가격	리뷰 (단위:개)	열람기간	판매가격 순위
5		SE-312	코스모스	서창호	과학/공학	2024-03-24	14850	1316		
6		SD-121	!트 부자의	김진아	자기계발	2023-02-06	12000	495		
7		LA-212	스타 브레(	한송희	인문	2024-11-03	9450	604		
8		SE-322	기적 유전;	정세훈	과학/공학	2022-12-24	12600	867		
9		LA-231	정리하는 뇌	신성재	인문	2022-05-18	13860	1008		
10		SE-332	강의 뇌 과	유경숙	과학/공학	2023-01-11	13500	1125		
11		SD-124	어디서 오	나영진	자기계발	2021-11-10	9450	505		
12		LA-241	사랑의 기술	박희준	인문	2021-08-30	7560	924		
13		자기계발 분야 도서 수					최대 리뷰(단위:개)			
14		학/공학 분야 도서 판매가격 평					도서명		판매가격	
15										

9 C열과 E열의 열 너비를 맞추기 위하여 열 머리글 사이에 커서를 위치시킨 후 커서가 ✛ 모양으로 변경되면 마우스를 더블 클릭합니다.

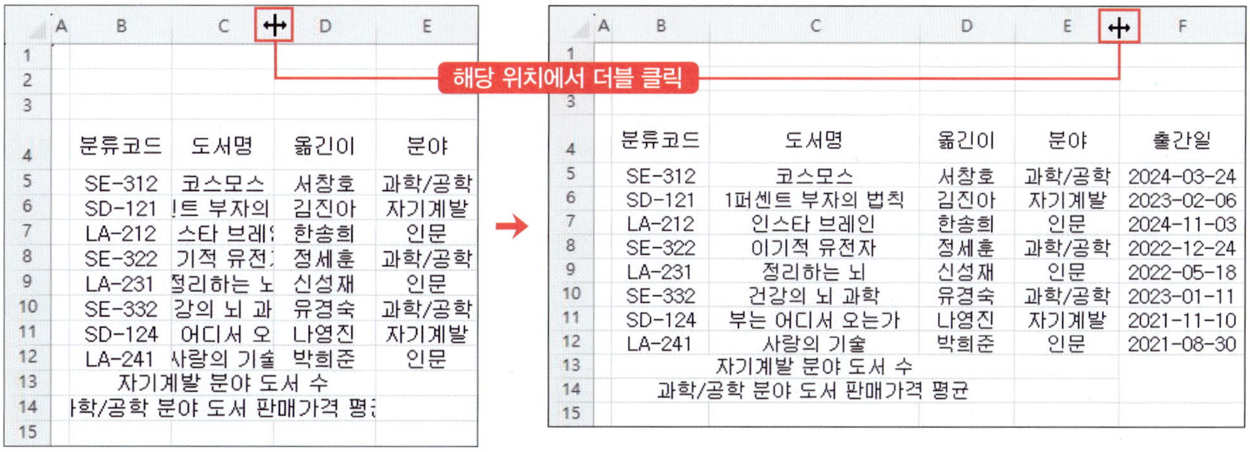

	A	B	C	D	E
1					
2					
3					
4		분류코드	도서명	옮긴이	분야
5		SE-312	코스모스	서창호	과학/공학
6		SD-121	!트 부자의	김진아	자기계발
7		LA-212	스타 브레(	한송희	인문
8		SE-322	기적 유전;	정세훈	과학/공학
9		LA-231	정리하는 뇌	신성재	인문
10		SE-332	강의 뇌 과	유경숙	과학/공학
11		SD-124	어디서 오	나영진	자기계발
12		LA-241	사랑의 기술	박희준	인문
13		자기계발 분야 도서 수			
14		학/공학 분야 도서 판매가격 평			
15					

	A	B	C	D	E	F
1						
2						
3						
4		분류코드	도서명	옮긴이	분야	출간일
5		SE-312	코스모스	서창호	과학/공학	2024-03-24
6		SD-121	1퍼센트 부자의 법칙	김진아	자기계발	2023-02-06
7		LA-212	인스타 브레인	한송희	인문	2024-11-03
8		SE-322	이기적 유전자	정세훈	과학/공학	2022-12-24
9		LA-231	정리하는 뇌	신성재	인문	2022-05-18
10		SE-332	건강의 뇌 과학	유경숙	과학/공학	2023-01-11
11		SD-124	부는 어디서 오는가	나영진	자기계발	2021-11-10
12		LA-241	사랑의 기술	박희준	인문	2021-08-30
13		자기계발 분야 도서 수				
14		과학/공학 분야 도서 판매가격 평균				
15						

| TIP | **열 너비 자동 조절**

열 머리글의 경계선에서 마우스를 더블 클릭하면 해당 열에서 가장 긴 텍스트 내용에 맞추어 열 너비가 자동으로 조절됩니다.

10 1~3행의 행 높이를 조절하기 위하여 행 머리글을 드래그하여 블록 지정한 후 마우스 오른쪽 버튼을 클릭하고, [행 높이]를 선택합니다.

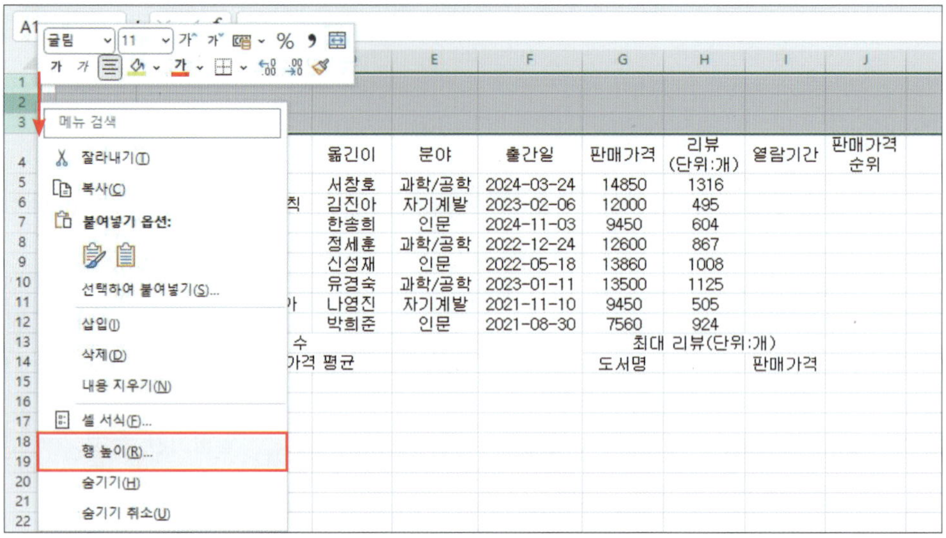

11 [행 높이] 대화 상자에서 "23"을 입력하고, [확인] 버튼을 클릭합니다.

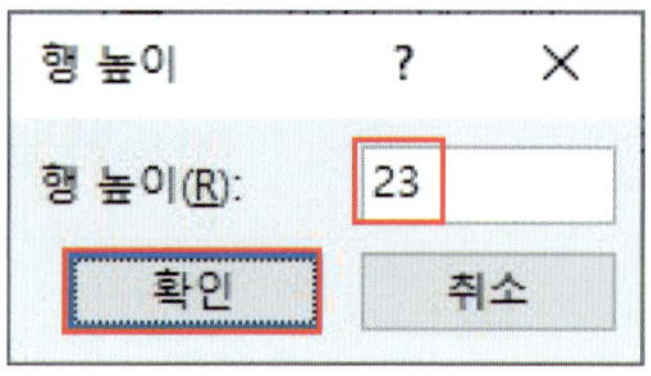

| TIP | **행 높이와 열 너비**

행 높이와 열 너비는 주어진 조건이 따로 없으므로 《출력형태》를 참고하여 최대한 비슷하게 조절하면 됩니다.

12 이번에는 5~14행의 행 머리글을 드래그하여 블록 지정한 후 마우스 오른쪽 버튼을 클릭하고, [행 높이]를 선택합니다.

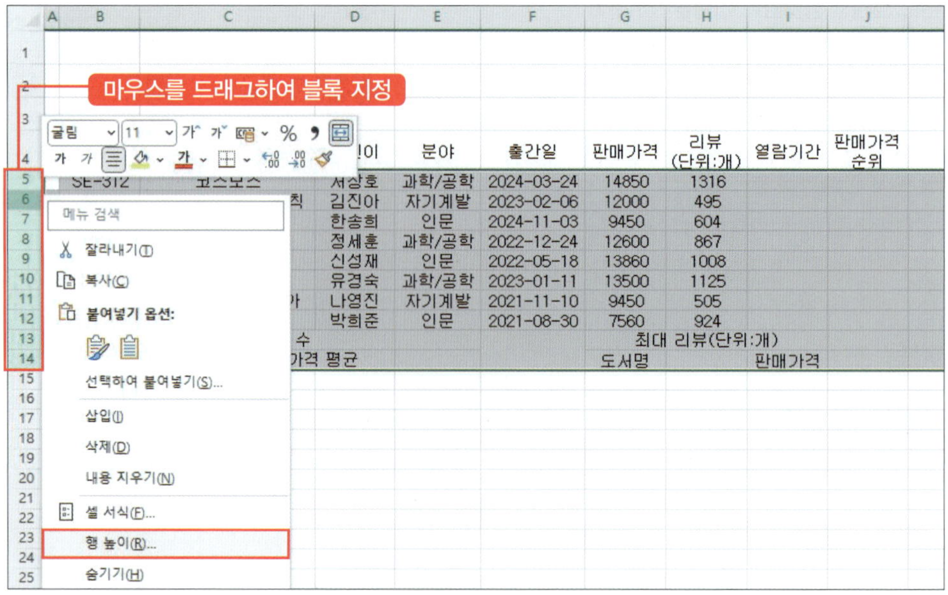

13 [행 높이] 대화 상자에서 “20”을 입력하고, [확인] 버튼을 클릭합니다.

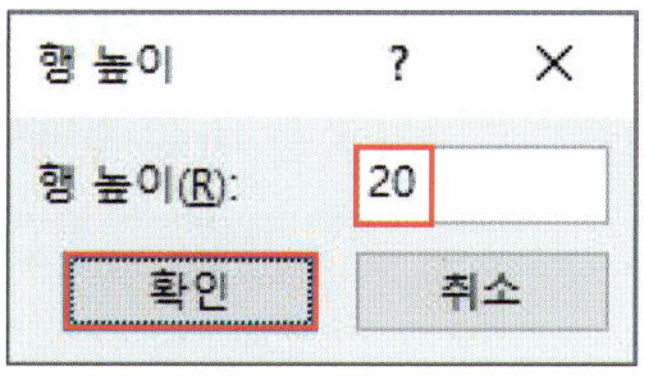

유형 잡기 02 셀 테두리 지정하기

1 [B4:J14] 영역을 블록 지정한 후 [홈] 탭의 [글꼴] 그룹에서 테두리 목록(⊞ ˇ) 단추를 클릭하고, [모든 테두리]를 선택합니다.

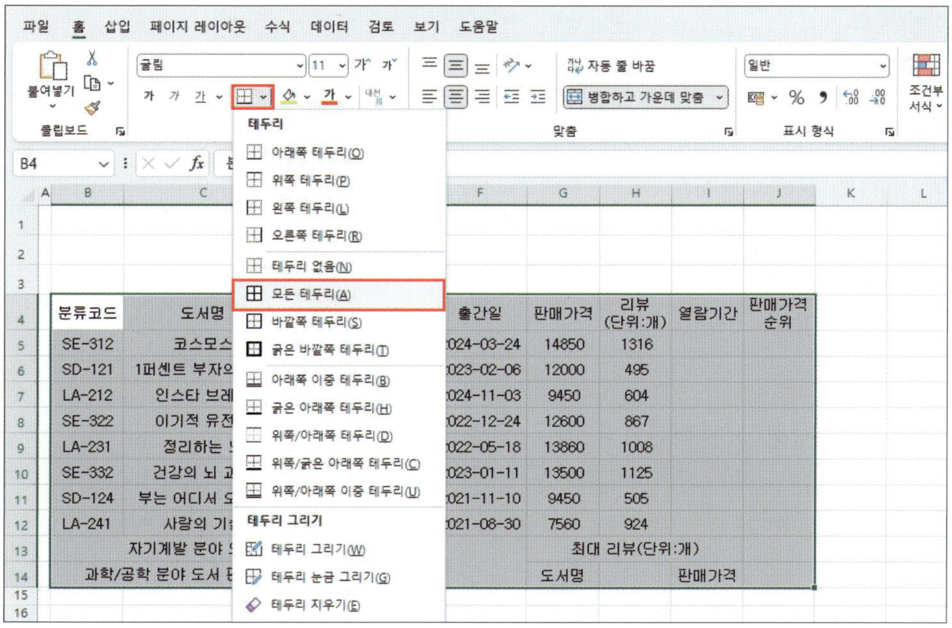

2 다시 한 번 [글꼴] 그룹에서 테두리 목록(⊞ ˇ) 단추를 클릭하고, [굵은 바깥쪽 테두리]를 선택합니다.

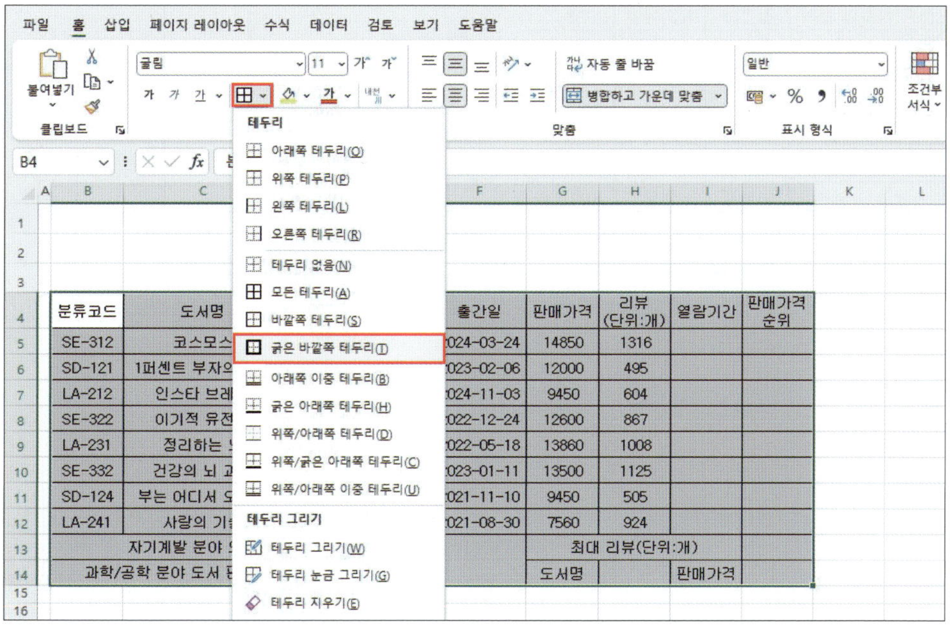

3 이번에는 [B5:J12] 영역을 블록 지정한 후 [홈] 탭의 [글꼴] 그룹에서 테두리 목록(⊞ ▾) 단추를 클릭하고, [굵은 바깥쪽 테두리]를 선택합니다.

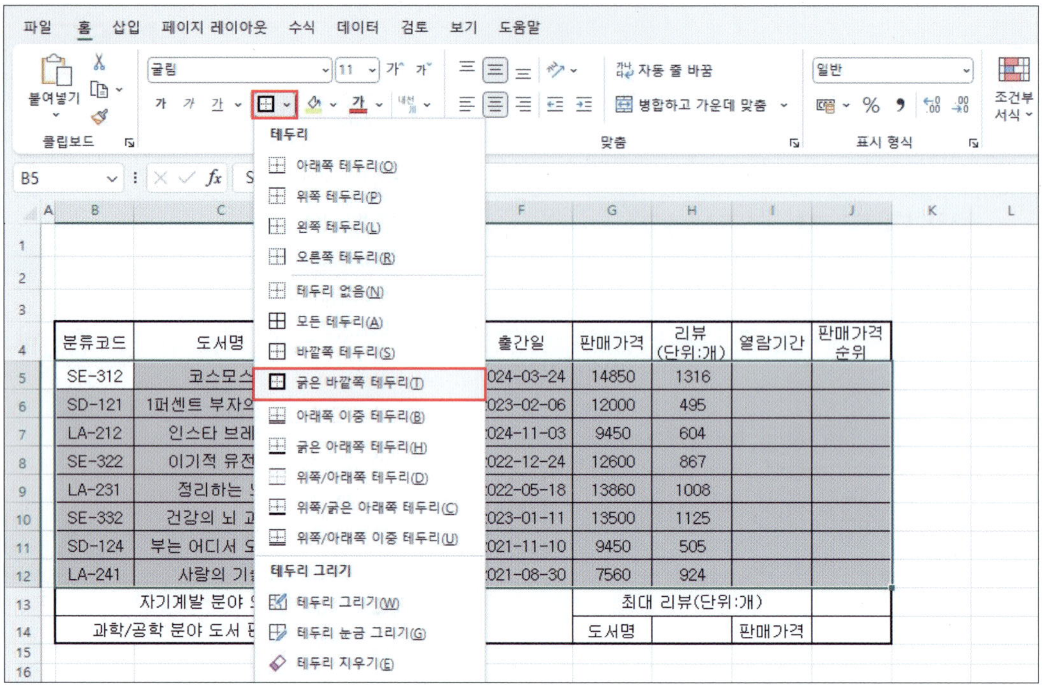

4 [F13:F14] 영역을 블록 지정한(선택한) 후 마우스 오른쪽 버튼을 클릭하고, [셀 서식]을 선택합니다(=Ctrl+1).

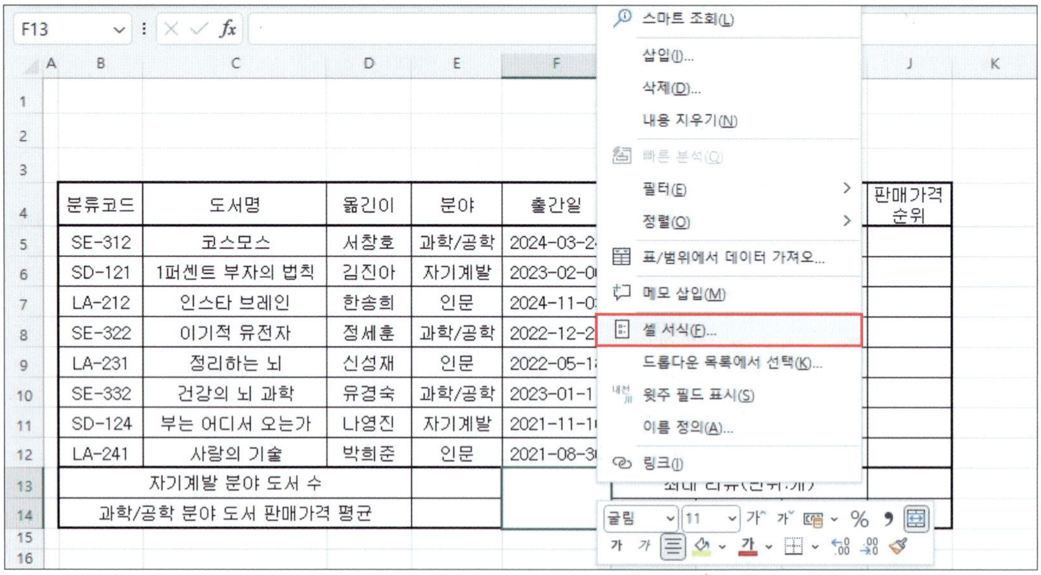

5 [셀 서식] 대화 상자의 [테두리] 탭에서 테두리에 있는 두 개의 대각선(◩, ◪)을 각각 선택하고, [확인] 버튼을 클릭합니다.

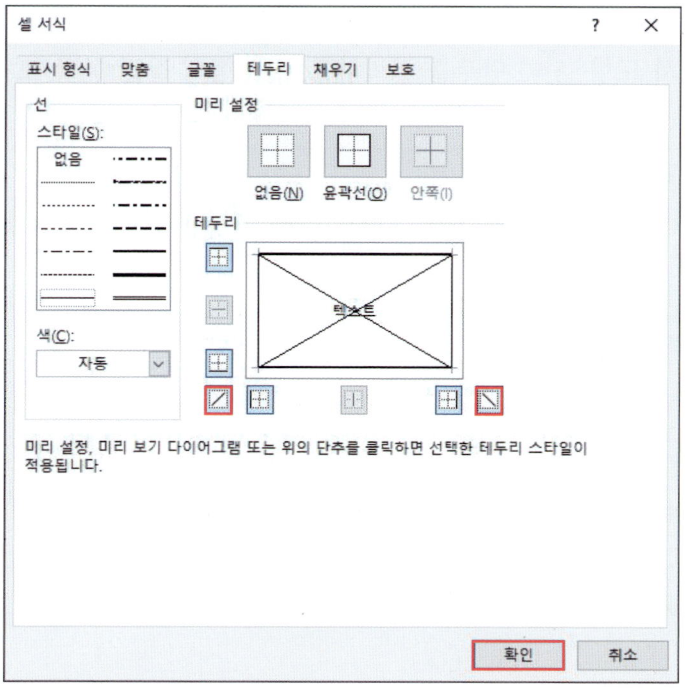

6 셀 테두리 작업이 완료되면 ≪출력형태≫와 비교하여 다른 부분이 없는지 확인합니다.

분류코드	도서명	옮긴이	분야	출간일	판매가격	리뷰 (단위:개)	열람기간	판매가격 순위
SE-312	코스모스	서창호	과학/공학	2024-03-24	14850	1316		
SD-121	1퍼센트 부자의 법칙	김진아	자기계발	2023-02-06	12000	495		
LA-212	인스타 브레인	한송희	인문	2024-11-03	9450	604		
SE-322	이기적 유전자	정세훈	과학/공학	2022-12-24	12600	867		
LA-231	정리하는 뇌	신성재	인문	2022-05-18	13860	1008		
SE-332	건강의 뇌 과학	유경숙	과학/공학	2023-01-11	13500	1125		
SD-124	부는 어디서 오는가	나영진	자기계발	2021-11-10	9450	505		
LA-241	사랑의 기술	박희준	인문	2021-08-30	7560	924		
자기계발 분야 도서 수					최대 리뷰(단위:개)			
과학/공학 분야 도서 판매가격 평균					도서명		판매가격	

유형 잡기 03 도형을 이용하여 제목 작성하기

1 [삽입] 탭의 [일러스트레이션] 그룹에서 도형(도형) 단추를 클릭하고, 사각형의 잘린 한쪽 모서리( )를 선택합니다.

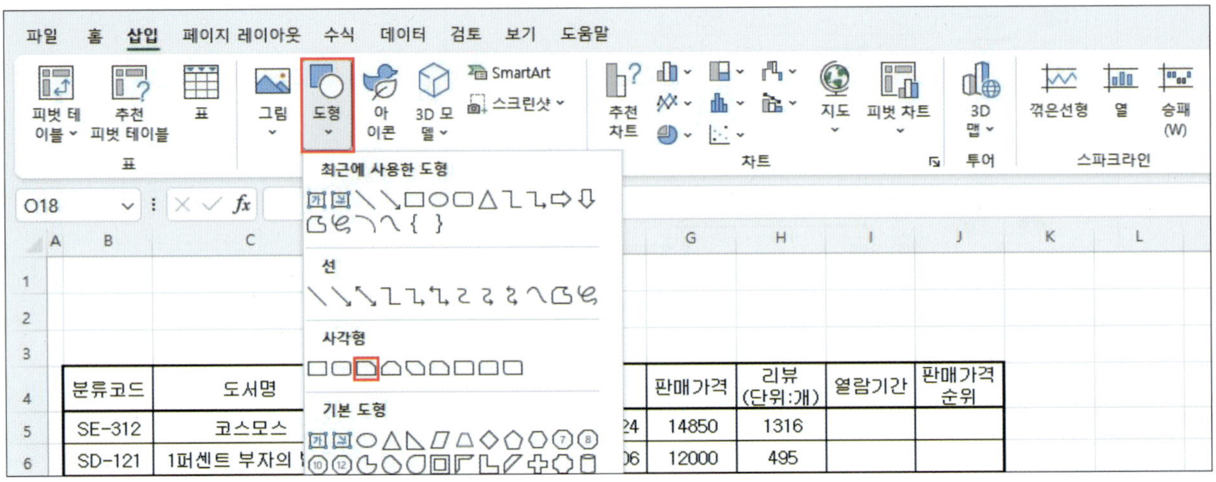

2 마우스 포인터가 '+' 모양으로 변경되면 [B1:G3] 영역에 적당한 크기로 드래그하여 삽입합니다.

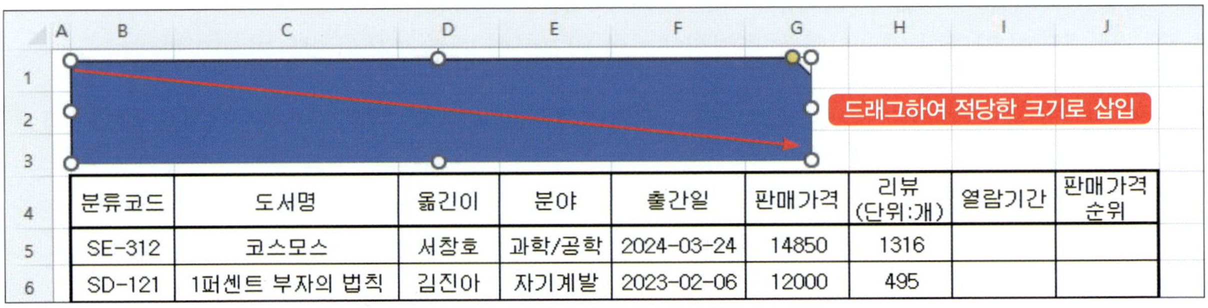

| TIP | 도형의 편집 핸들

- 워크시트에 도형을 삽입하면 회전 핸들, 모양 조절 핸들, 크기 조절 핸들이 나타납니다.
- 세 가지의 핸들을 이용하면 도형의 방향(각도), 모양, 크기 등을 자유롭게 조절할 수 있습니다.

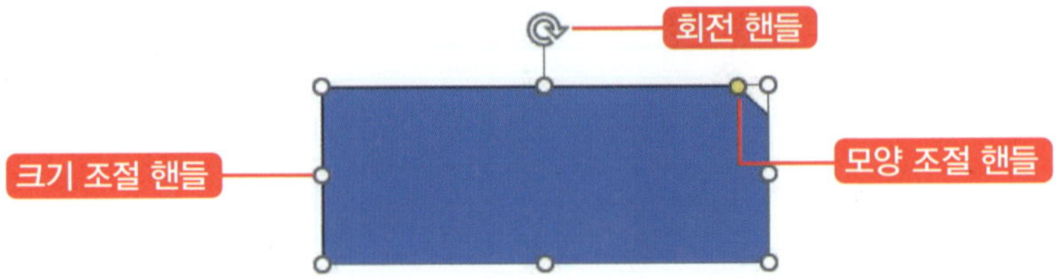

3 잘린 한쪽 모서리에 "eBook 베스트 판매 현황"을 입력한 후 [홈] 탭의 [글꼴] 그룹에서 글꼴은 '굴림', 글꼴 크기는 '24', 글꼴 스타일은 '굵게', 글꼴 색은 '검정, 텍스트 1'을 각각 지정합니다.

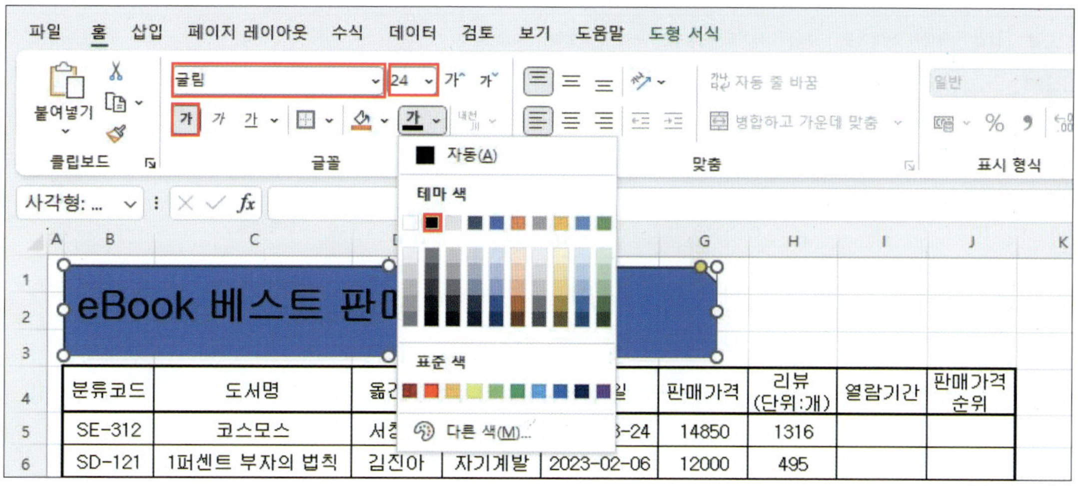

4 계속해서 채우기 색 목록( ) 단추를 클릭하고, '노랑'을 선택합니다.

5 텍스트를 정렬하기 위하여 [홈] 탭의 [맞춤] 그룹에서 세로 가운데 맞춤(≡) 단추와 가로 가운데 맞춤(≡) 단추를 각각 클릭합니다.

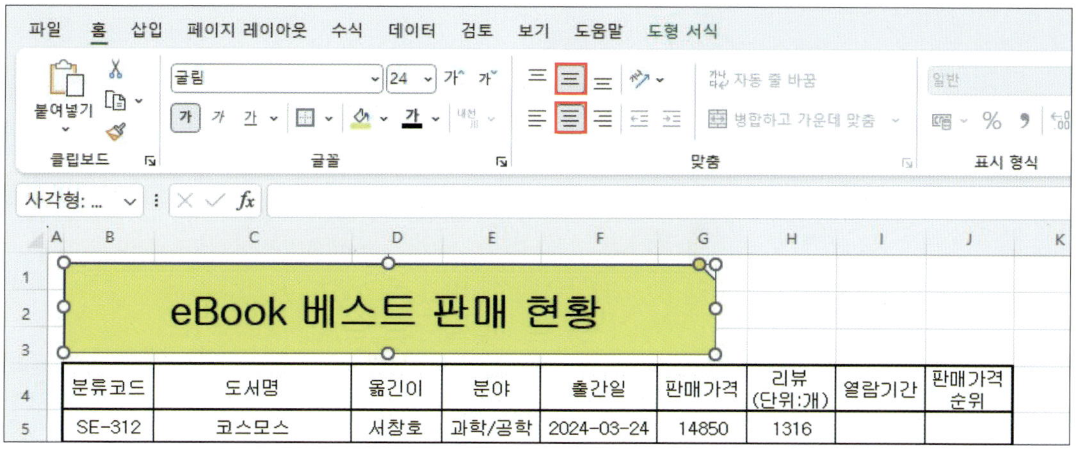

6 [도형 서식] 탭의 [도형 스타일] 그룹에서 도형 효과(도형 효과) 단추를 클릭하고, [그림자]-[바깥쪽]-[오프셋: 오른쪽]을 선택합니다.

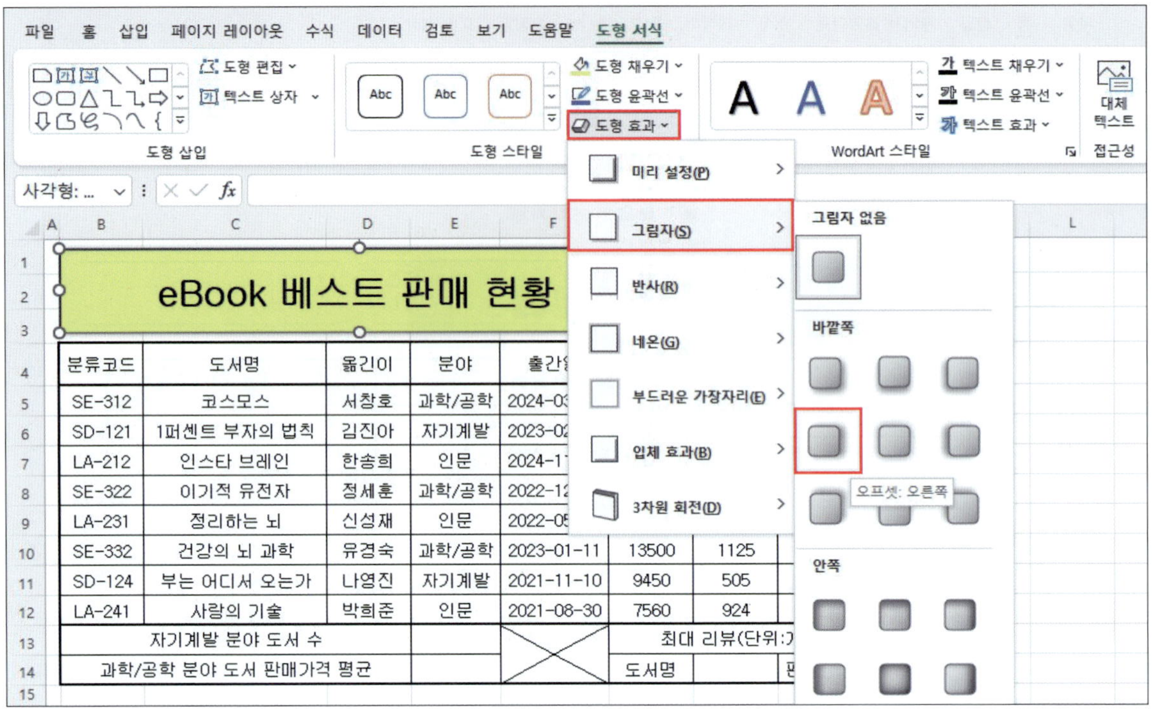

7 모든 작업이 완료되면 빠른 실행 도구 모음에서 저장( ) 단추를 클릭하여 완성 파일을 저장합니다.

출제 유형 문제

• **예제 파일** : 유형 분석 02₩유형 02_문제.xlsx / • **완성 파일** : 유형 분석 02₩유형 02_완성.xlsx

01 다음은 '대한다원 차 판매'에 대한 자료이다. 자료를 입력하고 조건에 맞도록 작업하시오

≪조건≫

○ 모든 데이터의 서식에는 글꼴(굴림, 11pt), 정렬은 숫자 및 회계 서식은 오른쪽 정렬, 나머지 서식은 가운데 정렬로 작성하며 예외적인 것은 ≪출력형태≫를 참조하시오.

○ 제 목 ⇒ 도형(평행 사변형)과 그림자(오프셋: 왼쪽)를 이용하여 작성하고 "대한다원 차 판매"를 입력한 후 다음 서식을 적용하시오(글꼴-굴림, 24pt, 검정, 굵게, 채우기-노랑).

○ 모든 작업 시트의 테두리는 ≪출력형태≫와 같이 작업하시오.

≪출력형태≫

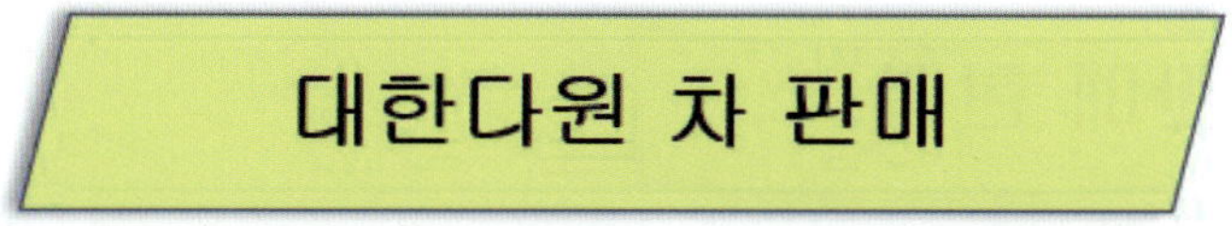

상품코드	구분	상품명	용량	가격 (단위:원)	전월 판매량	재고수량	전월 판매금액	비고
H1-093	타정	구기자차	50	26500	132	168		
N2-102	삼각티백	흰민들레차	20	15000	154	46		
H3-081	타정	간편한 보이차	36	16900	71	129		
N4-073	삼각티백	캐모마일	50	17900	146	154		
B5-102	분말	운남성 보이차	25	37800	64	106		
B6-011	분말	교목산차	50	31500	121	79		
H7-023	타정	페퍼민트	20	25000	64	136		
N7-093	삼각티백	레몬그라스	60	16900	56	144		
삼각티백의 가격(단위:원) 평균					최대 전월 판매량			
전월 전체 매출액					상품코드		가격 (단위:원)	

Hint

• [삽입] 탭의 [일러스트레이션] 그룹에서 [도형] 단추를 클릭하고, 기본 도형의 '평행 사변형'을 선택한 후 [B1:G3] 영역에 적당한 크기로 드래그하여 삽입합니다.

• 평행 사변형에 "대한다원 차 판매"를 입력한 후 [홈] 탭의 [글꼴] 그룹에서 글꼴은 '굴림', 글꼴 크기는 '24', 글꼴 스타일은 '굵게', 글꼴 색은 '검정, 텍스트 1', 채우기 색은 '노랑'을 각각 지정합니다.

• 텍스트를 정렬하기 위하여 [홈] 탭의 [맞춤] 그룹에서 [세로 가운데 맞춤] 단추와 [가로 가운데 맞춤] 단추를 각각 클릭합니다.

• [도형 서식] 탭의 [도형 스타일] 그룹에서 [도형 효과] 단추를 클릭하고, [그림자]-[바깥쪽]-[오프셋: 왼쪽]을 선택합니다.

출제 유형 문제

• **예제 파일** : 유형 분석 02₩유형 03_문제.xlsx / • **완성 파일** : 유형 분석 02₩유형 03_완성.xlsx

02 다음은 '지역특산물 판매 현황'에 대한 자료이다. 자료를 입력하고 조건에 맞도록 작업하시오.

≪조건≫

○ 모든 데이터의 서식에는 글꼴(굴림, 11pt), 정렬은 숫자 및 회계 서식은 오른쪽 정렬, 나머지 서식은 가운데 정렬로 작성하며 예외적인 것은 ≪출력형태≫를 참조하시오.

○ 제 목 ⇒ 도형(물결)과 그림자(오프셋: 오른쪽 아래)를 이용하여 작성하고 "지역특산물 판매 현황"을 입력한 후 다음 서식을 적용하시오(글꼴-굴림, 24pt, 검정, 굵게, 채우기-노랑).

○ 모든 작업 시트의 테두리는 ≪출력형태≫와 같이 작업하시오.

≪출력형태≫

지역특산물 판매 현황

상품코드	상품명	구분	단가 (단위:원)	전월판매량	당월판매량	포장 단위	지역	비고
M25-02	백진주 쌀	농산물	70000	1820	2045	20kg		
B29-03	살치살 스테이크	축산물	30000	1892	1520	500g		
B32-02	딱새우	수산물	13900	891	950	1kg		
S19-01	등심 스테이크	축산물	36000	1020	805	500g		
M20-02	돌산 갓김치	농산물	19000	1457	1852	2kg		
B37-02	랍스터 테일	수산물	32000	824	1820	480g		
M15-01	대봉 곶감	농산물	80000	2361	2505	30구		
M14-03	황토 고구마	농산물	27500	941	1653	10kg		
최대 전월판매량					농산물 당월판매량의 평균			
수산물 특산품 수					상품명		당월판매량	

Hint

• [삽입] 탭의 [일러스트레이션] 그룹에서 [도형] 단추를 클릭하고, 별 및 현수막의 '물결'을 선택한 후 [B1:G3] 영역에 적당한 크기로 드래그하여 삽입합니다.

• 물결에 "지역특산물 판매 현황"을 입력한 후 [홈] 탭의 [글꼴] 그룹에서 글꼴은 '굴림', 글꼴 크기는 '24', 글꼴 스타일은 '굵게', 글꼴 색은 '검정, 텍스트 1', 채우기 색은 '노랑'을 각각 지정합니다.

• 텍스트를 정렬하기 위하여 [홈] 탭의 [맞춤] 그룹에서 [세로 가운데 맞춤] 단추와 [가로 가운데 맞춤] 단추를 각각 클릭합니다.

• [도형 서식] 탭의 [도형 스타일] 그룹에서 [도형 효과] 단추를 클릭하고, [그림자]-[바깥쪽]-[오프셋: 오른쪽 아래]를 선택합니다.

출제 유형 문제

• **예제 파일** : 유형 분석 02₩유형 04_문제.xlsx / • **완성 파일** : 유형 분석 02₩유형 04_완성.xlsx

03 다음은 'WB 홈쇼핑 1월 판매 현황'에 대한 자료이다. 자료를 입력하고 조건에 맞도록 작업하시오.

≪조건≫

○ 모든 데이터의 서식에는 글꼴(굴림, 11pt), 정렬은 숫자 및 회계 서식은 오른쪽 정렬, 나머지 서식은 가운데 정렬로 작성하며 예외적인 것은 ≪출력형태≫를 참조하시오.

○ 제 목 ⇒ 도형(사다리꼴)과 그림자(오프셋: 아래쪽)를 이용하여 작성하고 "WB 홈쇼핑 1월 판매 현황"을 입력한 후 다음 서식을 적용하시오(글꼴-굴림, 24pt, 검정, 굵게, 채우기-노랑).

○ 모든 작업 시트의 테두리는 ≪출력형태≫와 같이 작업하시오.

≪출력형태≫

WB 홈쇼핑 1월 판매 현황

상품코드	상품명	분류	최종방송일	판매가	총판매량 (단위:EA)	비고	총판매량 순위	최종방송요일
TC-432	리즈타라 핑크	시계	2024-01-02	99000	3887			
BN-821	시크릿 오일	화장품	2024-01-03	109000	12259			
PD-994	하루견과	식품	2024-01-09	35900	3345			
BC-694	이멕스 더블 크림	화장품	2024-01-05	79000	10210	매진		
BB-579	프로폴리스 크림	화장품	2024-01-04	69000	9624	매진		
TC-456	로즈 헤스	시계	2024-01-05	298000	915			
PD-643	왕만두	식품	2024-01-06	33600	3245	매진		
TA-396	타이맥스 위캔더	시계	2024-01-07	69000	3707			
시계 상품의 총판매량(단위:EA) 평균					시계 상품 개수			
1월 총판매금액(단위:원)					상품명		판매금액(원)	

Hint
- [삽입] 탭의 [일러스트레이션] 그룹에서 [도형] 단추를 클릭하고, 기본 도형의 '사다리꼴'을 선택한 후 [B1:G3] 영역에 적당한 크기로 드래그하여 삽입합니다.
- 사다리꼴에 "WB 홈쇼핑 1월 판매 현황"을 입력한 후 [홈] 탭의 [글꼴] 그룹에서 글꼴은 '굴림', 글꼴 크기는 '24', 글꼴 스타일은 '굵게', 글꼴 색은 '검정, 텍스트 1', 채우기 색은 '노랑'을 각각 지정합니다.
- 텍스트를 정렬하기 위하여 [홈] 탭의 [맞춤] 그룹에서 [세로 가운데 맞춤] 단추와 [가로 가운데 맞춤] 단추를 각각 클릭합니다.
- [도형 서식] 탭의 [도형 스타일] 그룹에서 [도형 효과] 단추를 클릭하고, [그림자]-[바깥쪽]-[오프셋: 아래쪽]을 선택합니다.

출제 유형 문제

• **예제 파일** : 유형 분석 02₩유형 05_문제.xlsx / • **완성 파일** : 유형 분석 02₩유형 05_완성.xlsx

04 다음은 '경양몰 할인행사 현황'에 대한 자료이다. 자료를 입력하고 조건에 맞도록 작업하시오.

≪조건≫

○ 모든 데이터의 서식에는 글꼴(굴림, 11pt), 정렬은 숫자 및 회계 서식은 오른쪽 정렬, 나머지 서식은 가운데 정렬로 작성하며 예외적인 것은 ≪출력형태≫를 참조하시오.

○ 제 목 ⇒ 도형(육각형)과 그림자(오프셋: 오른쪽 위)를 이용하여 작성하고 "경양몰 할인행사 현황"을 입력한 후 다음 서식을 적용하시오(글꼴-굴림, 24pt, 검정, 굵게, 채우기-노랑).

○ 모든 작업 시트의 테두리는 ≪출력형태≫와 같이 작업하시오.

≪출력형태≫

경양몰 할인행사 현황

상품코드	분류	상품명	공급업체	가격(원)	할인가(원)	판매수량	행사시작일	순위
SS-02	화장품	블랙로즈오일	블랙뷰티	123000	105000	350		
SC-03	세제	욕실세정제	서창유통	7700	7000	850		
FS-03	화장품	수면팩	블랙뷰티	55000	49500	437		
SN-02	건강	천연비타민C	서창유통	69000	58000	950		
FC-02	세제	고급의류세제	한국통상	18500	15000	724		
FC-01	세제	프리미엄세탁세제	한국통상	33000	27500	800		
FS-01	화장품	스네일에센스	서창유통	49000	43700	500		
FN-02	건강	종합비타민미네랄	서창유통	82500	78500	900		
블랙뷰티 판매수량 합계					최저 가격(원)			
화장품 할인가(원) 평균					상품명		판매금액(원)	

Hint

• [삽입] 탭의 [일러스트레이션] 그룹에서 [도형] 단추를 클릭하고, 기본 도형의 '육각형'을 선택한 후 [B1:G3] 영역에 적당한 크기로 드래그하여 삽입합니다.

• 육각형에 "경양몰 할인행사 현황"을 입력한 후 [홈] 탭의 [글꼴] 그룹에서 글꼴은 '굴림', 글꼴 크기는 '24', 글꼴 스타일은 '굵게', 글꼴 색은 '검정, 텍스트 1', 채우기 색은 '노랑'을 각각 지정합니다.

• 텍스트를 정렬하기 위하여 [홈] 탭의 [맞춤] 그룹에서 [세로 가운데 맞춤] 단추와 [가로 가운데 맞춤] 단추를 각각 클릭합니다.

• [도형 서식] 탭의 [도형 스타일] 그룹에서 [도형 효과] 단추를 클릭하고, [그림자]-[바깥쪽]-[오프셋: 오른쪽 위]를 선택합니다.

03 [제1작업] 표 서식 작성(2)

표 서식 작성(2)에서는 결재란을 작성하여 그림으로 복사하는 기능과 다양한 셀 서식 지정 그리고 유효성 검사 및 이름 정의 방법에 대하여 알아봅니다.

시험 유형 미리 보기

• 예제 파일 : 유형 분석 03₩유형 01_문제.xlsx / • 완성 파일 : 유형 분석 03₩유형 01_완성.xlsx

☞ **다음은 'eBook 베스트 판매 현황'에 대한 자료이다. 자료를 입력하고 조건에 맞도록 작업하시오.**

《조건》

○ 임의의 셀에 결재란을 작성하여 그림으로 복사 기능을 이용하여 붙이기 하시오(단, 원본 삭제).
○ 「B4:J4, G14, I14」 영역은 '주황'으로 채우기 하시오.
○ 유효성 검사를 이용하여 「H14」 셀에 도서명(「C5:C12」 영역)이 선택 표시되도록 하시오.
○ 셀 서식 ⇒ 「G5:G12」 영역에 셀 서식을 이용하여 숫자 뒤에 '원'을 표시하시오(예 : 14,850원).
○ 「H5:H12」 영역에 대해 '리뷰'로 이름 정의를 하시오.

《출력형태》

	B	C	D	E	F	G	H	I	J
1	eBook 베스트 판매 현황					결재	담당	팀장	부장
2									
3									
4	분류코드	도서명	옮긴이	분야	출간일	판매가격	리뷰 (단위:개)	열람기간	판매가격 순위
5	SE-312	코스모스	서창호	과학/공학	2024-03-24	14,850원	1,316		
6	SD-121	1퍼센트 부자의 법칙	김진아	자기계발	2023-02-06	12,000원	495		
7	LA-212	인스타 브레인	한송희	인문	2024-11-03	9,450원	604		
8	SE-322	이기적 유전자	정세훈	과학/공학	2022-12-24	12,600원	867		
9	LA-231	정리하는 뇌	신성재	인문	2022-05-18	13,860원	1,008		
10	SE-332	건강의 뇌 과학	유경숙	과학/공학	2023-01-11	13,500원	1,125		
11	SD-124	부는 어디서 오는가	나영진	자기계발	2021-11-10	9,450원	505		
12	LA-241	사랑의 기술	박희준	인문	2021-08-30	7,560원	924		
13	자기계발 분야 도서 수					최대 리뷰(단위:개)			
14	과학/공학 분야 도서 판매가격 평균					도서명	코스모스	판매가격	

유형 잡기

01 결재란 작성하기

1 [파일]-[열기]-[찾아보기]를 차례로 선택하고, [열기] 대화 상자에서 '유형 분석 03₩유형 01_문제.xlsx'를 불러오기 합니다.

2 작업 편의상 [제2작업] 시트를 클릭한 후 [D2:F2] 영역에 주어진 데이터(담당, 팀장, 부장)를 입력합니다.

| TIP | **결재란 입력**

결재란은 임의의 셀에 작성하는 것으로 [제1작업]이나 [제2작업] 시트 중 편리한 곳에서 작업하면 됩니다.

3 [C2:C3] 영역을 블록 지정한 후 [홈] 탭의 [맞춤] 그룹에서 병합하고 가운데 맞춤(병합하고 가운데 맞춤) 단추를 클릭하고, 해당 내용(결재)을 입력합니다.

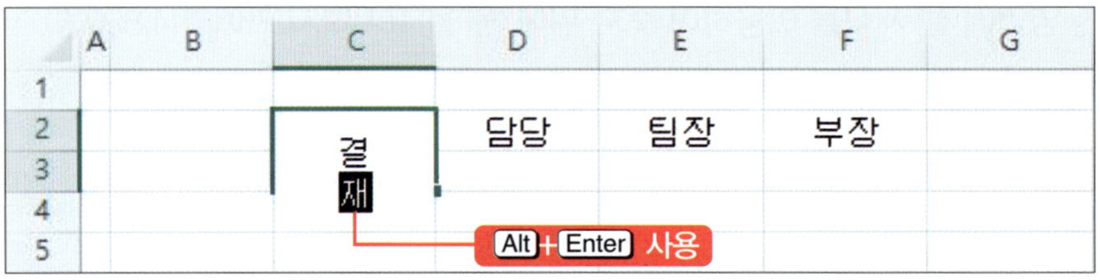

4 [C2:F3] 영역을 블록 지정한 후 [홈] 탭의 [글꼴] 그룹에서 테두리 목록( ) 단추를 클릭하고, [모든 테두리]를 선택합니다.

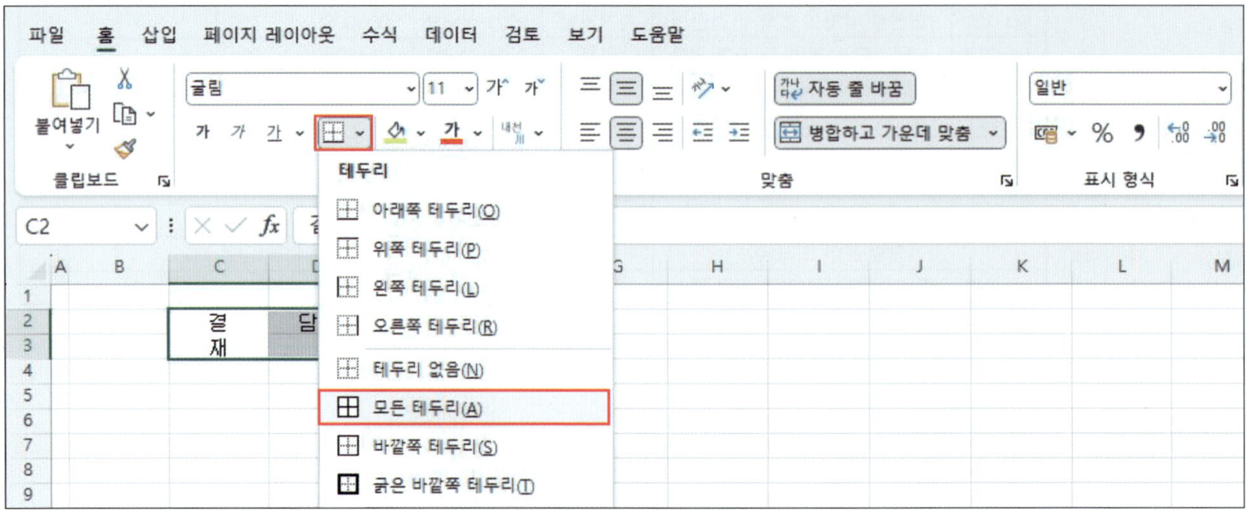

5 C열의 열 머리글을 선택한 후 마우스 오른쪽 버튼을 클릭하고, [열 너비]를 선택한 다음 [열 너비] 대화 상자에서 "4"를 입력하고, [확인] 버튼을 클릭합니다.

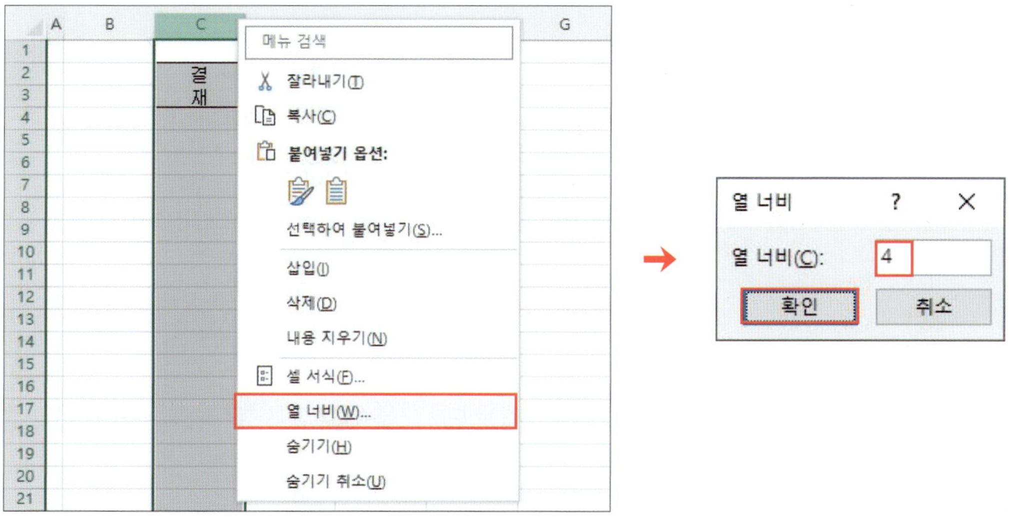

6 D열에서 F열의 열 머리글을 드래그하여 선택한 후 마우스 오른쪽 버튼을 클릭하고, [열 너비]를 선택한 다음 [열 너비] 대화 상자에서 "7.5"를 입력하고, [확인] 버튼을 클릭합니다.

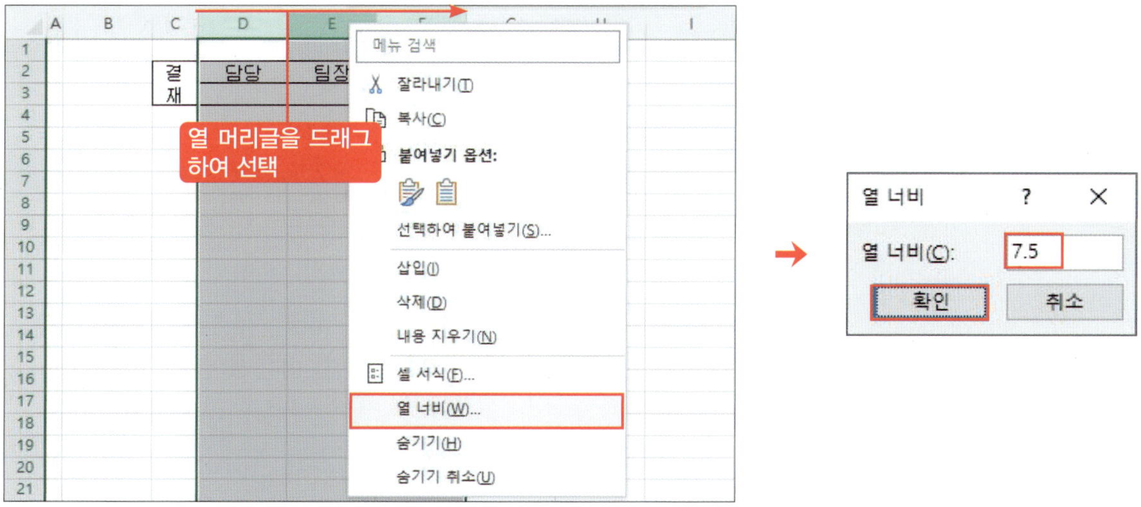

7 2행과 3행은 행 머리글을 각각 선택한 후 마우스 오른쪽 버튼을 클릭하고, [행 높이]를 선택한 다음 [행 높이] 대화 상자에서 "17"과 "40"을 각각 입력하고, [확인] 버튼을 클릭합니다.

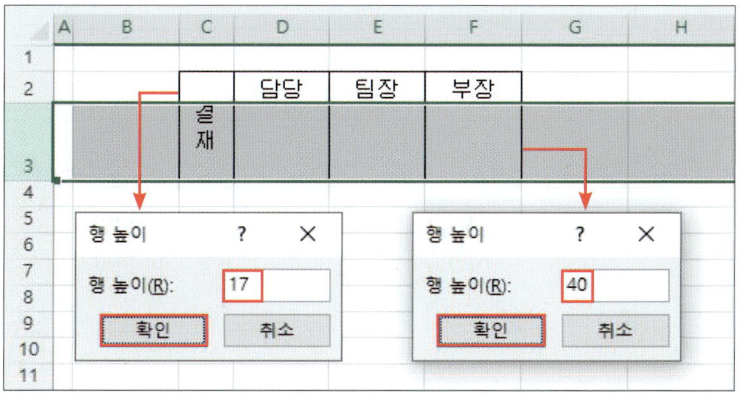

| TIP | 결재란의 행 높이와 열 너비

결재란의 행 높이와 열 너비는 주어진 조건이 따로 없으므로 《출력형태》를 참고하여 최대한 비슷하게 조절하면 되지만 가급적이면 주어진 값으로 크기를 조정합니다.

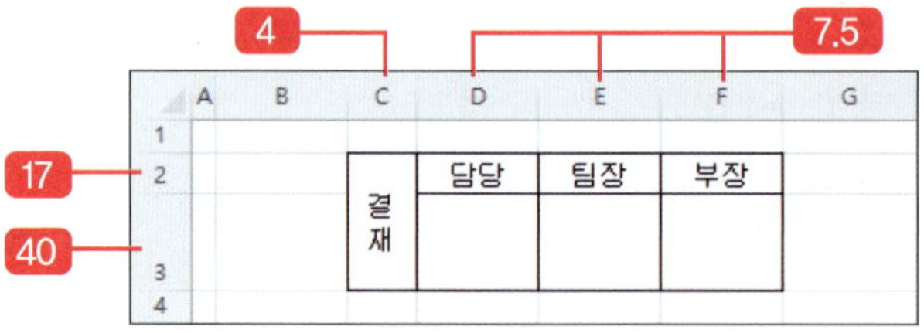

8 결재란 영역을 드래그하여 선택한 후 [홈] 탭의 [클립보드] 그룹에서 복사 목록(복사 ⌄) 단추를 클릭하고, [그림으로 복사]를 선택합니다.

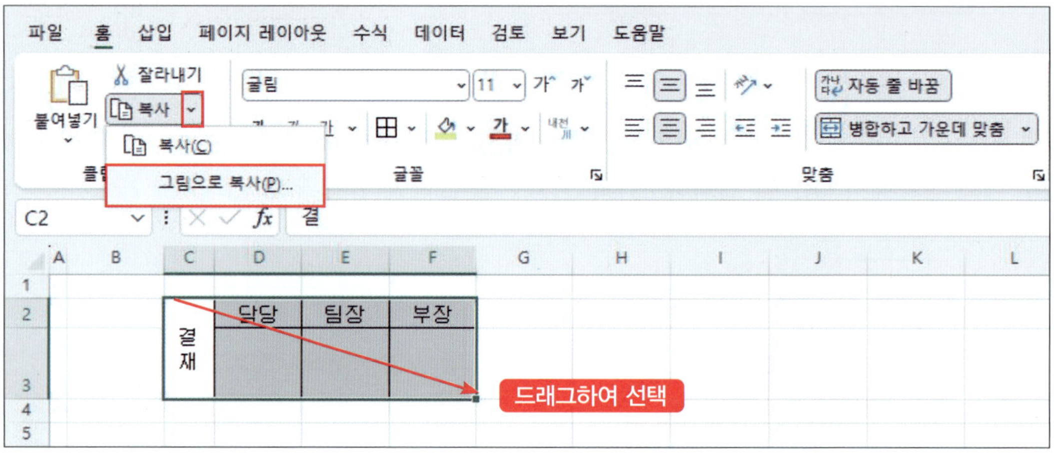

9 [그림 복사] 대화 상자에서 '화면에 표시된 대로'를 선택하고, [확인] 버튼을 클릭합니다.

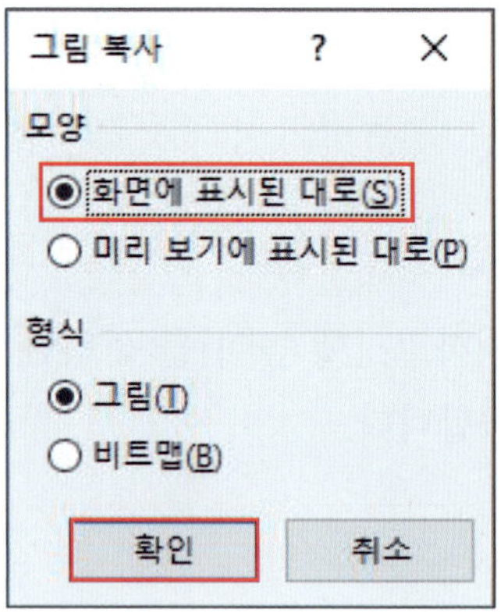

10 [제1작업] 시트에서 [H1] 셀을 선택한 후 [홈] 탭의 [클립보드] 그룹에서 붙여넣기( ) 단추를 클릭합니다 (=Ctrl+V).

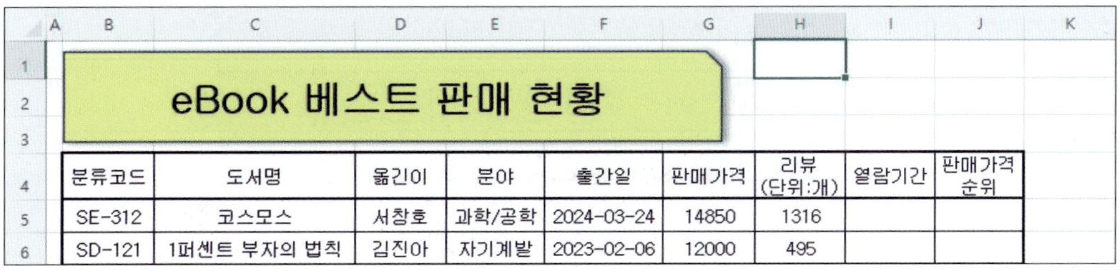

11 결재란이 삽입되면 크기 조절 핸들을 이용하여 크기를 적당히 조절한 후 방향키로 위치를 조정합니다.

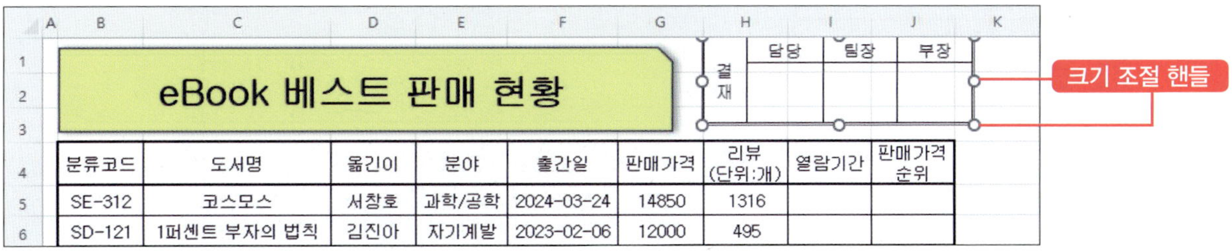

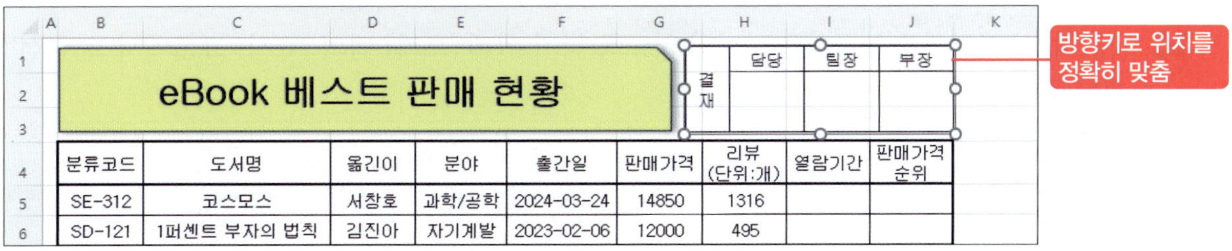

12 원본 결재란을 삭제하기 위하여 [제2작업] 시트에서 C열~F열의 열 머리글을 드래그하여 선택한 후 마우스 오른쪽 버튼을 클릭하고, [삭제]를 선택합니다.

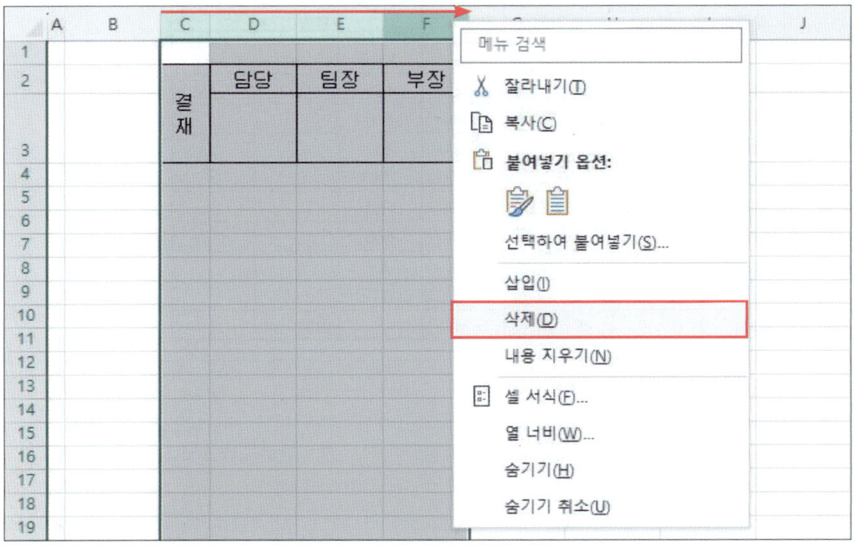

13 계속해서 2행~3행의 행 머리글을 드래그하여 선택한 후 마우스 오른쪽 버튼을 클릭하고, [삭제]를 선택합니다.

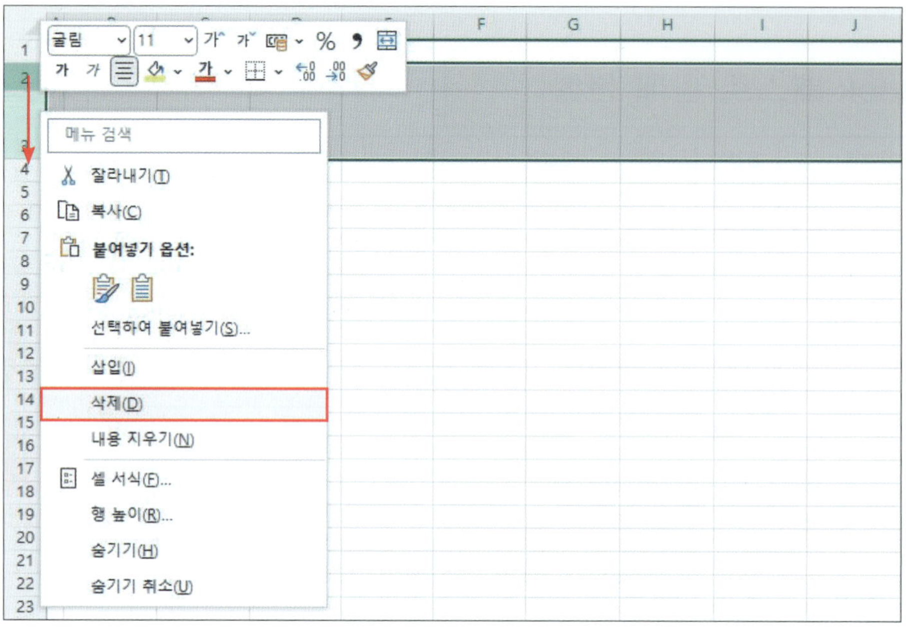

14 [제1작업] 시트에서 눈금선을 보이지 않도록 하기 위해 [보기] 탭의 [표시] 그룹에서 '눈금선'의 선택을 해제합니다.

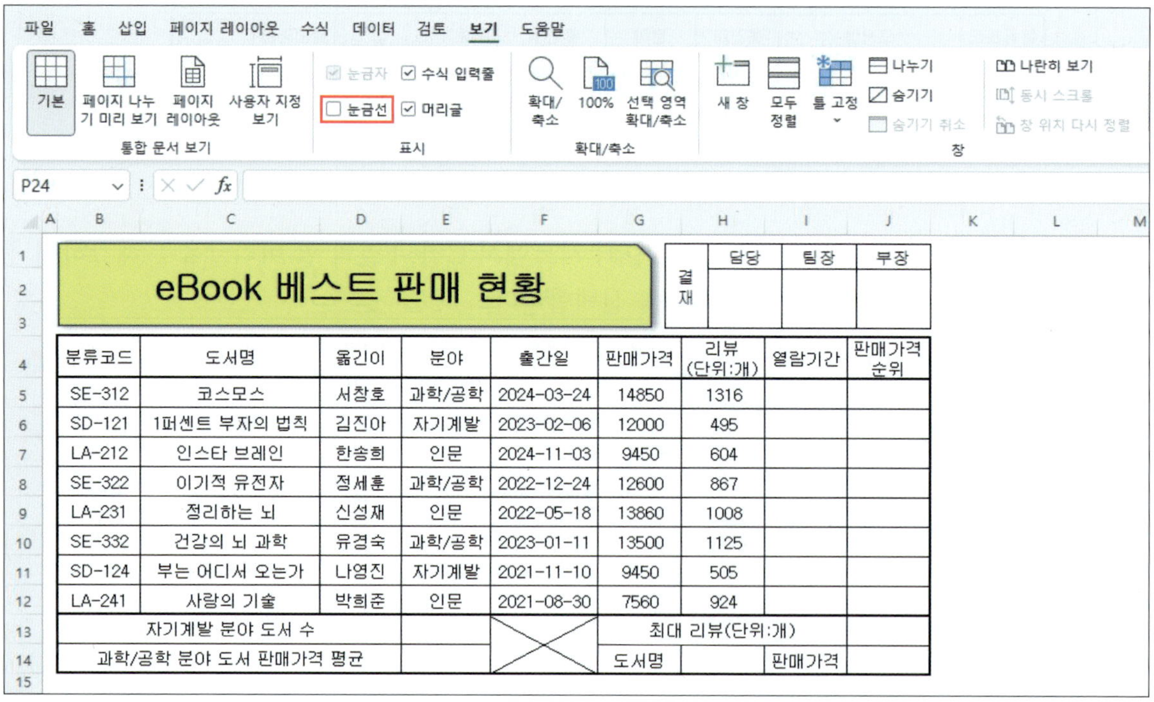

유형 잡기 **02** 셀 서식 지정하기

1 채우기 색을 지정하기 위하여 [B4:J4] 영역을 블록 지정한 후 Ctrl 키를 누른 상태에서 [G14], [I14] 셀을 각각 클릭합니다.

2 [홈] 탭의 [글꼴] 그룹에서 채우기 색 목록( ) 단추를 클릭하고, '주황'을 선택합니다.

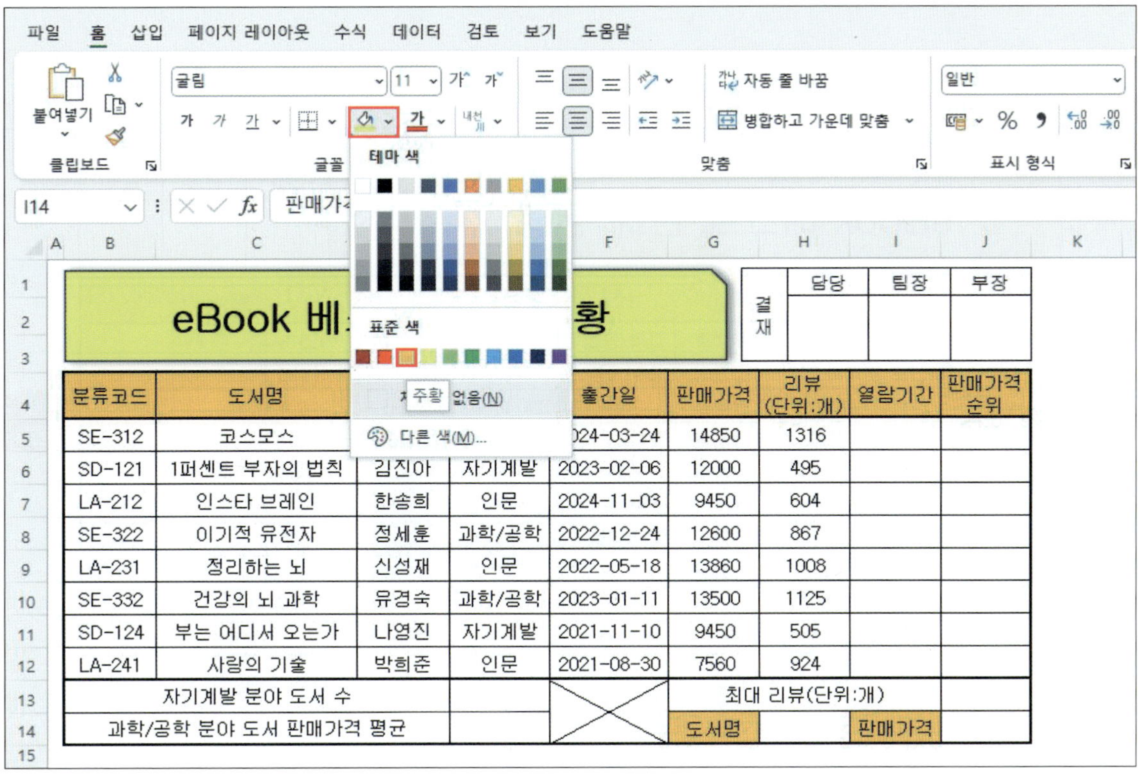

3 [H5:H12] 영역을 블록 지정한 후 [홈] 탭의 [표시 형식] 그룹에서 쉼표 스타일(**,**) 단추를 클릭합니다.

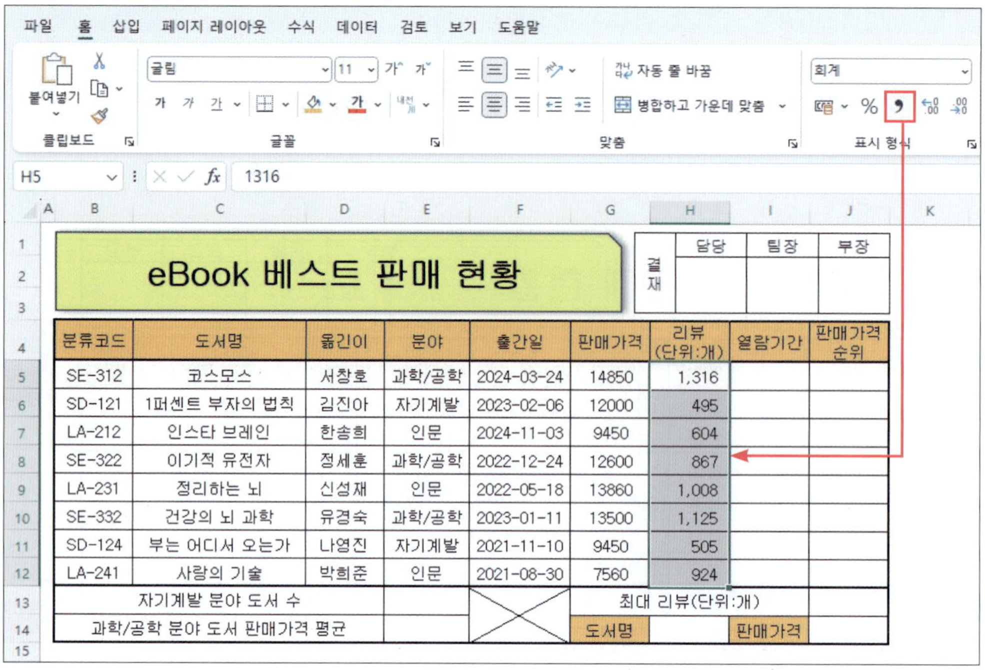

분류코드	도서명	옮긴이	분야	출간일	판매가격	리뷰 (단위:개)	열람기간	판매가격 순위
SE-312	코스모스	서창호	과학/공학	2024-03-24	14850	1,316		
SD-121	1퍼센트 부자의 법칙	김진아	자기계발	2023-02-06	12000	495		
LA-212	인스타 브레인	한송희	인문	2024-11-03	9450	604		
SE-322	이기적 유전자	정세훈	과학/공학	2022-12-24	12600	867		
LA-231	정리하는 뇌	신성재	인문	2022-05-18	13860	1,008		
SE-332	건강의 뇌 과학	유경숙	과학/공학	2023-01-11	13500	1,125		
SD-124	부는 어디서 오는가	나영진	자기계발	2021-11-10	9450	505		
LA-241	사랑의 기술	박희준	인문	2021-08-30	7560	924		
자기계발 분야 도서 수					최대 리뷰(단위:개)			
과학/공학 분야 도서 판매가격 평균					도서명		판매가격	

| TIP | **쉼표 스타일**

숫자에 천(1000) 단위 구분 기호로 서식을 지정하며, 쉼표 스타일 지정 시 회계 서식으로 변경됩니다.

4 [G5:G12] 영역을 블록 지정하고, Ctrl+1 키를 누릅니다.

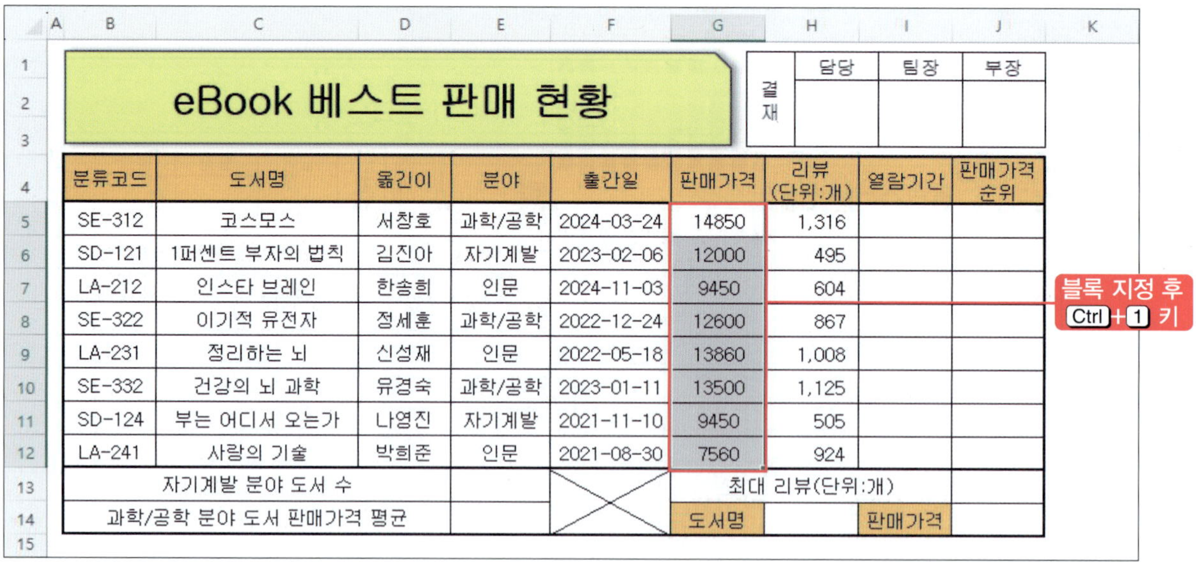

분류코드	도서명	옮긴이	분야	출간일	판매가격	리뷰 (단위:개)	열람기간	판매가격 순위
SE-312	코스모스	서창호	과학/공학	2024-03-24	14850	1,316		
SD-121	1퍼센트 부자의 법칙	김진아	자기계발	2023-02-06	12000	495		
LA-212	인스타 브레인	한송희	인문	2024-11-03	9450	604		
SE-322	이기적 유전자	정세훈	과학/공학	2022-12-24	12600	867		
LA-231	정리하는 뇌	신성재	인문	2022-05-18	13860	1,008		
SE-332	건강의 뇌 과학	유경숙	과학/공학	2023-01-11	13500	1,125		
SD-124	부는 어디서 오는가	나영진	자기계발	2021-11-10	9450	505		
LA-241	사랑의 기술	박희준	인문	2021-08-30	7560	924		
자기계발 분야 도서 수					최대 리뷰(단위:개)			
과학/공학 분야 도서 판매가격 평균					도서명		판매가격	

| TIP | [표시 형식] 탭의 범주

- 숫자 : 소수점 자릿수, 1000 단위 구분 기호(,) 사용, 음수 표기 형식을 설정합니다.
- 통화 : 소수점 자릿수, 통화 기호(₩, $ 등), 음수 표시 형식 등을 설정합니다.
- 회계 : 소수점 자릿수, 통화 기호(₩, $ 등)를 설정합니다(입력값이 0일 경우 '–'으로 표시).
- 날짜/시간 : 날짜/시간 표시 형식을 설정합니다.
- 백분율 : 셀 값에 100을 곱한 후 백분율 기호와 함께 표시합니다(소수점 이하 자릿수 지정 가능).
- 분수/지수 : 소수를 분수/숫자를 지수 형식으로 표시합니다.
- 텍스트 : 수치 데이터를 문자 데이터 형태로 표시합니다(셀의 왼쪽 정렬).
- 기타 : 숫자를 우편번호, 전화번호, 주민등록번호 형식으로 표시합니다.
- 사용자 지정 : 사용자가 필요한 표시 형식을 직접 입력하여 설정합니다.

5 [셀 서식] 대화 상자의 [표시 형식] 탭에서 범주는 '사용자 지정'을 선택하고, 형식 입력란에 #,##0"원"을 입력한 후 [확인] 버튼을 클릭합니다.

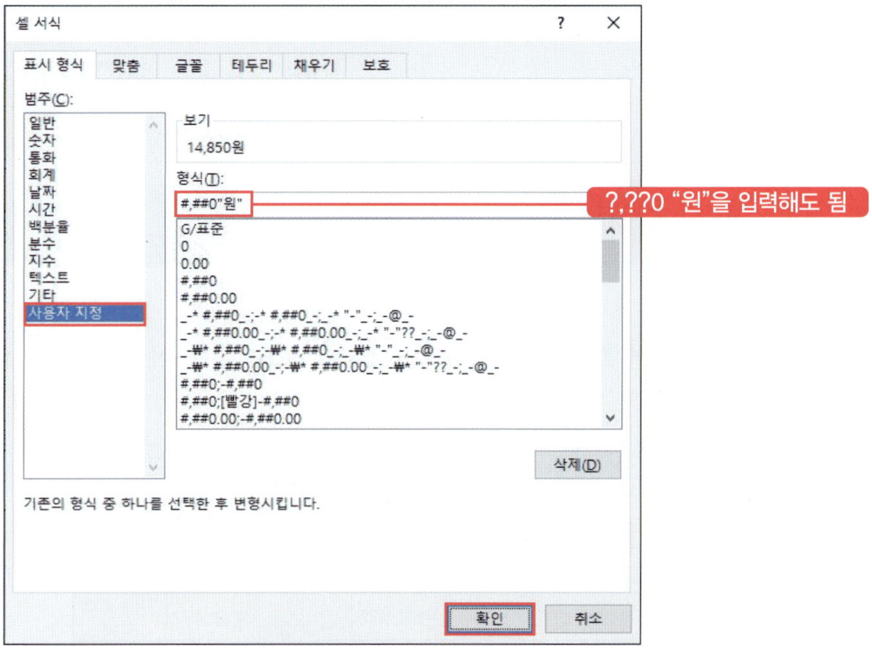

| TIP | 사용자 지정 표시 형식

- # : 숫자를 표시하는 기호로 유효 자릿수만 표시하고, 무효의 0은 표시하지 않습니다.
- ? : 무효의 0 대신 공백을 추가하여 소수점을 맞춤합니다(소수점 정렬).
- 0 : 숫자를 표시하는 기호로 무효의 0을 포함하여 숫자의 자릿수를 표시합니다.
- , : 천 단위 구분 기호로 콤마를 삽입합니다.
- @ : 특정 문자 데이터를 붙여서 표시합니다.
- (_) : 데이터의 오른쪽 끝에 공백을 표시합니다(기호 뒤에 하나의 문자(–)가 있어야 함).
- G/표준 : 특별한 서식 없이 일반적으로 입력한 데이터를 그대로 표현합니다.

6 ≪조건≫에서 제시한 대로 숫자 데이터를 정렬하기 위하여 [G5:H12] 영역을 블록 지정한 후 [홈] 탭의 [맞춤] 그룹에서 오른쪽 맞춤(☰) 단추를 클릭합니다.

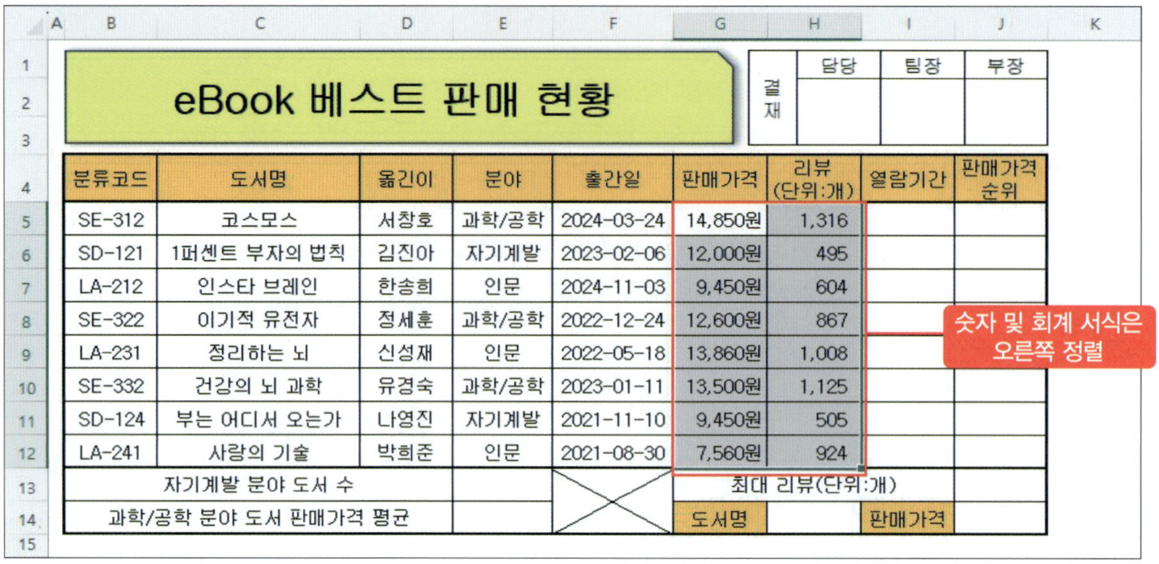

분류코드	도서명	옮긴이	분야	출간일	판매가격	리뷰(단위:개)	열람기간	판매가격 순위
SE-312	코스모스	서창호	과학/공학	2024-03-24	14,850원	1,316		
SD-121	1퍼센트 부자의 법칙	김진아	자기계발	2023-02-06	12,000원	495		
LA-212	인스타 브레인	한송희	인문	2024-11-03	9,450원	604		
SE-322	이기적 유전자	정세훈	과학/공학	2022-12-24	12,600원	867		
LA-231	정리하는 뇌	신성재	인문	2022-05-18	13,860원	1,008		
SE-332	건강의 뇌 과학	유경숙	과학/공학	2023-01-11	13,500원	1,125		
SD-124	부는 어디서 오는가	나영진	자기계발	2021-11-10	9,450원	505		
LA-241	사랑의 기술	박희준	인문	2021-08-30	7,560원	924		
자기계발 분야 도서 수					최대 리뷰(단위:개)			
과학/공학 분야 도서 판매가격 평균					도서명		판매가격	

유형 잡기 03 유효성 검사 지정하기

1 유효성 검사를 지정할 [H14] 셀을 선택한 후 [데이터] 탭의 [데이터 도구] 그룹에서 데이터 유효성 검사 ( ) 단추를 클릭합니다.

분류코드	도서명	옮긴이	분야	출간일	판매가격	리뷰(단위:개)	열람기간	판매가격 순위
SE-312	코스모스	서창호	과학/공학	2024-03-24	14,850원	1,316		
SD-121	1퍼센트 부자의 법칙	김진아	자기계발	2023-02-06	12,000원	495		
LA-212	인스타 브레인	한송희	인문	2024-11-03	9,450원	604		
SE-322	이기적 유전자	정세훈	과학/공학	2022-12-24	12,600원	867		
LA-231	정리하는 뇌	신성재	인문	2022-05-18	13,860원	1,008		
SE-332	건강의 뇌 과학	유경숙	과학/공학	2023-01-11	13,500원	1,125		
SD-124	부는 어디서 오는가	나영진	자기계발	2021-11-10	9,450원	505		
LA-241	사랑의 기술	박희준	인문	2021-08-30	7,560원	924		
자기계발 분야 도서 수					최대 리뷰(단위:개)			
과학/공학 분야 도서 판매가격 평균					도서명		판매가격	

TIP | 데이터 유효성 검사

데이터를 정확하게 입력할 수 있도록 제한 사항을 정의하는 기능으로 유효하지 않은 데이터를 사용자가 입력할 수 없도록 구성할 수 있습니다.

2 [데이터 유효성] 대화 상자의 [설정] 탭에서 제한 대상은 '목록'을 선택하고, 원본은 [C5:C12] 영역을 블록 지정한 후 [확인] 버튼을 클릭합니다.

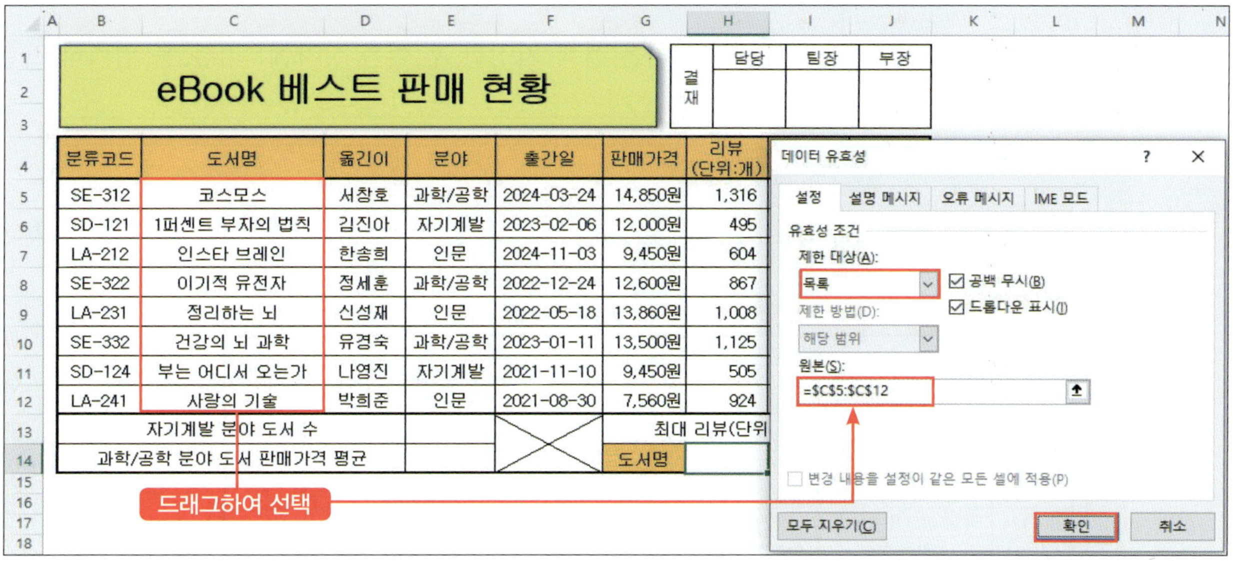

분류코드	도서명	옮긴이	분야	출간일	판매가격	리뷰 (단위:개)
SE-312	코스모스	서창호	과학/공학	2024-03-24	14,850원	1,316
SD-121	1퍼센트 부자의 법칙	김진아	자기계발	2023-02-06	12,000원	495
LA-212	인스타 브레인	한송희	인문	2024-11-03	9,450원	604
SE-322	이기적 유전자	정세훈	과학/공학	2022-12-24	12,600원	867
LA-231	정리하는 뇌	신성재	인문	2022-05-18	13,860원	1,008
SE-332	건강의 뇌 과학	유경숙	과학/공학	2023-01-11	13,500원	1,125
SD-124	부는 어디서 오는가	나영진	자기계발	2021-11-10	9,450원	505
LA-241	사랑의 기술	박희준	인문	2021-08-30	7,560원	924

3 [H14] 셀의 목록(▾) 단추를 클릭하고, 《출력형태》와 동일한 '코스모스'를 선택합니다.

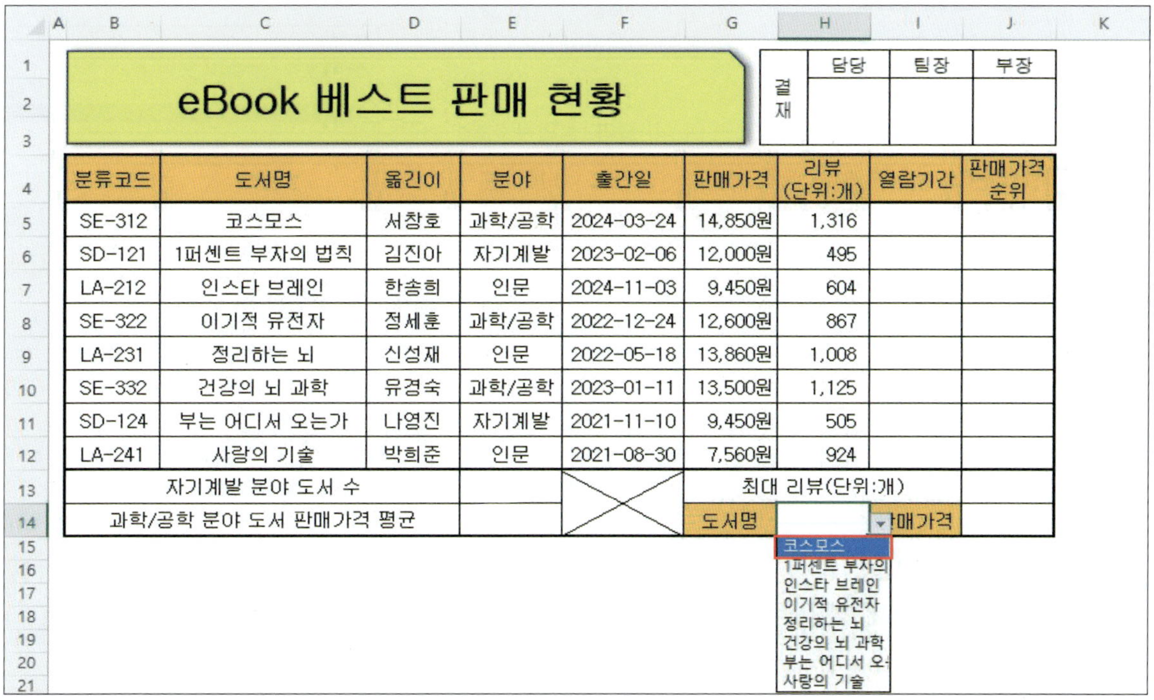

분류코드	도서명	옮긴이	분야	출간일	판매가격	리뷰 (단위:개)	열람기간	판매가격 순위
SE-312	코스모스	서창호	과학/공학	2024-03-24	14,850원	1,316		
SD-121	1퍼센트 부자의 법칙	김진아	자기계발	2023-02-06	12,000원	495		
LA-212	인스타 브레인	한송희	인문	2024-11-03	9,450원	604		
SE-322	이기적 유전자	정세훈	과학/공학	2022-12-24	12,600원	867		
LA-231	정리하는 뇌	신성재	인문	2022-05-18	13,860원	1,008		
SE-332	건강의 뇌 과학	유경숙	과학/공학	2023-01-11	13,500원	1,125		
SD-124	부는 어디서 오는가	나영진	자기계발	2021-11-10	9,450원	505		
LA-241	사랑의 기술	박희준	인문	2021-08-30	7,560원	924		

유형 잡기 04 이름 정의하기

1 이름을 정의하기 위하여 [H5:H12] 영역을 블록 지정한 후 이름 상자에 "리뷰"를 입력하고, Enter 키를 누릅니다.

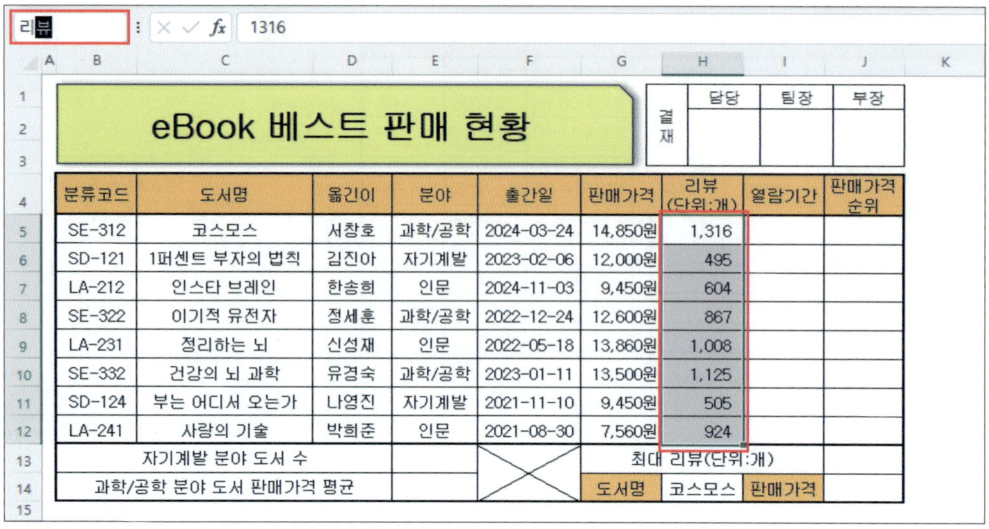

리뷰 | 1316

분류코드	도서명	옮긴이	분야	출간일	판매가격	리뷰 (단위:개)	열람기간	판매가격 순위
SE-312	코스모스	서창호	과학/공학	2024-03-24	14,850원	1,316		
SD-121	1퍼센트 부자의 법칙	김진아	자기계발	2023-02-06	12,000원	495		
LA-212	인스타 브레인	한송희	인문	2024-11-03	9,450원	604		
SE-322	이기적 유전자	정세훈	과학/공학	2022-12-24	12,600원	867		
LA-231	정리하는 뇌	신성재	인문	2022-05-18	13,860원	1,008		
SE-332	건강의 뇌 과학	유경숙	과학/공학	2023-01-11	13,500원	1,125		
SD-124	부는 어디서 오는가	나영진	자기계발	2021-11-10	9,450원	505		
LA-241	사랑의 기술	박희준	인문	2021-08-30	7,560원	924		
자기계발 분야 도서 수					최대 리뷰(단위:개)			
과학/공학 분야 도서 판매가격 평균					도서명	코스모스	판매가격	

| TIP | **이름 정의 삭제**

- 이름 정의는 셀 주소 대신에 직접 셀 이름을 입력하여 수식에 적용할 수 있습니다.
- 이름 정의가 잘못되어 이를 삭제하려면 [수식] 탭의 [정의된 이름] 그룹에서 이름 관리자(이름 관리자) 단추를 클릭한 후 [이름 관리자] 대화상자에서 해당 이름을 선택하고, [삭제] 버튼을 클릭합니다.

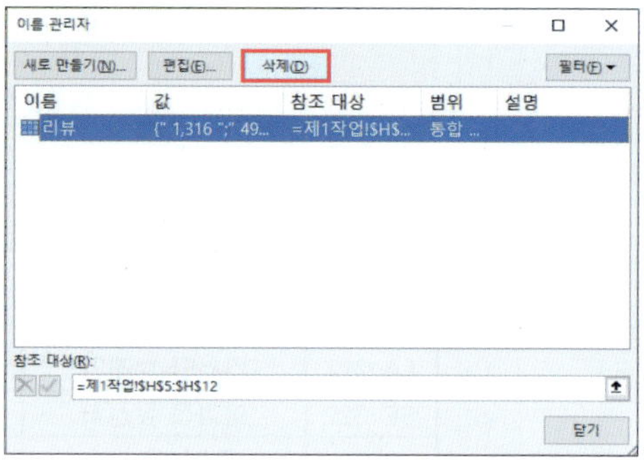

2 《출력형태》를 참조하여 각각의 열 너비를 적당히 조절한 후 결재란의 위치는 표의 크기에 따라 이동시켜 줍니다.

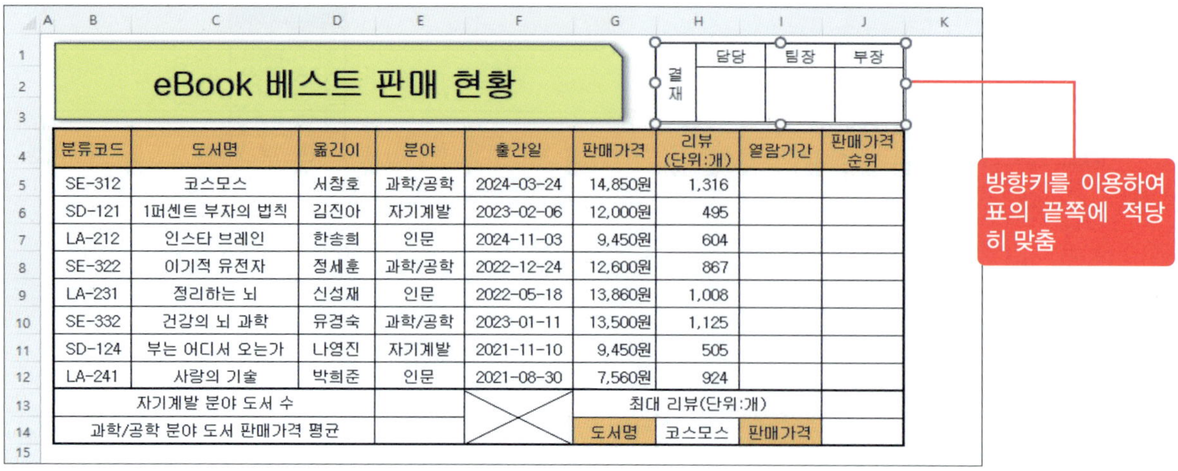

3 모든 작업이 완료되면 빠른 실행 도구 모음에서 저장( ) 단추를 클릭하여 완성 파일을 저장합니다.

출제 유형 문제

• **예제 파일** : 유형 분석 03₩유형 02_문제.xlsx / • **완성 파일** : 유형 분석 03₩유형 02_완성.xlsx

01 **다음은 '대한다원 차 판매'에 대한 자료이다. 자료를 입력하고 조건에 맞도록 작업하시오.**

≪조건≫

○ 임의의 셀에 결재란을 작성하여 그림으로 복사 기능을 이용하여 붙이기 하시오(단, 원본 삭제).

○ 「B4:J4, G14, I14」 영역은 '주황'으로 채우기 하시오.

○ 유효성 검사를 이용하여 「H14」 셀에 상품코드(「B5:B12」 영역)가 선택 표시되도록 하시오.

○ 셀 서식 ⇒ 「E5:E12」 영역에 셀 서식을 이용하여 숫자 뒤에 'g'를 표시하시오(예 : 50g).

○ 「C5:C12」 영역에 대해 '구분'으로 이름 정의를 하시오.

≪출력형태≫

대한다원 차 판매

결재	담당	과장	부장

상품코드	구분	상품명	용량	가격 (단위:원)	전월 판매량	재고수량	전월 판매금액	비고
H1-093	타정	구기자차	50g	26,500	132	168		
N2-102	삼각티백	흰민들레차	20g	15,000	154	46		
H3-081	타정	간편한 보이차	36g	16,900	71	129		
N4-073	삼각티백	캐모마일	50g	17,900	146	154		
B5-102	분말	운남성 보이차	25g	37,800	64	106		
B6-011	분말	교목산차	50g	31,500	121	79		
H7-023	타정	페퍼민트	20g	25,000	64	136		
N7-093	삼각티백	레몬그라스	60g	16,900	56	144		
삼각티백의 가격(단위:원) 평균					최대 전월 판매량			
전월 전체 매출액					상품코드	H1-093	가격 (단위:원)	

Hint

• [E5:E12] 영역을 블록 지정한 후 [셀 서식] 대화 상자의 [표시 형식] 탭에서 범주는 '사용자 지정'을 선택하고, 형식 입력란에 #,##0"g"를 입력한 후 [확인] 버튼을 클릭합니다.

• [F5:F12] 영역을 블록 지정한 후 [홈] 탭의 [표시 형식] 그룹에서 [쉼표 스타일] 단추를 클릭합니다.

• [G5:H12] 영역을 블록 지정한 후 [셀 서식] 대화 상자의 [표시 형식] 탭에서 범주는 '숫자'와 소수 자릿수는 '0'을 지정하고, [확인] 버튼을 클릭합니다.

• [E5:H12] 영역을 블록 지정한 후 [홈] 탭의 [맞춤] 그룹에서 [오른쪽 맞춤] 단추를 클릭합니다.

• **예제 파일** : 유형 분석 03₩유형 03_문제.xlsx / • **완성 파일** : 유형 분석 03₩유형 03_완성.xlsx

02 다음은 '지역특산물 판매 현황'에 대한 자료이다. 자료를 입력하고 조건에 맞도록 작업하시오.

《조건》

○ 임의의 셀에 결재란을 작성하여 그림으로 복사 기능을 이용하여 붙이기 하시오(단, 원본 삭제).
○ 「B4:J4, G14, I14」 영역은 '주황'으로 채우기 하시오.
○ 유효성 검사를 이용하여 「H14」 셀에 상품명(「C5:C12」 영역)이 선택 표시되도록 하시오.
○ 셀 서식 ⇒ 「F5:G12」 영역에 셀 서식을 이용하여 숫자 뒤에 'EA'를 표시하시오(예 : 1,820EA).
○ 「F5:F12」 영역에 대해 '전월판매량'으로 이름 정의를 하시오.

《출력형태》

지역특산물 판매 현황

결재	담당	대리	팀장

상품코드	상품명	구분	단가 (단위:원)	전월판매량	당월판매량	포장 단위	지역	비고
M25-02	백진주 쌀	농산물	70,000	1,820EA	2,045EA	20kg		
B29-03	살치살 스테이크	축산물	30,000	1,892EA	1,520EA	500g		
B32-02	딱새우	수산물	13,900	891EA	950EA	1kg		
S19-01	등심 스테이크	축산물	36,000	1,020EA	805EA	500g		
M20-02	돌산 갓김치	농산물	19,000	1,457EA	1,852EA	2kg		
B37-02	랍스터 테일	수산물	32,000	824EA	1,820EA	480g		
M15-01	대봉 곶감	농산물	80,000	2,361EA	2,505EA	30구		
M14-03	황토 고구마	농산물	27,500	941EA	1,653EA	10kg		
최대 전월판매량					농산물 당월판매량의 평균			
수산물 특산품 수					상품명	백진주 쌀	당월판매량	

Hint

- [E5:E12] 영역을 블록 지정한 후 [홈] 탭의 [표시 형식] 그룹에서 [쉼표 스타일] 단추를 클릭합니다.
- [F5:G12] 영역을 블록 지정한 후 [셀 서식] 대화 상자의 [표시 형식] 탭에서 범주는 '사용자 지정'을 선택하고, 형식 입력란에 #,##0"EA"를 입력한 후 [확인] 버튼을 클릭합니다.
- [H5:H12] 영역을 블록 지정한 후 [셀 서식] 대화 상자의 [표시 형식] 탭에서 범주는 '회계'와 기호는 '없음'을 지정하고, [확인] 버튼을 클릭합니다.
- [E5:H12] 영역을 블록 지정한 후 [홈] 탭의 [맞춤] 그룹에서 [오른쪽 맞춤] 단추를 클릭합니다.

출제 유형 문제

• **예제 파일** : 유형 분석 03₩유형 04_문제.xlsx / • **완성 파일** : 유형 분석 03₩유형 04_완성.xlsx

03 다음은 'WB 홈쇼핑 1월 판매 현황'에 대한 자료이다. 자료를 입력하고 조건에 맞도록 작업하시오.

≪조건≫

○ 임의의 셀에 결재란을 작성하여 그림으로 복사 기능을 이용하여 붙이기 하시오(단, 원본 삭제).
○ 「B4:J4, G14, I14」 영역은 '주황'으로 채우기 하시오.
○ 유효성 검사를 이용하여 「H14」 셀에 상품명(「C5:C12」 영역)이 선택 표시되도록 하시오.
○ 셀 서식 ⇒ 「F5:F12」 영역에 셀 서식을 이용하여 숫자 뒤에 '원'을 표시하시오(예 : 99,000원).
○ 「F5:F12」 영역에 대해 '판매가'로 이름 정의를 하시오.

≪출력형태≫

WB 홈쇼핑 1월 판매 현황

확인	담당	팀장	센터장

상품코드	상품명	분류	최종방송일	판매가	총판매량 (단위:EA)	비고	총판매량 순위	최종방송요일
TC-432	리즈타라 핑크	시계	2024-01-02	99,000원	3,887			
BN-821	시크릿 오일	화장품	2024-01-03	109,000원	12,259			
PD-994	하루견과	식품	2024-01-09	35,900원	3,345			
BC-694	이멕스 더블 크림	화장품	2024-01-05	79,000원	10,210	매진		
BB-579	프로폴리스 크림	화장품	2024-01-04	69,000원	9,624	매진		
TC-456	로즈 헤스	시계	2024-01-05	298,000원	915			
PD-643	왕만두	식품	2024-01-06	33,600원	3,245	매진		
TA-396	타이맥스 위캔더	시계	2024-01-07	69,000원	3,707			
시계 상품의 총판매량(단위:EA) 평균					시계 상품 개수			
1월 총판매금액(단위:원)					상품명	리즈타라 핑크	판매금액(원)	

Hint

- [F5:F12] 영역을 블록 지정한 후 [셀 서식] 대화 상자의 [표시 형식] 탭에서 범주는 '사용자 지정'을 선택하고, 형식 입력란에 #,##0"원"을 입력한 후 [확인] 버튼을 클릭합니다.
- [G5:G12] 영역을 블록 지정한 후 [셀 서식] 대화 상자의 [표시 형식] 탭에서 범주는 '숫자'와 '1000 단위 구분 기호(,) 사용'을 선택하고, [확인] 버튼을 클릭합니다.
- [F5:G12] 영역을 블록 지정한 후 [홈] 탭의 [맞춤] 그룹에서 [오른쪽 맞춤] 단추를 클릭합니다.

출제 유형 문제

• **예제 파일** : 유형 분석 03₩유형 05_문제.xlsx / • **완성 파일** : 유형 분석 03₩유형 05_완성.xlsx

04 다음은 '경양몰 할인행사 현황'에 대한 자료이다. 자료를 입력하고 조건에 맞도록 작업하시오.

≪조건≫

○ 임의의 셀에 결재란을 작성하여 그림으로 복사 기능을 이용하여 붙이기 하시오(단, 원본 삭제).
○ 「B4:J4, G14, I14」 영역은 '주황'으로 채우기 하시오.
○ 유효성 검사를 이용하여 「H14」 셀에 상품명(「D5:D12」 영역)이 선택 표시되도록 하시오.
○ 셀 서식 ⇒ 「H5:H12」 영역에 셀 서식을 이용하여 숫자 뒤에 '개'를 표시하시오(예 : 350개).
○ 「H5:H12」 영역에 대해 '판매수량'으로 이름 정의를 하시오.

≪출력형태≫

경양몰 할인행사 현황

확인	담당	대리	과장

상품코드	분류	상품명	공급업체	가격(원)	할인가(원)	판매수량	행사시작일	순위
SS-02	화장품	블랙로즈오일	블랙뷰티	123,000	105,000	350개		
SC-03	세제	욕실세정제	서창유통	7,700	7,000	850개		
FS-03	화장품	수면팩	블랙뷰티	55,000	49,500	437개		
SN-02	건강	천연비타민C	서창유통	69,000	58,000	950개		
FC-02	세제	고급의류세제	한국통상	18,500	15,000	724개		
FC-01	세제	프리미엄세탁세제	한국통상	33,000	27,500	800개		
FS-01	화장품	스네일에센스	서창유통	49,000	43,700	500개		
FN-02	건강	종합비타민미네랄	서창유통	82,500	78,500	900개		
블랙뷰티 판매수량 합계					최저 가격(원)			
화장품 할인가(원) 평균					상품명	블랙로즈오일	판매금액(원)	

Hint

• [F5:G12] 영역을 블록 지정한 후 [홈] 탭의 [표시 형식] 그룹에서 [쉼표 스타일] 단추를 클릭합니다.
• [H5:H12] 영역을 블록 지정한 후 [셀 서식] 대화 상자의 [표시 형식] 탭에서 범주는 '사용자 지정'을 선택하고, 형식 입력란에 G/표준"개"를 입력한 후 [확인] 버튼을 클릭합니다.
• [F5:H12] 영역을 블록 지정한 후 [홈] 탭의 [맞춤] 그룹에서 [오른쪽 맞춤] 단추를 클릭합니다.

유형 분석

04 [제1작업] 값 계산 및 조건부 서식

값 계산 및 조건부 서식에서는 수식의 기본적인 내용을 바탕으로 다양한 함수의 사용 방법과 조건부 서식의 활용 방법에 대하여 알아봅니다.

시험 유형 미리 보기

• 예제 파일 : 유형 분석 04₩유형 01_문제.xlsx / • 완성 파일 : 유형 분석 04₩유형 01_완성.xlsx

☞ **다음은 'eBook 베스트 판매 현황'에 대한 자료이다. 자료를 입력하고 조건에 맞도록 작업하시오.**

《조건》

☞ (1)~(6) 셀은 반드시 주어진 함수를 이용하여 값을 구하시오(결과값을 직접 입력하면 해당 셀은 0점 처리됨).

(1) 열람기간 ⇒ 코드의 네 번째 값이 1이면 '90일', 2이면 '60일', 3이면 '30일'로 표시하시오(CHOOSE, MID 함수).

(2) 판매가격 순위 ⇒ 판매가격의 내림차순 순위를 1~3까지 구한 결과값에 '위'를 붙이고, 그 외에는 공백으로 표시하시오(IF, RANK.EQ 함수, & 연산자)(예 : 1위).

(3) 자기계발 분야 도서 수 ⇒ (COUNTIF 함수)

(4) 과학/공학 분야 도서 판매가격 평균 ⇒ 단, 조건은 입력 데이터를 이용하시오(DAVERAGE 함수).

(5) 최대 리뷰(단위:개) ⇒ 정의된 이름(리뷰)을 이용하여 구하시오(LARGE 함수).

(6) 판매가격 ⇒ 「H14」 셀에서 선택한 도서명에 대한 판매가격을 구하시오(VLOOKUP 함수).

(7) 조건부 서식의 수식을 이용하여 리뷰(단위:개)가 '1,000' 이상인 행 전체에 다음의 서식을 적용하시오(글꼴 : 파랑, 굵게).

《출력형태》

eBook 베스트 판매 현황

결재	담당	팀장	부장

분류코드	도서명	옮긴이	분야	출간일	판매가격	리뷰(단위:개)	열람기간	판매가격 순위
SE-312	코스모스	서창호	과학/공학	2024-03-24	14,850원	1,316	(1)	(2)
SD-121	1퍼센트 부자의 법칙	김진아	자기계발	2023-02-06	12,000원	495	(1)	(2)
LA-212	인스타 브레인	한송희	인문	2024-11-03	9,450원	604	(1)	(2)
SE-322	이기적 유전자	정세훈	과학/공학	2022-12-24	12,600원	867	(1)	(2)
LA-231	정리하는 뇌	신성재	인문	2022-05-18	13,860원	1,008	(1)	(2)
SE-332	건강의 뇌 과학	유경숙	과학/공학	2023-01-11	13,500원	1,125	(1)	(2)
SD-124	부는 어디서 오는가	나영진	자기계발	2021-11-10	9,450원	505	(1)	(2)
LA-241	사랑의 기술	박희준	인문	2021-08-30	7,560원	924	(1)	(2)
자기계발 분야 도서 수			(3)		최대 리뷰(단위:개)			(5)
과학/공학 분야 도서 판매가격 평균			(4)		도서명	코스모스	판매가격	(6)

유형 잡기 01 수식과 함수 작성하기

◆ 수식의 기본

- 수식은 반드시 등호(=)로 시작하되 함수, 셀 참조, 연산자, 상수, 괄호 등으로 구성됩니다.
- 수식 입력 시 수식 입력 상자에 계산 결과가 나타나는데 숫자를 입력할 경우 화폐 단위나 천 단위 구분 기호 같은 서식 문자는 입력하지 않습니다.
- 상수로 텍스트가 사용될 때는 큰 따옴표(" ")로 묶어 주어야 합니다.
- 피연산자의 셀 주소는 마우스를 이용하여 셀 범위를 선택하면 자동으로 셀 주소가 나타납니다.
- 셀의 결과값에 수식이 아닌 상수로 입력되게 하려면 수식을 입력한 후 F9 키를 누릅니다.

◆ 함수의 기본

- 함수 이름 앞에는 반드시 등호(=)를 먼저 입력해야 하며 숫자, 텍스트, 논리값, 배열, 셀 참조 등을 인수로 지정할 수 있습니다.
- 인수 범위는 콜론(:)으로 표시하고, 구분은 쉼표(,)로 합니다.
- 텍스트를 인수로 사용할 경우는 큰 따옴표(" ")로 묶어 주어야 합니다.
- 인수는 255개까지 사용할 수 있으며, 함수에 따라 생략할 수 있지만 괄호는 생략할 수 없습니다.

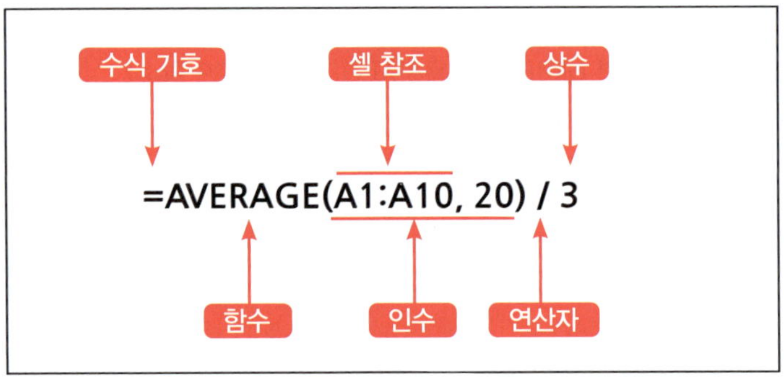

◆ 함수의 사용

- 간단한 함수는 셀에 직접 입력하면 되지만 함수식을 모를 경우에는 [수식] 탭의 [함수 라이브러리] 그룹에서 함수 삽입(fx 함수 삽입) 단추를 클릭하거나 원하는 함수를 선택하면 됩니다.

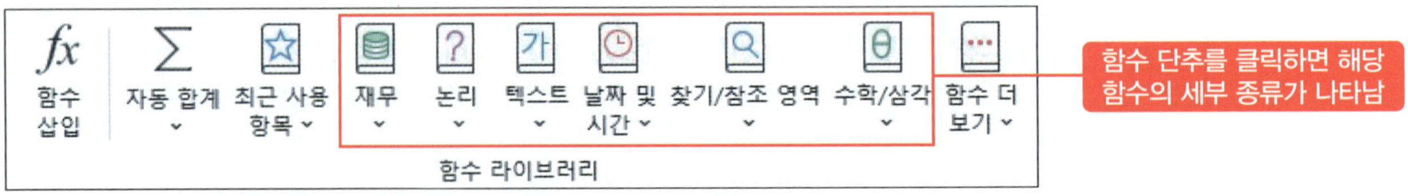

• [함수 마법사] 대화 상자에서 함수 범주와 함수 종류를 선택하면 해당 함수와 인수의 설명을 확인하면서 함수식을 작성할 수 있습니다.

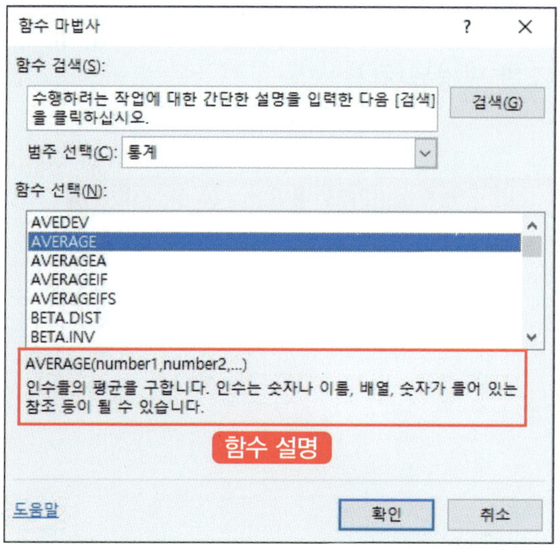

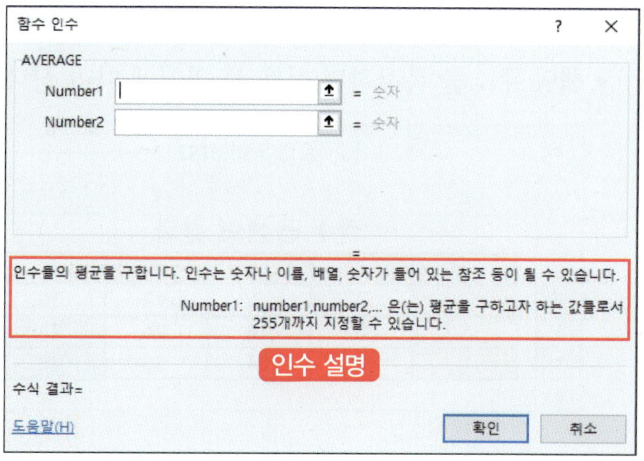

유형 잡기 02 셀 참조 작성하기

◆ 상대 참조

• 기본적인 방식으로 '$' 표시 없이 행 머리글과 열 머리글로만 구성됩니다(예 : A1).
• 해당 주소를 복사하면 현재 셀 위치에 따라 자동적으로 셀 주소가 변경됩니다.

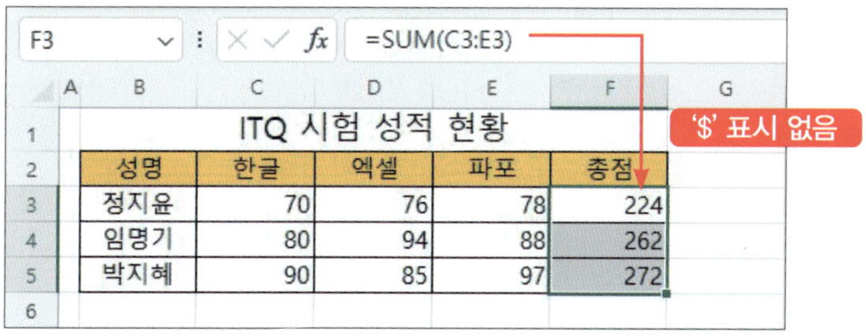

◆ 절대 참조

• 셀 주소가 변경되지 않는 방식으로 행 머리글과 열 머리글 앞에 '$' 표시가 붙습니다(예 : $A$1).
• 해당 주소를 복사하면 참조되는 셀 주소는 항상 고정됩니다.

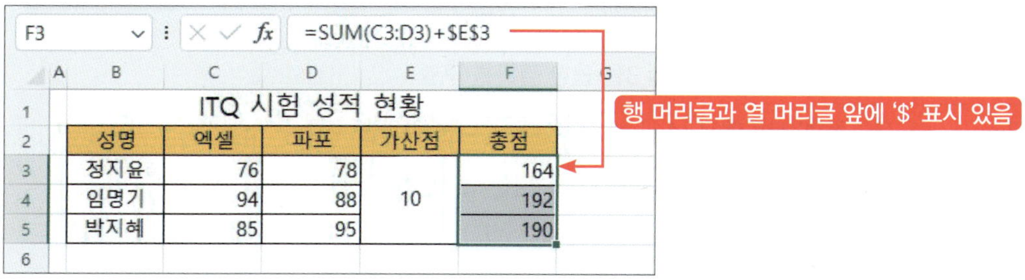

◆ 혼합 참조

- 상대 참조와 절대 참조가 혼합된 방식으로 행 머리글과 열 머리글 중 한쪽에만 '$' 표시가 붙습니다(예 : $A1, A$1).
- 해당 주소를 복사하면 현재 셀 위치에 따라 상대 참조 주소만 변경됩니다.

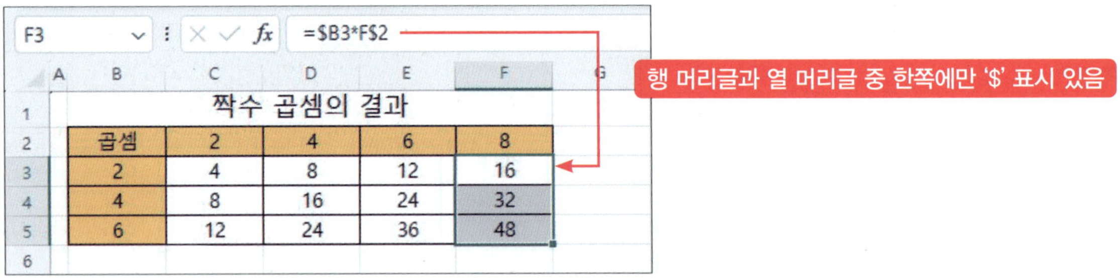

| TIP | **참조 주소 전환**

참조 주소의 변경 셀에서 F4 키를 누르면 참조 주소 형식이 '절대 참조($A$1) → 행 고정 혼합 참조(A$1) → 열 고정 혼합 참조($A1) → 상대 참조(A1)'로 자동적으로 변경됩니다.

◆ 동일한 워크시트의 셀 참조

- 현재 작업중인 워크시트에서 특정 셀을 참조합니다.
- 셀 주소를 직접 입력하거나 키보드/마우스를 이용하여 참조할 셀의 범위를 지정합니다.

보기	설명
=SUM(A1:D2)	[A1] 셀부터 [D2] 셀까지의 합계를 구함
=SUM(A:A)	A열 전체의 합계를 구함
=SUM(1:1)	1행 전체의 합계를 구함
=A1*10	[A1] 셀 값에 10을 곱하여 구함

◆ 다른 워크시트의 셀 참조

- 다른 워크시트에 있는 특정 셀을 참조할 경우 "시트 이름!셀 주소" 형식을 사용합니다.
- 참조하는 워크시트 이름 뒤에 느낌표(!)를 입력한 후 셀 범위를 지정하고, 워크시트 이름에 공백이 있을 경우는 따옴표(' ')로 표시합니다.

보기	설명
=Sheet1!A1*3	Sheet1의 [A1] 셀 값에 3을 곱한 결과를 구함
=제1작업!A1/3	'제1작업' 시트에서 [A1] 셀 값을 3으로 나눈 결과를 구함
='판 매'!A1/3	'판 매' 시트의 [A1] 셀 값을 3으로 나눈 결과를 구함

유형 잡기 03

연산자 작성하기

◆ 산술 연산자

연산자	의미	예제	연산자	의미	예제
+	덧셈	=A1+B2	/	나눗셈	=B3/2
-	뺄셈	=C5-A1	%	백분율	=A2*10%
*	곱셈	=B1*D2	^	지수	=C2^2

◆ 비교 연산자

연산자	의미	예제	연산자	의미	예제
>	크다	=A1>B1	>=	크거나 같다	=A2>=3
<	작다	=B1<C2	<=	작거나 같다	=B2<=5
=	같다	=A1=D1	<>	같지 않다	=A1<>D3

◆ 참조 연산자

연산자	예제	의미
:(콜론)	=A1:C2	[A1] 셀에서 [C2] 셀까지 참조
,(콤마)	=A1,C2	[A1] 셀과 [C2] 셀만 참조
공백	=A1:D2 B1:E2	셀 범위 중 공통되는 셀 참조([B1] 셀에서 [D2] 셀까지 참조)

◆ 텍스트 연산자

연산자	의미	예제
&	텍스트를 서로 연결	="해람"&"기획팀" → 해람기획팀

| TIP | 연산자의 우선 순위

- 우선 순위가 동일할 경우는 왼쪽에서 오른쪽으로 연산을 실행하고, 괄호가 있을 경우는 항상 괄호부터 연산을 수행합니다.
- 참조 연산자 → 음수 부호 → 백분율(%) → 지수(^) → 곱하기(*), 나누기(/) → 더하기(+), 빼기(–) → 텍스트 결합(&) → 비교 연산자

04 통계 함수 이해하기

◆ AVERAGE

설명

- =AVERAGE(인수1, 인수2, …, 인수30)
- 인수들의 평균을 구합니다(인수는 최대 255개까지 가능).
- 인수로는 숫자, 이름, 배열, 참조 영역 등을 지정할 수 있습니다.

예제

제약업체의 분기별 실적에 대한 평균을 구하시오.

G3 : =AVERAGE(C3:F3)

제약업체	1사분기	2사분기	3사분기	4사분기	평균
위즈제약	180	245	375	480	320
나라제약	210	535	440	175	340
미래제약	250	410	325	535	380
비전제약	345	195	280	400	305

풀이

- [G3] 셀에 =AVERAGE(C3:F3)을 입력하고, 채우기 핸들을 이용하여 [G6] 셀까지 수식을 복사합니다.
- =AVERAGE(C3:F3) : [C3:F3] 영역에 있는 수치의 평균을 구합니다.

◆ COUNT

설명

- =COUNT(인수1, 인수2, …)
- 인수 목록에서 숫자 데이터가 있는 셀의 개수를 구합니다.
- 날짜와 숫자 텍스트는 개수에 포함되지만 논리값, 오류값은 제외됩니다.

예제

성적 결과를 이용하여 시험에 응시한 인원수를 구하시오.

E7 : =COUNT(C3:C7)

응시생	성적
오대산	85
김해시	100
노련미	미응시
감수성	90
최대한	75

응시 인원수
4

풀이

- [E7] 셀에 =COUNT(C3:C7)을 입력합니다.
- =COUNT(C3:C7) : [C3:C7] 영역에서 숫자 데이터가 포함된 셀의 개수를 구합니다.

◆ COUNTA

설명

- =COUNTA(인수1, 인수2, …)
- 인수 목록에서 데이터가 입력된 모든 셀의 개수를 구합니다.
- 논리값, 오류값, 텍스트 등의 모든 값이 개수에 포함됩니다.

예제

회원들의 분기별 납입횟수를 구하시오.

C7 : =COUNTA(C3:C6)

회원명	1분기	2분기	3분기	4분기
정중앙	납입			납입
이상해	납입	납입		납입
차이점	납입		납입	
고차원	납입	납입		납입
납입횟수	4	2	1	3

풀이

- [C7] 셀에 =COUNTA(C3:C6)을 입력하고, 채우기 핸들을 이용하여 [F7] 셀까지 수식을 복사합니다.
- =COUNTA(C3:C6) : [C3:C6] 영역에서 공백을 제외하고, 데이터가 입력된 모든 셀의 개수를 구합니다.

◆ COUNTIF

설명

- =COUNTIF(셀 범위, 찾을 조건)
- 지정한 범위 목록에서 찾을 조건과 일치하는 셀의 개수를 구합니다.
- 비교 연산자를 사용할 경우에는 큰 따옴표(" ")로 묶습니다.

예제

사원들의 전반기와 후반기 실적 중 평균이 85점 이상인 사원수를 구하시오.

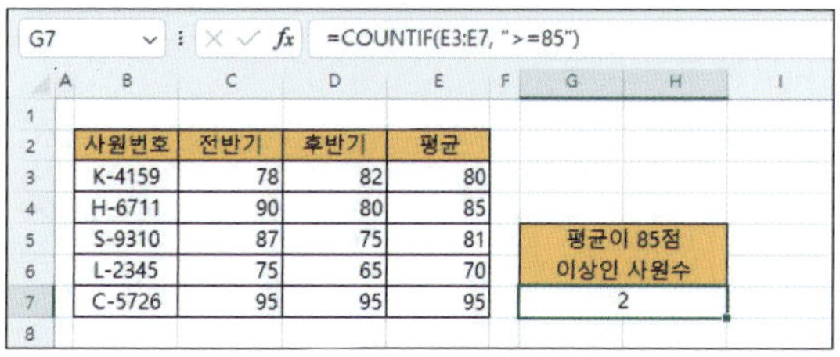
G7 =COUNTIF(E3:E7, ">=85")

사원번호	전반기	후반기	평균
K-4159	78	82	80
H-6711	90	80	85
S-9310	87	75	81
L-2345	75	65	70
C-5726	95	95	95

평균이 85점 이상인 사원수
2

풀이

- [G7] 셀에 =COUNTIF(E3:E7, ">=85")를 입력합니다.
- =COUNTIF(E3:E7, ">=85") : [E3:E7] 영역에서 수치가 85 이상인 데이터의 개수를 구합니다.

◆ MAX/MIN

설명

- =MAX(인수1, 인수2, …)/=MIN(인수1, 인수2, …)
- 지정한 목록에서 논리값과 텍스트를 제외한 최대값/최소값을 구합니다.

예제

사원들의 전반기와 후반기 실적에서 최대값과 최소값을 구하시오.

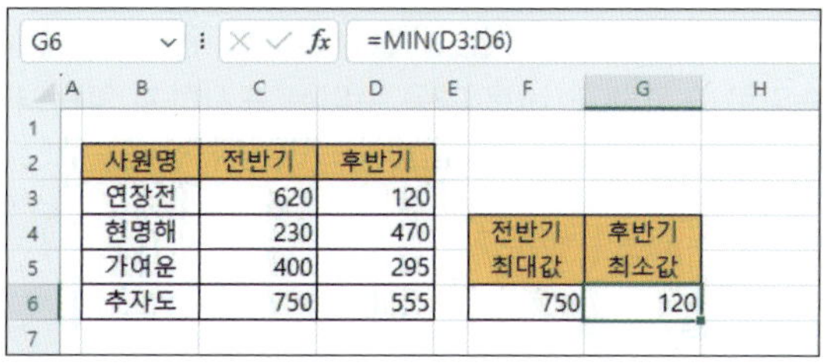
G6 =MIN(D3:D6)

사원명	전반기	후반기
연장전	620	120
현명해	230	470
가여운	400	295
추자도	750	555

전반기 최대값	후반기 최소값
750	120

풀이

- [F6] 셀에 =MAX(C3:C6)/[G6] 셀에 =MIN(D3:D6)을 각각 입력합니다.
- =MAX(C3:C6) : [C3:C6] 영역에서 가장 큰 값을 구합니다.
- =MIN(D3:D6) : [D3:D6] 영역에서 가장 작은 값을 구합니다.

◆ LARGE/SMALL

설명

- =LARGE(셀 범위, k)/=SMALL(셀 범위, k)
- 지정한 목록에서 k번째로 큰 값/작은 값을 구합니다.

예제

상반기와 하반기의 합계에서 3번째로 큰 값과 1번째로 작은 값을 구하시오.

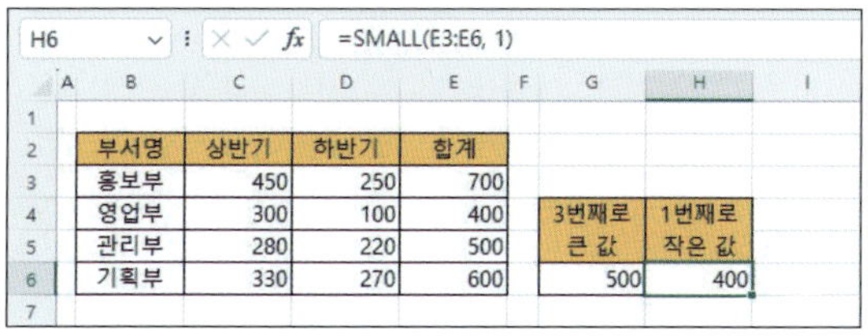
H6 =SMALL(E3:E6, 1)

부서명	상반기	하반기	합계
홍보부	450	250	700
영업부	300	100	400
관리부	280	220	500
기획부	330	270	600

3번째로 큰 값	1번째로 작은 값
500	400

풀이

- [G6] 셀에 =LARGE(E3:E6, 3)/[H6] 셀에 =SMALL(E3:E6, 1)을 각각 입력합니다.
- =LARGE(E3:E6, 3) : [E3:E6] 영역에서 3번째로 큰 값을 구합니다.
- =SMALL(E3:E6, 1) : [E3:E6] 영역에서 1번째로 작은 값을 구합니다.

◆ MEDIAN

설명

- =MEDIAN(셀 범위)
- 지정한 목록에서 중간값을 구합니다(목록이 짝수 개이면 가운데 있는 수의 평균).
- 텍스트, 논리값, 빈 셀 등은 무시하지만 0값을 가진 셀은 포함됩니다.

예제

시험 점수에 대한 총점에서 중간값을 구하시오.

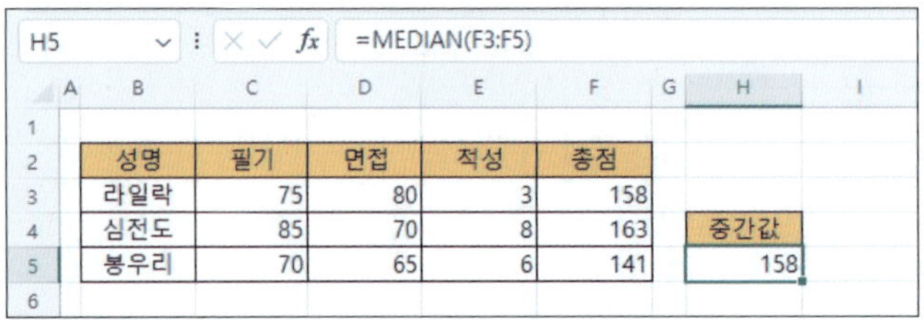
H5 =MEDIAN(F3:F5)

성명	필기	면접	적성	총점		중간값
라일락	75	80	3	158		
심전도	85	70	8	163		중간값
봉우리	70	65	6	141		158

풀이

- [H5] 셀에 =MEDIAN(F3:F5)를 입력합니다.
- =MEDIAN(F3:F5) : [F3:F5] 영역에서 중간값을 구합니다.

◆ RANK.EQ/RANK.AVG

설명

- =RANK.EQ(인수, 수 목록, 순위 결정)/=RANK.AVG(인수, 수 목록, 순위 결정)
- 지정한 목록에서 인수의 순위를 구합니다(수 목록은 절대 참조로 지정).
- 0을 입력하거나 생략하면 내림차순이고, 그 외에는 오름차순으로 구합니다.
- RANK.EQ는 동점을 같은 순위로 표시하고, 바로 다음 순위는 표시하지 않습니다.
- RANK.AVG는 동점 수에 따라 평균 순위를 표시합니다.

예제

시험 점수에 대한 총점을 이용하여 순위를 구하시오.

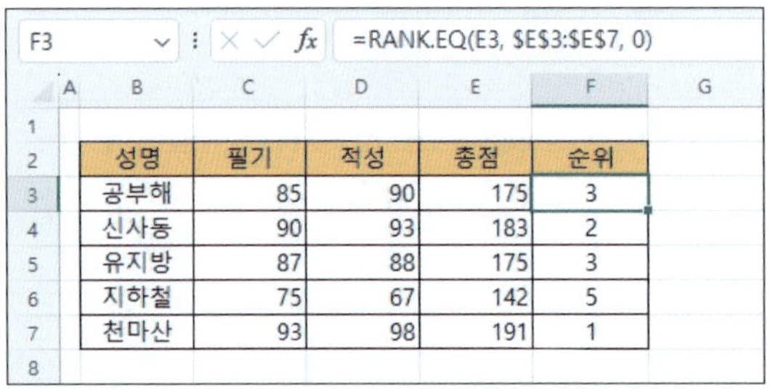
F3 =RANK.EQ(E3, $E$3:$E$7, 0)

성명	필기	적성	총점	순위
공부해	85	90	175	3
신사동	90	93	183	2
유지방	87	88	175	3
지하철	75	67	142	5
천마산	93	98	191	1

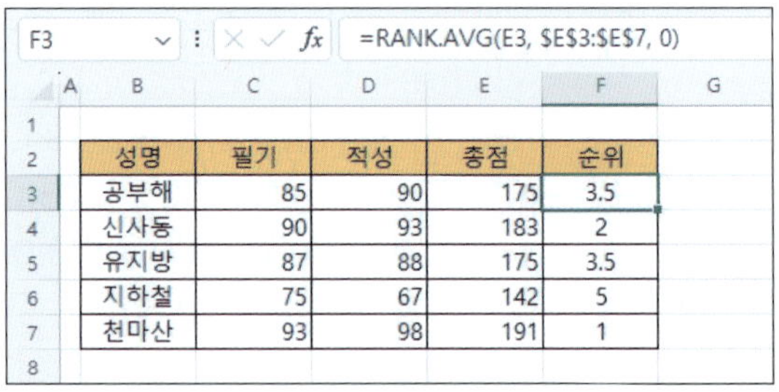
F3 =RANK.AVG(E3, $E$3:$E$7, 0)

성명	필기	적성	총점	순위
공부해	85	90	175	3.5
신사동	90	93	183	2
유지방	87	88	175	3.5
지하철	75	67	142	5
천마산	93	98	191	1

풀이

- [F3] 셀에 =RANK.EQ(E3, $E$3:$E$7, 0)/=RANK.AVG(E3, $E$3:$E$7, 0)을 입력하고, 채우기 핸들을 이용하여 [F7] 셀까지 수식을 복사합니다.
- =RANK.EQ(E3, $E$3:$E$7, 0)/=RANK.AVG(E3, $E$3:$E$7, 0) : [E3:E7] 영역에서 [E3] 셀의 순위를 내림차순으로 구합니다.

05 수학/삼각 함수 이해하기

◆ SUM

설명

- =SUM(인수1, 인수2, …)
- 지정한 목록에서 인수의 합계를 구합니다.
- 인수는 255개까지 지정할 수 있으며, 논리값과 텍스트는 제외됩니다.

예제

은행의 분기별 실적에 대해 총합계를 구하시오.

G3 | =SUM(C3:F3)

은행명	1사분기	2사분기	3사분기	4사분기	총합계
최고은행	250	300	340	400	1290
부자은행	310	245	200	185	940
행복은행	155	240	330	220	945
웃음은행	280	325	315	295	1215

풀이

- [G3] 셀에 =SUM(C3:F3)을 입력하고, 채우기 핸들을 이용하여 [G6] 셀까지 수식을 복사합니다.
- =SUM(C3:F3) : [C3:F3] 영역에 있는 데이터의 합계를 구합니다.

◆ SUMIF

설명

- =SUMIF(셀 범위, 찾을 조건, 합계를 구할 셀 범위)
- 주어진 조건에 의해 지정된 셀들의 합계를 구합니다.
- 합계를 구할 셀 범위를 생략하면 범위 내의 셀들이 계산됩니다.

예제

직급이 '대리'인 사원의 휴가일수를 구하시오.

G7 | =SUMIF(D3:D7, "대리", E3:E7)

사원명	성별	직급	휴가일수
장마철	남	과장	12
오마주	여	사원	17
구로역	남	대리	15
편지통	남	사원	8
허영심	여	대리	5

직급이 대리인 사원의 휴가일수
20

풀이

- [G7] 셀에 =SUMIF(D3:D7, "대리", E3:E7)을 입력합니다.
- =SUMIF(D3:D7, "대리", E3:E7) : [D3:D7] 영역에서 '대리'를 찾은 후 [E3:E7] 영역에서 '대리'에 해당되는 휴가일수(15+5=20)를 구합니다.

◆ SUMPRODUCT

설명

- =SUMPRODUCT(배열1, 배열2, …)
- 배열이나 범위에서 대응되는 값끼리 곱해서 합계를 구합니다.

예제

제품별 판매 수익에 대한 전체 합계를 구하시오.

F6 | =SUMPRODUCT(C3:C6, D3:D6)

제품	판매수량	가격(천)
디지털 TV	2	1,200
노트북	4	900
김치 냉장고	3	1,800
드럼 세탁기	5	1,500

제품별 판매 수익의 전체 합계
18,900

풀이

- [F6] 셀에 =SUMPRODUCT(C3:C6, D3:D6)을 입력합니다.
- =SUMPRODUCT(C3:C6, D3:D6) : [C3]×[D3], [C4]×[D4], [C5]×[D5], [C6]×[D6]을 곱한 결과의 합계를 구합니다.

◆ ROUND

설명

- =ROUND(인수, 자릿수)
- 인수를 지정한 자릿수로 반올림합니다.
- 자릿수가 0보다 클 경우 : 지정한 소수 자릿수로 반올림합니다.
- 자릿수가 0일 경우 : 가장 가까운 정수로 반올림합니다.
- 자릿수가 0보다 작을 경우 : 소수점 왼쪽에서 반올림합니다.

예제

지점별 수입량과 수출량의 평균을 구하되 소수 둘째 자리에서 반올림하시오.

E3 =ROUND(AVERAGE(C3:D3), 1)

지점	수입량	수출량	수입/수출 평균
강남	55.3	77	66.2
강북	60	51.3	55.7
강동	47.5	66	56.8
강서	70	83.9	77

풀이

- [E3] 셀에 =ROUND(AVERAGE(C3:D3), 1)을 입력하고, 채우기 핸들을 이용하여 [E6] 셀까지 수식을 복사합니다.
- =ROUND(AVERAGE(C3:D3), 1) : [C3:D3] 영역의 평균을 구한 후 소수 이하 첫째 자리까지 표시되도록 반올림합니다.

◆ ROUNDUP

설명

- ROUNDUP(인수, 자릿수)
- 인수를 지정한 자릿수로 올림한 값을 구합니다.
- 자릿수가 양수일 경우 : 지정한 소수점 아래 자리에서 올림합니다.
- 자릿수가 0이거나 생략될 경우 : 소수점 아래를 올림하여 정수가 됩니다.
- 자릿수가 음수일 경우 : 지정한 소수점 왼쪽에서 올림합니다.

예제

지역별 상반기와 하반기의 취업 평균을 구하되 소수 셋째 자리에서 올림하시오.

E3 =ROUNDUP(AVERAGE(C3:D3), 2)

지역	상반기	하반기	취업 평균
서울	37	45.97	41.49
부산	45.03	59	52.02
인천	25	37.53	31.27
광주	41.77	67	54.39

풀이

- [E3] 셀에 =ROUNDUP(AVERAGE(C3:D3), 2)를 입력하고, 채우기 핸들을 이용하여 [E6] 셀까지 수식을 복사합니다.
- =ROUNDUP(AVERAGE(C3:D3), 2) : [C3:D3] 영역의 평균을 구한 후 소수 이하 둘째 자리까지 표시되도록 올림합니다.

◆ ROUNDDOWN

설명

- =ROUNDDOWN(인수, 자릿수)
- 인수를 지정한 자릿수로 내림한 값을 구합니다.
- 자릿수가 양수일 경우 : 지정한 소수점 아래 자리에서 내림합니다.
- 자릿수가 0이거나 생략될 경우 : 소수점 아래를 버리고 정수가 됩니다.
- 자릿수가 음수일 경우 : 지정한 소수점 왼쪽에서 내림합니다.

예제

부서별 가점과 평점의 평균을 구하되 소수 넷째 자리에서 내림하시오.

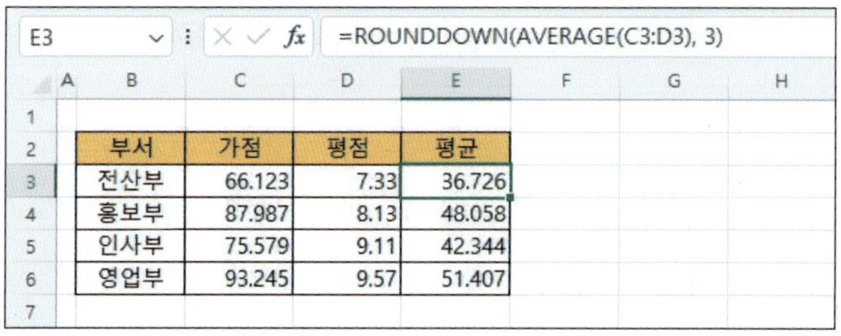

E3 =ROUNDDOWN(AVERAGE(C3:D3), 3)

부서	가점	평점	평균
전산부	66.123	7.33	36.726
홍보부	87.987	8.13	48.058
인사부	75.579	9.11	42.344
영업부	93.245	9.57	51.407

풀이

- [E3] 셀에서 =ROUNDDOWN(AVERAGE(C3:D3), 3)을 입력하고, 채우기 핸들을 이용하여 [E6] 셀까지 수식을 복사합니다.
- =ROUNDDOWN(AVERAGE(C3:D3), 3) : [C3:D3] 영역의 평균을 구한 후 소수 이하 셋째 자리까지만 표시하고, 나머지는 내림합니다.

◆ INT

설명

- =INT(인수)
- 인수의 소수점 아래를 버리고, 가장 가까운 정수로 내림합니다.
- 인수로는 음수(-)가 사용될 수 있습니다.

예제

날짜별 온도와 습도를 이용하여 불쾌지수를 구하시오(단, 불쾌지수 = (온도 + 습도) × 0.72 + 40.6으로 계산).

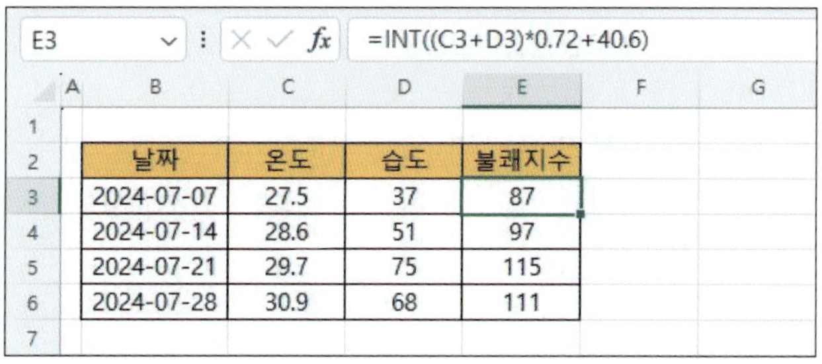

E3 =INT((C3+D3)*0.72+40.6)

날짜	온도	습도	불쾌지수
2024-07-07	27.5	37	87
2024-07-14	28.6	51	97
2024-07-21	29.7	75	115
2024-07-28	30.9	68	111

풀이

- [E3] 셀에서 =INT((C3+D3)*0.72+40.6)을 입력하고, 채우기 핸들을 이용하여 [E6] 셀까지 수식을 복사합니다.
- =INT((C3+D3)*0.72+40.6) : [C3] 셀과 [D3] 셀의 데이터를 더한 후 0.72를 곱하고, 40.6을 더하면 87.04가 되지만 소수점 아래를 버리고, 가장 가까운 정수를 구하므로 87이 됩니다.

유형 잡기 06 논리 함수 이해하기

◆ IF

설명

- =IF(조건식, 참값, 거짓값)
- 조건식이 참이면 참에 해당하는 값을 표시하고, 그렇지 않으면 거짓에 해당하는 값을 표시합니다(인수와 함께 최대 7개까지 중첩하여 사용 가능).

예제

등급에서 합계가 260 이상이면 "A", 250 이상이면 "B" 그 외의 경우에는 "F"로 표시하시오.

G3 : =IF(F3>=260, "A", IF(F3>=250, "B", "F"))

성명	시험	출석	소양	합계	등급
명성산	78	100	81	259	B
유일해	85	93	70	248	F
한식당	90	88	96	274	A
김장철	82	94	78	254	B

풀이

- [G3] 셀에 =IF(F3>=260, "A", IF(F3>=250, "B", "F"))를 입력하고, 채우기 핸들을 이용하여 [G6] 셀까지 수식을 복사합니다.
- =IF(F3>=260, "A", IF(F3>=250, "B", "F")) : 합계가 260 이상이면 A를 표시하고, 합계가 250 이상이면 B를 표시하고, 그렇지 않으면 F를 표시합니다.

◆ AND

설명

- =AND(조건1, 조건2)
- 조건이 참일 경우에만 'TRUE'를 표시하고, 그렇지 않으면 'FALSE'를 표시합니다.
- 참조 영역에 텍스트나 빈 셀이 있으면 그 값은 무시합니다.

예제

필기와 실기가 모두 80점 이상이면 '합격'을, 그렇지 않으면 '불합격'을 표시하시오.

E3 : =IF(AND(C3>=80, D3>=80), "합격", "불합격")

성명	필기	실기	결과
천문대	65	95	불합격
문장력	90	80	합격
이백원	85	90	합격
신세계	55	75	불합격

풀이

- [E3] 셀에 =IF(AND(C3>=80, D3>=80), "합격", "불합격")을 입력하고, 채우기 핸들을 이용하여 [E6] 셀까지 수식을 복사합니다.
- =IF(AND(C3>=80, D3>=80), "합격", "불합격") : [C3] 셀은 80 이상이 아니므로 FALSE이고, [D3] 셀은 80 이상이므로 TRUE입니다. 즉, 두 조건 중에서 하나가 만족하지 못하므로 결과는 '불합격'입니다.

◆ OR

설명

- =OR(조건1, 조건2)
- 조건이 하나라도 참이면 'TRUE'를 표시하고, 그렇지 않으면 'FALSE'를 표시합니다.
- 참조 영역에 텍스트나 빈 셀이 있으면 그 값은 무시합니다.

예제

필기와 실기 중 하나라도 80점 이상이면 '합격'을, 그렇지 않으면 '불합격'을 표시하시오.

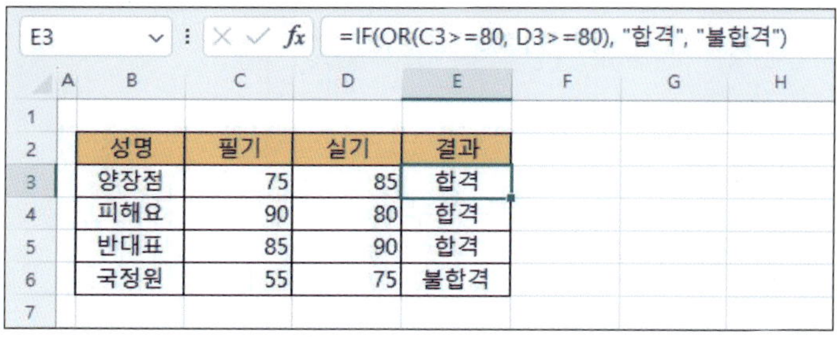
E3 =IF(OR(C3>=80, D3>=80), "합격", "불합격")

성명	필기	실기	결과
양장점	75	85	합격
피해요	90	80	합격
반대표	85	90	합격
국정원	55	75	불합격

풀이

- [E3] 셀에 =IF(OR(C3>=80, D3>=80), "합격", "불합격")을 입력하고, 채우기 핸들을 이용하여 [E6] 셀까지 수식을 복사합니다.
- =IF(OR(C3>=80, D3>=80), "합격", "불합격") : [C3] 셀은 80 이상이 아니므로 FALSE이고, [D3] 셀은 80 이상이므로 TRUE입니다. 즉, 두 조건 중에서 하나라도 만족하므로 결과는 '합격'입니다.

유형 잡기 07 텍스트 함수 이해하기

◆ LEFT/RIGHT

설명

- =LEFT(텍스트, 수치)/=RIGHT(텍스트, 수치)
- 텍스트의 왼쪽부터/오른쪽부터 지정한 개수만큼의 문자를 표시합니다(공백 포함).
- 두 함수에서 수치는 0 이상 입력해야 하며, 텍스트 길이보다 수치가 크면 모두 표시됩니다.

예제

주어진 텍스트에서 [C3] 셀에는 왼쪽에서 7개의 텍스트를, [D3] 셀에는 오른쪽에서 3개의 텍스트를 표시하시오.

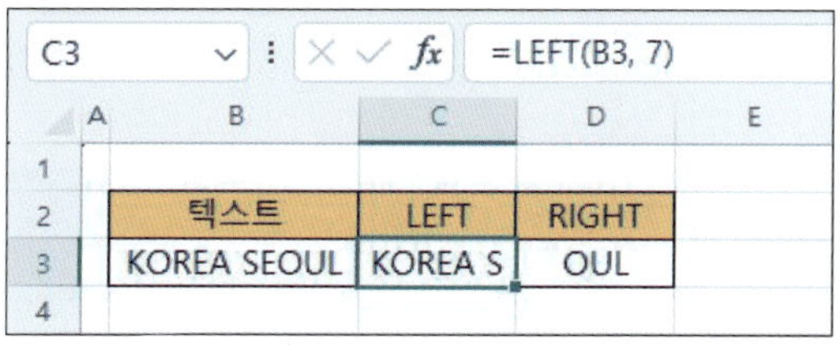
C3 =LEFT(B3, 7)

텍스트	LEFT	RIGHT
KOREA SEOUL	KOREA S	OUL

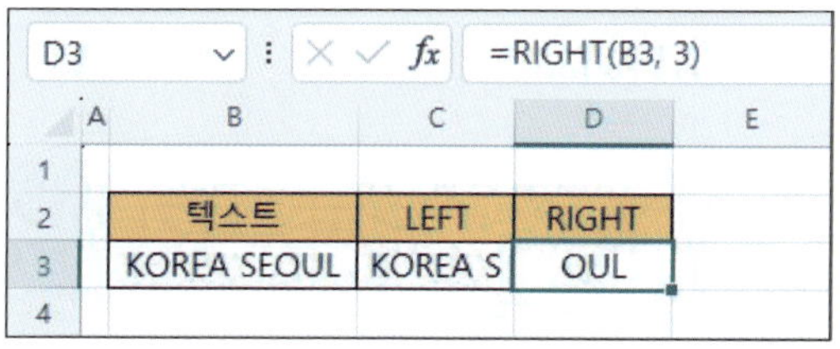
D3 =RIGHT(B3, 3)

텍스트	LEFT	RIGHT
KOREA SEOUL	KOREA S	OUL

풀이

- [C3] 셀에는 =LEFT(B3, 7)/[D3] 셀에는 =RIGHT(B3, 3)을 각각 입력합니다.
- =LEFT(B3, 7) : [B3] 셀의 텍스트 중 왼쪽에서 7개의 문자를 표시합니다.
- =RIGHT(B3, 3) : [B3] 셀의 텍스트 중 오른쪽에서 3개의 문자를 표시합니다.

◆ MID

설명

- =MID(텍스트, 수치1, 수치2)
- 텍스트의 지정 위치에서 문자를 지정한 개수만큼 구합니다.
- 수치의 위치가 전체 텍스트의 길이보다 길면 빈 텍스트(' ')를 표시합니다.

예제

주민등록번호를 이용하여 성별을 표시하되 '-' 뒤의 첫 번째 문자가 1이면 '남자', 2이면 '여자'가 표시되도록 하시오.

D3 : =IF(OR(MID(C3, 8, 1)="1"), "남자", "여자")

성명	주민등록번호	성별
윤중로	920311-1224750	남자
배달해	791220-2668451	여자
마지막	810912-1007895	남자
차고지	870530-2461320	여자

풀이

- [D3] 셀에 =IF(OR(MID(C3, 8, 1)="1"), "남자", "여자")를 입력하고, 채우기 핸들을 이용하여 [D6] 셀까지 수식을 복사합니다.
- =IF(OR(MID(C3, 8, 1)="1"), "남자", "여자") : [C3] 셀에서 8번째에 있는 첫 문자가 1이면 '남자', 그렇지 않으면 '여자'를 표시합니다.

◆ CONCATENATE

설명

- =CONCATENATE(텍스트1, 텍스트2)
- 여러 텍스트를 하나의 텍스트로 결합하여 표시합니다.

예제

각 셀의 텍스트(1, 2)를 결합하여 [D3] 셀에 표시하시오.

D3 : =CONCATENATE(B3, C3)

텍스트1	텍스트2	결과
ITQ	엑셀	ITQ엑셀

풀이

- [D3] 셀에 =CONCATENATE(B3, C3)을 입력합니다.
- =CONCATENATE(B3, C3) : [B3] 셀과 [C3] 셀의 텍스트를 하나의 텍스트로 결합(연결)합니다.

유형 잡기 08 날짜/시간 함수 이해하기

◆ YEAR/MONTH/DAY

설명

- =YEAR( )/=MONTH( )/=DAY( )
- 날짜 일련번호로부터 년 단위(1900년~9999년)/월 단위(1월~12월)/일 단위(1일~31일)를 구합니다.

예제

가입 날짜를 이용하여 가입 년도, 가입 월, 가입 일을 각각 구하시오.

D3 : =YEAR(B3)

가입 날짜	회원명	가입 년도	가입 월	가입 일
2024-03-10	장미원	2024	3	10
2022-11-11	황금색	2022	11	11
2023-08-23	금어기	2023	8	23
2021-05-20	편도선	2021	5	20

풀이	
풀이	• [D3] 셀에 =YEAR(B3)/[E3] 셀에 =MONTH(B3)/[F3] 셀에 =DAY(B3)을 각각 입력하고, [D3:F3] 영역을 블록 지정한 후 채우기 핸들을 이용하여 [F6] 셀까지 수식을 복사합니다. • =YEAR(B3)/=MONTH(B3)/=DAY(B3) : [B3] 셀에서 년도만/월만/일만 표시합니다.

◆ TODAY

설명

• =TODAY( )
• 시스템(컴퓨터)의 현재 날짜를 표시합니다.

예제

주어진 생년월일을 이용하여 현재 나이를 구하시오(단, 2024년 기준).

D3 : =YEAR(TODAY( ))-YEAR(C3)

성명	생년월일	현재 나이
권태기	1990-07-12	34
송사리	1986-03-29	38
염창동	1979-03-20	45
함양군	1997-02-02	27

풀이

• [D3] 셀에 =YEAR(TODAY( ))-YEAR(C3)을 입력하고, 채우기 핸들을 이용하여 [D6] 셀까지 수식을 복사합니다.
• =YEAR(TODAY( ))-YEAR(C3) : 시스템의 현재 날짜에서 년도만을 표시한 후 [C3] 셀의 생년월일 중 년도만을 표시하여 빼기합니다.

◆ DATE

설명

• =DATE(년, 월, 일)
• 지정한 년, 월, 일을 사용하여 특정 날짜를 표시합니다.

예제

회원별 가입년, 가입월, 가입일을 이용하여 가입 기간을 구하시오.

F3 : =TODAY( )-DATE(C3, D3, E3)

회원명	가입년	가입월	가입일	가입 기간
오지마	2018	12	7	1870
원기소	2019	6	16	1679
정육점	2020	3	18	1403
방학동	2021	5	4	991

풀이

• [F3] 셀에 =TODAY( )-DATE(C3, D3, E3)을 입력하고, 채우기 핸들을 이용하여 [F6] 셀까지 수식을 복사합니다.
• =TODAY( )-DATE(C3, D3, E3) : 시스템의 현재 날짜를 표시한 후 [C3] 셀의 년/[D3] 셀의 월/[E3] 셀의 일을 표시하여 빼기합니다.

◆ WEEKDAY

설명

• =WEEKDAY(날짜, 반환값)
• 날짜 일련번호로부터 요일 번호(1부터 7까지)를 구합니다.
• 반환값이 1이거나 생략할 경우 1(일요일)에서 7(토요일)/반환값이 2일 경우 1(월요일)에서 7(일요일)/반환값이 3일 경우 0(월요일)에서 6(일요일)까지 나타냅니다.

예제	입사일을 이용하여 각 요일 번호를 구하시오. 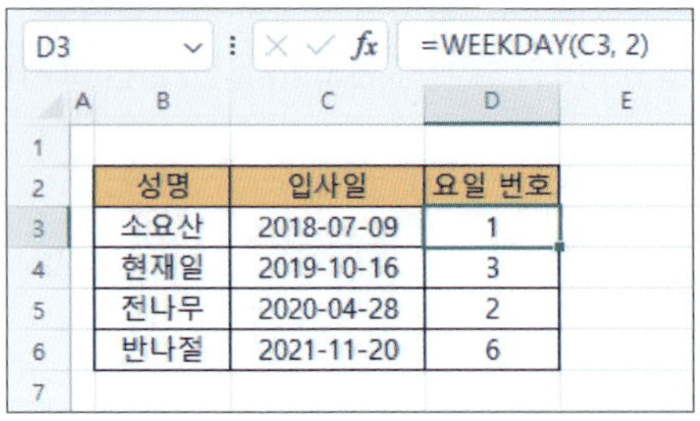
풀이	• [D3] 셀에 =WEEKDAY(C3, 2)를 입력하고, 채우기 핸들을 이용하여 [D6] 셀까지 수식을 복사합니다. • =WEEKDAY(C3, 2) : [C3] 셀에서 요일(월요일)을 구한 후 반환값이 2이므로 월요일(1)에서 일요일(7)까지 표현하면 월요일은 '1'에 해당합니다.

D3 =WEEKDAY(C3, 2)

성명	입사일	요일 번호
소요산	2018-07-09	1
현재일	2019-10-16	3
전나무	2020-04-28	2
반나절	2021-11-20	6

◆ DAYS360

설명	• =DAYS360(날짜1, 날짜2) • 1년을 360일(30일 기준의 12개월)로 하여 두 날짜 사이의 날짜 수를 구합니다.
예제	사원별 입사일과 퇴사일을 이용하여 근무 일수를 구하시오. 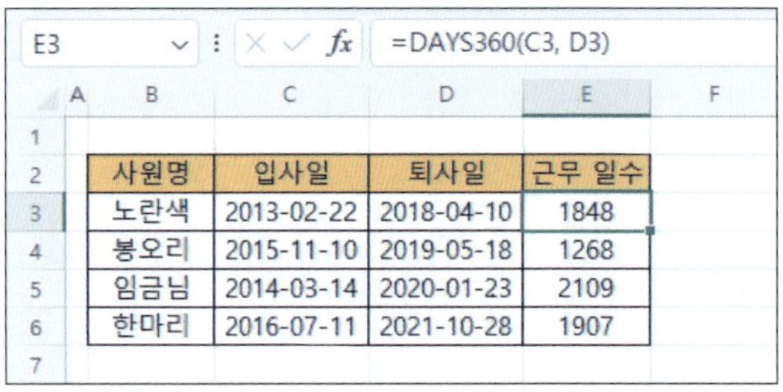
풀이	• [E3] 셀에 =DAYS360(C3, D3)을 입력하고, 채우기 핸들을 이용하여 [E6] 셀까지 수식을 복사합니다. • =DAYS360(C3, D3) : [C3] 셀의 시작 날짜와 [D3] 셀의 끝 날짜 사이의 일(日) 수를 계산합니다.

E3 =DAYS360(C3, D3)

사원명	입사일	퇴사일	근무 일수
노란색	2013-02-22	2018-04-10	1848
봉오리	2015-11-10	2019-05-18	1268
임금님	2014-03-14	2020-01-23	2109
한마리	2016-07-11	2021-10-28	1907

유형 잡기 09 찾기/참조 함수 이해하기

◆ VLOOKUP

설명	• =VLOOKUP(찾을 값, 범위, 열 번호, 찾는 방법) • 배열 첫 열에서 값을 검색하여 지정한 열의 같은 행에서 데이터를 추출합니다. • 찾는 방법이 TRUE(1)이거나 생략된 경우 : 첫째 열에서 정확하게 일치하는 값이 없으면 찾을 값보다 작은 값 중에서 최대값을 찾습니다. • 찾는 방법이 FALSE(0)인 경우 : 첫째 열에서 정확하게 일치하는 값을 찾으며, 값이 없을 경우 오류값(#N/A)이 나타납니다.

예제

부서별 상여율(%)을 이용하여 각각의 상여금을 구하시오(단, 상여금 = 본봉×부서별 상여율).

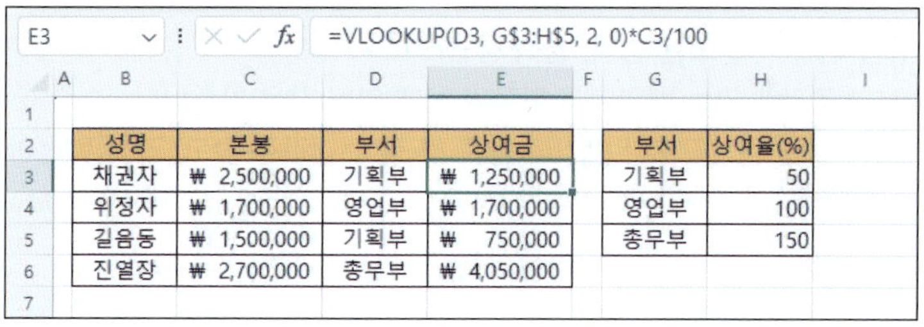

E3 =VLOOKUP(D3, G$3:H$5, 2, 0)*C3/100

성명	본봉	부서	상여금
채권자	₩ 2,500,000	기획부	₩ 1,250,000
위정자	₩ 1,700,000	영업부	₩ 1,700,000
길음동	₩ 1,500,000	기획부	₩ 750,000
진열장	₩ 2,700,000	총무부	₩ 4,050,000

부서	상여율(%)
기획부	50
영업부	100
총무부	150

풀이

- [E3] 셀에 =VLOOKUP(D3, G$3:H$5, 2, 0)*C3/100을 입력하고, 채우기 핸들을 이용하여 [E6] 셀까지 수식을 복사합니다.
- =VLOOKUP(D3, G$3:H$5, 2, 0)*C3/100 : [D3] 셀의 기획부를 추출한 후 [G3:H5] 영역에서 2번째 열과 일치하는 값을 찾은 다음 [C3] 셀의 본봉을 곱하고, 100으로 나눕니다.

◆ CHOOSE

설명

- =CHOOSE(번호, 인수1, 인수2)
- 인수 목록 중 번호에 해당하는 인수를 구합니다(목록 중에서 하나를 선택).

예제

코드번호의 두 번째 자리가 1이면 '관리부', 2이면 '홍보부', 3이면 '전산부'로 부서란에 표시하시오.

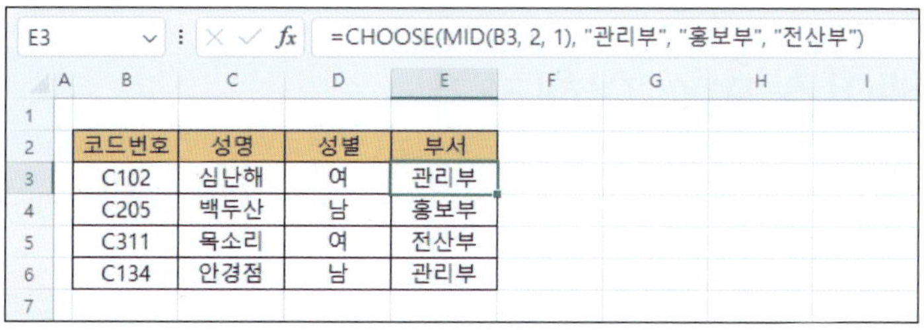

E3 =CHOOSE(MID(B3, 2, 1), "관리부", "홍보부", "전산부")

코드번호	성명	성별	부서
C102	심난해	여	관리부
C205	백두산	남	홍보부
C311	목소리	여	전산부
C134	안경점	남	관리부

풀이

- [E3] 셀에 =CHOOSE(MID(B3, 2, 1), "관리부", "홍보부", "전산부")를 입력하고, 채우기 핸들을 이용하여 [E6] 셀까지 수식을 복사합니다.
- =CHOOSE(MID(B3, 2, 1), "관리부", "홍보부", "전산부") : [B3] 셀의 텍스트에서 두 번째부터 시작하여 첫 번째 문자가 1이면 관리부, 2이면 홍보부, 3이면 전산부로 표시합니다.

◆ INDEX

설명

- =INDEX(배열, 행 번호, 열 번호)
- 표나 범위에서 지정된 행이나 열에 해당하는 값을 구합니다.
- 해당 범위 내에서 값이나 참조 영역을 구합니다.

예제

종목별 주식 시세에서 으뜸약품의 매도 가격을 표시하시오.

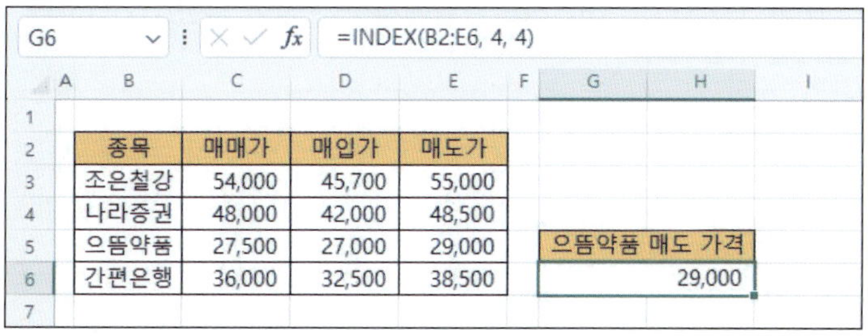

G6 =INDEX(B2:E6, 4, 4)

종목	매매가	매입가	매도가
조은철강	54,000	45,700	55,000
나라증권	48,000	42,000	48,500
으뜸약품	27,500	27,000	29,000
간편은행	36,000	32,500	38,500

으뜸약품 매도 가격
29,000

풀이

- [G6] 셀에 =INDEX(B2:E6, 4, 4)를 입력합니다.
- =INDEX(B2:E6, 4, 4) : [B2:E6] 영역에서 지정한 4행 4열에 있는 값을 표시합니다.

◆ MATCH

설명

- =MATCH(검색값, 배열 또는 범위, 검색 방법)
- 지정한 순서와 조건에 맞는 배열에서 항목의 상대 위치 값을 찾습니다.
- 검색 방법이 '1'이면 검색값보다 작거나 같은 값 중 최대값을 찾고, 검색 방법이 '0'이면 검색값보다 크거나 같은 값 중 최소값을 찾습니다.

예제

점수표에서 '서해안'이 몇 번째에 위치하는지를 구하시오.

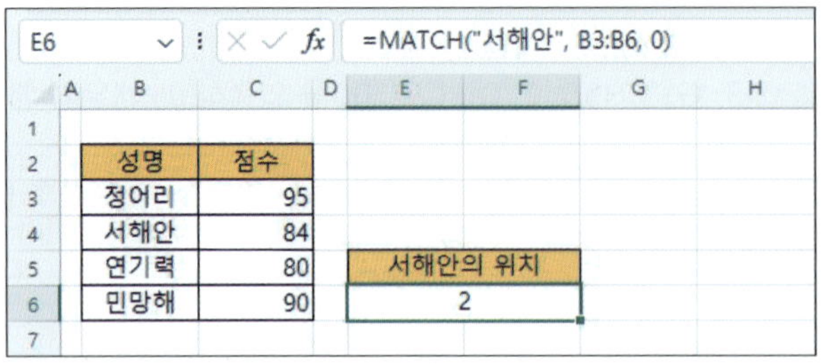

E6 =MATCH("서해안", B3:B6, 0)

	A	B	C	D	E	F
1						
2		성명	점수			
3		정어리	95			
4		서해안	84			
5		연기력	80		서해안의 위치	
6		민망해	90		2	
7						

풀이

- [E6] 셀에 =MATCH("서해안", B3:B6, 0)을 입력합니다.
- =MATCH("서해안", B3:B6, 0) : [B3:B6] 영역에서 '서해안'의 위치를 구합니다.

유형 잡기 10 데이터베이스 함수 이해하기

◆ DSUM

설명

- =DSUM(범위, 열 번호, 찾을 조건)
- 지정한 조건에 맞는 데이터베이스에서 필드(열)의 합계를 구합니다.

예제

조건에 따라 강남 매장의 수량 합계를 구하시오.

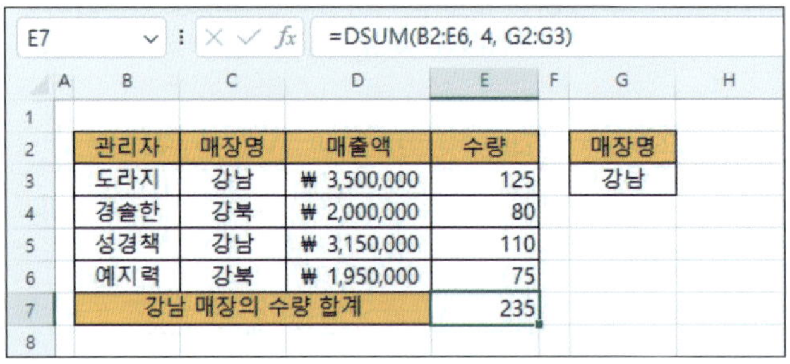

E7 =DSUM(B2:E6, 4, G2:G3)

	A	B	C	D	E	F	G
1							
2		관리자	매장명	매출액	수량		매장명
3		도라지	강남	₩ 3,500,000	125		강남
4		경솔한	강북	₩ 2,000,000	80		
5		성경책	강남	₩ 3,150,000	110		
6		예지력	강북	₩ 1,950,000	75		
7		강남 매장의 수량 합계			235		
8							

풀이

- [E7] 셀에 =DSUM(B2:E6, 4, G2:G3)을 입력합니다.
- =DSUM(B2:E6, 4, G2:G3) : [B2:E6] 영역에서 매장명이 강남[G2:G3]인 데이터를 검색하여 4열에 있는 수량의 합계를 구합니다.

◆ DAVERAGE

설명

- =DAVERAGE(범위, 열 번호, 찾을 조건)
- 지정한 조건에 맞는 데이터베이스에서 필드(열)의 평균을 구합니다.

예제

조건에 따라 소속이 총무팀인 전반기 평균을 구하시오.

F7 =DAVERAGE(B2:F6, 3, H2:H3)

성명	소속	전반기	후반기	평균		소속
정수리	총무팀	70	60	65		총무팀
강원도	영업팀	75	85	80		
주최국	총무팀	90	80	85		
이세상	영업팀	85	75	80		
총무팀의 전반기 평균				80		

풀이

- [F7] 셀에 =DAVERAGE(B2:F6, 3, H2:H3)을 입력합니다.
- =DAVERAGE(B2:F6, 3, H2:H3) : [B2:F6] 영역에서 소속이 총무팀[H2:H3]인 데이터를 검색하여 3열에 있는 전반기의 평균을 구합니다.

◆ DCOUNT

설명

- =DCOUNT(범위, 열 번호, 찾을 조건)
- 지정한 조건에 맞는 데이터베이스에서 숫자를 포함한 셀의 개수를 구합니다.

예제

조건에 따라 본봉이 2000000 이상인 사원수를 구하시오.

E7 =DCOUNT(B2:E6, 4, G2:G3)

사원명	성별	직책	본봉		본봉
김매기	남	사원	₩ 1,300,000		>=2000000
최대치	여	부장	₩ 3,000,000		
옴악인	여	과장	₩ 2,500,000		
홍대역	남	대리	₩ 1,900,000		
본봉이 200 이상인 사원수			2		

풀이

- [E7] 셀에 =DCOUNT(B2:E6, 4, G2:G3)을 입력합니다.
- =DCOUNT(B2:E6, 4, G2:G3) : [B2:E6] 영역에서 본봉이 2000000 이상[G2:G3]인 데이터를 검색하여 4열에서 개수를 구합니다.

◆ DCOUNTA

설명

- =DCOUNTA(범위, 열 번호, 찾을 조건)
- 찾을 조건과 일치하는 데이터베이스 필드 값의 개수를 구합니다.

예제

조건에 따라 직책이 '대리'인 사원을 제외한 나머지 사원수를 구하시오.

D7 =COUNT(D3:D6)-DCOUNTA(B2:D6, 2, F2:F3)

사원명	직책	본봉		직책
엄중히	사원	₩ 1,300,000		대리
지독해	과장	₩ 2,500,000		
박수처	대리	₩ 2,000,000		
공기업	사원	₩ 1,350,000		
대리를 제외한 사원수		3		

풀이

- [D7] 셀에 =COUNT(D3:D6)-DCOUNTA(B2:D6, 2, F2:F3)을 입력합니다.
- =COUNT(D3:D6)-DCOUNTA(B2:D6, 2, F2:F3) : [D3:D6] 영역에서 수치 데이터가 있는 모든 셀의 개수를 구한 후 [B2:D6] 영역에서 직책이 대리[F2:F3]인 데이터를 검색하여 2열에 있는 대리의 개수를 구한 다음 빼기합니다.

◆ DMAX

설명

- =DMAX(범위, 열 번호, 찾을 조건)
- 지정한 조건에 맞는 데이터베이스의 필드(열) 값 중에서 가장 큰 값을 구합니다.

예제

조건에 따라 신장이 165 이상인 사원 중에서 가장 높은 체중을 구하시오.

E7 fx =DMAX(B2:E6, 4, G2:G3)

사원번호	사원명	신장	체중		신장
TC-101	유지방	185	80		>=165
AB-330	소양강	165	52		
UP-222	주파수	178	75		
ZX-524	변경해	160	55		
가장 높은 체중			80		

풀이

- [E7] 셀에 =DMAX(B2:E6, 4, G2:G3)을 입력합니다.
- =DMAX(B2:E6, 4, G2:G3) : [B2:E6] 영역에서 신장이 165 이상[G2:G3]인 데이터를 검색하여 4열에 있는 체중 중 가장 높은 체중을 구합니다.

◆ DMIN

설명

- =DMIN(범위, 열 번호, 찾을 조건)
- 지정한 조건에 맞는 데이터베이스의 필드(열) 값 중에서 가장 작은 값을 구합니다.

예제

조건에 따라 남자인 사원 중에서 가장 낮은 면접 점수를 구하시오.

E7 fx =DMIN(B2:E6, 4, G2:G3)

사원번호	사원명	성별	면접 점수		성별
K-010	고대산	남자	75		남자
H-235	나사용	남자	65		
C-310	백장미	여자	80		
B-113	한송이	여자	90		
가장 낮은 면접 점수			65		

풀이

- [E7] 셀에 =DMIN(B2:E6, 4, G2:G3)을 입력합니다.
- =DMIN(B2:E6, 4, G2:G3) : [B2:E6] 영역에서 성별이 남자[G2:G3]인 데이터를 검색하여 4열에 있는 면접 점수 중 가장 낮은 점수를 구합니다.

주어진 함수 이용하기

1 [파일]-[열기]-[찾아보기]를 차례로 선택하고, [열기] 대화 상자에서 '유형 분석 04₩유형 01_문제.xlsx'를 불러오기 합니다.

2 열람기간을 구하기 위하여 [I5] 셀에 =CHOOSE(MID(B5,4,1),"90일","60일","30일")을 입력하고, Enter 키를 누릅니다.

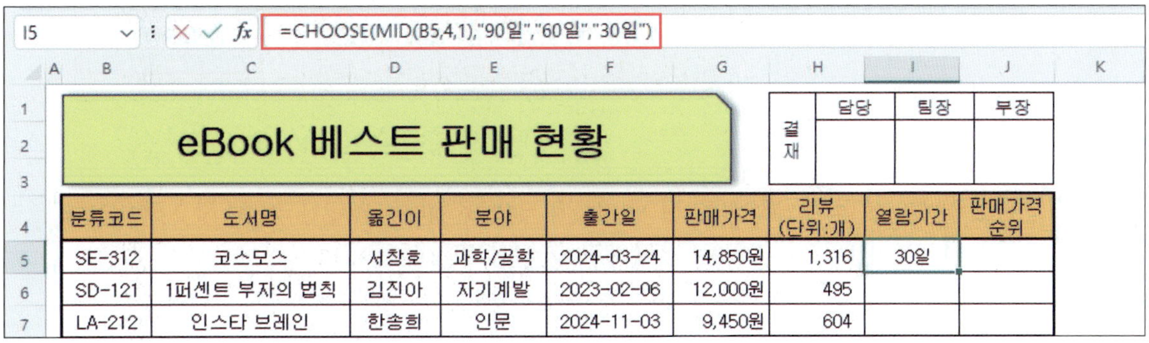

> **TIP | CHOOSE/MID 함수 설명**
>
> - =CHOOSE(번호, 인수1, 인수2) : 인수 목록 중 번호에 해당하는 인수를 구하는 함수로 목록 중에서 하나를 선택합니다.
> - =MID(텍스트, 수치1, 수치2) : 텍스트의 지정 위치에서 문자를 지정한 개수만큼 구하는 함수로 수치의 위치가 전체 텍스트의 길이보다 길면 빈 텍스트(' ')를 표시합니다.
> - =CHOOSE(MID(B5,4,1),"90일","60일","30일") : [B5] 셀에서 4번째에 있는 첫 문자가 1이면 '90일', 2이면 '60일', 3이면 '30일'을 표시합니다.

3 [I5] 셀에서 채우기 핸들을 드래그하여 [I12] 셀까지 수식을 복사합니다.

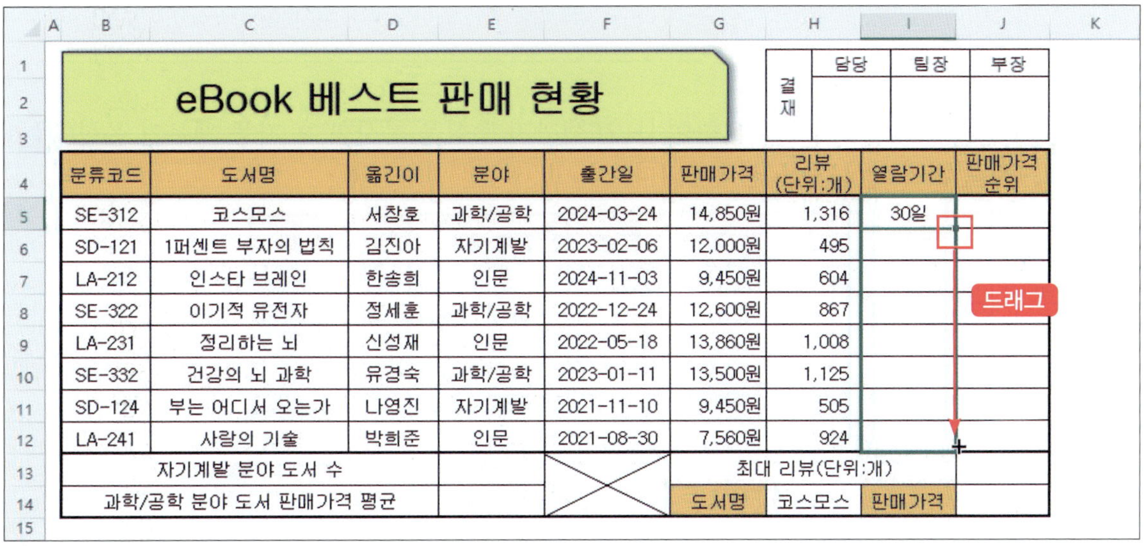

4 [I5] 셀의 굵은 위쪽 테두리까지 복사되므로 자동 채우기 옵션( ) 단추를 클릭하고, [서식 없이 채우기]를 선택합니다.

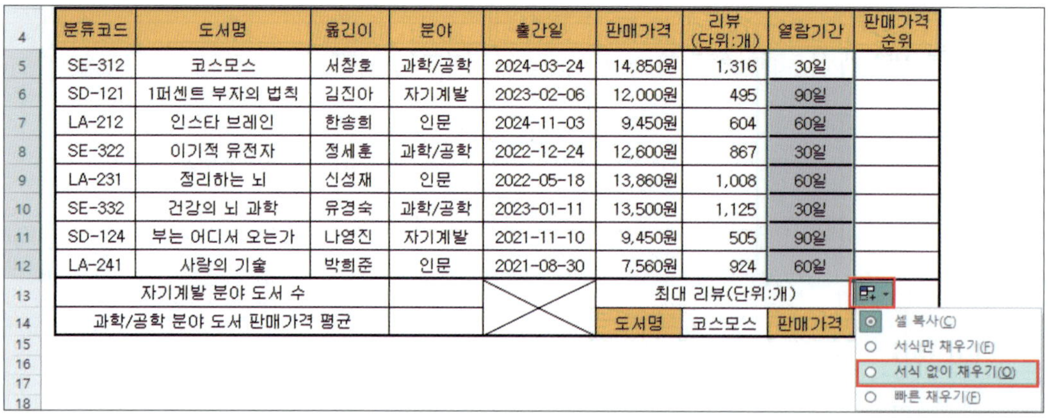

5 판매가격 순위를 구하기 위하여 [J5] 셀에 =IF(RANK.EQ(G5,$G$5:$G$12)<=3,RANK.EQ(G5,$G$5:$G$12)&"위"," ")을 입력하고, Enter 키를 누릅니다.

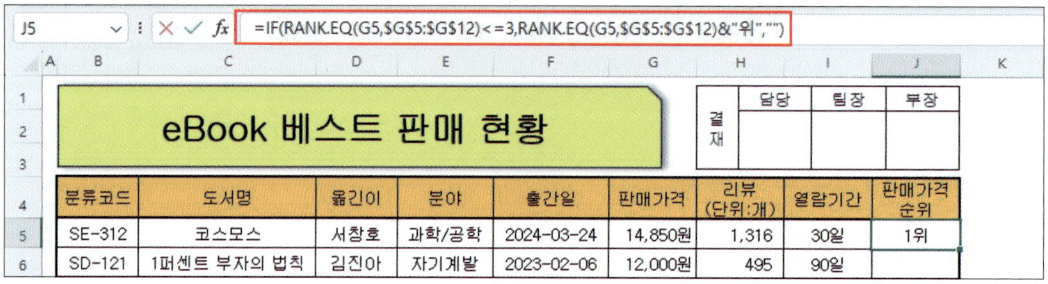

| TIP | IF/RANK.EQ 함수 설명

- =IF(조건식, 참값, 거짓값) : 조건식이 참이면 참에 해당하는 값을 표시하고, 그렇지 않으면 거짓에 해당하는 값을 표시합니다.
- =RANK.EQ(인수, 수 목록, 순위 결정) : 지정한 목록에서 인수의 순위를 구하는 함수로 수 목록은 절대 참조로 지정하며, 순위 결정에서 0을 입력하거나 생략하면 내림차순이고, 그 외에는 오름차순입니다.
- =IF(RANK.EQ(G5,$G$5:$G$12)<=3,RANK.EQ(G5,$G$5:$G$12)&"위"," ") : [G5:G12] 영역에서 [G5] 셀의 순위를 내림차순으로 구하되 3 이하이면 & 연산자를 이용하여 "위"를 붙이고, 그 외에는 공백으로 표시합니다.

6 [J5] 셀에서 채우기 핸들을 드래그하여 [J12] 셀까지 수식을 복사한 후 자동 채우기 옵션( ) 단추를 클릭하고, [서식 없이 채우기]를 선택합니다.

7 자기계발 분야 도서 수를 구하기 위하여 [E13] 셀에 =COUNTIF(E5:E12,E6)을 입력하고, Enter 키를 누릅니다.

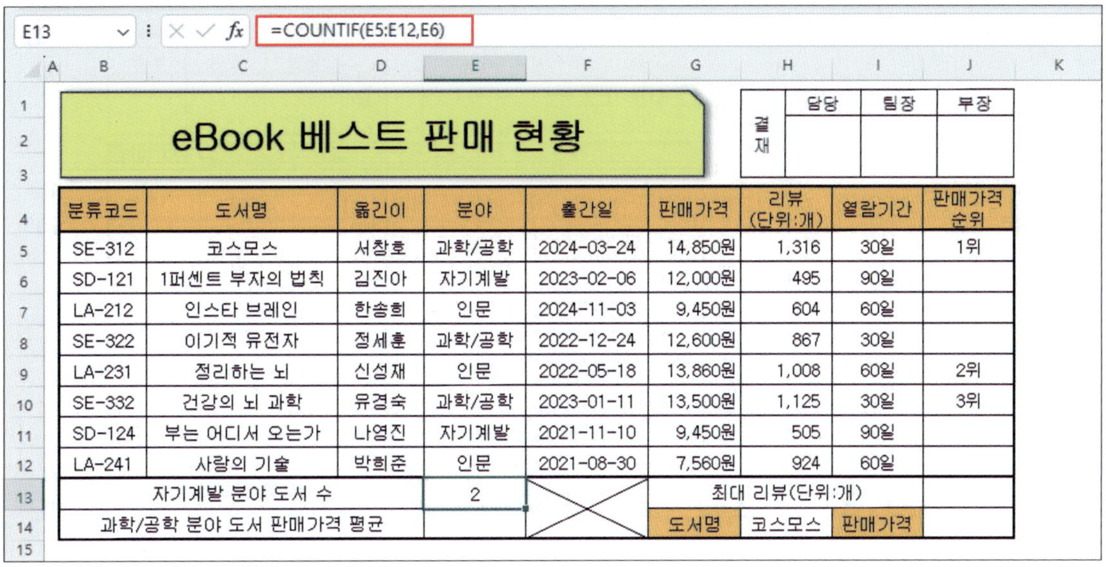
E13 =COUNTIF(E5:E12,E6)

eBook 베스트 판매 현황

결재	담당	팀장	부장

분류코드	도서명	옮긴이	분야	출간일	판매가격	리뷰 (단위:개)	열람기간	판매가격 순위
SE-312	코스모스	서창호	과학/공학	2024-03-24	14,850원	1,316	30일	1위
SD-121	1퍼센트 부자의 법칙	김진아	자기계발	2023-02-06	12,000원	495	90일	
LA-212	인스타 브레인	한송희	인문	2024-11-03	9,450원	604	60일	
SE-322	이기적 유전자	정세훈	과학/공학	2022-12-24	12,600원	867	30일	
LA-231	정리하는 뇌	신성재	인문	2022-05-18	13,860원	1,008	60일	2위
SE-332	건강의 뇌 과학	유경숙	과학/공학	2023-01-11	13,500원	1,125	30일	3위
SD-124	부는 어디서 오는가	나영진	자기계발	2021-11-10	9,450원	505	90일	
LA-241	사랑의 기술	박희준	인문	2021-08-30	7,560원	924	60일	
자기계발 분야 도서 수			2		최대 리뷰(단위:개)			
과학/공학 분야 도서 판매가격 평균					도서명	코스모스	판매가격	

| TIP | **COUNTIF 함수 설명**

- =COUNTIF(셀 범위, 찾을 조건) : 지정한 범위 목록에서 찾을 조건과 일치하는 셀의 개수를 구합니다.
- =COUNTIF(E5:E12,E6) : [E5:E12] 영역에서 [E6] 셀의 '자기계발'과 일치하는 셀의 개수(2)를 구합니다.

8 과학/공학 분야 도서 판매가격 평균을 구하기 위하여 [E14] 셀에 =DAVERAGE(B4:H12,G4,E4:E5)를 입력하고, Enter 키를 누릅니다.

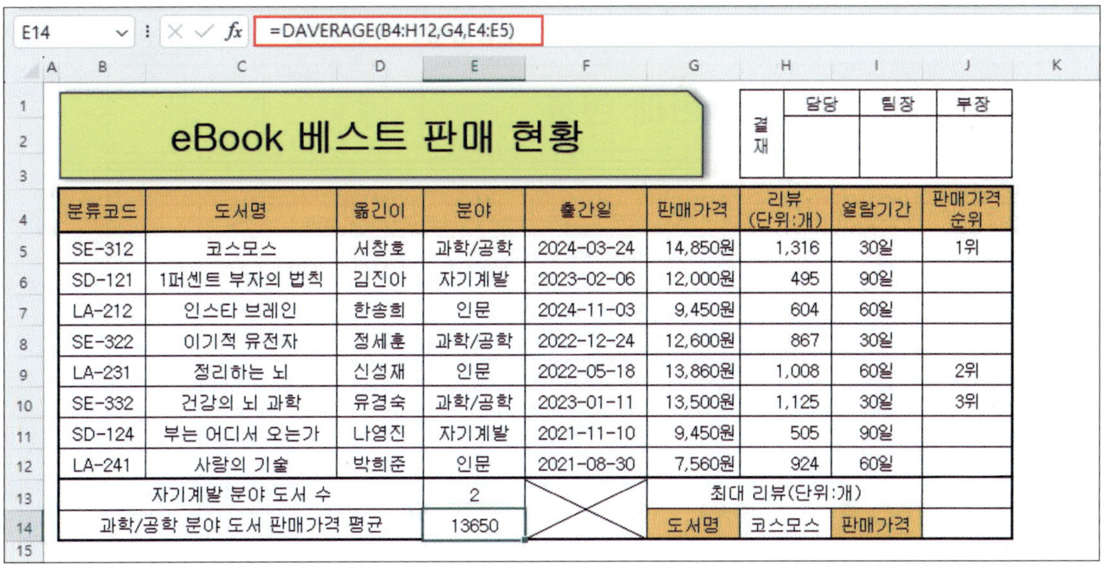
E14 =DAVERAGE(B4:H12,G4,E4:E5)

eBook 베스트 판매 현황

결재	담당	팀장	부장

분류코드	도서명	옮긴이	분야	출간일	판매가격	리뷰 (단위:개)	열람기간	판매가격 순위
SE-312	코스모스	서창호	과학/공학	2024-03-24	14,850원	1,316	30일	1위
SD-121	1퍼센트 부자의 법칙	김진아	자기계발	2023-02-06	12,000원	495	90일	
LA-212	인스타 브레인	한송희	인문	2024-11-03	9,450원	604	60일	
SE-322	이기적 유전자	정세훈	과학/공학	2022-12-24	12,600원	867	30일	
LA-231	정리하는 뇌	신성재	인문	2022-05-18	13,860원	1,008	60일	2위
SE-332	건강의 뇌 과학	유경숙	과학/공학	2023-01-11	13,500원	1,125	30일	3위
SD-124	부는 어디서 오는가	나영진	자기계발	2021-11-10	9,450원	505	90일	
LA-241	사랑의 기술	박희준	인문	2021-08-30	7,560원	924	60일	
자기계발 분야 도서 수			2		최대 리뷰(단위:개)			
과학/공학 분야 도서 판매가격 평균			13650		도서명	코스모스	판매가격	

| TIP | **DAVERAGE 함수 설명**

- =DAVERAGE(범위, 열 번호, 찾을 조건) : 지정한 조건에 맞는 데이터베이스에서 필드(열)의 평균을 구합니다.
- =DAVERAGE(B4:H12,G4,E4:E5) : [B4:H12] 영역에서 [G4] 셀에 있는 판매가격 중 [E4:E5] 영역의 '과학/공학' 분야에 해당하는 판매가격(14,850/12,600/13,500)의 평균(13,650)을 구합니다.

9 최대 리뷰(단위:개)를 구하기 위하여 [J13] 셀에 =LARGE(리뷰,1)을 입력하고, Enter 키를 누릅니다.

J13 | =LARGE(리뷰,1)

분류코드	도서명	옮긴이	분야	출간일	판매가격	리뷰(단위:개)	열람기간	판매가격 순위
SE-312	코스모스	서창호	과학/공학	2024-03-24	14,850원	1,316	30일	1위
SD-121	1퍼센트 부자의 법칙	김진아	자기계발	2023-02-06	12,000원	495	90일	
LA-212	인스타 브레인	한송희	인문	2024-11-03	9,450원	604	60일	
SE-322	이기적 유전자	정세훈	과학/공학	2022-12-24	12,600원	867	30일	
LA-231	정리하는 뇌	신성재	인문	2022-05-18	13,860원	1,008	60일	2위
SE-332	건강의 뇌 과학	유경숙	과학/공학	2023-01-11	13,500원	1,125	30일	3위
SD-124	부는 어디서 오는가	나영진	자기계발	2021-11-10	9,450원	505	90일	
LA-241	사랑의 기술	박희준	인문	2021-08-30	7,560원	924	60일	
자기계발 분야 도서 수			2		최대 리뷰(단위:개)			1316
과학/공학 분야 도서 판매가격 평균			13650		도서명	코스모스	판매가격	

결재: 담당 / 팀장 / 부장

| TIP | LARGE 함수 설명

- =LARGE(셀 범위, k) : 지정한 목록에서 k번째로 큰 값을 구합니다.
- =LARGE(리뷰,1) : 리뷰로 정의된 부분([H5:H12])에서 1번째로 큰 값을 구합니다.

10 판매가격을 구하기 위하여 [J14] 셀에서 =VLOOKUP(H14,C5:H12,5,0)을 입력하고, Enter 키를 누릅니다.

J14 | =VLOOKUP(H14,C5:H12,5,0)

분류코드	도서명	옮긴이	분야	출간일	판매가격	리뷰(단위:개)	열람기간	판매가격 순위
SE-312	코스모스	서창호	과학/공학	2024-03-24	14,850원	1,316	30일	1위
SD-121	1퍼센트 부자의 법칙	김진아	자기계발	2023-02-06	12,000원	495	90일	
LA-212	인스타 브레인	한송희	인문	2024-11-03	9,450원	604	60일	
SE-322	이기적 유전자	정세훈	과학/공학	2022-12-24	12,600원	867	30일	
LA-231	정리하는 뇌	신성재	인문	2022-05-18	13,860원	1,008	60일	2위
SE-332	건강의 뇌 과학	유경숙	과학/공학	2023-01-11	13,500원	1,125	30일	3위
SD-124	부는 어디서 오는가	나영진	자기계발	2021-11-10	9,450원	505	90일	
LA-241	사랑의 기술	박희준	인문	2021-08-30	7,560원	924	60일	
자기계발 분야 도서 수			2		최대 리뷰(단위:개)			1316
과학/공학 분야 도서 판매가격 평균			13650		도서명	코스모스	판매가격	14850

결재: 담당 / 팀장 / 부장

| TIP | VLOOKUP 함수 설명

- =VLOOKUP(찾을 값, 범위, 열 번호, 찾는 방법) : 배열 첫 열에서 값을 검색하여 지정한 열의 같은 행에서 데이터를 추출하되 찾는 방법이 FALSE(0)인 경우 첫째 열에서 정확하게 일치하는 값을 찾습니다.
- =VLOOKUP(H14,C5:H12,5,0) : [C5:H12] 영역에서 [H14] 셀에 해당하는 데이터를 5열(판매가격)에서 찾아 값을 구합니다.

11 Ctrl 키를 이용하여 [E14], [J13], [J14] 셀을 각각 블록 지정한 후 [홈] 탭의 [표시 형식] 그룹에서 쉼표 스타일(,) 단추를 클릭합니다.

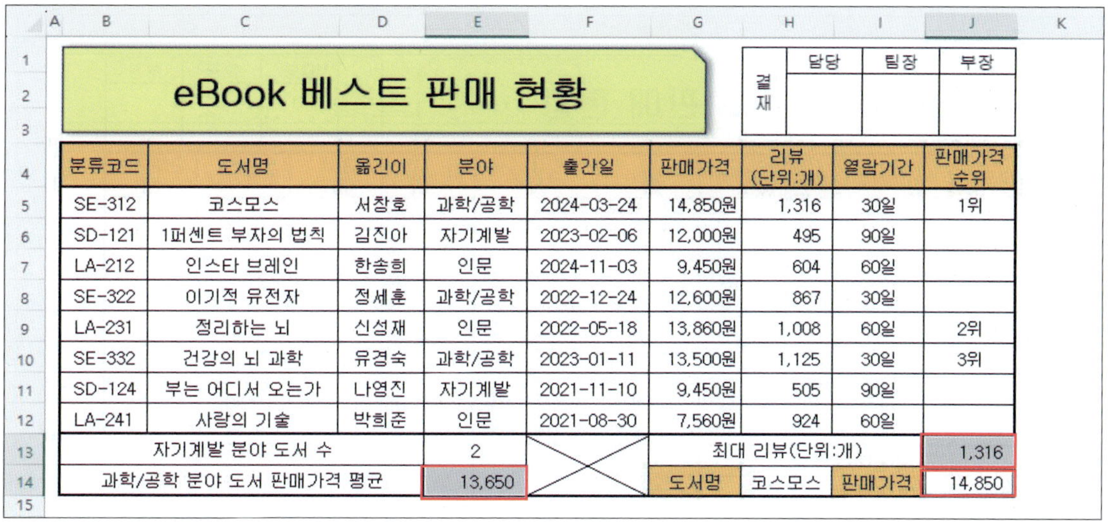

eBook 베스트 판매 현황

결재	담당	팀장	부장

분류코드	도서명	옮긴이	분야	출간일	판매가격	리뷰(단위:개)	열람기간	판매가격 순위
SE-312	코스모스	서창호	과학/공학	2024-03-24	14,850원	1,316	30일	1위
SD-121	1퍼센트 부자의 법칙	김진아	자기계발	2023-02-06	12,000원	495	90일	
LA-212	인스타 브레인	한송희	인문	2024-11-03	9,450원	604	60일	
SE-322	이기적 유전자	정세훈	과학/공학	2022-12-24	12,600원	867	30일	
LA-231	정리하는 뇌	신성재	인문	2022-05-18	13,860원	1,008	60일	2위
SE-332	건강의 뇌 과학	유경숙	과학/공학	2023-01-11	13,500원	1,125	30일	3위
SD-124	부는 어디서 오는가	나영진	자기계발	2021-11-10	9,450원	505	90일	
LA-241	사랑의 기술	박희준	인문	2021-08-30	7,560원	924	60일	
자기계발 분야 도서 수			2		최대 리뷰(단위:개)			1,316
과학/공학 분야 도서 판매가격 평균			13,650		도서명	코스모스	판매가격	14,850

12 [E13] 셀에서 Ctrl+1 키를 누른 후 [셀 서식] 대화 상자의 [표시 형식] 탭에서 범주는 '숫자'를 선택하고, [확인] 버튼을 클릭합니다.

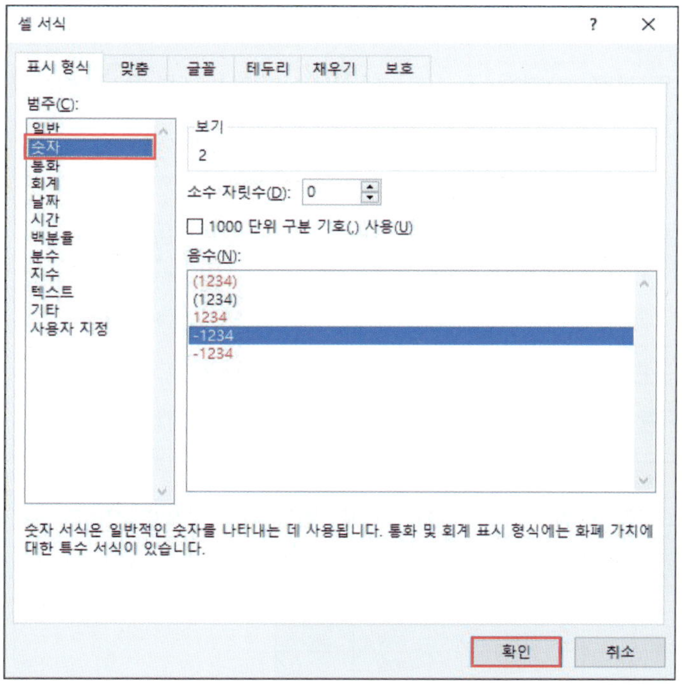

| TIP | **숫자 서식**

[E13] 셀의 서식을 '숫자'로 변경할 경우 [홈] 탭의 [표시 형식] 그룹에서 표시 형식의 목록( ) 단추를 클릭하고, [숫자]를 선택해도 됩니다.

13 숫자 데이터를 정렬하기 위하여 Ctrl 키로 [E13:E14], [J13:J14] 영역을 블록 지정한 후 [홈] 탭의 [맞춤] 그룹에서 오른쪽 맞춤(≡) 단추를 클릭합니다.

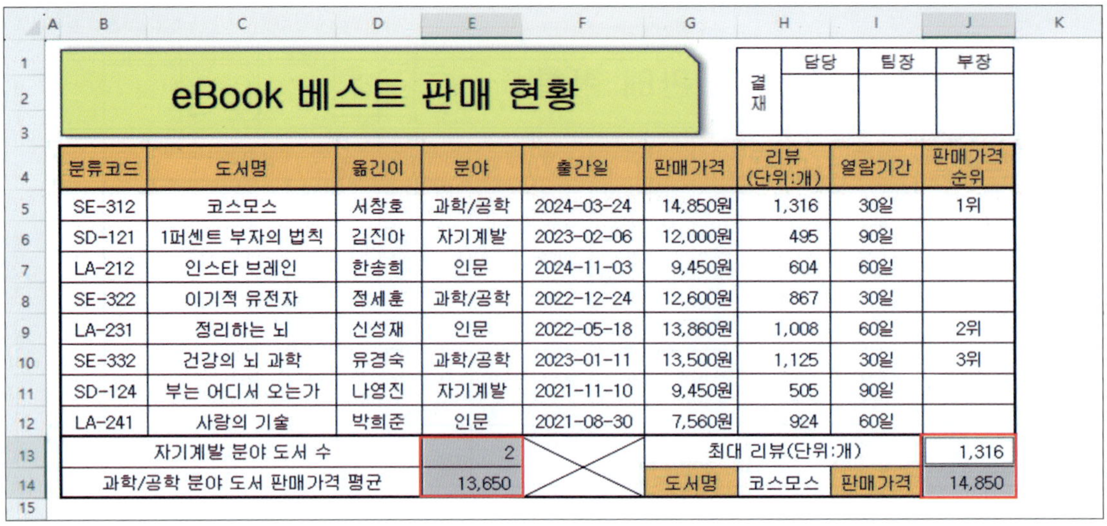

분류코드	도서명	옮긴이	분야	출간일	판매가격	리뷰 (단위:개)	열람기간	판매가격 순위
SE-312	코스모스	서창호	과학/공학	2024-03-24	14,850원	1,316	30일	1위
SD-121	1퍼센트 부자의 법칙	김진아	자기계발	2023-02-06	12,000원	495	90일	
LA-212	인스타 브레인	한송희	인문	2024-11-03	9,450원	604	60일	
SE-322	이기적 유전자	정세훈	과학/공학	2022-12-24	12,600원	867	30일	
LA-231	정리하는 뇌	신성재	인문	2022-05-18	13,860원	1,008	60일	2위
SE-332	건강의 뇌 과학	유경숙	과학/공학	2023-01-11	13,500원	1,125	30일	3위
SD-124	부는 어디서 오는가	나영진	자기계발	2021-11-10	9,450원	505	90일	
LA-241	사랑의 기술	박희준	인문	2021-08-30	7,560원	924	60일	
자기계발 분야 도서 수			2		최대 리뷰(단위:개)			1,316
과학/공학 분야 도서 판매가격 평균			13,650		도서명	코스모스	판매가격	14,850

유형 잡기 12 조건부 서식 지정하기

1 조건부 서식을 적용할 [B5:J12] 영역을 블록 지정한 후 [홈] 탭의 [스타일] 그룹에서 조건부 서식(조건부 서식) 단추를 클릭하고, [새 규칙]을 선택합니다.

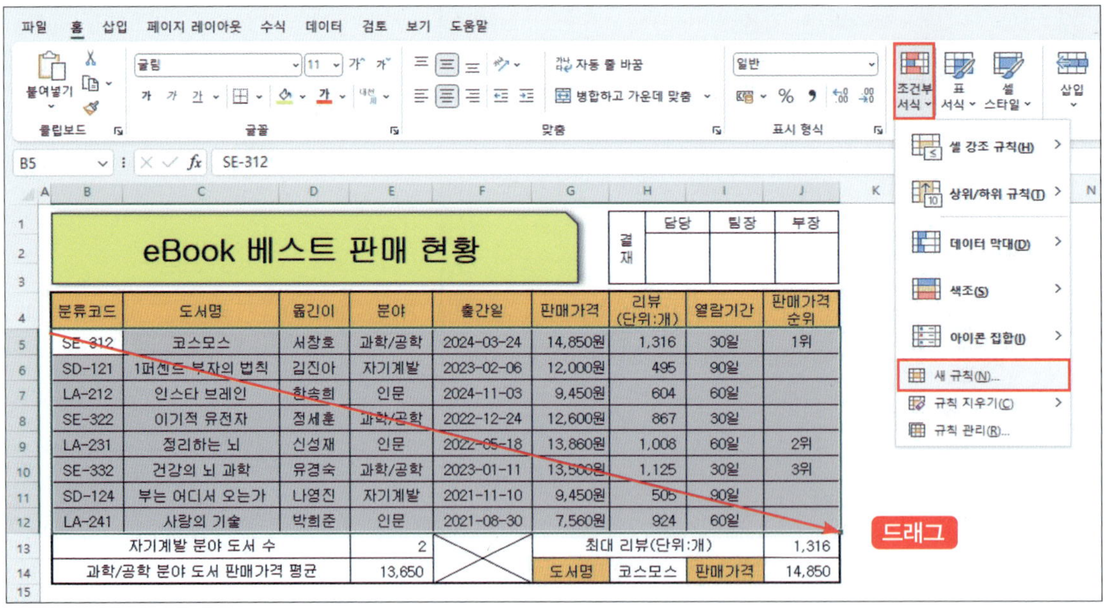

TIP | 조건부 서식

특정 조건이나 기준에 따라 셀 범위의 모양을 변경하면서 데이터를 시각적으로 표시하는 기능으로 범위 지정한 셀에서 특정 조건을 만족할 경우 설정된 서식을 적용합니다.

2 [새 서식 규칙] 대화 상자의 규칙 유형 선택에서 '수식을 사용하여 서식을 지정할 셀 결정'을 선택한 후 다음 수식이 참인 값의 서식 지정에 =$H5>=1000을 입력하고, [서식] 버튼을 클릭합니다.

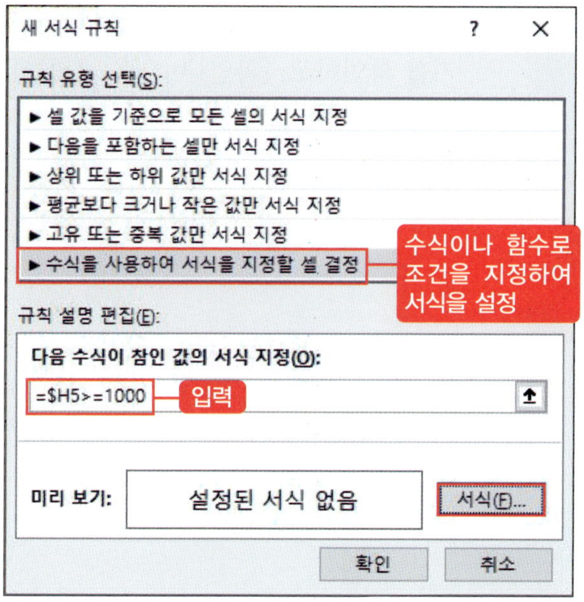

| TIP | **다음 수식이 참인 값의 서식 지정**

=$H5>=1000에서 행 전체에 주어진 서식을 지정할 경우 기준 열은 반드시 혼합 참조($H5)로 지정합니다. 이는 [H] 열을 고정한 상태에서 5행~12행을 확인하여 지정합니다.

3 [셀 서식] 대화 상자의 [글꼴] 탭에서 글꼴 스타일은 '굵게', 색은 '파랑'을 각각 선택하고, [확인] 버튼을 클릭합니다.

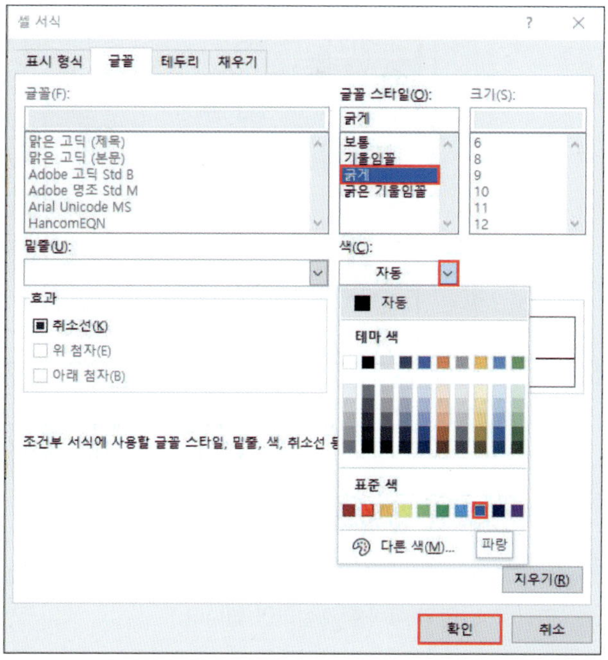

4 다시 [새 서식 규칙] 대화 상자에서 서식의 미리 보기를 확인하고, [확인] 버튼을 클릭합니다.

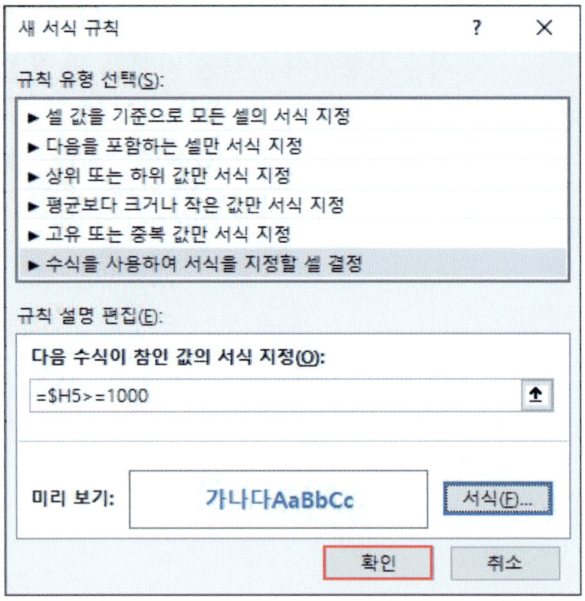

5 리뷰(단위:개)가 '1,000' 이상인 행 전체에 조건부 서식이 적용된 것을 확인할 수 있습니다.

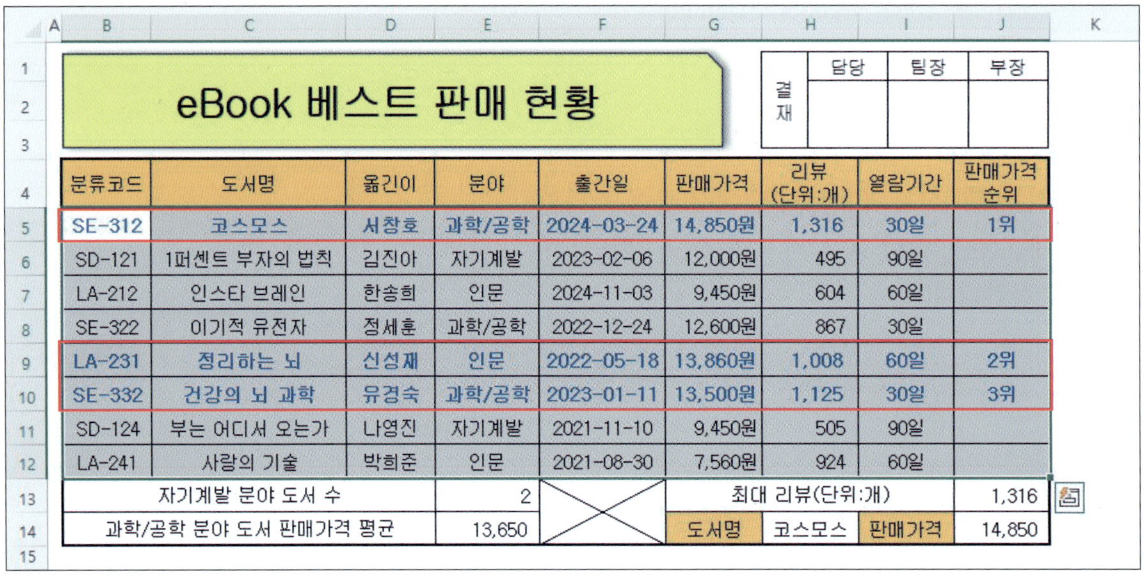

eBook 베스트 판매 현황

결재	담당	팀장	부장

분류코드	도서명	옮긴이	분야	출간일	판매가격	리뷰(단위:개)	열람기간	판매가격 순위
SE-312	코스모스	서창호	과학/공학	2024-03-24	14,850원	1,316	30일	1위
SD-121	1퍼센트 부자의 법칙	김진아	자기계발	2023-02-06	12,000원	495	90일	
LA-212	인스타 브레인	한송희	인문	2024-11-03	9,450원	604	60일	
SE-322	이기적 유전자	정세훈	과학/공학	2022-12-24	12,600원	867	30일	
LA-231	정리하는 뇌	신성재	인문	2022-05-18	13,860원	1,008	60일	2위
SE-332	건강의 뇌 과학	유경숙	과학/공학	2023-01-11	13,500원	1,125	30일	3위
SD-124	부는 어디서 오는가	나영진	자기계발	2021-11-10	9,450원	505	90일	
LA-241	사랑의 기술	박희준	인문	2021-08-30	7,560원	924	60일	
자기계발 분야 도서 수			2		최대 리뷰(단위:개)			1,316
과학/공학 분야 도서 판매가격 평균			13,650		도서명	코스모스	판매가격	14,850

| TIP | #######

조건부 서식을 지정한 후 셀에 #######가 표시되는 경우는 숫자 데이터의 길이가 셀보다 크기 때문인데 이런 경우는 해당 열의 너비를 조절하면 됩니다.

6 모든 작업이 완료되면 빠른 실행 도구 모음에서 저장(💾) 단추를 클릭하여 완성 파일을 저장합니다.

| TIP | 데이터 막대를 이용한 조건부 서식

- [제1작업]에서 조건부 서식 문제는 '수식을 사용하여 서식을 지정할 셀 결정'과 '데이터 막대 스타일'의 유형이 번갈아 출제됩니다.
- 데이터 막대 스타일은 조건에 따라 데이터의 막대, 색조, 아이콘 집합을 사용하여 주요 셀이나 예외적인 값을 강조합니다.

《조건》

(7) 조건부 서식을 이용하여 리뷰(단위:개) 셀에 데이터 막대 스타일(녹색)을 최소값 및 최대값으로 적용하시오.

1 조건부 서식을 적용할 [H5:H12] 영역을 블록 지정한 후 [홈] 탭의 [스타일] 그룹에서 조건부 서식(조건부 서식) 단추를 클릭하고, [데이터 막대]-[단색 채우기]-[녹색 데이터 막대]를 선택합니다.

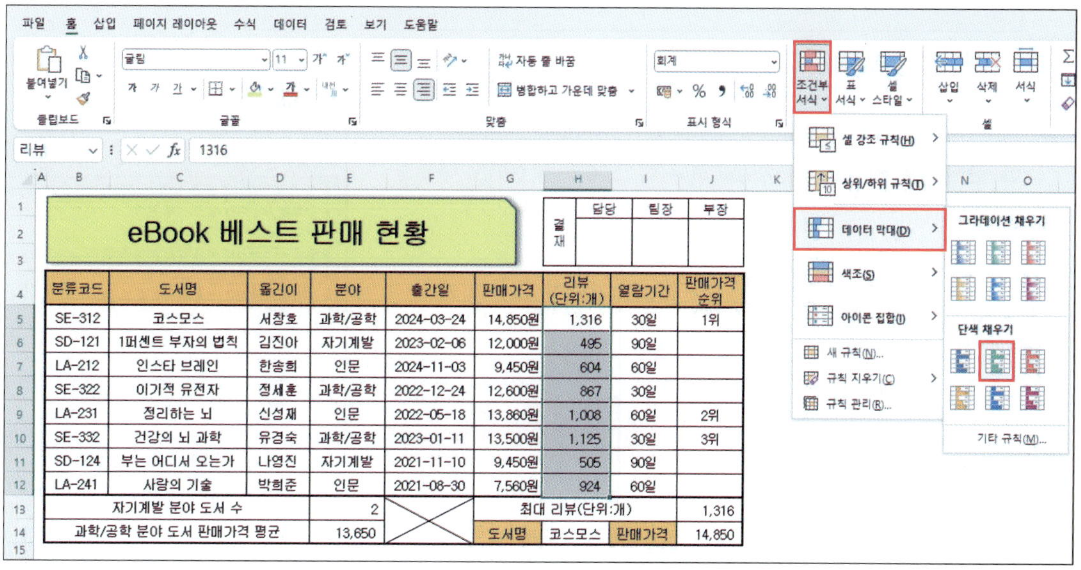

2 녹색 데이터 막대가 적용되면 다시 [홈] 탭의 [스타일] 그룹에서 조건부 서식(조건부 서식) 단추를 클릭하고, [규칙 관리]를 선택합니다.

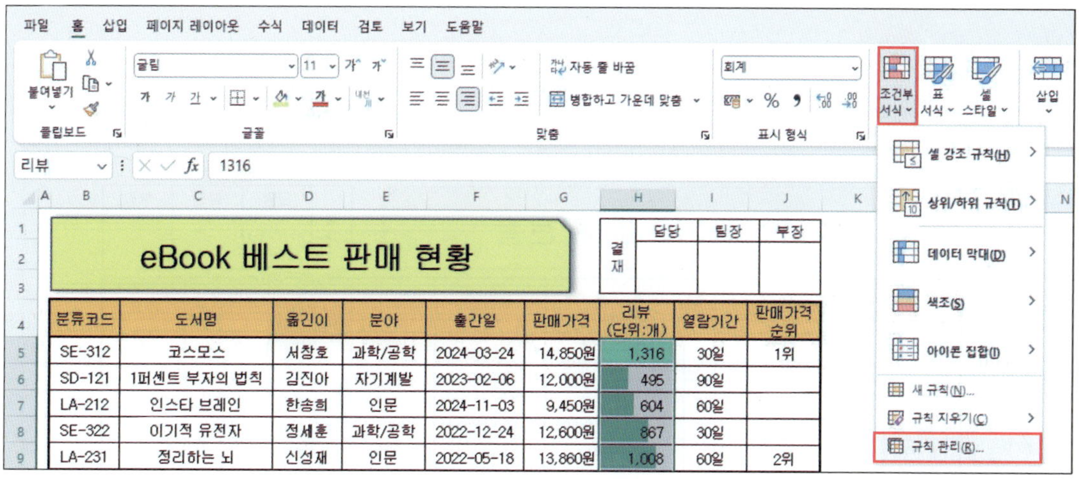

3 [조건부 서식 규칙 관리자] 대화 상자에서 [규칙 편집] 버튼을 클릭합니다.

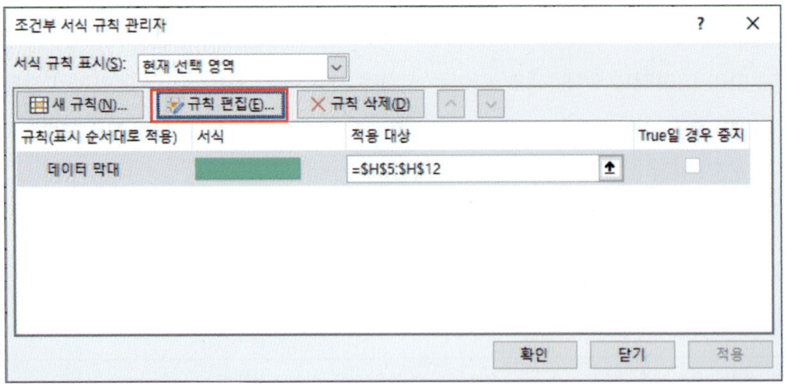

4 [서식 규칙 편집] 대화 상자에서 최소값과 최대값의 목록(⌄) 단추를 클릭하고, '최소값'과 '최대값'을 각각 선택한 후 [확인] 버튼을 클릭합니다.

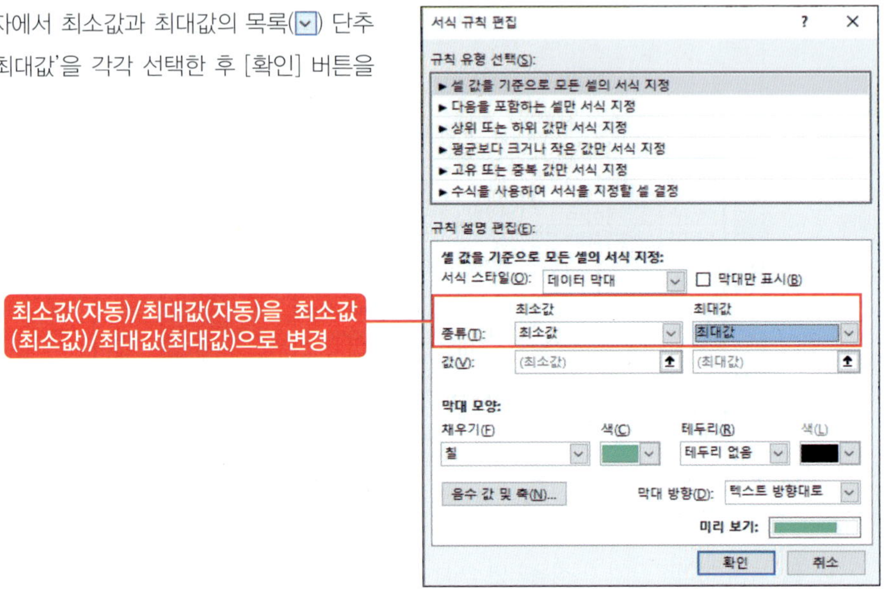

5 다시 [조건부 서식 규칙 관리자] 대화 상자가 나타나면 [확인] 버튼을 클릭합니다.

6 그 결과 리뷰(단위:개) 영역에 데이터 막대 스타일(녹색)이 최소값 및 최대값으로 적용된 것을 확인할 수 있습니다.

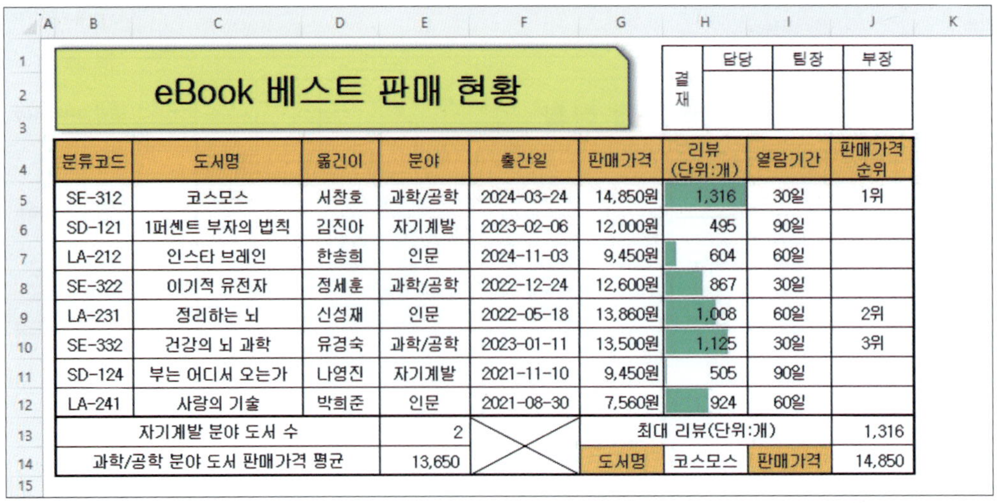

eBook 베스트 판매 현황					결재	담당	팀장	부장
분류코드	도서명	옮긴이	분야	출간일	판매가격	리뷰(단위:개)	열람기간	판매가격 순위
SE-312	코스모스	서창호	과학/공학	2024-03-24	14,850원	1,316	30일	1위
SD-121	1퍼센트 부자의 법칙	김진아	자기계발	2023-02-06	12,000원	495	90일	
LA-212	인스타 브레인	한송희	인문	2024-11-03	9,450원	604	60일	
SE-322	이기적 유전자	정세훈	과학/공학	2022-12-24	12,600원	867	30일	
LA-231	정리하는 뇌	신성재	인문	2022-05-18	13,860원	1,008	60일	2위
SE-332	건강의 뇌 과학	유경숙	과학/공학	2023-01-11	13,500원	1,125	30일	3위
SD-124	부는 어디서 오는가	나영진	자기계발	2021-11-10	9,450원	505	90일	
LA-241	사랑의 기술	박희준	인문	2021-08-30	7,560원	924	60일	
자기계발 분야 도서 수			2		최대 리뷰(단위:개)			1,316
과학/공학 분야 도서 판매가격 평균			13,650		도서명	코스모스	판매가격	14,850

출제 유형 문제

• **예제 파일** : 유형 분석 04₩유형 02_문제.xlsx / • **완성 파일** : 유형 분석 04₩유형 02_완성.xlsx

01 다음은 '대한다원 차 판매'에 대한 자료이다. 자료를 입력하고 조건에 맞도록 작업하시오.

≪조건≫

☞ (1)~(6) 셀은 반드시 주어진 함수를 이용하여 값을 구하시오(결과값을 직접 입력하면 해당 셀은 0점 처리됨).

(1) 전월 판매금액 ⇒ 「가격(단위:원)×전월 판매량」으로 구하되, 버림하여 만원 단위까지 구하시오 (ROUNDDOWN 함수)(예 : 1,893,000 → 1,890,000).

(2) 비고 ⇒ 상품코드의 마지막 글자가 1이면 '양말증정', 2이면 '핫팩증정', 3이면 공백으로 구하시오(CHOOSE, RIGHT 함수).

(3) 삼각티백의 가격(단위:원) 평균 ⇒ 정의된 이름(구분)을 이용하여 구하시오(SUMIF, COUNTIF 함수).

(4) 전월 전체 매출액 ⇒ 「가격(단위:원)×전월 판매량」으로 구하시오(SUMPRODUCT 함수).

(5) 최대 전월 판매량 ⇒ 결과값에 'EA'를 붙이시오(MAX 함수, & 연산자)(예 : 123EA).

(6) 가격(단위:원) ⇒ 「H14」 셀에서 선택한 상품코드에 대한 가격(단위:원)을 구하시오(VLOOKUP 함수).

(7) 조건부 서식의 수식을 이용하여 가격(단위:원)이 '30,000' 이상인 행 전체에 다음의 서식을 적용하시오 (글꼴 : 파랑, 굵게).

≪출력형태≫

대한다원 차 판매

결재	담당	과장	부장

상품코드	구분	상품명	용량	가격(단위:원)	전월 판매량	재고수량	전월 판매금액	비고
H1-093	타정	구기자차	50g	26,500	132	168	(1)	(2)
N2-102	삼각티백	흰민들레차	20g	15,000	154	46	(1)	(2)
H3-081	타정	간편한 보이차	36g	16,900	71	129	(1)	(2)
N4-073	삼각티백	캐모마일	50g	17,900	146	154	(1)	(2)
B5-102	분말	운남성 보이차	25g	37,800	64	106	(1)	(2)
B6-011	분말	교목산차	50g	31,500	121	79	(1)	(2)
H7-023	타정	페퍼민트	20g	25,000	64	136	(1)	(2)
N7-093	삼각티백	레몬그라스	60g	16,900	56	144	(1)	(2)
삼각티백의 가격(단위:원) 평균			(3)		최대 전월 판매량			(5)
전월 전체 매출액			(4)		상품코드	H1-093	가격(단위:원)	(6)

Hint

- [I5] 셀에 =ROUNDDOWN(F5*G5,-4)를 입력하고, 채우기 핸들을 이용하여 [I12] 셀까지 수식을 복사합니다.
- [J5] 셀에 =CHOOSE(RIGHT(B5,1),"양말증정","핫팩증정"," ")을 입력하고, 채우기 핸들을 이용하여 [J12] 셀까지 수식을 복사합니다.
- [E13] 셀에 =SUMIF(구분,"삼각티백",F5:F12)/COUNTIF(구분,"삼각티백")을 입력합니다.
- [E14] 셀에 =SUMPRODUCT(F5:F12,G5:G12)를 입력합니다.
- [J13] 셀에 =MAX(G5:G12)&"EA"를 입력합니다.
- [J14] 셀에 =VLOOKUP(H14,$B$4:$H$12,5,0)을 입력합니다.

출제 유형 문제

• **예제 파일** : 유형 분석 04₩유형 03_문제.xlsx / • **완성 파일** : 유형 분석 04₩유형 03_완성.xlsx

02 다음은 '지역특산물 판매 현황'에 대한 자료이다. 자료를 입력하고 조건에 맞도록 작업하시오.

≪조건≫

☞ (1)~(6) 셀은 반드시 주어진 함수를 이용하여 값을 구하시오(결과값을 직접 입력하면 해당 셀은 0점 처리됨).

(1) 지역 ⇒ 상품코드의 마지막 글자가 1이면 '경기', 2이면 '전라', 3이면 '충청'으로 구하시오(CHOOSE, RIGHT 함수).

(2) 비고 ⇒ 전월판매량이 당월판매량보다 크면 '▼', 그 외에는 공백으로 구하시오(IF 함수).

(3) 최대 전월판매량 ⇒ 정의된 이름(전월판매량)을 이용하여 구하시오(MAX 함수).

(4) 수산물 특산품 수 ⇒ 구분이 '수산물'인 상품 개수를 구하고, 결과값 뒤에 '개'를 붙이시오(COUNTIF 함수, & 연산자)(예 : 10 → 10개).

(5) 농산물 당월판매량의 평균 ⇒ 농산물의 당월판매량 평균을 내림하여 정수로 구하시오. 단, 조건은 입력 데이터를 이용하시오(ROUNDDOWN, DAVERAGE 함수)(예 : 12.3 → 12).

(6) 당월판매량 ⇒ 「H14」 셀에서 선택한 상품명에 대한 당월판매량을 구하시오(VLOOKUP 함수).

(7) 조건부 서식의 수식을 이용하여 당월판매량이 '2,000' 이상인 행 전체에 다음 서식을 적용하시오 (글꼴 : 파랑, 굵게).

≪출력형태≫

지역특산물 판매 현황

결재	담당	대리	팀장

상품코드	상품명	구분	단가 (단위:원)	전월판매량	당월판매량	포장 단위	지역	비고
M25-02	백진주 쌀	농산물	70,000	1,820EA	2,045EA	20kg	(1)	(2)
B29-03	살치살 스테이크	축산물	30,000	1,892EA	1,520EA	500g	(1)	(2)
B32-02	딱새우	수산물	13,900	891EA	950EA	1kg	(1)	(2)
S19-01	등심 스테이크	축산물	36,000	1,020EA	805EA	500g	(1)	(2)
M20-02	돌산 갓김치	농산물	19,000	1,457EA	1,852EA	2kg	(1)	(2)
B37-02	랍스터 테일	수산물	32,000	824EA	1,820EA	480g	(1)	(2)
M15-01	대봉 곶감	농산물	80,000	2,361EA	2,505EA	30구	(1)	(2)
M14-03	황토 고구마	농산물	27,500	941EA	1,653EA	10kg	(1)	(2)
최대 전월판매량			(3)		농산물 당월판매량의 평균			(5)
수산물 특산품 수			(4)		상품명	백진주 쌀	당월판매량	(6)

Hint

- [I5] 셀에 =CHOOSE(RIGHT(B5,1),"경기","전라","충청")을 입력하고, 채우기 핸들을 이용하여 [I12] 셀까지 수식을 복사합니다.
- [J5] 셀에 =IF(F5>G5,"▼"," ")을 입력하고, 채우기 핸들을 이용하여 [J12] 셀까지 수식을 복사합니다.
- [E13] 셀에 =MAX(전월판매량)을 입력합니다.
- [E14] 셀에 =COUNTIF(D5:D12,"수산물")&"개"를 입력합니다.
- [J13] 셀에 =ROUNDDOWN(DAVERAGE(B4:H12,6,D4:D5),0)을 입력합니다.
- [J14] 셀에 =VLOOKUP(H14,C4:H12,5,0)을 입력합니다.

출제 유형 문제

• **예제 파일** : 유형 분석 04₩유형 04_문제.xlsx / • **완성 파일** : 유형 분석 04₩유형 04_완성.xlsx

03 다음은 'WB 홈쇼핑 1월 판매 현황'에 대한 자료이다. 자료를 입력하고 조건에 맞도록 작업하시오.

≪조건≫

☞ (1)~(6) 셀은 반드시 주어진 함수를 이용하여 값을 구하시오(결과값을 직접 입력하면 해당 셀은 0점 처리됨).

(1) 총판매량순위 ⇒ 총판매량(단위:EA)의 내림차순 순위를 구한 결과값에 '위'를 붙이시오(RANK.EQ 함수, & 연산자)(예 : 1위).

(2) 최종방송요일 ⇒ 최종방송일의 요일을 예와 같이 구하시오(CHOOSE, WEEKDAY 함수)(예 : 월요일).

(3) 시계 상품의 총판매량(단위:EA) 평균 ⇒ 반올림하여 정수로 구하시오. 단, 조건은 입력 데이터를 이용하시오 (ROUND, DAVERAGE 함수)(예 : 456.2 → 456).

(4) 1월 총판매금액(단위:원) ⇒ 정의된 이름(판매가)을 이용하여 「판매가×총판매량(단위:EA)」의 전체 합계를 구하시오(SUMPRODUCT 함수).

(5) 시계 상품 개수 ⇒ (COUNTIF 함수, & 연산자)(예 : 1개)

(6) 판매금액(원) ⇒ 「H14」 셀에서 선택한 상품명에 대한 판매금액(원)을 「판매가×총판매량(단위:EA)」로 구하시오(VLOOKUP 함수).

(7) 조건부 서식을 이용하여 총판매량(단위:EA) 셀에 데이터 막대 스타일(녹색)을 최소값 및 최대값으로 적용하시오.

≪출력형태≫

WB 홈쇼핑 1월 판매 현황

확인	담당	팀장	센터장

상품코드	상품명	분류	최종방송일	판매가	총판매량(단위:EA)	비고	총판매량 순위	최종방송요일
TC-432	리즈타라 핑크	시계	2024-01-02	99,000원	3,887		(1)	(2)
BN-821	시크릿 오일	화장품	2024-01-03	109,000원	12,259		(1)	(2)
PD-994	하루견과	식품	2024-01-09	35,900원	3,345		(1)	(2)
BC-694	이엑스 더블 크림	화장품	2024-01-05	79,000원	10,210	매진	(1)	(2)
BB-579	프로폴리스 크림	화장품	2024-01-04	69,000원	9,624	매진	(1)	(2)
TC-456	로즈 헤스	시계	2024-01-05	298,000원	915		(1)	(2)
PD-643	왕만두	식품	2024-01-06	33,600원	3,245	매진	(1)	(2)
TA-396	타이맥스 위캔더	시계	2024-01-07	69,000원	3,707		(1)	(2)
시계 상품의 총판매량(단위:EA) 평균			(3)		시계 상품 개수			(5)
1월 총판매금액(단위:원)			(4)		상품명	리즈타라 핑크	판매금액(원)	(6)

Hint

- [I5] 셀에 =RANK.EQ(G5,$G$5:$G$12)&"위"를 입력하고, 채우기 핸들을 이용하여 [I12] 셀까지 수식을 복사합니다.
- [J5] 셀에 =CHOOSE(WEEKDAY(E5,1),"일요일","월요일","화요일","수요일","목요일","금요일","토요일")을 입력하고, 채우기 핸들을 이용하여 [J12] 셀까지 수식을 복사합니다.
- [E13] 셀에 =ROUND(DAVERAGE(B4:H12,6,D4:D5),0)을 입력합니다.
- [E14] 셀에 =SUMPRODUCT(판매가,G5:G12)를 입력합니다.
- [J13] 셀에 =COUNTIF(D5:D12,"시계")&"개"를 입력합니다.
- [J14] 셀에 =VLOOKUP(H14,C5:H12,4,0)*VLOOKUP(H14,C5:H12,5,0)을 입력합니다.

출제 유형 문제

• **예제 파일** : 유형 분석 04₩유형 05_문제.xlsx / • **완성 파일** : 유형 분석 04₩유형 05_완성.xlsx

04 다음은 '경양몰 할인행사 현황'에 대한 자료이다. 자료를 입력하고 조건에 맞도록 작업하시오.

≪조건≫

☞ (1)~(6) 셀은 반드시 주어진 함수를 이용하여 값을 구하시오(결과값을 직접 입력하면 해당 셀은 0점 처리됨).

(1) 행사시작일 ⇒ 상품코드의 첫 글자가 F이면 '1월 3일', 그 외에는 '1월 5일'로 구하시오(IF, LEFT 함수).

(2) 순위 ⇒ 정의된 이름(판매수량)을 이용하여 판매수량의 내림차순 순위를 구하시오(RANK.EQ 함수).

(3) 블랙뷰티 판매수량 합계 ⇒ 결과값에 '개'를 붙이시오. 단, 조건은 입력 데이터를 이용하시오(DSUM 함수, & 연산자)(예 : 1개).

(4) 화장품 할인가(원) 평균 ⇒ 반올림하여 천 단위로 구하시오. 단, 조건은 입력 데이터를 이용하시오(ROUND, DAVERAGE 함수)(예 : 34,600 → 35,000).

(5) 최저 가격(원) ⇒ (MIN 함수)

(6) 판매금액(원) ⇒ 「H14」 셀에서 선택한 상품명에 대한 판매금액원을 「가격(원)×판매수량」 으로 구하시오 (VLOOKUP 함수).

(7) 조건부 서식을 이용하여 할인가(원) 셀에 데이터 막대 스타일(녹색)을 최소값 및 최대값으로 적용하시오.

≪출력형태≫

경양몰 할인행사 현황

확인	담당	대리	과장

상품코드	분류	상품명	공급업체	가격(원)	할인가(원)	판매수량	행사시작일	순위
SS-02	화장품	블랙로즈오일	블랙뷰티	123,000	105,000	350개	(1)	(2)
SC-03	세제	욕실세정제	서창유통	7,700	7,000	850개	(1)	(2)
FS-03	화장품	수면팩	블랙뷰티	55,000	49,500	437개	(1)	(2)
SN-02	건강	천연비타민C	서창유통	69,000	58,000	950개	(1)	(2)
FC-02	세제	고급의류세제	한국통상	18,500	15,000	724개	(1)	(2)
FC-01	세제	프리미엄세탁세제	한국통상	33,000	27,500	800개	(1)	(2)
FS-01	화장품	스네일에센스	서창유통	49,000	43,700	500개	(1)	(2)
FN-02	건강	종합비타민미네랄	서창유통	82,500	78,500	900개	(1)	(2)
블랙뷰티 판매수량 합계			(3)		최저 가격(원)			(5)
화장품 할인가(원) 평균			(4)		상품명	블랙로즈오일	판매금액(원)	(6)

Hint

• [I5] 셀에 =IF(LEFT(B5,1)="F","1월 3일","1월 5일")을 입력하고, 채우기 핸들을 이용하여 [I12] 셀까지 수식을 복사합니다.
• [J5] 셀에 =RANK.EQ(H5,판매수량)을 입력하고, 채우기 핸들을 이용하여 [J12] 셀까지 수식을 복사합니다.
• [E13] 셀에 =DSUM(B4:H12,7,E4:E5)&"개"를 입력합니다.
• [E14] 셀에 =ROUND(DAVERAGE(B4:H12,6,C4:C5),-3)을 입력합니다.
• [J13] 셀에 =MIN(F5:F12)를 입력합니다.
• [J14] 셀에 =VLOOKUP(H14,D5:H12,3,0)*VLOOKUP(H14,D5:H12,5,0)을 입력합니다.

유형 분석

05 [제2작업] 목표값 찾기 및 필터

목표값 찾기 및 필터에서는 수식 결과만 알고 계산 결과에 대한 입력값을 모르는 경우 사용하는 목표값 찾기와 다양한(복잡한) 조건을 만족하는 레코드를 추출할 때 사용하는 고급 필터에 대하여 알아봅니다.

시험 유형 미리 보기

• 예제 파일 : 유형 분석 05₩유형 01_문제.xlsx / • 완성 파일 : 유형 분석 05₩유형 01_완성.xlsx

☞ **"제1작업" 시트의 「B4:H12」 영역을 복사하여 "제2작업" 시트의 「B2」 셀부터 모두 붙여넣기를 한 후 다음의 조건과 같이 작업하시오.**

《조건》

(1) **목표값 찾기** – 「B11:G11」 셀을 병합하고 가운데 맞춤한 후 "현대 자동차의 연비(km/L) 평균"을 입력하고 「H11」 셀에 현대 자동차의 연비(km/L) 평균을 구하시오. 단, 조건은 입력 데이터를 이용하시오 (DAVERAGE 함수, 테두리).
– '현대 자동차의 연비(km/L) 평균'이 '15'가 되려면 쏘나타 뉴 라이즈의 연비(km/L)가 얼마가 되어야 하는지 목표값을 구하시오.

(2) **고급 필터** – 관리코드가 'K'로 시작하거나 주행기록이 '100,000' 이상인 자료의 모델명, 연료, 중고가(만원), 연비(km/L) 데이터만 추출하시오.
– 조건 범위 : 「B14」 셀부터 입력하시오.
– 복사 위치 : 「B18」 셀부터 나타나도록 하시오.

《출력형태》

관리코드	모델명	연료	제조사	중고가(만원)	연비(km/L)	주행기록
HD1-002	쏘나타 뉴 라이즈	가솔린	현대	2,870	17.9	26,037km
KA2-102	니로	하이브리드	기아	2,650	19.5	94,160km
CB2-002	이쿼녹스	디젤	쉐보레	4,030	13.3	133,411km
SY1-054	티볼리 아머	가솔린	쌍용	2,060	14.2	96,300km
RN4-101	QM3	디젤	르노삼성	2,100	17.3	97,803km
KA3-003	더 뉴 카니발	가솔린	기아	3,450	11.4	71,715km
HD2-006	그랜드 스타렉스	디젤	현대	4,660	10.9	7,692km
HD4-001	그랜저	하이브리드	현대	3,950	16.2	117,884km
현대 자동차의 연비(km/L) 평균						15

관리코드	주행기록
K*	
	>=100000

모델명	연료	중고가(만원)	연비(km/L)
니로	하이브리드	2,650	19.5
이쿼녹스	디젤	4,030	13.3
더 뉴 카니발	가솔린	3,450	11.4
그랜저	하이브리드	3,950	16.2

유형잡기 01 데이터 복사하여 붙여넣기

1 [파일]-[열기]-[찾아보기]를 차례로 선택하고, [열기] 대화 상자에서 '유형 분석 05₩유형 01_문제.xlsx'를 불러오기 합니다.

2 [제1작업] 시트에서 [B4:H12] 영역을 블록 지정한 후 Ctrl+C 키를 눌러 복사합니다.

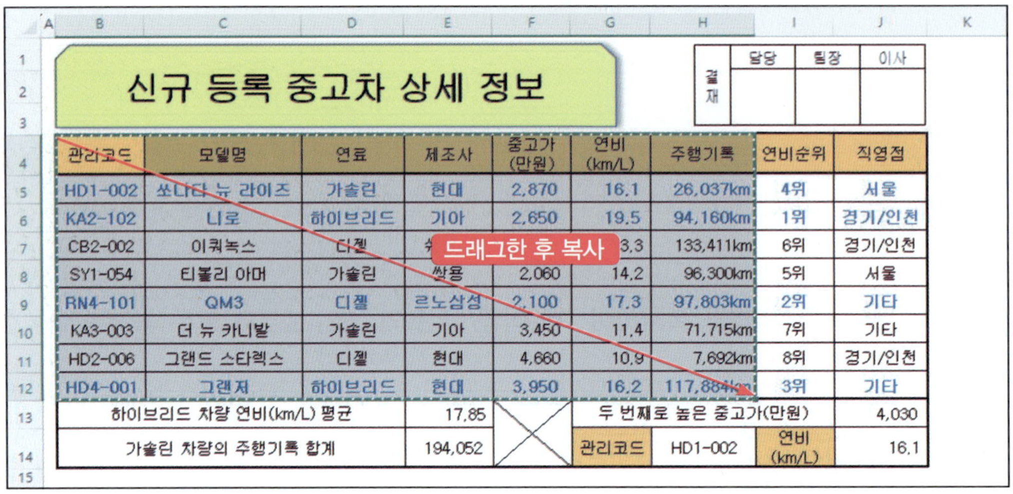

3 [제2작업] 시트로 이동한 후 [B2] 셀에서 Ctrl+V 키를 눌러 붙여넣기 합니다.

4 열 너비를 조절하기 위하여 해당 열 머리글의 경계선을 더블 클릭합니다.

02 목표값 찾기

1 [B11:G11] 영역을 블록 지정한 후 [홈] 탭의 [맞춤] 그룹에서 병합하고 가운데 맞춤(병합하고 가운데 맞춤) 단추를 클릭합니다.

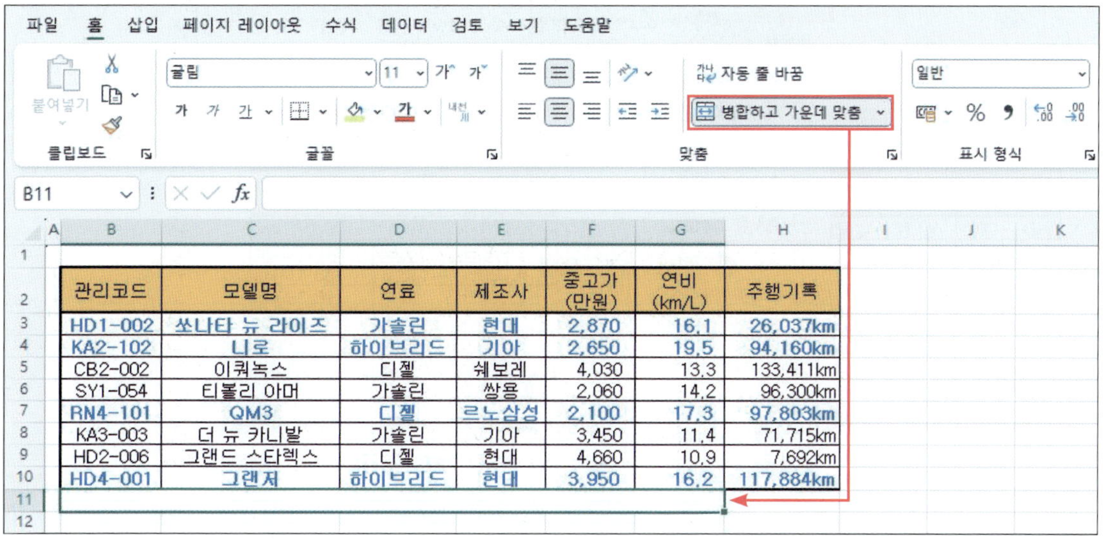

관리코드	모델명	연료	제조사	중고가 (만원)	연비 (km/L)	주행기록
HD1-002	쏘나타 뉴 라이즈	가솔린	현대	2,870	16.1	26,037km
KA2-102	니로	하이브리드	기아	2,650	19.5	94,160km
CB2-002	이쿼녹스	디젤	쉐보레	4,030	13.3	133,411km
SY1-054	티볼리 아머	가솔린	쌍용	2,060	14.2	96,300km
RN4-101	QM3	디젤	르노삼성	2,100	17.3	97,803km
KA3-003	더 뉴 카니발	가솔린	기아	3,450	11.4	71,715km
HD2-006	그랜드 스타렉스	디젤	현대	4,660	10.9	7,692km
HD4-001	그랜저	하이브리드	현대	3,950	16.2	117,884km

2 병합한 셀에 주어진 내용을 입력한 후 [H11] 셀에서 =DAVERAGE(B2:H10,G2,E2:E3)을 입력하고, Enter 키를 누릅니다.

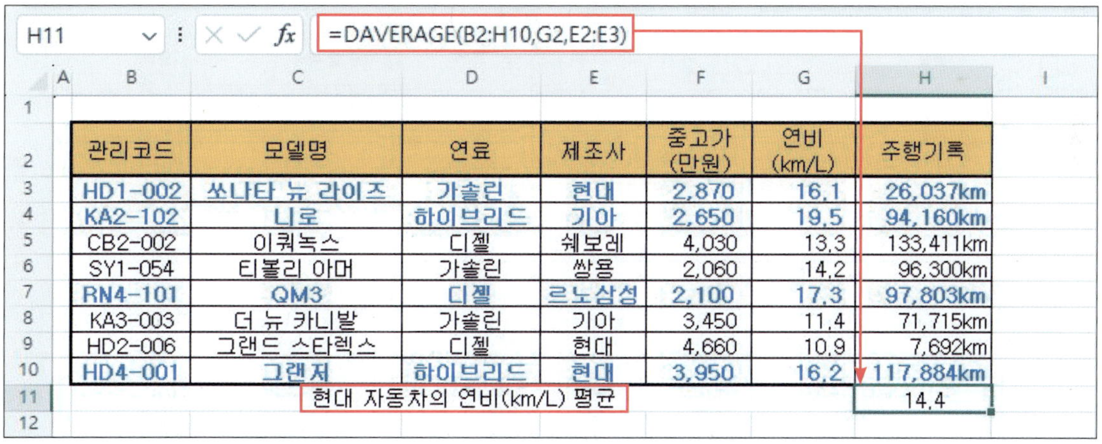

관리코드	모델명	연료	제조사	중고가 (만원)	연비 (km/L)	주행기록
HD1-002	쏘나타 뉴 라이즈	가솔린	현대	2,870	16.1	26,037km
KA2-102	니로	하이브리드	기아	2,650	19.5	94,160km
CB2-002	이쿼녹스	디젤	쉐보레	4,030	13.3	133,411km
SY1-054	티볼리 아머	가솔린	쌍용	2,060	14.2	96,300km
RN4-101	QM3	디젤	르노삼성	2,100	17.3	97,803km
KA3-003	더 뉴 카니발	가솔린	기아	3,450	11.4	71,715km
HD2-006	그랜드 스타렉스	디젤	현대	4,660	10.9	7,692km
HD4-001	그랜저	하이브리드	현대	3,950	16.2	117,884km
현대 자동차의 연비(km/L) 평균						14.4

| TIP | **DAVERAGE 함수 설명**

- =DAVERAGE(범위, 열 번호, 찾을 조건) : 지정한 조건에 맞는 데이터베이스에서 필드(열)의 평균을 구합니다.
- =DAVERAGE(B2:H10,G2,E2:E3) : [B2:H10] 영역에서 [G2] 열에 있는 연비(km/L) 중 제조사가 현대[E2:E3]에 해당하는 연비의 평균((16.1+10.9+16.2)/3=14.4)을 구합니다.

3 [B11:H11] 영역을 블록 지정한 후 [홈] 탭의 [글꼴] 그룹에서 테두리 목록( ) 단추를 클릭하고, [모든 테두리]를 선택합니다.

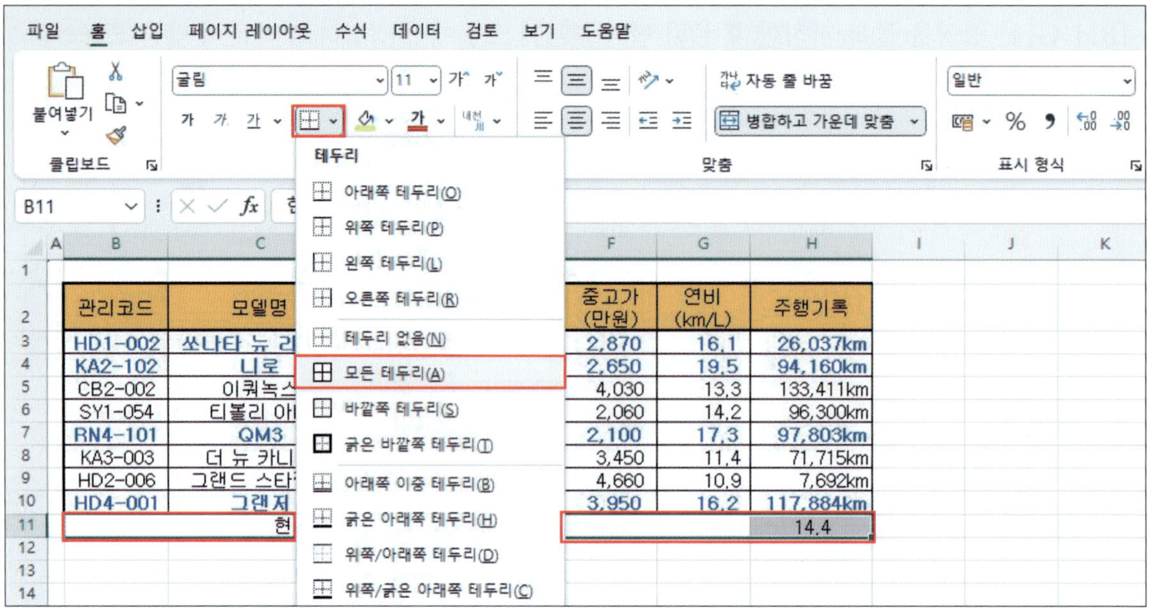

4 계속해서 [홈] 탭의 [맞춤] 그룹에서 가운데 맞춤( ) 단추를 클릭합니다. 이때, 이미 가운데 맞춤이 되어 있다면 따로 지정할 필요는 없습니다.

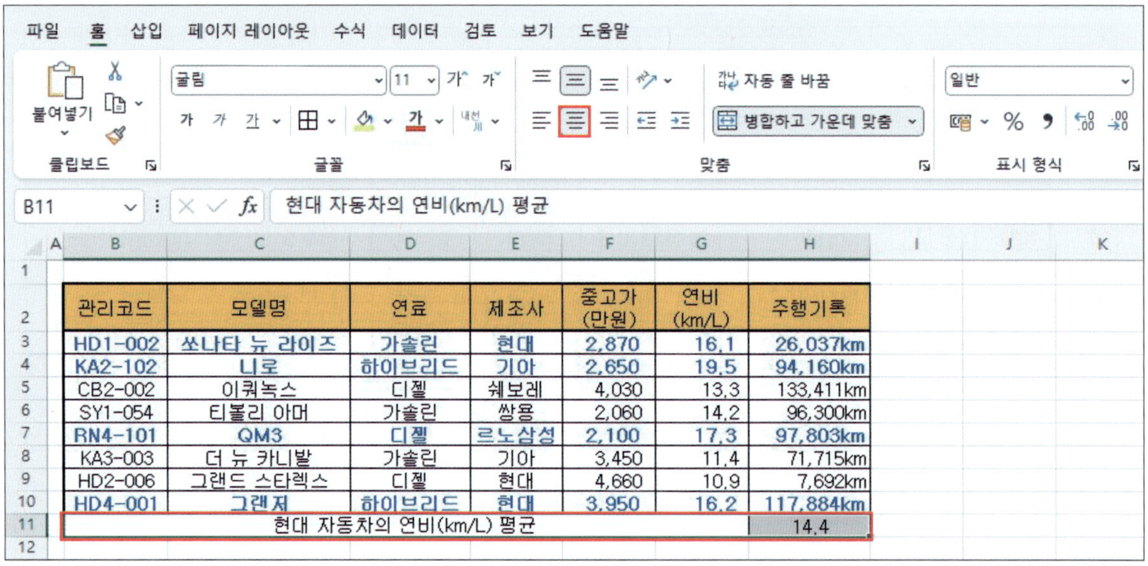

5 목표값을 구하기 위하여 [H11] 셀을 선택한 후 [데이터] 탭의 [예측] 그룹에서 가상 분석(가상 분석) 단추를 클릭하고, [목표값 찾기]를 선택합니다.

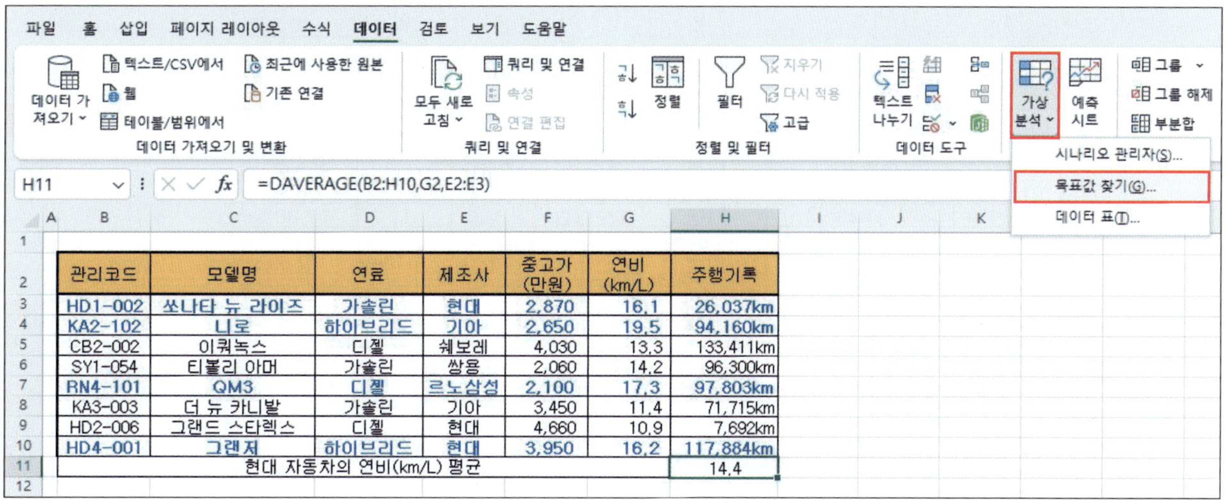

6 [목표값 찾기] 대화 상자에서 수식 셀은 'H11', 찾는 값은 '15', 값을 바꿀 셀은 '$G$3'을 각각 지정하고, [확인] 버튼을 클릭합니다.

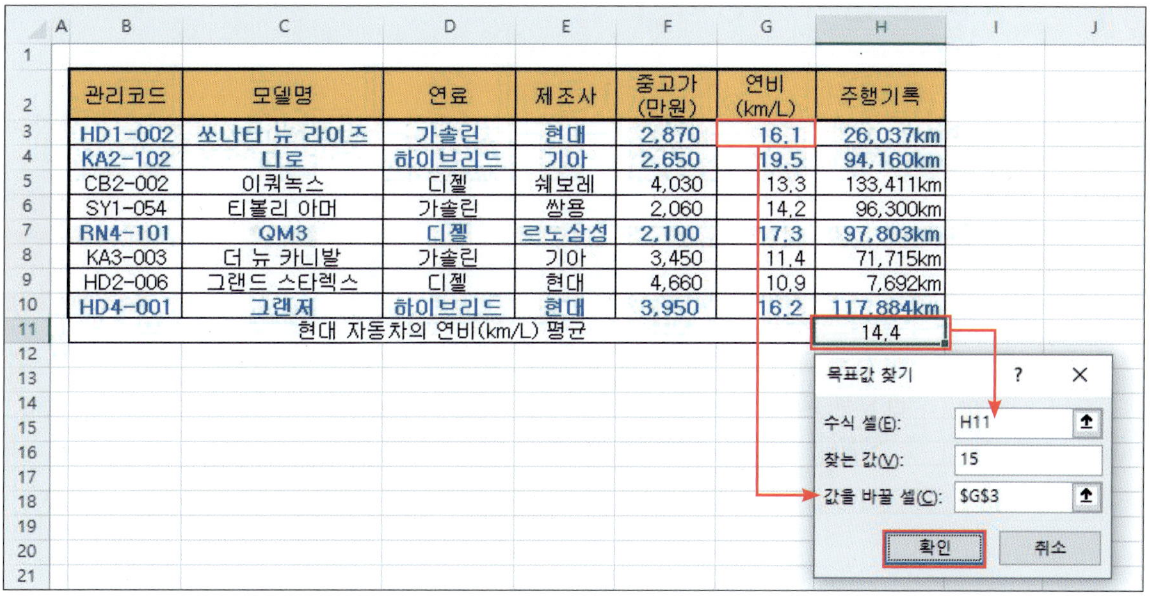

| TIP | **[목표값 찾기] 대화 상자**

- 수식 셀 : 결과 값을 얻기 위한 셀 주소로 해당 셀에는 수식이 필요합니다.
- 찾는 값 : 찾고자 하는 수식의 결과 값입니다.
- 값을 바꿀 셀 : 변경되는 값이 들어 있는 셀 주소입니다.

7 [목표값 찾기 상태] 대화 상자가 나타나면 [확인] 버튼을 클릭합니다. 그 결과 '현대 자동차의 연비(km/L) 평균'이 '15'가 되려면 쏘나타 뉴 라이즈의 연비(km/L)가 '17.9'가 되어야 하는 것을 확인할 수 있습니다.

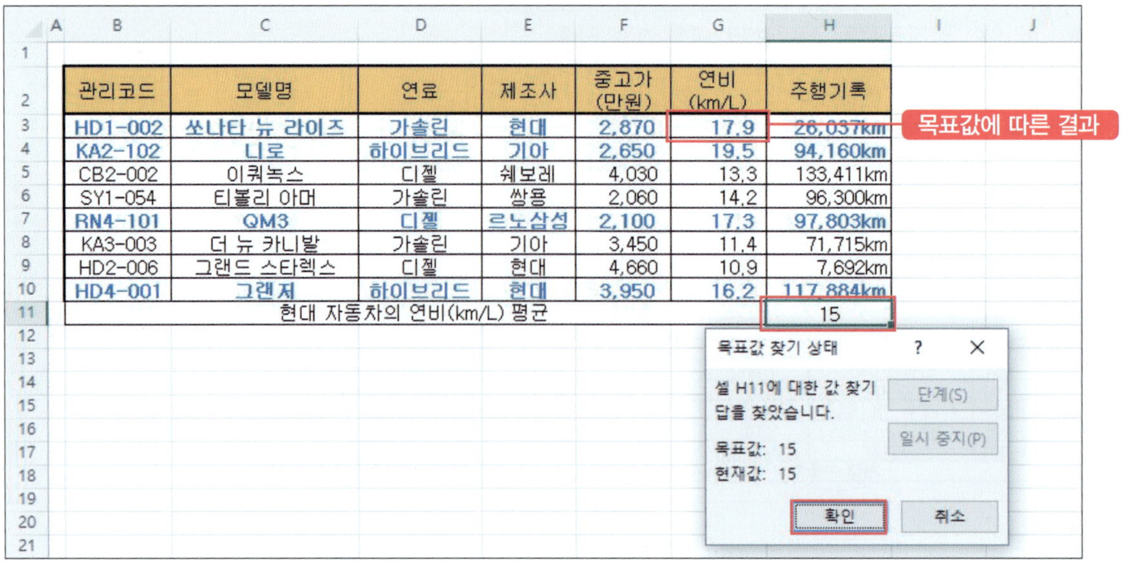

관리코드	모델명	연료	제조사	중고가(만원)	연비(km/L)	주행기록
HD1-002	쏘나타 뉴 라이즈	가솔린	현대	2,870	17.9	26,037km
KA2-102	니로	하이브리드	기아	2,650	19.5	94,160km
CB2-002	이쿼녹스	디젤	쉐보레	4,030	13.3	133,411km
SY1-054	티볼리 아머	가솔린	쌍용	2,060	14.2	96,300km
RN4-101	QM3	디젤	르노삼성	2,100	17.3	97,803km
KA3-003	더 뉴 카니발	가솔린	기아	3,450	11.4	71,715km
HD2-006	그랜드 스타렉스	디젤	현대	4,660	10.9	7,692km
HD4-001	그랜저	하이브리드	현대	3,950	16.2	117,884km
현대 자동차의 연비(km/L) 평균						15

유형 잡기 03 고급 필터 지정하기

1 조건을 입력하기 위하여 [B2] 셀과 [H2] 셀을 동시에 선택한 후 Ctrl+C 키를 눌러 복사합니다.

관리코드	모델명	연료	제조사	중고가(만원)	연비(km/L)	주행기록
HD1-002	쏘나타 뉴 라이즈	가솔린	현대	2,870	17.9	26,037km
KA2-102	니로	하이브리드	기아	2,650	19.5	94,160km
CB2-002	이쿼녹스	디젤	쉐보레	4,030	13.3	133,411km
SY1-054	티볼리 아머	가솔린	쌍용	2,060	14.2	96,300km
RN4-101	QM3	디젤	르노삼성	2,100	17.3	97,803km
KA3-003	더 뉴 카니발	가솔린	기아	3,450	11.4	71,715km
HD2-006	그랜드 스타렉스	디젤	현대	4,660	10.9	7,692km
HD4-001	그랜저	하이브리드	현대	3,950	16.2	117,884km
현대 자동차의 연비(km/L) 평균						15

2 조건 범위로 [B14] 셀을 선택하고, Ctrl+V 키를 눌러 붙여넣기 합니다.

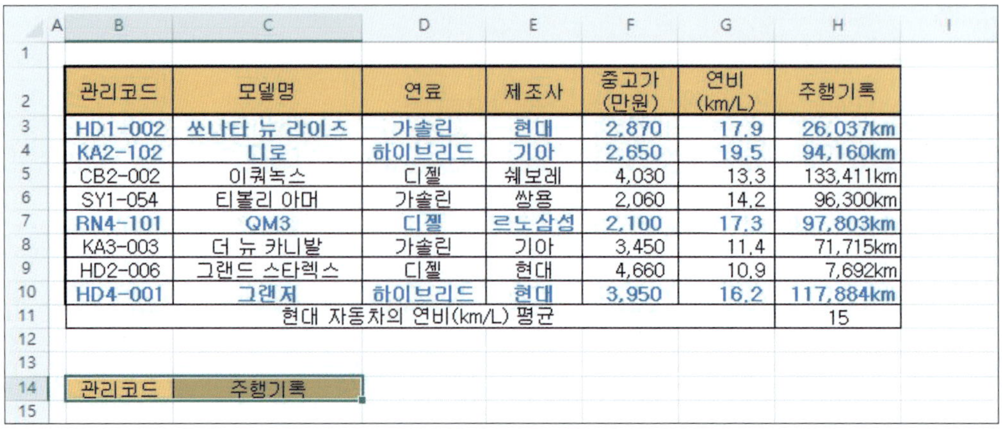

관리코드	모델명	연료	제조사	중고가(만원)	연비(km/L)	주행기록
HD1-002	쏘나타 뉴 라이즈	가솔린	현대	2,870	17.9	26,037km
KA2-102	니로	하이브리드	기아	2,650	19.5	94,160km
CB2-002	이쿼녹스	디젤	쉐보레	4,030	13.3	133,411km
SY1-054	티볼리 아머	가솔린	쌍용	2,060	14.2	96,300km
RN4-101	QM3	디젤	르노삼성	2,100	17.3	97,803km
KA3-003	더 뉴 카니발	가솔린	기아	3,450	11.4	71,715km
HD2-006	그랜드 스타렉스	디젤	현대	4,660	10.9	7,692km
HD4-001	그랜저	하이브리드	현대	3,950	16.2	117,884km
현대 자동차의 연비(km/L) 평균						15

관리코드	주행기록

| TIP | **고급 필터**

복잡한 조건이나 여러 조건을 만족하는 레코드를 추출할 때 사용하는 기능으로 워크시트 목록에는 찾을 조건으로 사용할 수 있는 열 레이블이 있어야 합니다.

3 [B15:C16] 영역에 관리코드가 'K'로 시작하거나 주행기록이 '100,000' 이상인 조건을 입력합니다(OR 조건).

관리코드	모델명	연료	제조사	중고가(만원)	연비(km/L)	주행기록
HD1-002	쏘나타 뉴 라이즈	가솔린	현대	2,870	17.9	26,037km
KA2-102	니로	하이브리드	기아	2,650	19.5	94,160km
CB2-002	이쿼녹스	디젤	쉐보레	4,030	13.3	133,411km
SY1-054	티볼리 아머	가솔린	쌍용	2,060	14.2	96,300km
RN4-101	QM3	디젤	르노삼성	2,100	17.3	97,803km
KA3-003	더 뉴 카니발	가솔린	기아	3,450	11.4	71,715km
HD2-006	그랜드 스타렉스	디젤	현대	4,660	10.9	7,692km
HD4-001	그랜저	하이브리드	현대	3,950	16.2	117,884km
현대 자동차의 연비(km/L) 평균						15

관리코드	주행기록
K*	
	>=100000

조건을 입력

| TIP | **찾을 조건**

- 조건에 필요한 열 제목을 입력한 후 필터링 조건은 열 제목 아래에 입력합니다.
- 필터링 조건을 하나의 같은 행에 입력하면 입력한 조건에 모두 만족(그리고, AND 조건)하는 데이터가 필터링 되고, 서로 다른 행에 입력하면 입력한 조건 중 하나라도 만족(또는, OR 조건)하는 데이터가 필터링 됩니다.

전반기	후반기	평균
>=50	>=70	>=60

전반기가 50 이상이고, 후반기가 70 이상이면서 평균이 60 이상인 조건을 모두 만족하는 데이터를 필터링합니다(AND).

제품	판매사원	수량
청소기		
	홍길동	
		>=100

제품이 청소기이거나 판매사원이 홍길동이거나 수량이 100 이상인 조건 중 하나라도 만족하는 데이터를 필터링합니다(OR).

- 별표(*) : 모든 문자를 의미합니다(김* : '김'으로 시작하는 모든 문자, *정 : '정'으로 끝나는 모든 문자).
- 물음표(?) : 하나의 글자를 의미합니다(김? : '김'으로 시작하는 두 글자, ??정 : '정'으로 끝나는 세 글자).

4 추출 데이터를 입력하기 위하여 [C2:D2], [F2:G2] 영역을 동시에 선택한 후 Ctrl+C 키를 눌러 복사합니다.

관리코드	모델명	연료	제조사	중고가(만원)	연비(km/L)	주행기록
HD1-002	쏘나타 뉴 라이즈	가솔린	현대	2,870	17.9	26,037km
KA2-102	니로	하이브리드	기아	2,650	19.5	94,160km
CB2-002	이쿼녹스	디젤	쉐보레	4,030	13.3	133,411km
SY1-054	티볼리 아머	가솔린	쌍용	2,060	14.2	96,300km
RN4-101	QM3	디젤	르노삼성	2,100	17.3	97,803km
KA3-003	더 뉴 카니발	가솔린	기아	3,450	11.4	71,715km
HD2-006	그랜드 스타렉스	디젤	현대	4,660	10.9	7,692km
HD4-001	그랜저	하이브리드	현대	3,950	16.2	117,884km
현대 자동차의 연비(km/L) 평균						15

5 복사 위치로 [B18] 셀을 선택하고, Ctrl+V 키를 눌러 붙여넣기 합니다.

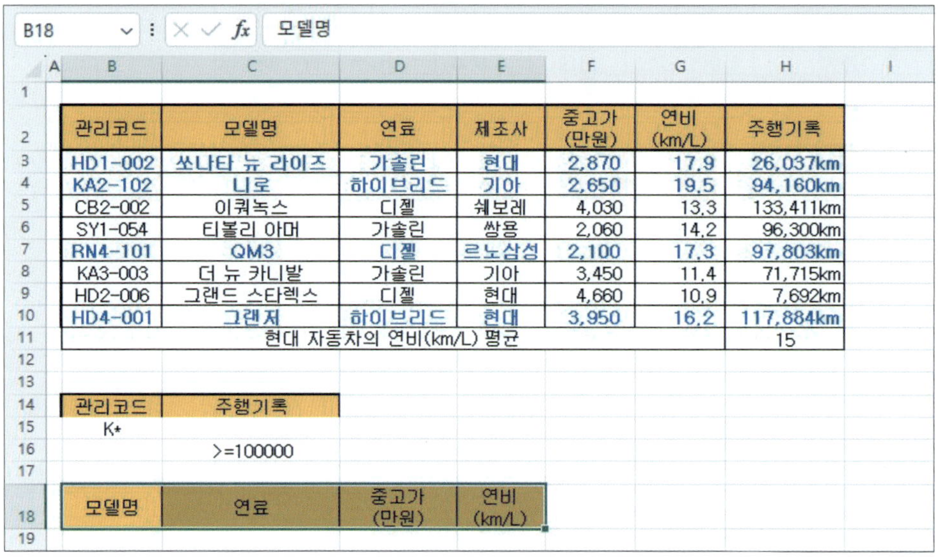

6 [B2:H10] 영역을 블록 지정한 후 [데이터] 탭의 [정렬 및 필터] 그룹에서 고급(고급) 단추를 클릭합니다.

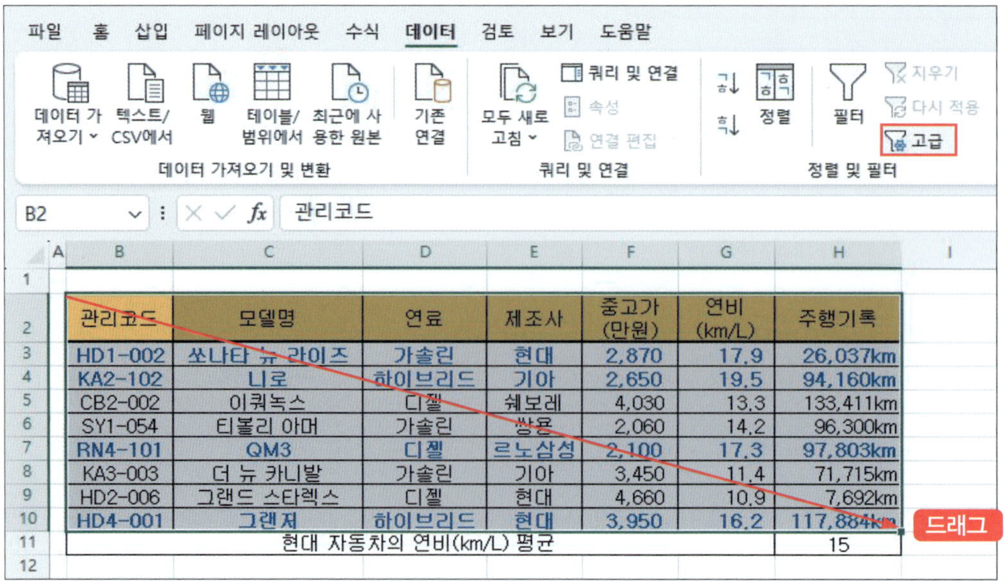

7 [고급 필터] 대화 상자에서 '다른 장소에 복사'를 선택한 후 목록 범위는 [B2:H10], 조건 범위는 [B14:C16], 복사 위치는 [B18:E18] 영역을 각각 지정하고, [확인] 버튼을 클릭합니다.

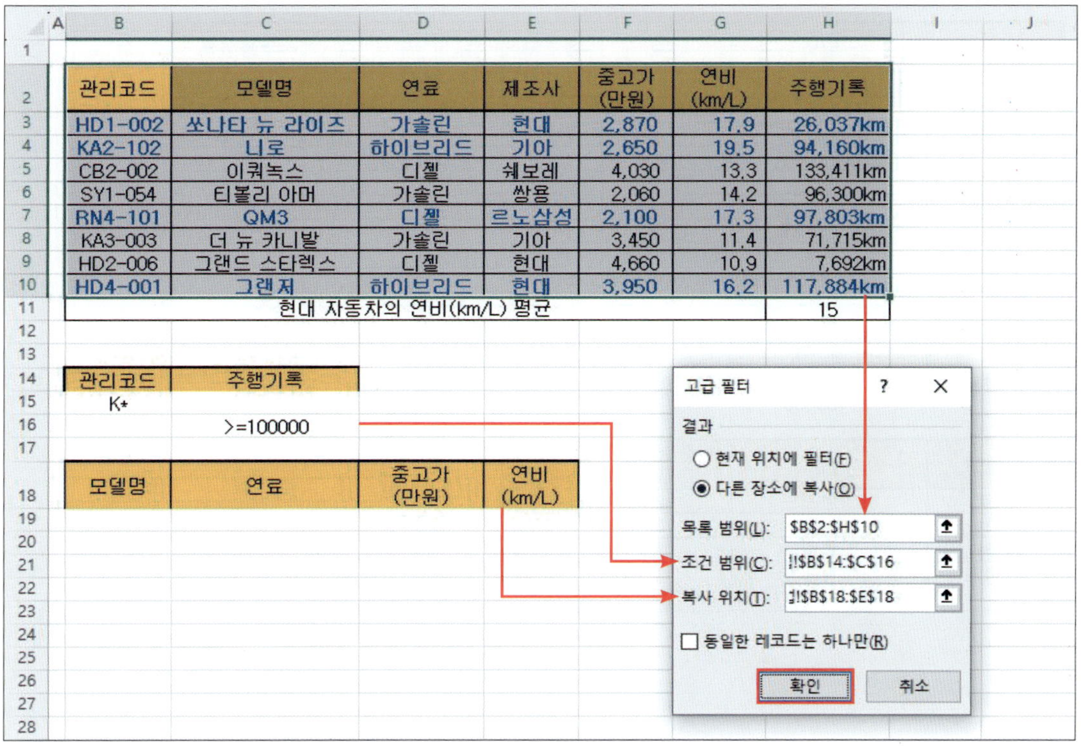

| TIP | **[고급 필터] 대화 상자**

- 현재 위치에 필터 : 필터링한 결과를 현재 목록 위치에 표시합니다.
- 다른 장소에 복사 : 필터링한 결과를 사용자가 지정한 다른 위치에 표시합니다.
- 목록 범위 : 필터링할 원본 데이터의 목록 범위를 지정합니다.
- 조건 범위 : 찾을 조건이 입력된 셀 범위를 지정합니다(조건 범위와 원본 데이터 사이에는 하나 이상의 빈 행이 있어야 하며, 조건 범위 내에 빈 행이 존재할 경우 모든 레코드를 표시).
- 복사 위치 : 추출된 결과가 표시되는 셀 주소를 지정합니다.
- 동일한 레코드는 하나만 : 추출된 결과 중 동일한 레코드는 하나만 표시합니다.

8 그 결과 주어진 조건의 데이터가 필터링 되어 나타나는 것을 확인할 수 있습니다.

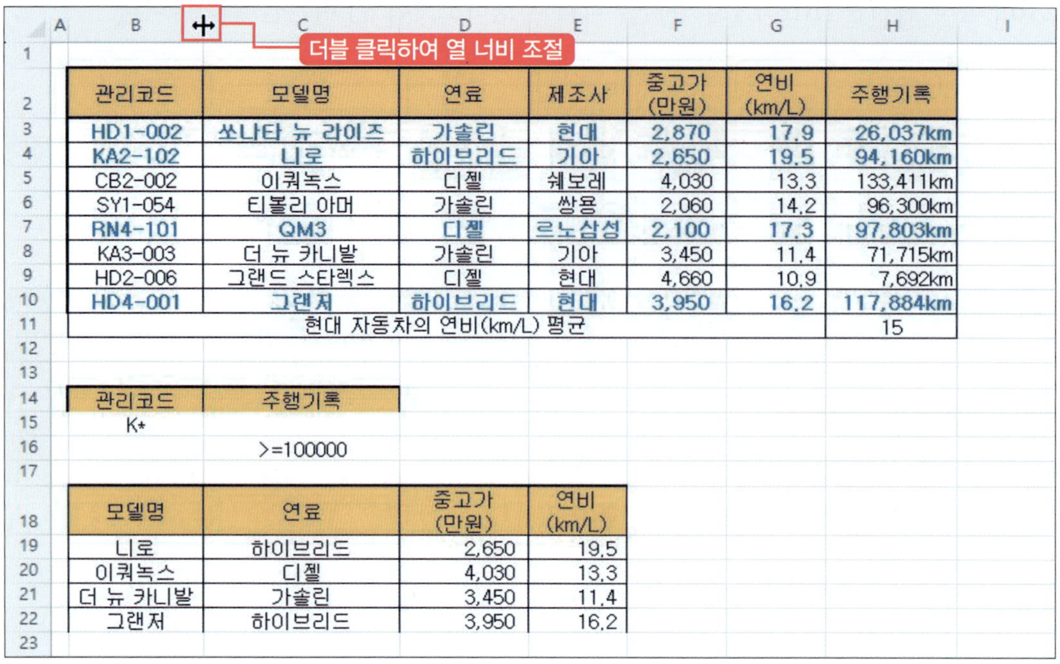

관리코드	모델명	연료	제조사	중고가 (만원)	연비 (km/L)	주행기록
HD1-002	쏘나타 뉴 라이즈	가솔린	현대	2,870	17.9	26,037km
KA2-102	니로	하이브리드	기아	2,650	19.5	94,160km
CB2-002	이쿼녹스	디젤	쉐보레	4,030	13.3	133,411km
SY1-054	티볼리 아머	가솔린	쌍용	2,060	14.2	96,300km
RN4-101	QM3	디젤	르노삼성	2,100	17.3	97,803km
KA3-003	더 뉴 카니발	가솔린	기아	3,450	11.4	71,715km
HD2-006	그랜드 스타렉스	디젤	현대	4,660	10.9	7,692km
HD4-001	그랜저	하이브리드	현대	3,950	16.2	117,884km
현대 자동차의 연비(km/L) 평균						15

관리코드	주행기록
K*	
	>=100000

모델명	연료	중고가 (만원)	연비 (km/L)
니로	하이브리드	2,650	19.5
이쿼녹스	디젤	4,030	13.3
더 뉴 카니발	가솔린	3,450	11.4
그랜저	하이브리드	3,950	16.2

9 모든 작업이 완료되면 빠른 실행 도구 모음에서 저장(💾) 단추를 클릭하여 완성 파일을 저장합니다.

출제 유형 문제

• **예제 파일** : 유형 분석 05₩유형 02_문제.xlsx / • **완성 파일** : 유형 분석 05₩유형 02_완성.xlsx

01 **"제1작업" 시트의 「B4:H12」 영역을 복사하여 "제2작업" 시트의 「B2」 셀부터 모두 붙여넣기를 한 후 다음의 조건과 같이 작업하시오.**

≪조건≫

(1) 목표값 찾기 – 「B11:G11」 셀을 병합하고 가운데 맞춤한 후 "타정의 전월 판매량 평균"을 입력하고 「H11」 셀에 타정의 전월 판매량 평균을 구하시오. 단, 조건은 입력 데이터를 이용하시오(DAVERAGE 함수, 테두리).

– '타정의 전월 판매량 평균'이 '90'이 되려면 구기자차의 전월 판매량이 얼마가 되어야 하는지 목표값을 구하시오.

(2) 고급 필터 – 상품코드가 'B'로 시작하거나 재고수량이 '50' 이하인 자료의 상품명, 용량, 가격(단위:원), 재고수량 데이터만 추출하시오.

– 조건 범위 : 「B14」 셀부터 입력하시오.

– 복사 위치 : 「B18」 셀부터 나타나도록 하시오.

≪출력형태≫

	A	B	C	D	E	F	G	H	I
1									
2		상품코드	구분	상품명	용량	가격 (단위:원)	전월 판매량	재고수량	
3		H1-093	타정	구기자차	50g	26,500	135	168	
4		N2-102	삼각티백	흰민들레차	20g	15,000	154	46	
5		H3-081	타정	간편한 보이차	36g	16,900	71	129	
6		N4-073	삼각티백	캐모마일	50g	17,900	146	154	
7		B5-102	분말	운남성 보이차	25g	37,800	64	106	
8		B6-011	분말	교목산차	50g	31,500	121	79	
9		H7-023	타정	페퍼민트	20g	25,000	64	136	
10		N7-093	삼각티백	레몬그라스	60g	16,900	56	144	
11		타정의 전월 판매량 평균						90	
12									
13									
14		상품코드	재고수량						
15		B*							
16			<=50						
17									
18		상품명	용량	가격 (단위:원)	재고수량				
19		흰민들레차	20g	15,000	46				
20		운남성 보이차	25g	37,800	106				
21		교목산차	50g	31,500	79				
22									

Hint

• [H11] 셀에 =DAVERAGE(B2:H10,6,C2:C3)을 입력합니다.

• [목표값 찾기] 대화 상자에서 수식 셀은 'H11', 찾는 값은 '90', 값을 바꿀 셀은 '$G$3'을 각각 지정합니다.

• [고급 필터] 대화 상자에서 '다른 장소에 복사'를 선택한 후 목록 범위는 [B2:H10], 조건 범위는 [B14:C16], 복사 위치는 [B18:E18] 영역을 각각 지정합니다.

출제 유형 문제

• **예제 파일** : 유형 분석 05₩유형 03_문제.xlsx / • **완성 파일** : 유형 분석 05₩유형 03_완성.xlsx

02 **"제1작업" 시트의 「B4:H12」 영역을 복사하여 "제2작업" 시트의 「B2」 셀부터 모두 붙여넣기를 한 후 다음의 조건과 같이 작업하시오.**

≪조건≫

(1) 목표값 찾기 – 「B11:G11」 셀을 병합하고 가운데 맞춤한 후 "농산물의 단가(단위:원) 평균"을 입력하고 「H11」 셀에 농산물의 단가(단위:원) 평균을 구하시오. 단, 조건은 입력 데이터를 이용하시오(DAVERAGE 함수, 테두리).

– '농산물의 단가(단위:원) 평균'이 '50,000'이 되려면 백진주 쌀의 단가가 얼마가 되어야 하는지 목표값을 구하시오.

(2) 고급 필터 – 상품코드가 'M'으로 시작하면서 당월판매량이 '2,000' 이상인 자료의 상품명, 구분, 단가(단위:원), 포장단위 데이터만 추출하시오.

– 조건 범위 : 「B14」 셀부터 입력하시오.

– 복사 위치 : 「B18」 셀부터 나타나도록 하시오.

≪출력형태≫

	A	B	C	D	E	F	G	H	I
1									
2		상품코드	상품명	구분	단가 (단위:원)	전월판매량	당월판매량	포장 단위	
3		M25-02	백진주 쌀	농산물	73,500	1,820EA	2,045EA	20kg	
4		B29-03	살치살 스테이크	축산물	30,000	1,892EA	1,520EA	500g	
5		B32-02	딱새우	수산물	13,900	891EA	950EA	1kg	
6		S19-01	등심 스테이크	축산물	36,000	1,020EA	805EA	500g	
7		M20-02	돌산 갓김치	농산물	19,000	1,457EA	1,852EA	2kg	
8		B37-02	랍스터 테일	수산물	32,000	824EA	1,820EA	480g	
9		M15-01	대봉 곶감	농산물	80,000	2,361EA	2,505EA	30구	
10		M14-03	황토 고구마	농산물	27,500	941EA	1,653EA	10kg	
11		농산물의 단가(단위:원) 평균						50,000	
12									
13									
14		상품코드	당월판매량						
15		M*	>=2000						
16									
17									
18		상품명	구분	단가 (단위:원)	포장 단위				
19		백진주 쌀	농산물	73,500	20kg				
20		대봉 곶감	농산물	80,000	30구				
21									

Hint

• [H11] 셀에 =DAVERAGE(B2:H10,E2,D2:D3)을 입력합니다.

• [목표값 찾기] 대화 상자에서 수식 셀은 'H11', 찾는 값은 '50000', 값을 바꿀 셀은 '$E$3'을 각각 지정합니다.

• [고급 필터] 대화 상자에서 '다른 장소에 복사'를 선택한 후 목록 범위는 [B2:H10], 조건 범위는 [B14:C15], 복사 위치는 [B18:E18] 영역을 각각 지정합니다.

유형 분석

06 [제2작업] 필터 및 서식

필터 및 서식에서는 복잡한 조건이나 여러 조건을 만족하는 레코드를 추출할 때 사용하는 고급 필터와 특정 셀 범위의 스타일을 유지하는 표로 빠르게 변환할 때 사용하는 표 서식에 대하여 알아봅니다.

시험 유형 미리 보기

• 예제 파일 : 유형 분석 06₩유형 01_문제.xlsx / • 완성 파일 : 유형 분석 06₩유형 01_완성.xlsx

☞ **"제1작업" 시트의 「B4:H12」 영역을 복사하여 "제2작업" 시트의 「B2」 셀부터 모두 붙여넣기를 한 후 다음의 조건과 같이 작업하시오.**

《조건》

(1) 고급 필터 – 분야가 '과학/공학'이거나 출간일이 '2023-01-01' 이후(해당일 포함)인 자료의 데이터만 추출하시오.
- 조건 범위 : 「B13」 셀부터 입력하시오.
- 복사 위치 : 「B17」 셀부터 나타나도록 하시오.

(2) 표 서식 – 고급 필터의 결과셀을 채우기 없음으로 설정한 후 '표 스타일 밝게 9'의 서식을 적용하시오.
- 머리글 행, 줄무늬 행을 적용하시오.

《출력형태》

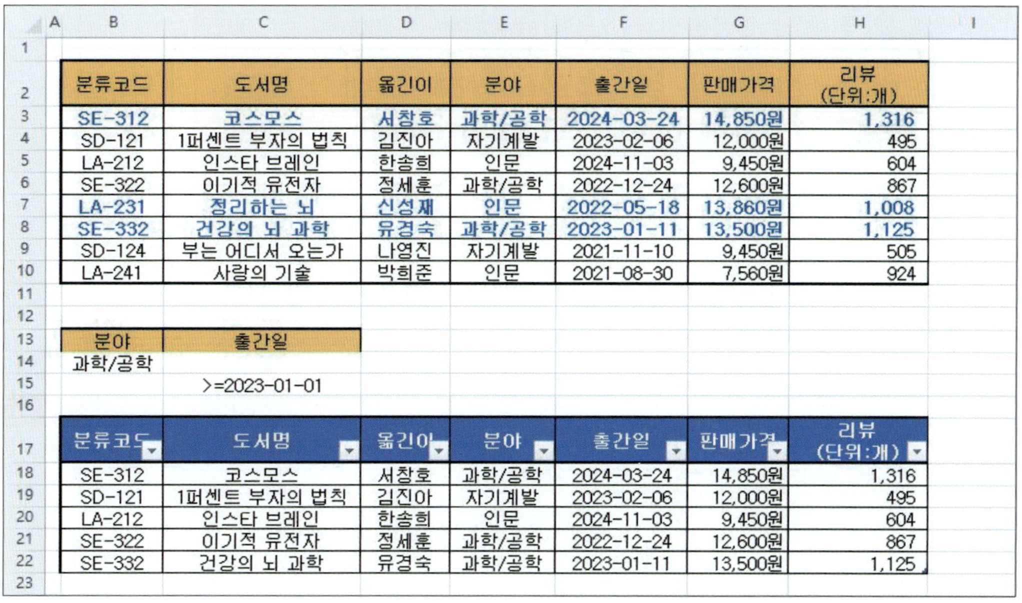

분류코드	도서명	옮긴이	분야	출간일	판매가격	리뷰 (단위:개)
SE-312	코스모스	서창호	과학/공학	2024-03-24	14,850원	1,316
SD-121	1퍼센트 부자의 법칙	김진아	자기계발	2023-02-06	12,000원	495
LA-212	인스타 브레인	한송희	인문	2024-11-03	9,450원	604
SE-322	이기적 유전자	정세훈	과학/공학	2022-12-24	12,600원	867
LA-231	정리하는 뇌	신성재	인문	2022-05-18	13,860원	1,008
SE-332	건강의 뇌 과학	유경숙	과학/공학	2023-01-11	13,500원	1,125
SD-124	부는 어디서 오는가	나영진	자기계발	2021-11-10	9,450원	505
LA-241	사랑의 기술	박희준	인문	2021-08-30	7,560원	924

분야	출간일
과학/공학	
	>=2023-01-01

분류코드	도서명	옮긴이	분야	출간일	판매가격	리뷰 (단위:개)
SE-312	코스모스	서창호	과학/공학	2024-03-24	14,850원	1,316
SD-121	1퍼센트 부자의 법칙	김진아	자기계발	2023-02-06	12,000원	495
LA-212	인스타 브레인	한송희	인문	2024-11-03	9,450원	604
SE-322	이기적 유전자	정세훈	과학/공학	2022-12-24	12,600원	867
SE-332	건강의 뇌 과학	유경숙	과학/공학	2023-01-11	13,500원	1,125

유형 잡기 01 데이터 복사하여 붙여넣기

1 [파일]-[열기]-[찾아보기]를 차례로 선택하고, [열기] 대화 상자에서 '유형 분석 06₩유형 01_문제.xlsx'를 불러오기 합니다.

2 [제1작업] 시트에서 [B4:H12] 영역을 블록 지정한 후 Ctrl+C 키를 눌러 복사합니다.

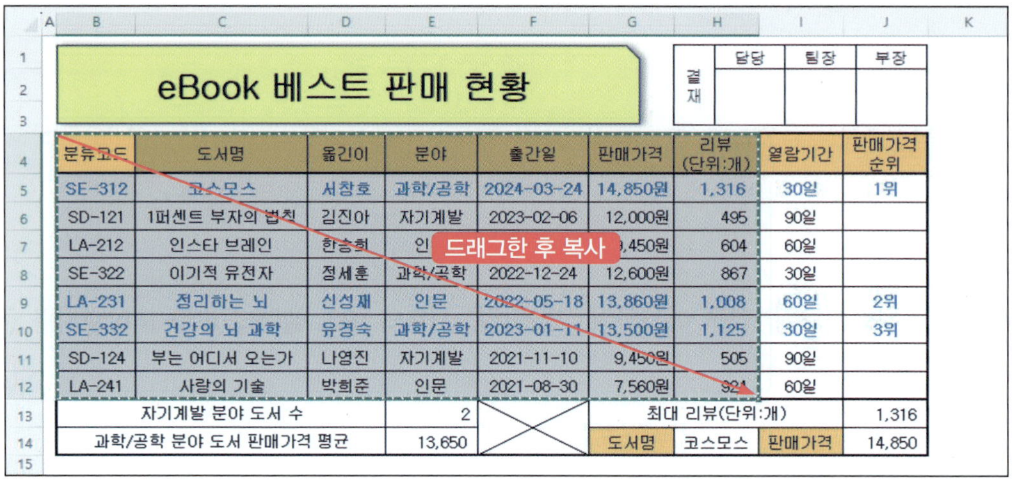

3 [제2작업] 시트로 이동한 후 [B2] 셀에서 Ctrl+V 키를 눌러 붙여넣기 합니다.

4 열 너비를 조절하기 위하여 해당 열 머리글의 경계선을 더블 클릭합니다.

유형 잡기 02 고급 필터 지정하기

1 조건을 입력하기 위하여 [E2:F2] 영역을 드래그하여 선택한 후 Ctrl+C 키를 눌러 복사합니다.

분류코드	도서명	옮긴이	분야	출간일	판매가격	리뷰 (단위:개)
SE-312	코스모스	서창호	과학/공학	2024-03-24	14,850원	1,316
SD-121	1퍼센트 부자의 법칙	김진아	자기계발	2023-02-06	12,000원	495
LA-212	인스타 브레인	한송희	인문	2024-11-03	9,450원	604
SE-322	이기적 유전자	정세훈	과학/공학	2022-12-24	12,600원	867
LA-231	정리하는 뇌	신성재	인문	2022-05-18	13,860원	1,008
SE-332	건강의 뇌 과학	유경숙	과학/공학	2023-01-11	13,500원	1,125
SD-124	부는 어디서 오는가	나영진	자기계발	2021-11-10	9,450원	505
LA-241	사랑의 기술	박희준	인문	2021-08-30	7,560원	924

2 조건 범위로 [B13] 셀을 선택하고, Ctrl+V 키를 눌러 붙여넣기 합니다.

분류코드	도서명	옮긴이	분야	출간일	판매가격	리뷰 (단위:개)
SE-312	코스모스	서창호	과학/공학	2024-03-24	14,850원	1,316
SD-121	1퍼센트 부자의 법칙	김진아	자기계발	2023-02-06	12,000원	495
LA-212	인스타 브레인	한송희	인문	2024-11-03	9,450원	604
SE-322	이기적 유전자	정세훈	과학/공학	2022-12-24	12,600원	867
LA-231	정리하는 뇌	신성재	인문	2022-05-18	13,860원	1,008
SE-332	건강의 뇌 과학	유경숙	과학/공학	2023-01-11	13,500원	1,125
SD-124	부는 어디서 오는가	나영진	자기계발	2021-11-10	9,450원	505
LA-241	사랑의 기술	박희준	인문	2021-08-30	7,560원	924

분야	출간일

3 [B14:C15] 영역에 분야가 '과학/공학'이거나 출간일이 '2023-01-01' 이후(해당일 포함)인 조건을 입력합니다(OR 조건).

분류코드	도서명	옮긴이	분야	출간일	판매가격	리뷰 (단위:개)
SE-312	코스모스	서창호	과학/공학	2024-03-24	14,850원	1,316
SD-121	1퍼센트 부자의 법칙	김진아	자기계발	2023-02-06	12,000원	495
LA-212	인스타 브레인	한송희	인문	2024-11-03	9,450원	604
SE-322	이기적 유전자	정세훈	과학/공학	2022-12-24	12,600원	867
LA-231	정리하는 뇌	신성재	인문	2022-05-18	13,860원	1,008
SE-332	건강의 뇌 과학	유경숙	과학/공학	2023-01-11	13,500원	1,125
SD-124	부는 어디서 오는가	나영진	자기계발	2021-11-10	9,450원	505
LA-241	사랑의 기술	박희준	인문	2021-08-30	7,560원	924

분야	출간일
과학/공학	
	>=2023-01-01

조건을 입력

4 추출 데이터를 입력하기 위하여 [B2:H2] 영역을 블록 지정한 후 Ctrl+C 키를 눌러 복사합니다.

분류코드	도서명	옮긴이	분야	출간일	판매가격	리뷰(단위:개)
SE-312	코스모스	서창호	과학/공학	2024-03-24	14,850원	1,316
SD-121	1퍼센트 부자의 법칙	김진아	자기계발	2023-02-06	12,000원	495
LA-212	인스타 브레인	한송희	인문	2024-11-03	9,450원	604
SE-322	이기적 유전자	정세훈	과학/공학	2022-12-24	12,600원	867
LA-231	정리하는 뇌	신성재	인문	2022-05-18	13,860원	1,008
SE-332	건강의 뇌 과학	유경숙	과학/공학	2023-01-11	13,500원	1,125
SD-124	부는 어디서 오는가	나영진	자기계발	2021-11-10	9,450원	505
LA-241	사랑의 기술	박희준	인문	2021-08-30	7,560원	924

TIP | 추출 데이터

추출할 데이터에서 특정 열 제목(도서명, 옮긴이, 판매가격 등)이 없는 경우는 모든 열의 제목을 선택합니다.

5 복사 위치로 [B17] 셀을 선택하고, Ctrl+V 키를 눌러 붙여넣기 합니다.

분류코드	도서명	옮긴이	분야	출간일	판매가격	리뷰(단위:개)
SE-312	코스모스	서창호	과학/공학	2024-03-24	14,850원	1,316
SD-121	1퍼센트 부자의 법칙	김진아	자기계발	2023-02-06	12,000원	495
LA-212	인스타 브레인	한송희	인문	2024-11-03	9,450원	604
SE-322	이기적 유전자	정세훈	과학/공학	2022-12-24	12,600원	867
LA-231	정리하는 뇌	신성재	인문	2022-05-18	13,860원	1,008
SE-332	건강의 뇌 과학	유경숙	과학/공학	2023-01-11	13,500원	1,125
SD-124	부는 어디서 오는가	나영진	자기계발	2021-11-10	9,450원	505
LA-241	사랑의 기술	박희준	인문	2021-08-30	7,560원	924

분야	출간일
과학/공학	
	>=2023-01-01

분류코드	도서명	옮긴이	분야	출간일	판매가격	리뷰(단위:개)

6 [B2:H10] 영역을 블록 지정한 후 [데이터] 탭의 [정렬 및 필터] 그룹에서 고급(고급) 단추를 클릭합니다.

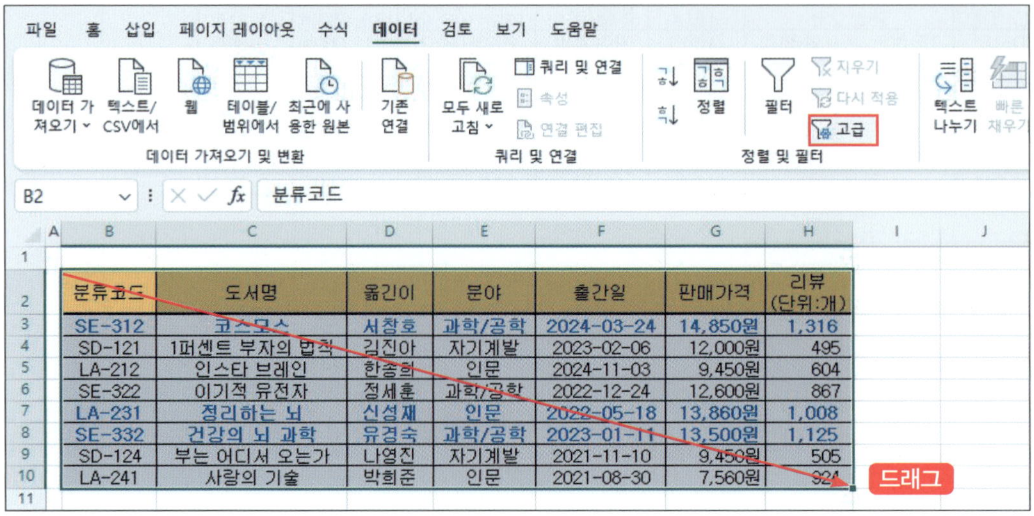

분류코드	도서명	옮긴이	분야	출간일	판매가격	리뷰(단위:개)
SE-312	코스모스	서창호	과학/공학	2024-03-24	14,850원	1,316
SD-121	1퍼센트 부자의 법칙	김진아	자기계발	2023-02-06	12,000원	495
LA-212	인스타 브레인	한송희	인문	2024-11-03	9,450원	604
SE-322	이기적 유전자	정세훈	과학/공학	2022-12-24	12,600원	867
LA-231	정리하는 뇌	신성재	인문	2022-05-18	13,860원	1,008
SE-332	건강의 뇌 과학	유경숙	과학/공학	2023-01-11	13,500원	1,125
SD-124	부는 어디서 오는가	나영진	자기계발	2021-11-10	9,450원	505
LA-241	사랑의 기술	박희준	인문	2021-08-30	7,560원	924

7 [고급 필터] 대화 상자에서 '다른 장소에 복사'를 선택한 후 목록 범위는 [B2:H10], 조건 범위는 [B13:C15], 복사 위치는 [B17:H17] 영역을 각각 지정하고, [확인] 버튼을 클릭합니다.

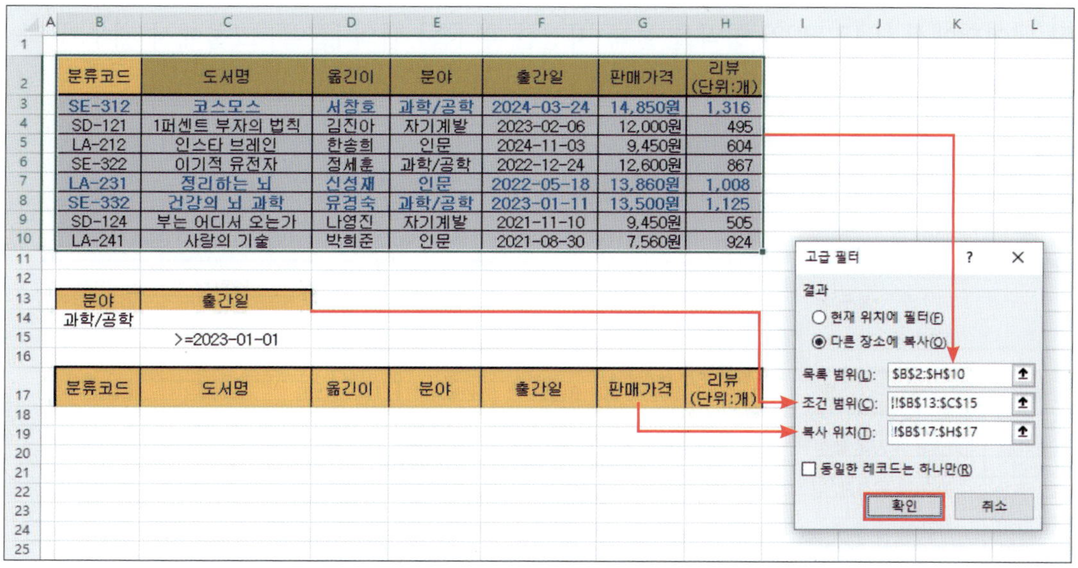

분류코드	도서명	옮긴이	분야	출간일	판매가격	리뷰 (단위:개)
SE-312	코스모스	서창호	과학/공학	2024-03-24	14,850원	1,316
SD-121	1퍼센트 부자의 법칙	김진아	자기계발	2023-02-06	12,000원	495
LA-212	인스타 브레인	한송희	인문	2024-11-03	9,450원	604
SE-322	이기적 유전자	정세훈	과학/공학	2022-12-24	12,600원	867
LA-231	정리하는 뇌	신성재	인문	2022-05-18	13,860원	1,008
SE-332	건강의 뇌 과학	유경숙	과학/공학	2023-01-11	13,500원	1,125
SD-124	부는 어디서 오는가	나영진	자기계발	2021-11-10	9,450원	505
LA-241	사랑의 기술	박희준	인문	2021-08-30	7,560원	924

분야	출간일
과학/공학	
	>=2023-01-01

분류코드	도서명	옮긴이	분야	출간일	판매가격	리뷰 (단위:개)

8 그 결과 주어진 조건의 데이터가 필터링 되어 나타나는 것을 확인할 수 있습니다.

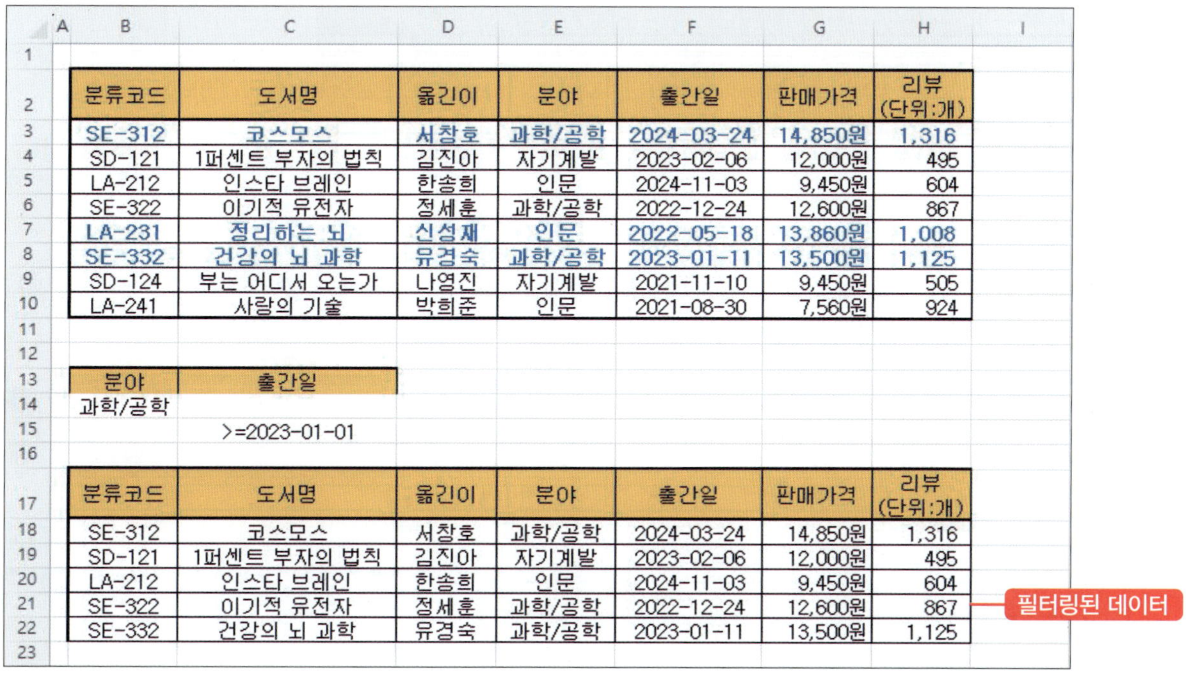

분류코드	도서명	옮긴이	분야	출간일	판매가격	리뷰 (단위:개)
SE-312	코스모스	서창호	과학/공학	2024-03-24	14,850원	1,316
SD-121	1퍼센트 부자의 법칙	김진아	자기계발	2023-02-06	12,000원	495
LA-212	인스타 브레인	한송희	인문	2024-11-03	9,450원	604
SE-322	이기적 유전자	정세훈	과학/공학	2022-12-24	12,600원	867
LA-231	정리하는 뇌	신성재	인문	2022-05-18	13,860원	1,008
SE-332	건강의 뇌 과학	유경숙	과학/공학	2023-01-11	13,500원	1,125
SD-124	부는 어디서 오는가	나영진	자기계발	2021-11-10	9,450원	505
LA-241	사랑의 기술	박희준	인문	2021-08-30	7,560원	924

분야	출간일
과학/공학	
	>=2023-01-01

분류코드	도서명	옮긴이	분야	출간일	판매가격	리뷰 (단위:개)
SE-312	코스모스	서창호	과학/공학	2024-03-24	14,850원	1,316
SD-121	1퍼센트 부자의 법칙	김진아	자기계발	2023-02-06	12,000원	495
LA-212	인스타 브레인	한송희	인문	2024-11-03	9,450원	604
SE-322	이기적 유전자	정세훈	과학/공학	2022-12-24	12,600원	867
SE-332	건강의 뇌 과학	유경숙	과학/공학	2023-01-11	13,500원	1,125

03 표 서식 지정하기

1 추출된 데이터에서 [B17:H22] 영역을 블록 지정한 후 [홈] 탭의 [글꼴] 그룹에서 채우기 색 목록( ) 단추를 클릭하고, '채우기 없음'을 선택합니다.

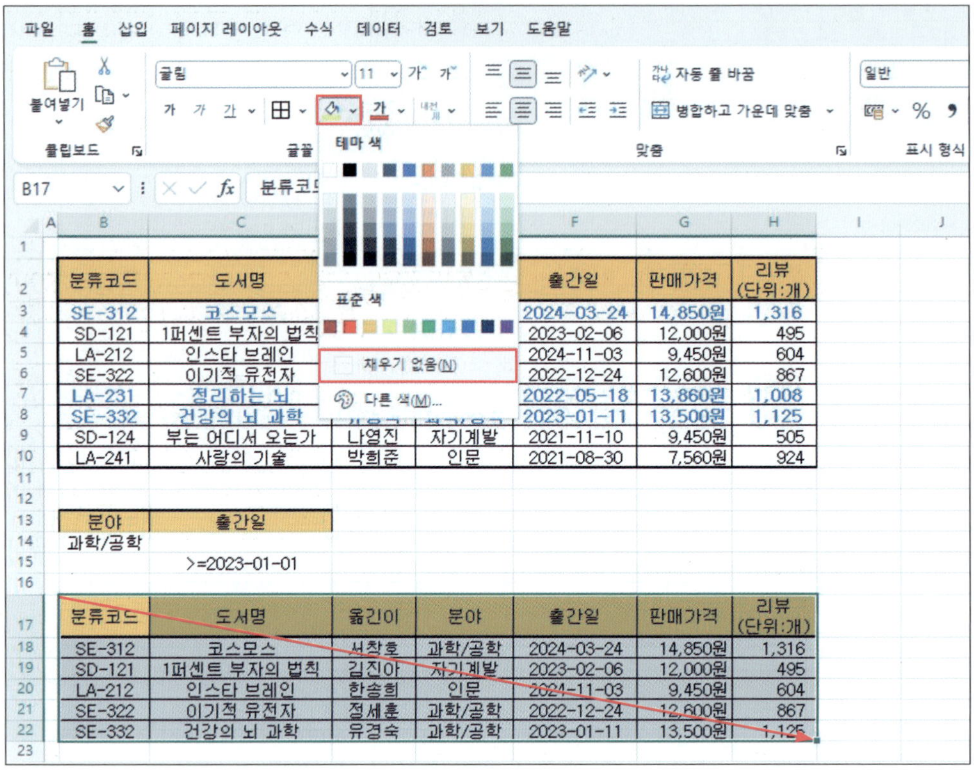

2 계속해서 표 스타일을 적용하기 위하여 [홈] 탭의 [스타일] 그룹에서 표 서식(표 서식) 단추를 클릭하고, '파랑, 표 스타일 밝게 9'를 선택합니다.

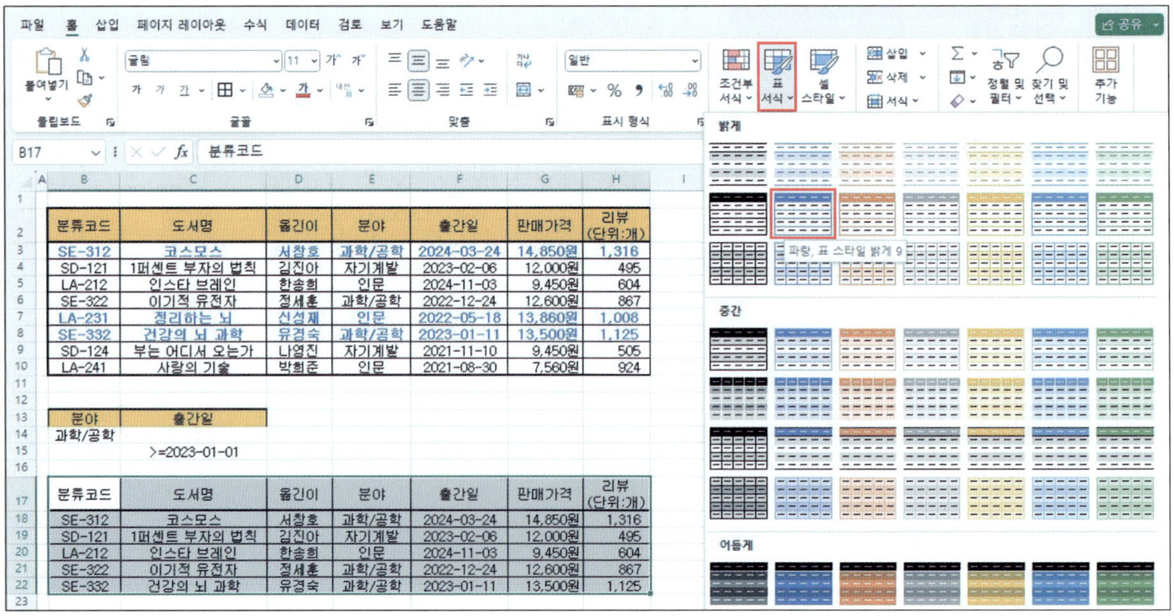

3 [표 만들기] 대화 상자가 나타나면 표에 사용할 데이터 범위를 확인하고, [확인] 버튼을 클릭합니다.

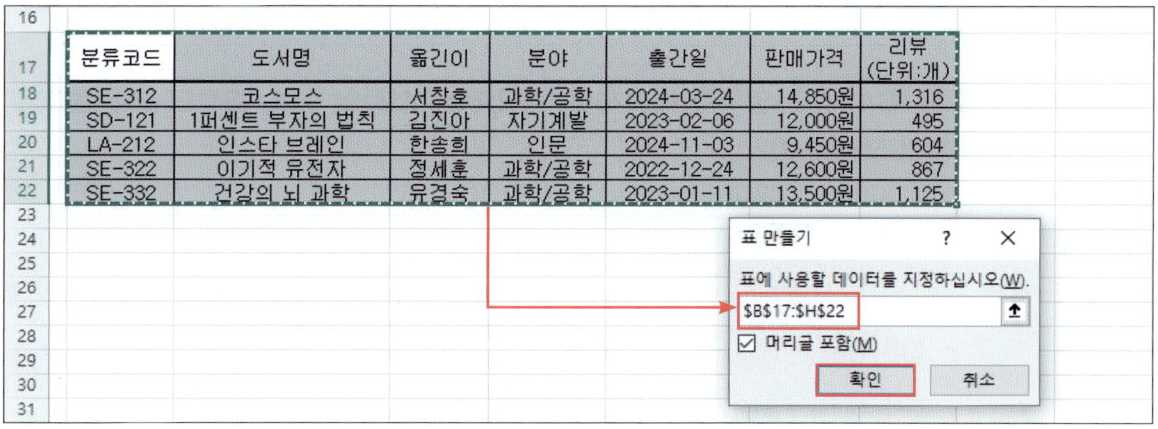

4 [테이블 디자인] 탭의 [표 스타일 옵션] 그룹에서 '머리글 행'과 '줄무늬 행'의 선택 유무를 확인합니다(스타일 적용 시 '머리글 행'과 '줄무늬 행'은 기본적으로 선택되어 있음).

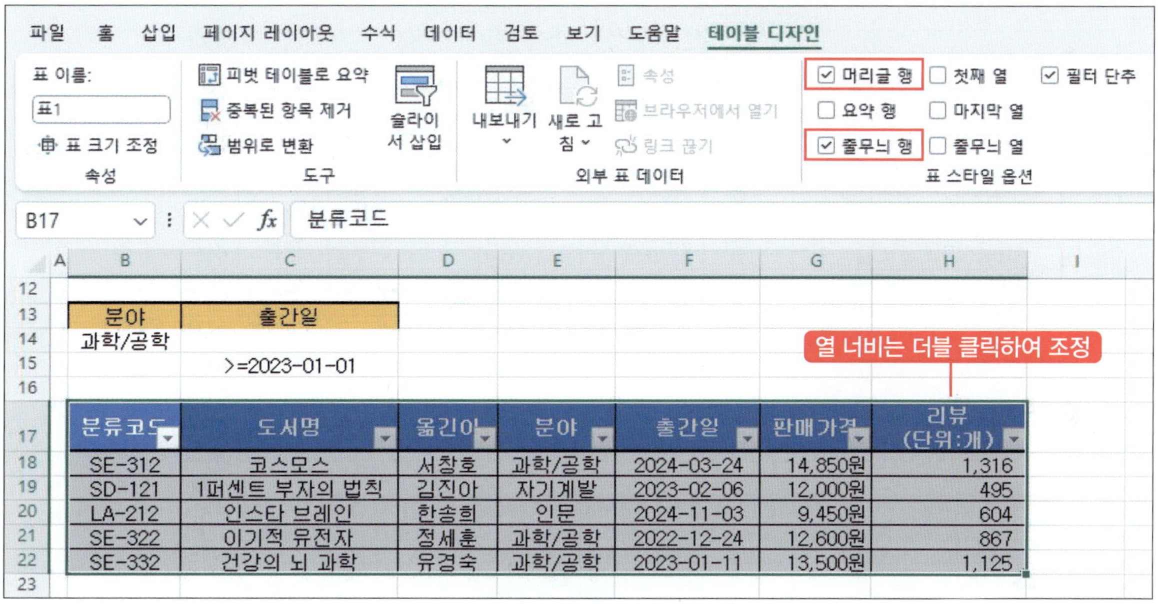

5 모든 작업이 완료되면 빠른 실행 도구 모음에서 저장( ) 단추를 클릭하여 완성 파일을 저장합니다.

출제 유형 문제

• **예제 파일** : 유형 분석 06₩유형 02_문제.xlsx / • **완성 파일** : 유형 분석 06₩유형 02_완성.xlsx

01 **"제1작업" 시트의 「B4:H12」 영역을 복사하여 "제2작업" 시트의 「B2」 셀부터 모두 붙여넣기를 한 후 다음의 조건과 같이 작업하시오.**

≪조건≫

(1) 고급 필터 – 분류가 '식품'이거나 총판매량(단위:EA)이 '1,000' 이하인 자료의 데이터만 추출하시오.

– 조건 범위 : 「B13」 셀부터 입력하시오.

– 복사 위치 : 「B18」 셀부터 나타나도록 하시오.

(2) 표 서식 – 고급 필터의 결과셀을 채우기 없음으로 설정한 후 '표 스타일 보통 4'의 서식을 적용하시오.

– 머리글 행, 줄무늬 행을 적용하시오.

≪출력형태≫

상품코드	상품명	분류	최종방송일	판매가	총판매량(단위:EA)	비고
TC-432	리즈타라 핑크	시계	2024-01-02	99,000원	3,887	
BN-821	시크릿 오일	화장품	2024-01-03	109,000원	12,259	
PD-994	하루견과	식품	2024-01-09	35,900원	3,345	
BC-694	이엑스 더블 크림	화장품	2024-01-05	79,000원	10,210	매진
BB-579	프로폴리스 크림	화장품	2024-01-04	69,000원	9,624	매진
TC-456	로즈 헤스	시계	2024-01-05	298,000원	915	
PD-643	왕만두	식품	2024-01-06	33,600원	3,245	매진
TA-396	타이맥스 위캔더	시계	2024-01-07	69,000원	3,707	

분류	총판매량(단위:EA)
식품	
	<=1000

상품코드	상품명	분류	최종방송일	판매가	총판매량(단위:EA)	비고
PD-994	하루견과	식품	2024-01-09	35,900원	3,345	
TC-456	로즈 헤스	시계	2024-01-05	298,000원	915	
PD-643	왕만두	식품	2024-01-06	33,600원	3,245	매진

Hint

• [고급 필터] 대화 상자에서 '다른 장소에 복사'를 선택한 후 목록 범위는 [B2:H10], 조건 범위는 [B13:C15], 복사 위치는 [B18:H18] 영역을 각각 지정합니다.

• [B18:H21] 영역을 블록 지정한 후 채우기 색을 '채우기 없음'으로 지정하고, [홈] 탭의 [스타일] 그룹에서 [표 서식] 단추를 클릭하고, '흰색, 표 스타일 보통 4'를 선택합니다.

출제 유형 문제

• **예제 파일** : 유형 분석 06₩유형 03_문제.xlsx / • **완성 파일** : 유형 분석 06₩유형 03_완성.xlsx

02 **"제1작업" 시트의 「B4:H12」 영역을 복사하여 "제2작업" 시트의 「B2」 셀부터 모두 붙여넣기를 한 후 다음의 조건과 같이 작업하시오.**

≪조건≫

(1) 고급 필터 – 분류가 '건강'이거나 판매수량이 '400' 이하인 자료의 데이터만 추출하시오.

– 조건 범위 : 「B13」 셀부터 입력하시오.

– 복사 위치 : 「B18」 셀부터 나타나도록 하시오.

(2) 표 서식 – 고급 필터의 결과셀을 채우기 없음으로 설정한 후 '표 스타일 보통 5'의 서식을 적용하시오.

– 머리글 행, 줄무늬 행을 적용하시오.

≪출력형태≫

	A	B	C	D	E	F	G	H	I
1									
2		상품코드	분류	상품명	공급업체	가격 (원)	할인가 (원)	판매수량	
3		SS-02	화장품	블랙로즈오일	블랙뷰티	123,000	105,000	350개	
4		SC-03	세제	욕실세정제	서창유통	7,700	7,000	850개	
5		FS-03	화장품	수면팩	블랙뷰티	55,000	49,500	437개	
6		SN-02	건강	천연비타민C	서창유통	69,000	58,000	950개	
7		FC-02	세제	고급의류세제	한국통상	18,500	15,000	724개	
8		FC-01	세제	프리미엄세탁세제	한국통상	33,000	27,500	800개	
9		FS-01	화장품	스네일에센스	서창유통	49,000	43,700	500개	
10		FN-02	건강	종합비타민미네랄	서창유통	82,500	78,500	900개	
11									
12									
13		분류	판매수량						
14		건강							
15			<=400						
16									
17									
18		상품코드	분류	상품명	공급업체	가격 (원)	할인가 (원)	판매수량	
19		SS-02	화장품	블랙로즈오일	블랙뷰티	123,000	105,000	350개	
20		SN-02	건강	천연비타민C	서창유통	69,000	58,000	950개	
21		FN-02	건강	종합비타민미네랄	서창유통	82,500	78,500	900개	
22									

Hint

- [고급 필터] 대화 상자에서 '다른 장소에 복사'를 선택한 후 목록 범위는 [B2:H10], 조건 범위는 [B13:C15], 복사 위치는 [B18:H18] 영역을 각각 지정합니다.
- [B18:H21] 영역을 블록 지정한 후 채우기 색을 '채우기 없음'으로 지정하고, [홈] 탭의 [스타일] 그룹에서 [표 서식] 단추를 클릭하고, '황금색, 표 스타일 보통 5'를 선택합니다.

유형 분석

07 [제3작업] 정렬 및 부분합

정렬 및 부분합에서는 데이터에서 선택한 행을 기준으로 오름차순 또는 내림차순으로 재배열할 때 사용하는 정렬과 데이터 열에 대한 다양한 요약 함수를 계산할 때 사용하는 부분합에 대하여 알아봅니다.

시험 유형 미리 보기

• 예제 파일 : 유형 분석 07₩유형 01_문제.xlsx / • 완성 파일 : 유형 분석 07₩유형 01_완성.xlsx

☞ **"제1작업" 시트의 「B4:H12」 영역을 복사하여 "제3작업" 시트의 「B2」 셀부터 모두 붙여넣기를 한 후 다음의 조건과 같이 작업하시오.**

《 조건 》

⑴ 부분합 – 《출력형태》처럼 정렬하고, 제조사의 개수와 중고가(만원)의 평균을 구하시오.

⑵ 개요 – 지우시오.

⑶ 나머지 사항은 《출력형태》에 맞게 작성하시오.

《 출력형태 》

	A	B	C	D	E	F	G	H	I
1									
2		관리코드	모델명	연료	제조사	중고가(만원)	연비(km/L)	주행기록	
3		KA2-102	니로	하이브리드	기아	2,650	19.5	94,160km	
4		HD4-001	그랜저	하이브리드	현대	3,950	16.2	117,884km	
5				하이브리드 평균		3,300			
6				하이브리드 개수	2				
7		CB2-002	이쿼녹스	디젤	쉐보레	4,030	13.3	133,411km	
8		RN4-101	QM3	디젤	르노삼성	2,100	17.3	97,803km	
9		HD2-006	그랜드 스타렉스	디젤	현대	4,660	10.9	7,692km	
10				디젤 평균		3,597			
11				디젤 개수	3				
12		HD1-002	쏘나타 뉴 라이즈	가솔린	현대	2,870	16.1	26,037km	
13		SY1-054	티볼리 아머	가솔린	쌍용	2,060	14.2	96,300km	
14		KA3-003	더 뉴 카니발	가솔린	기아	3,450	11.4	71,715km	
15				가솔린 평균		2,793			
16				가솔린 개수	3				
17				전체 평균		3,221			
18				전체 개수	8				
19									

유형 잡기 01 데이터 복사하여 붙여넣기

1 [파일]-[열기]-[찾아보기]를 차례로 선택하고, [열기] 대화 상자에서 '유형 분석 07₩유형 01_문제.xlsx'를 불러오기 합니다.

2 [제1작업] 시트에서 [B4:H12] 영역을 블록 지정한 후 Ctrl+C 키를 눌러 복사합니다.

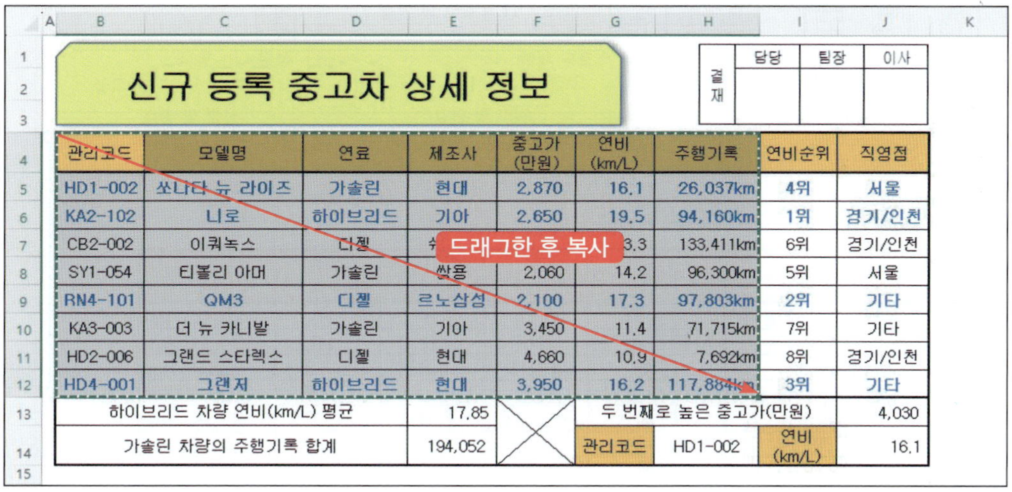

3 [제3작업] 시트로 이동한 후 [B2] 셀에서 Ctrl+V 키를 눌러 붙여넣기 합니다.

4 열 너비를 조절하기 위하여 해당 열 머리글의 경계선을 더블 클릭합니다.

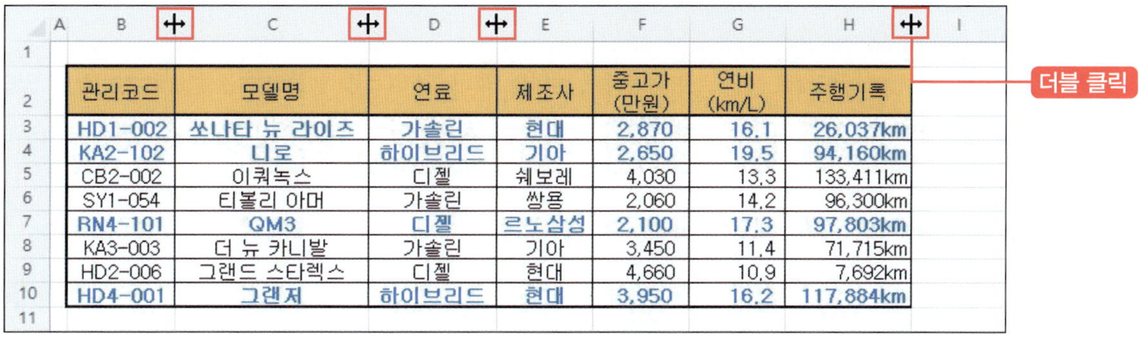

유형 잡기 02 데이터 정렬하기

1 '연료'를 내림차순으로 정렬하기 위하여 [D2] 셀을 선택한 후 [데이터] 탭의 [정렬 및 필터] 그룹에서 텍스트 내림차순 정렬( ) 단추를 클릭합니다(정렬은 ≪출력형태≫에서 부분합으로 그룹화된 항목을 보고 '오름차순'인지, '내림차순'인지를 판단함).

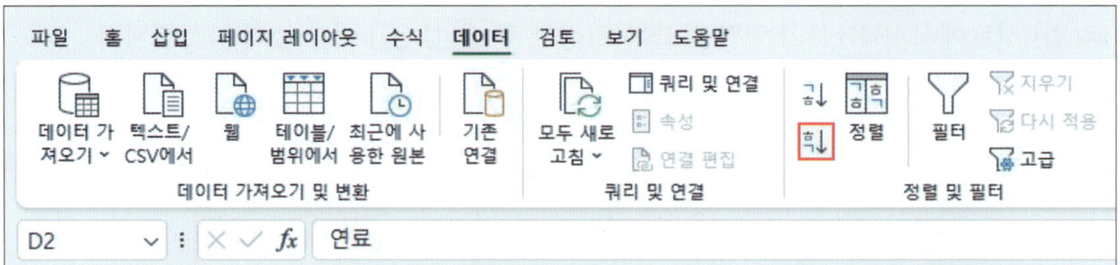

관리코드	모델명	연료	제조사	중고가 (만원)	연비 (km/L)	주행기록
HD1-002	쏘나타 뉴 라이즈	가솔린	현대	2,870	16.1	26,037km
KA2-102	니로	하이브리드	기아	2,650	19.5	94,160km
CB2-002	이쿼녹스	디젤	쉐보레	4,030	13.3	133,411km
SY1-054	티볼리 아머	가솔린	쌍용	2,060	14.2	96,300km
RN4-101	QM3	디젤	르노삼성	2,100	17.3	97,803km
KA3-003	더 뉴 카니발	가솔린	기아	3,450	11.4	71,715km
HD2-006	그랜드 스타렉스	디젤	현대	4,660	10.9	7,692km
HD4-001	그랜저	하이브리드	현대	3,950	16.2	117,884km

2 그 결과 '연료'를 기준으로 내림차순 정렬된 것을 확인할 수 있습니다.

관리코드	모델명	연료	제조사	중고가 (만원)	연비 (km/L)	주행기록
KA2-102	니로	하이브리드	기아	2,650	19.5	94,160km
HD4-001	그랜저	하이브리드	현대	3,950	16.2	117,884km
CB2-002	이쿼녹스	디젤	쉐보레	4,030	13.3	133,411km
RN4-101	QM3	디젤	르노삼성	2,100	17.3	97,803km
HD2-006	그랜드 스타렉스	디젤	현대	4,660	10.9	7,692km
HD1-002	쏘나타 뉴 라이즈	가솔린	현대	2,870	16.1	26,037km
SY1-054	티볼리 아머	가솔린	쌍용	2,060	14.2	96,300km
KA3-003	더 뉴 카니발	가솔린	기아	3,450	11.4	71,715km

| TIP | 정렬

- 오름차순은 데이터를 가, 나, 다··· 또는 1, 2, 3···과 같은 순으로 정렬하고, 내림차순은 데이터를 다, 나, 가··· 또는 3, 2, 1···과 같은 순으로 정렬합니다.
- 정렬은 기본적으로 위에서 아래로 행 단위로 정렬되며, 선택한 데이터 범위의 첫 행을 머리글 행으로 지정할 수 있습니다.

유형 잡기 03 부분합 지정하기

1 임의의 데이터 영역에 셀 포인터를 위치시킨 후 [데이터] 탭의 [개요] 그룹에서 부분합(부분합) 단추를 클릭합니다.

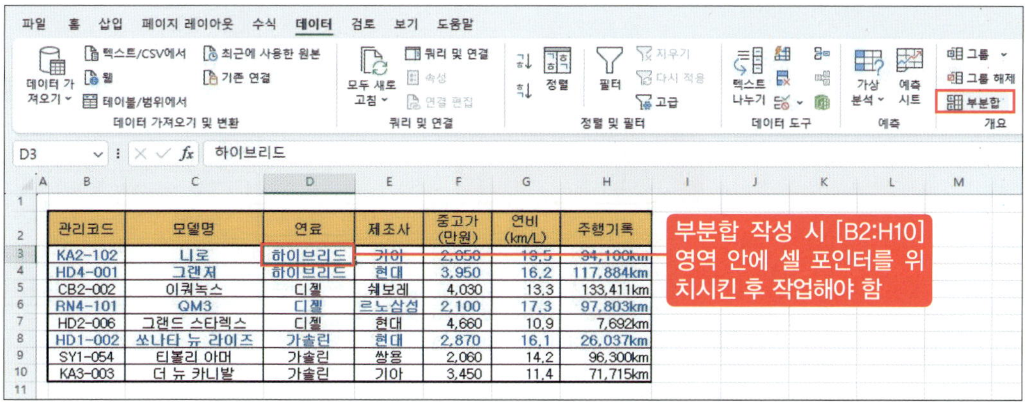

2 [부분합] 대화 상자에서 그룹화할 항목은 '연료', 사용할 함수는 '개수', 부분합 계산 항목은 '제조사'를 각각 선택하고, [확인] 버튼을 클릭합니다.

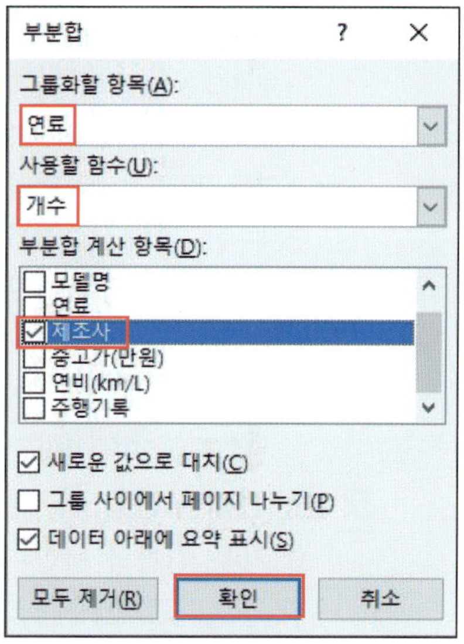

3 첫 번째 부분합 결과를 확인한 후 다시 한 번 [데이터] 탭의 [개요] 그룹에서 부분합(부분합) 단추를 클릭합니다.

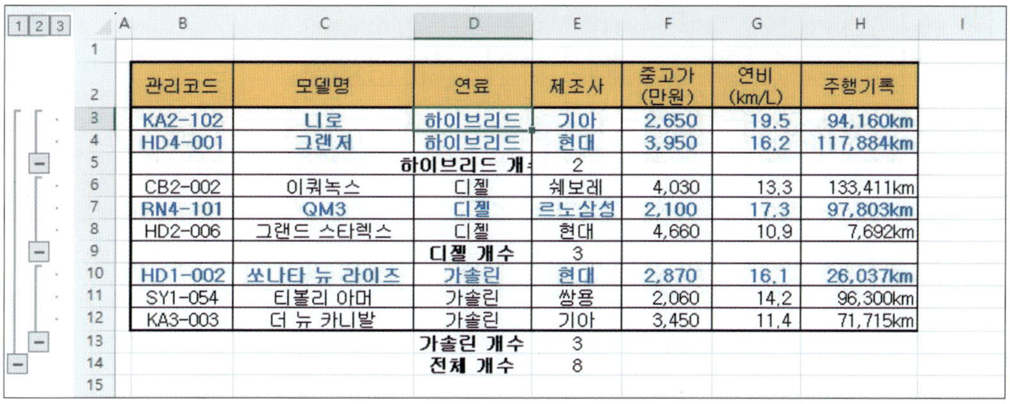

4 [부분합] 대화 상자에서 그룹화할 항목은 '연료', 사용할 함수는 '평균', 부분합 계산 항목은 '중고가(만원)'을 선택하고, '새로운 값으로 대치' 항목을 해제한 후 [확인] 버튼을 클릭합니다.

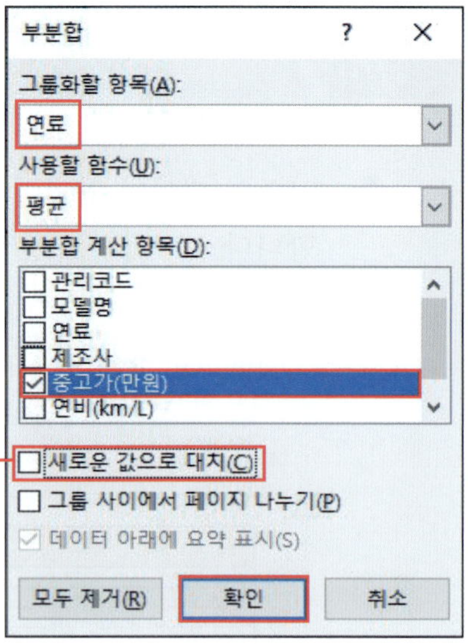

| TIP | [부분합] 대화 상자

- 그룹화할 항목 : 부분합의 기준이 되는 그룹이 있는 열 레이블을 지정합니다.
- 사용할 함수 : 부분합을 구할 다양한 함수를 선택합니다.
- 부분합 계산 항목 : 계산에 사용할 값이 있는 열 레이블을 지정합니다.
- 새로운 값으로 대치 : 부분합을 모두 새로운 값으로 변경합니다.
- 그룹 사이에서 페이지 나누기 : 그룹과 그룹 사이에 페이지를 나눕니다.
- 데이터 아래에 요약 표시 : 데이터 아래에 부분합 결과를 삽입할지, 위에 삽입할지를 결정합니다.
- 모두 제거 : 부분합을 해제하고, 처음 목록을 표시합니다.

5 두 번째 부분합 결과를 확인한 후 [데이터] 탭의 [개요] 그룹에서 그룹 해제(그룹 해제) 단추를 클릭하고, [개요 지우기]를 선택합니다.

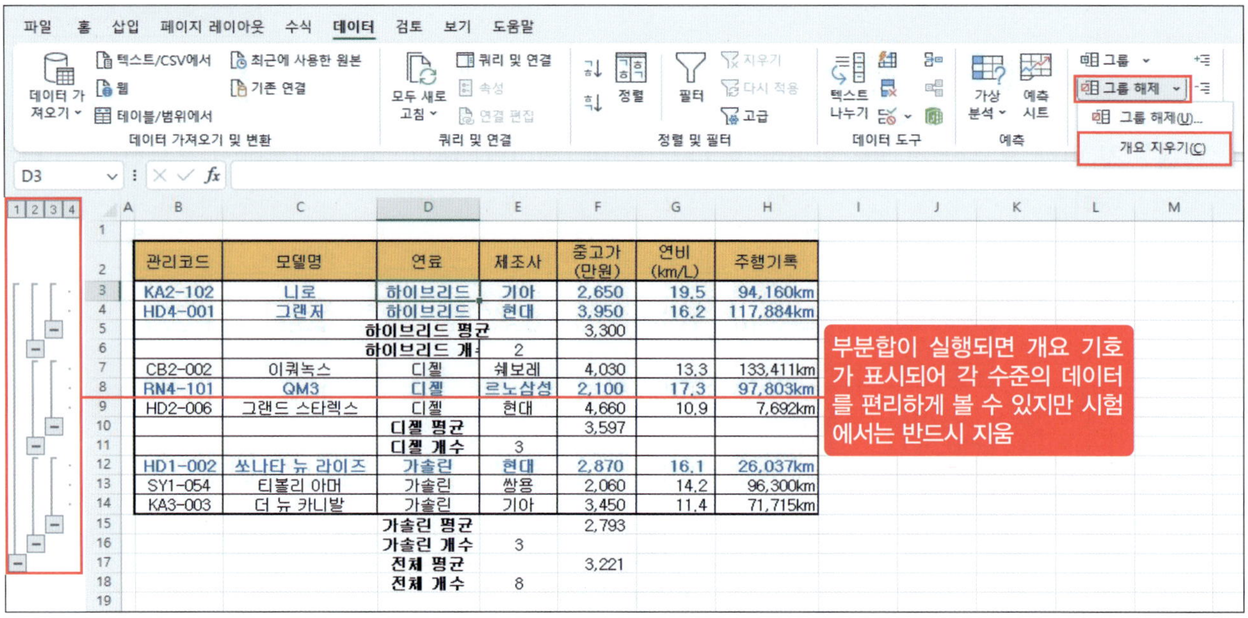

관리코드	모델명	연료	제조사	중고가(만원)	연비(km/L)	주행기록
KA2-102	니로	하이브리드	기아	2,650	19.5	94,160km
HD4-001	그랜저	하이브리드	현대	3,950	16.2	117,884km
		하이브리드 평균		3,300		
		하이브리드 개수	2			
CB2-002	이쿼녹스	디젤	쉐보레	4,030	13.3	133,411km
RN4-101	QM3	디젤	르노삼성	2,100	17.3	97,803km
HD2-006	그랜드 스타렉스	디젤	현대	4,660	10.9	7,692km
		디젤 평균		3,597		
		디젤 개수	3			
HD1-002	쏘나타 뉴 라이즈	가솔린	현대	2,870	16.1	26,037km
SY1-054	티볼리 아머	가솔린	쌍용	2,060	14.2	96,300km
KA3-003	더 뉴 카니발	가솔린	기아	3,450	11.4	71,715km
		가솔린 평균		2,793		
		가솔린 개수	3			
		전체 평균		3,221		
		전체 개수	8			

6 개요가 지워지면 열 머리글의 경계선을 더블 클릭하여 《출력형태》에 맞게 조절합니다.

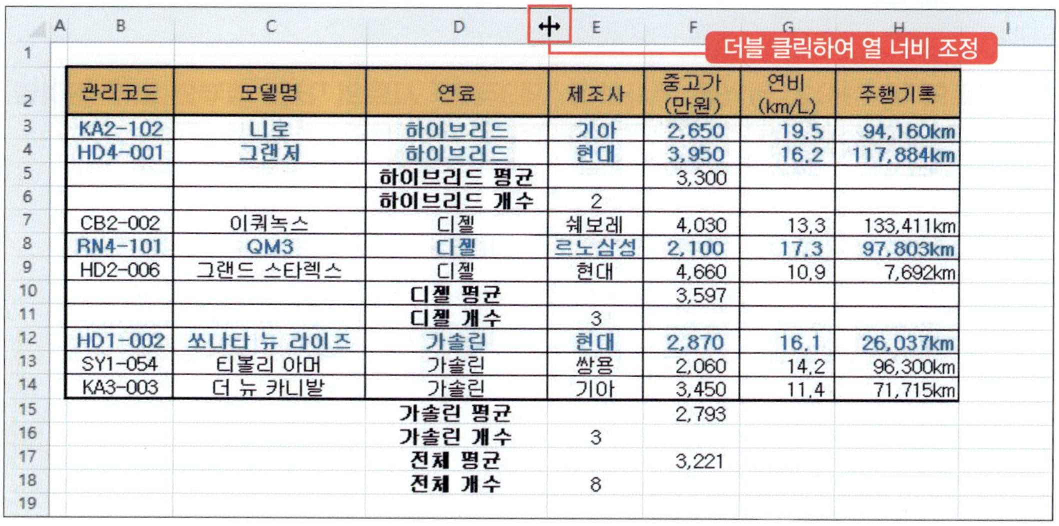

관리코드	모델명	연료	제조사	중고가 (만원)	연비 (km/L)	주행기록
KA2-102	니로	하이브리드	기아	2,650	19.5	94,160km
HD4-001	그랜저	하이브리드	현대	3,950	16.2	117,884km
		하이브리드 평균		3,300		
		하이브리드 개수	2			
CB2-002	이쿼녹스	디젤	쉐보레	4,030	13.3	133,411km
RN4-101	QM3	디젤	르노삼성	2,100	17.3	97,803km
HD2-006	그랜드 스타렉스	디젤	현대	4,660	10.9	7,692km
		디젤 평균		3,597		
		디젤 개수	3			
HD1-002	쏘나타 뉴 라이즈	가솔린	현대	2,870	16.1	26,037km
SY1-054	티볼리 아머	가솔린	쌍용	2,060	14.2	96,300km
KA3-003	더 뉴 카니발	가솔린	기아	3,450	11.4	71,715km
		가솔린 평균		2,793		
		가솔린 개수	3			
		전체 평균		3,221		
		전체 개수	8			

7 모든 작업이 완료되면 빠른 실행 도구 모음에서 저장(💾) 단추를 클릭하여 완성 파일을 저장합니다.

출제 유형 문제

• **예제 파일** : 유형 분석 07₩유형 02_문제.xlsx / • **완성 파일** : 유형 분석 07₩유형 02_완성.xlsx

01 **"제1작업" 시트의 「B4:H12」 영역을 복사하여 "제3작업" 시트의 「B2」 셀부터 모두 붙여넣기를 한 후 다음의 조건과 같이 작업하시오.**

≪조건≫

(1) 부분합 – 《출력형태》처럼 정렬하고, 상품명의 개수와 전월판매량의 평균을 구하시오.

(2) 개요 – 지우시오.

(3) 나머지 사항은 《출력형태》에 맞게 작성하시오.

≪출력형태≫

	A	B	C	D	E	F	G	H	I
1									
2		상품코드	구분	상품명	용량	가격 (단위:원)	전월 판매량	재고수량	
3		H1-093	타정	구기자차	50g	26,500	132	168	
4		H3-081	타정	간편한 보이차	36g	16,900	71	129	
5		H7-023	타정	페퍼민트	20g	25,000	64	136	
6			**타정 평균**				89		
7			**타정 개수**	3					
8		N2-102	삼각티백	흰민들레차	20g	15,000	154	46	
9		N4-073	삼각티백	캐모마일	50g	17,900	146	154	
10		N7-093	삼각티백	레몬그라스	60g	16,900	56	144	
11			**삼각티백 평균**				119		
12			**삼각티백 개수**	3					
13		B5-102	분말	운남성 보이차	25g	37,800	64	106	
14		B6-011	분말	교목산차	50g	31,500	121	79	
15			**분말 평균**				93		
16			**분말 개수**	2					
17			**전체 평균**				101		
18			**전체 개수**	8					
19									

Hint

• '구분'을 내림차순으로 정렬하기 위하여 [C2] 셀을 선택한 후 [데이터] 탭의 [정렬 및 필터] 그룹에서 [텍스트 내림차순 정렬] 단추를 클릭합니다.

• [부분합] 대화 상자에서 그룹화할 항목은 '구분', 사용할 함수는 '개수', 부분합 계산 항목은 '상품명'을 각각 선택하고, [확인] 버튼을 클릭합니다.

• [부분합] 대화 상자에서 그룹화할 항목은 '구분', 사용할 함수는 '평균', 부분합 계산 항목은 '전월판매량'을 선택하고, '새로운 값으로 대치' 항목을 해제한 후 [확인] 버튼을 클릭합니다.

출제 유형 문제

• **예제 파일** : 유형 분석 07₩유형 03_문제.xlsx / • **완성 파일** : 유형 분석 07₩유형 03_완성.xlsx

02 **"제1작업" 시트의 「B4:H12」 영역을 복사하여 "제3작업" 시트의 「B2」 셀부터 모두 붙여넣기를 한 후 다음의 조건과 같이 작업하시오.**

《조건》

(1) 부분합 – 《출력형태》처럼 정렬하고, 상품명의 개수와 단가(단위:원)의 합계를 구하시오.

(2) 개요 – 지우시오.

(3) 나머지 사항은 《출력형태》에 맞게 작성하시오.

《출력형태》

	A	B	C	D	E	F	G	H	I
1									
2		상품코드	상품명	구분	단가 (단위:원)	전월판매량	당월판매량	포장 단위	
3		M25-02	백진주 쌀	농산물	70,000	1,820EA	2,045EA	20kg	
4		M20-02	돌산 갓김치	농산물	19,000	1,457EA	1,852EA	2kg	
5		M15-01	대봉 곶감	농산물	80,000	2,361EA	2,505EA	30구	
6		M14-03	황토 고구마	농산물	27,500	941EA	1,653EA	10kg	
7				농산물 요약	196,500				
8			4	농산물 개수					
9		B32-02	딱새우	수산물	13,900	891EA	950EA	1kg	
10		B37-02	랍스터 테일	수산물	32,000	824EA	1,820EA	480g	
11				수산물 요약	45,900				
12			2	수산물 개수					
13		B29-03	살치살 스테이크	축산물	30,000	1,892EA	1,520EA	500g	
14		S19-01	등심 스테이크	축산물	36,000	1,020EA	805EA	500g	
15				축산물 요약	66,000				
16			2	축산물 개수					
17				총합계	308,400				
18			8	전체 개수					
19									

Hint

- '구분'을 오름차순으로 정렬하기 위하여 [D2] 셀을 선택한 후 [데이터] 탭의 [정렬 및 필터] 그룹에서 [텍스트 오름차순 정렬] 단추를 클릭합니다.
- [부분합] 대화 상자에서 그룹화할 항목은 '구분', 사용할 함수는 '개수', 부분합 계산 항목은 '상품명'을 각각 선택하고, [확인] 버튼을 클릭합니다.
- [부분합] 대화 상자에서 그룹화할 항목은 '구분', 사용할 함수는 '합계', 부분합 계산 항목은 '단가(단위:원)'을 선택하고, '새로운 값으로 대치' 항목을 해제한 후 [확인] 버튼을 클릭합니다.

출제 유형 문제

• **예제 파일** : 유형 분석 07₩유형 04_문제.xlsx / • **완성 파일** : 유형 분석 07₩유형 04_완성.xlsx

03 **"제1작업" 시트의 「B4:H12」 영역을 복사하여 "제3작업" 시트의 「B2」 셀부터 모두 붙여넣기를 한 후 다음의 조건과 같이 작업하시오.**

≪조건≫

(1) 부분합 – 《출력형태》 처럼 정렬하고, 상품명의 개수와 판매가의 최대값을 구하시오.

(2) 개요 – 지우시오.

(3) 나머지 사항은 《출력형태》 에 맞게 작성하시오.

≪출력형태≫

	A	B	C	D	E	F	G	H	I
1									
2		상품코드	상품명	분류	최종방송일	판매가	총판매량 (단위:EA)	비고	
3		TC-432	리즈타라 핑크	시계	2024-01-02	99,000원	3,887		
4		TC-456	로즈 헤스	시계	2024-01-05	298,000원	915		
5		TA-396	타이맥스 위캔더	시계	2024-01-07	69,000원	3,707		
6				**시계 최대**		298,000원			
7			3	**시계 개수**					
8		PD-994	하루견과	식품	2024-01-09	35,900원	3,345		
9		PD-643	왕만두	식품	2024-01-06	33,600원	3,245	매진	
10				**식품 최대**		35,900원			
11			2	**식품 개수**					
12		BN-821	시크릿 오일	화장품	2024-01-03	109,000원	12,259		
13		BC-694	이엑스 더블 크림	화장품	2024-01-05	79,000원	10,210	매진	
14		BB-579	프로폴리스 크림	화장품	2024-01-04	69,000원	9,624	매진	
15				**화장품 최대**		109,000원			
16			3	**화장품 개수**					
17				**전체 최대값**		298,000원			
18			8	**전체 개수**					
19									

Hint

• '분류'를 오름차순으로 정렬하기 위하여 [D2] 셀을 선택한 후 [데이터] 탭의 [정렬 및 필터] 그룹에서 [텍스트 오름차순 정렬] 단추를 클릭합니다.

• [부분합] 대화 상자에서 그룹화할 항목은 '분류', 사용할 함수는 '개수', 부분합 계산 항목은 '상품명'을 각각 선택하고, [확인] 버튼을 클릭합니다.

• [부분합] 대화 상자에서 그룹화할 항목은 '분류', 사용할 함수는 '최대', 부분합 계산 항목은 '판매가'를 선택하고, '새로운 값으로 대치' 항목을 해제한 후 [확인] 버튼을 클릭합니다.

출제 유형 문제

• **예제 파일** : 유형 분석 07₩유형 05_문제.xlsx / • **완성 파일** : 유형 분석 07₩유형 05_완성.xlsx

04 **"제1작업" 시트의 「B4:H12」 영역을 복사하여 "제3작업" 시트의 「B2」 셀부터 모두 붙여넣기를 한 후 다음의 조건과 같이 작업하시오.**

《조건》

(1) 부분합 – 《출력형태》 처럼 정렬하고, 상품명의 개수와 가격(원)의 최소값을 구하시오.

(2) 개요 – 지우시오.

(3) 나머지 사항은 《출력형태》 에 맞게 작성하시오.

《출력형태》

	A	B	C	D	E	F	G	H
1								
2		상품코드	분류	상품명	공급업체	가격 (원)	할인가 (원)	판매수량
3		SS-02	화장품	블랙로즈오일	블랙뷰티	123,000	105,000	350개
4		FS-03	화장품	수면팩	블랙뷰티	55,000	49,500	437개
5		FS-01	화장품	스네일에센스	서창유통	49,000	43,700	500개
6			**화장품 최소**			49,000		
7			**화장품 개수**	3				
8		SC-03	세제	욕실세정제	서창유통	7,700	7,000	850개
9		FC-02	세제	고급의류세제	한국통상	18,500	15,000	724개
10		FC-01	세제	프리미엄세탁세제	한국통상	33,000	27,500	800개
11			**세제 최소**			7,700		
12			**세제 개수**	3				
13		SN-02	건강	천연비타민C	서창유통	69,000	58,000	950개
14		FN-02	건강	종합비타민미네랄	서창유통	82,500	78,500	900개
15			**건강 최소**			69,000		
16			**건강 개수**	2				
17			**전체 최소값**			7,700		
18			**전체 개수**	8				
19								

Hint

- '분류'를 내림차순으로 정렬하기 위하여 [C2] 셀을 선택한 후 [데이터] 탭의 [정렬 및 필터] 그룹에서 [텍스트 내림차순 정렬] 단추를 클릭합니다.
- [부분합] 대화 상자에서 그룹화할 항목은 '분류', 사용할 함수는 '개수', 부분합 계산 항목은 '상품명'을 각각 선택하고, [확인] 버튼을 클릭합니다.
- [부분합] 대화 상자에서 그룹화할 항목은 '분류', 사용할 함수는 '최소', 부분합 계산 항목은 '가격(원)'을 선택하고, '새로운 값으로 대치' 항목을 해제한 후 [확인] 버튼을 클릭합니다.

유형 분석

08 [제3작업] 피벗 테이블

피벗 테이블에서는 원본 데이터의 행이나 열 위치를 원하는 대로 변경하여 많은 양의 데이터를 일목요연하게 표시하는 방법과 필드 목록에 따른 구성을 통해 세부적으로 추가되는 옵션 기능에 대하여 알아봅니다.

시험 유형 미리 보기

• 예제 파일 : 유형 분석 08₩유형 01_문제.xlsx / • 완성 파일 : 유형 분석 08₩유형 01_완성.xlsx

☞ **"제1작업" 시트를 이용하여 "제3작업" 시트에 조건에 따라 《출력형태》와 같이 작업하시오.**

《 조건 》

(1) 출간일 및 분야별 도서명의 개수와 리뷰(단위:개)의 평균을 구하시오.

(2) 출간일을 그룹화하고, 분야를 ≪출력형태≫와 같이 정렬하시오.

(3) 레이블이 있는 셀 병합 및 가운데 맞춤 적용과 빈 셀은 '***'로 표시하시오.

(4) 행의 총합계는 지우고, 나머지 사항은 ≪출력형태≫에 맞게 작성하시오.

《 출력형태 》

	A	B	C	D	E	F	G	H
1								
2			분야					
3			자기계발		인문		과학/공학	
4		출간일	개수 : 도서명	평균 : 리뷰(단위:개)	개수 : 도서명	평균 : 리뷰(단위:개)	개수 : 도서명	평균 : 리뷰(단위:개)
5		2021년	1	505	1	924	***	***
6		2022년	***	***	1	1,008	1	867
7		2023년	1	495	***	***	1	1,125
8		2024년	***	***	1	604	1	1,316
9		**총합계**	**2**	**500**	**3**	**845**	**3**	**1,103**
10								

유형 잡기 01 피벗 테이블 작성하기

1 [파일]-[열기]-[찾아보기]를 차례로 선택하고, [열기] 대화 상자에서 '유형 분석 08₩유형 01_문제.xlsx'를 불러오기 합니다.

2 [제1작업] 시트에서 [B4:H12] 영역을 블록 지정한 후 [삽입] 탭의 [표] 그룹에서 피벗 테이블( ) 단추를 클릭합니다.

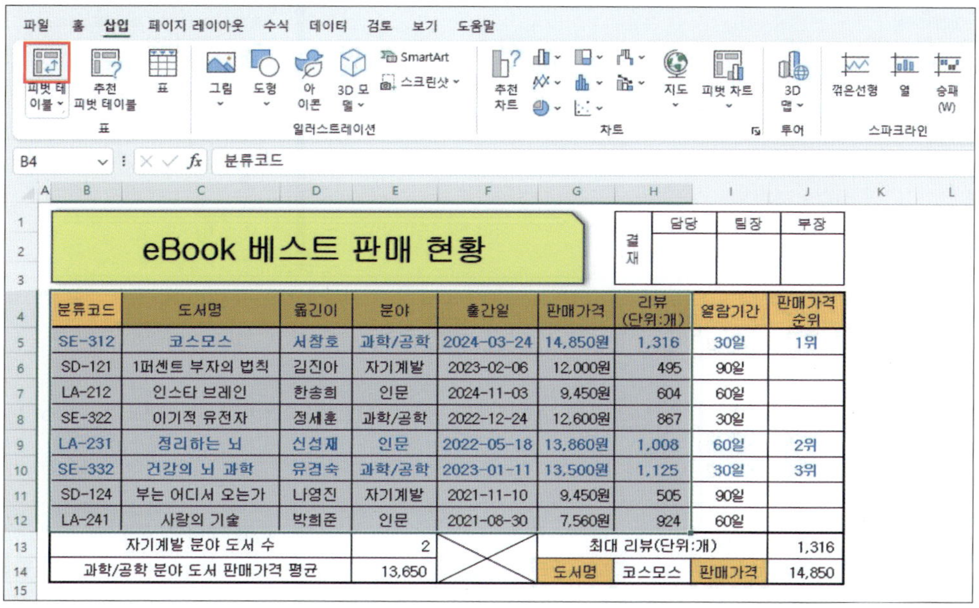

분류코드	도서명	옮긴이	분야	출간일	판매가격	리뷰(단위:개)	열람기간	판매가격 순위
SE-312	코스모스	서창호	과학/공학	2024-03-24	14,850원	1,316	30일	1위
SD-121	1퍼센트 부자의 법칙	김진아	자기계발	2023-02-06	12,000원	495	90일	
LA-212	인스타 브레인	한송희	인문	2024-11-03	9,450원	604	60일	
SE-322	이기적 유전자	정세훈	과학/공학	2022-12-24	12,600원	867	30일	
LA-231	정리하는 뇌	신성재	인문	2022-05-18	13,860원	1,008	60일	2위
SE-332	건강의 뇌 과학	유경숙	과학/공학	2023-01-11	13,500원	1,125	30일	3위
SD-124	부는 어디서 오는가	나영진	자기계발	2021-11-10	9,450원	505	90일	
LA-241	사랑의 기술	박희준	인문	2021-08-30	7,560원	924	60일	
자기계발 분야 도서 수			2		최대 리뷰(단위:개)			1,316
과학/공학 분야 도서 판매가격 평균			13,650		도서명	코스모스	판매가격	14,850

| TIP | **피벗 테이블**

원본 데이터의 행이나 열 위치를 사용자 임의로 변경하여 데이터를 표시할 수 있는 기능으로 많은 양의 데이터를 손쉽게 요약할 수 있으며, 일정한 그룹별로 데이터 집계가 가능합니다.

3 [표 또는 범위의 피벗 테이블] 대화 상자에서 표/범위[제1작업!$B$4:$H$12]를 확인한 후 피벗 테이블을 배치할 위치로 '기존 워크시트'와 '제3작업!$B$2' 셀을 선택하고, [확인] 버튼을 클릭합니다.

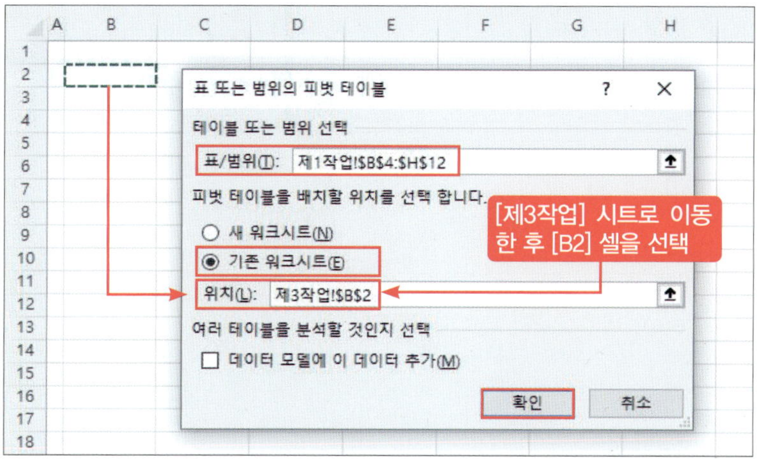

4 피벗 테이블 필드 작업창에서 '출간일' 필드를 행 레이블로 드래그합니다.

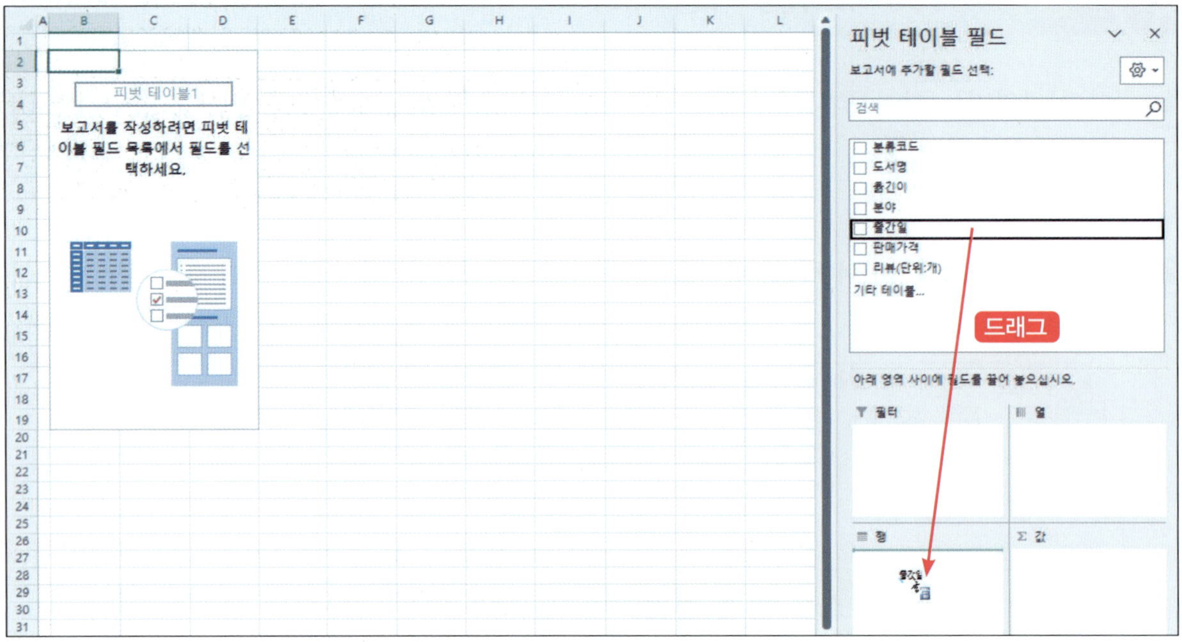

5 동일한 방법으로 '분야' 필드는 열 레이블로, '도서명' 필드와 '리뷰(단위:개)' 필드는 값 레이블로 각각 드래그합니다.

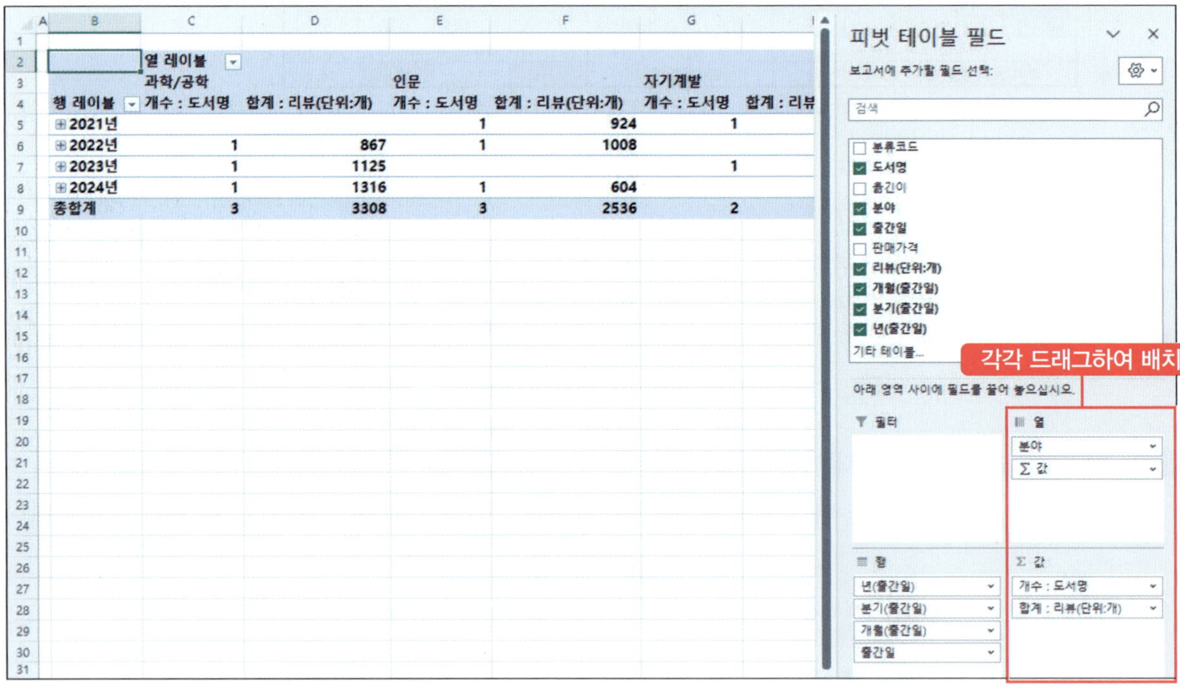

6 '리뷰(단위:개)'의 평균을 구하기 위하여 [합계 : 리뷰(단위:개)]에서 목록(▼) 단추를 클릭하고, [값 필드 설정]을 선택합니다.

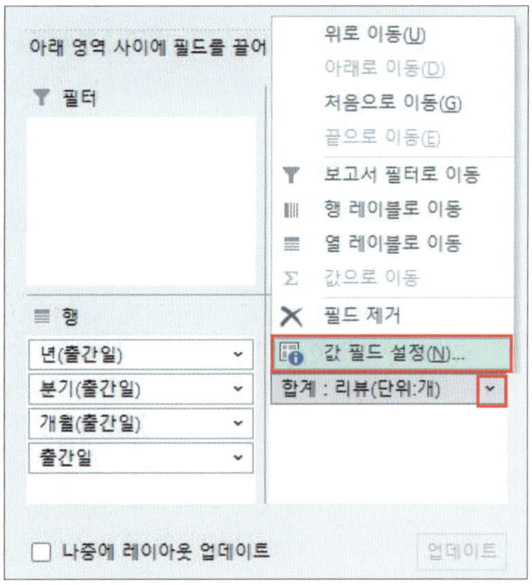

7 [값 필드 설정] 대화 상자의 [값 요약 기준] 탭에서 '평균'을 선택한 후 사용자 지정 이름 입력란의 맨 끝에 "(단위:개)"를 입력하고, [확인] 버튼을 클릭합니다.

값 필드 설정에서는 원본 이름이 달라질 수 있으므로 《출력형태》와 동일하게 설정

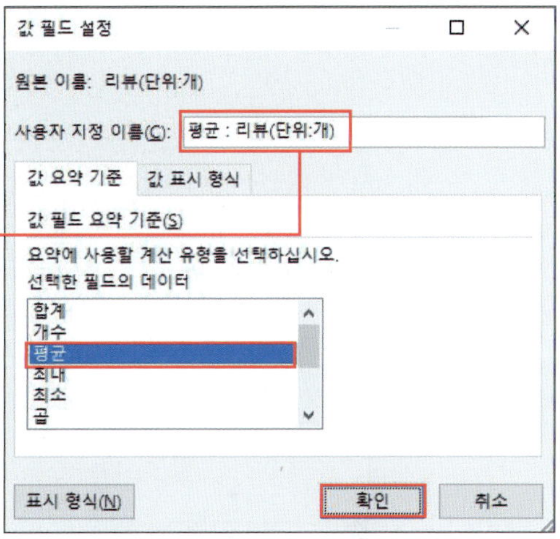

8 그 결과 '리뷰(단위:개)'의 평균이 구해지는 것을 확인할 수 있습니다.

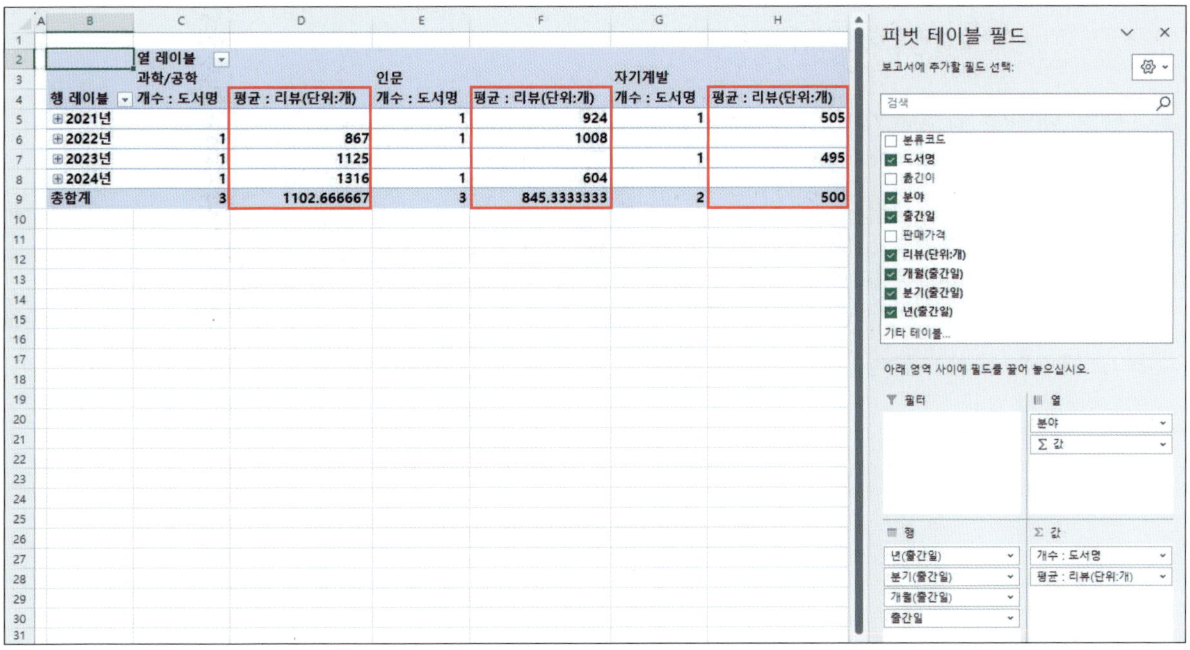

	과학/공학		인문		자기계발	
행 레이블	개수 : 도서명	평균 : 리뷰(단위:개)	개수 : 도서명	평균 : 리뷰(단위:개)	개수 : 도서명	평균 : 리뷰(단위:개)
2021년			1	924	1	505
2022년	1	867	1	1008		
2023년	1	1125			1	495
2024년	1	1316	1	604		
총합계	3	1102.666667	3	845.3333333	2	500

02 그룹화 및 세부 옵션 지정하기

1 출간일을 그룹화하기 위하여 [B5] 셀에서 마우스 오른쪽 버튼을 클릭하고, [그룹]을 선택합니다.

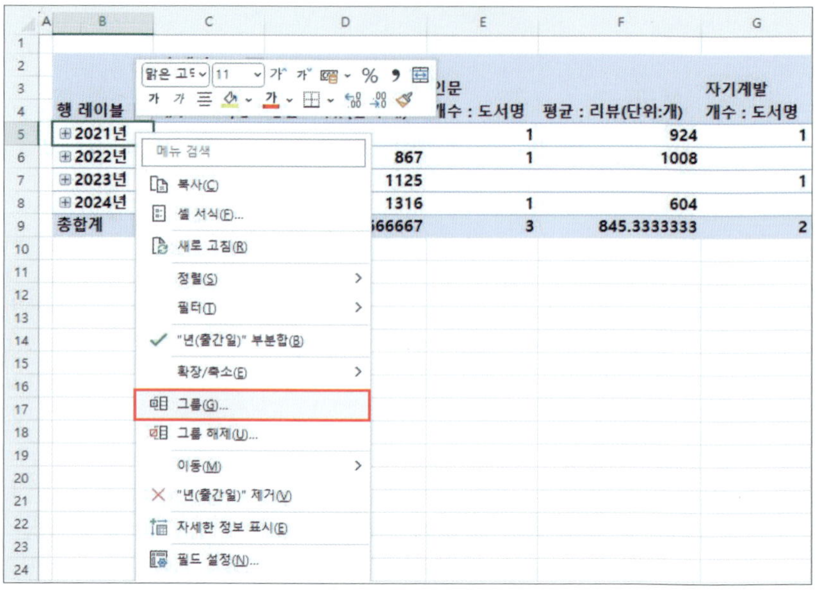

2 [그룹화] 대화 상자의 단위에서 '연'만을 선택하고, [확인] 버튼을 클릭합니다.

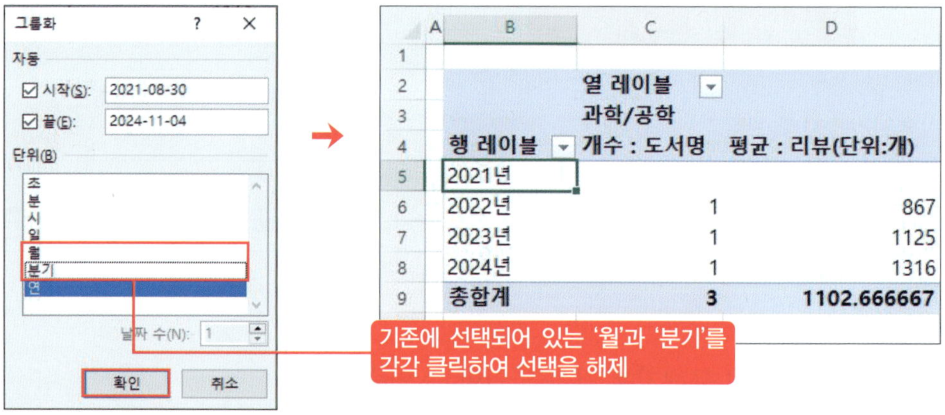

3 피벗 테이블 옵션을 설정하기 위하여 임의의 피벗 테이블 영역에서 마우스 오른쪽 버튼을 클릭하고, [피벗 테이블 옵션]을 선택합니다.

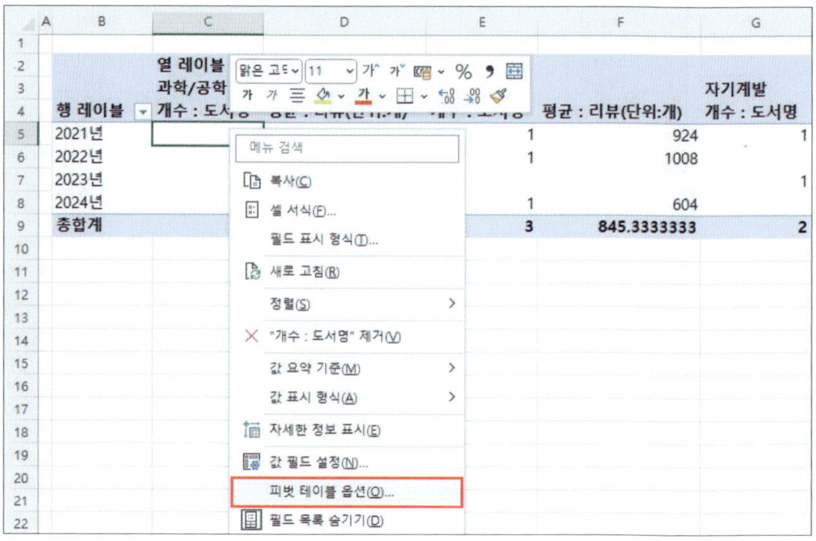

4 [피벗 테이블 옵션] 대화 상자의 [레이아웃 및 서식] 탭에서 '레이블이 있는 셀 병합 및 가운데 맞춤'을 선택하고, 빈 셀 표시 입력란에 "***"을 입력합니다.

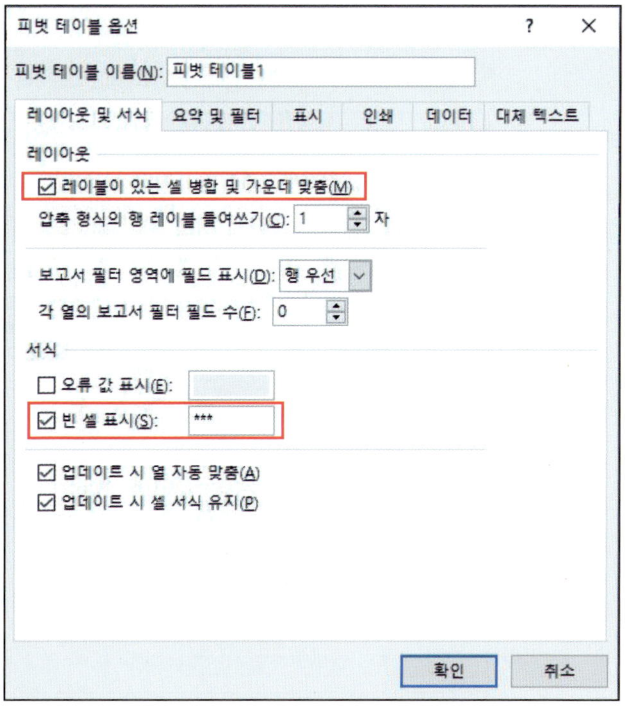

5 계속해서 [요약 및 필터] 탭에서 '행 총합계 표시'의 체크 표시를 해제하고, [확인] 버튼을 클릭합니다.

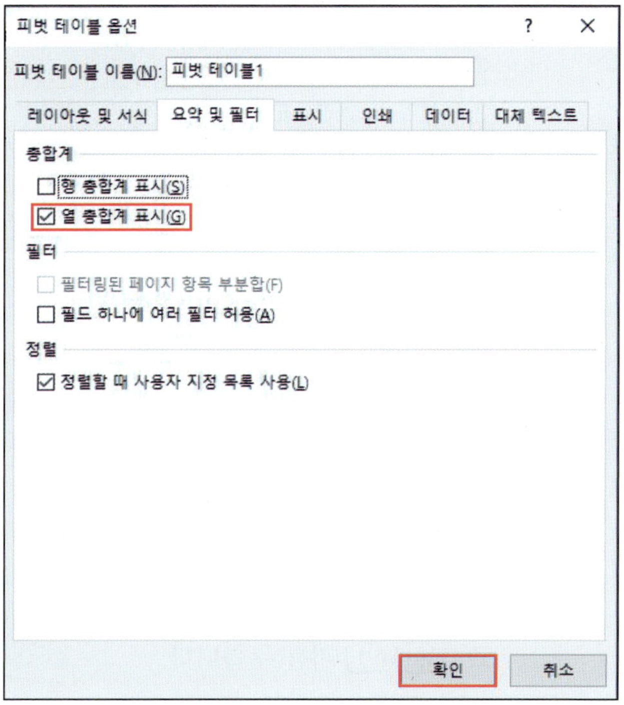

6 열 레이블(분야)을 ≪출력형태≫에 맞게 내림차순으로 정렬하기 위하여 열 레이블의 목록(▾) 단추를 클릭하고, [텍스트 내림차순 정렬]을 선택합니다.

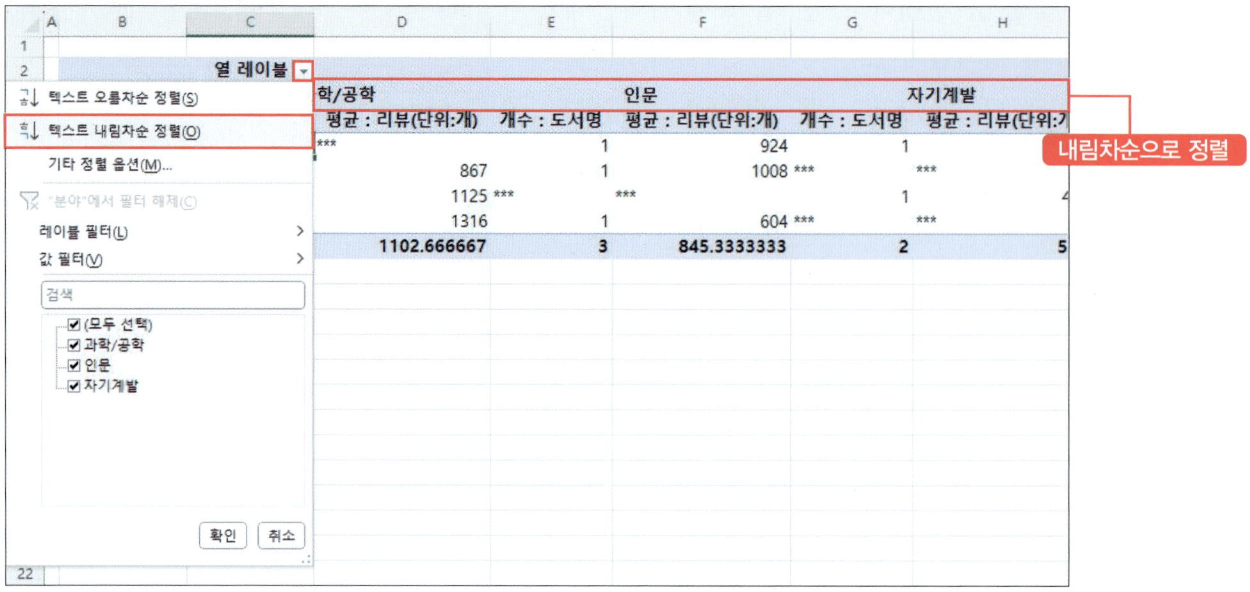

7 행 레이블과 열 레이블의 이름을 ≪출력형태≫와 동일하게 수정하기 위하여 [B4] 셀에는 "출간일"을, [C2] 셀에는 "분야"를 각각 입력합니다.

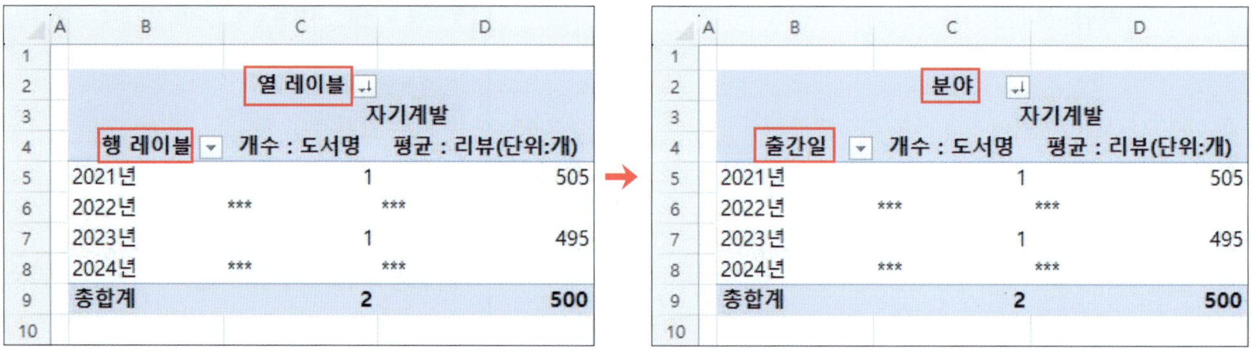

8 [평균 : 리뷰(단위:개)] 열의 표시 형식을 맞추기 위하여 [D5:D9], [F5:F9], [H5:H9] 영역을 블록 지정하고, Ctrl+1 키를 누릅니다.

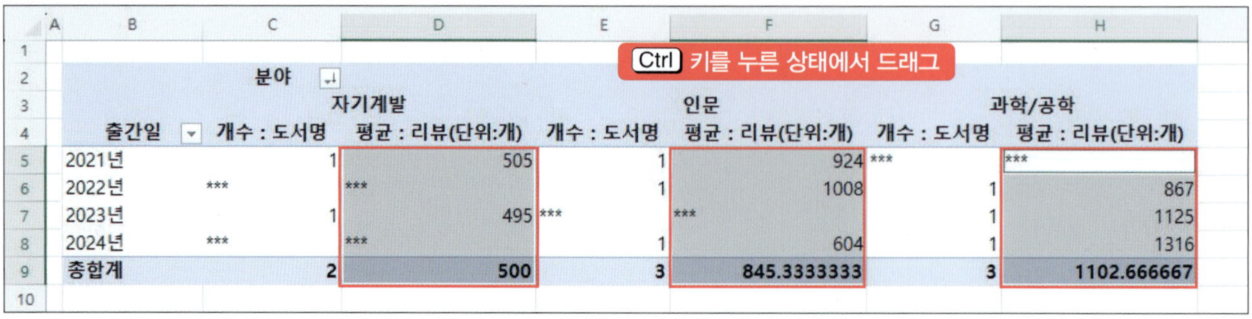

| TIP | 피벗 테이블 필드 목록

작업 중 피벗 테이블 필드 작업창이 보이지 않거나 사라졌을 경우에는 [피벗 테이블 분석] 탭의 [표시] 그룹에서 필드 목록(필드 목록) 단추를 클릭하면 됩니다.

9 [셀 서식] 대화 상자의 [표시 형식] 탭에서 범주는 '회계'와 기호는 '없음'을 선택하고, [확인] 버튼을 클릭합니다.

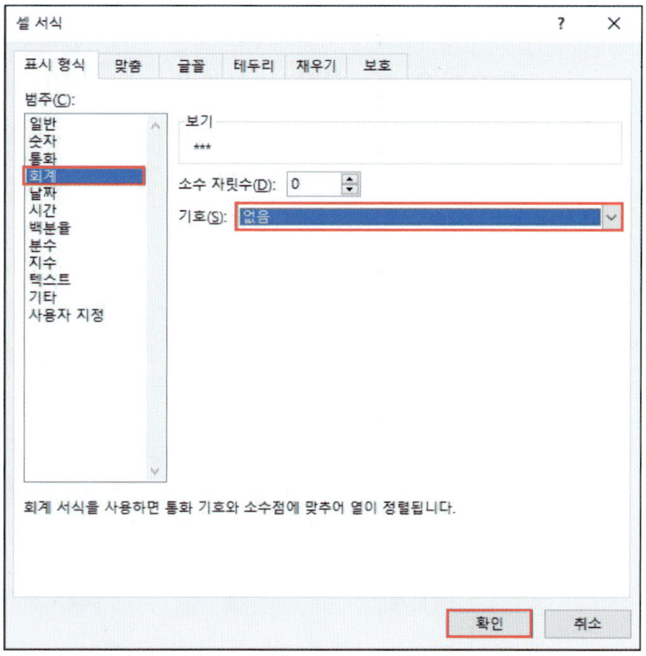

10 ≪출력형태≫대로 정렬하기 위하여 [C5:H9] 영역을 블록 지정한 후 [홈] 탭의 [맞춤] 그룹에서 가운데 맞춤( ) 단추를 클릭합니다.

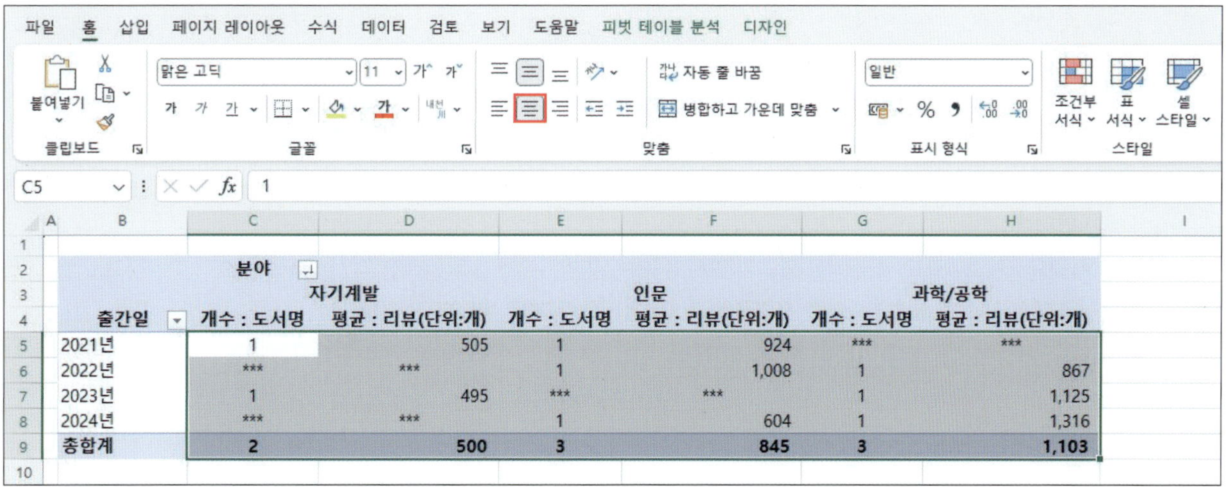

11 모든 작업이 완료되면 빠른 실행 도구 모음에서 저장( ) 단추를 클릭하여 완성 파일을 저장합니다.

출제 유형 문제

• **예제 파일** : 유형 분석 08₩유형 02_문제.xlsx / • **완성 파일** : 유형 분석 08₩유형 02_완성.xlsx

01 "제1작업" 시트를 이용하여 "제3작업" 시트에 조건에 따라 《출력형태》와 같이 작업하시오.

≪조건≫

(1) 용량 및 구분별 상품명의 개수와 재고수량의 평균을 구하시오.

(2) 용량을 그룹화하고, 구분을 ≪출력형태≫와 같이 정렬하시오.

(3) 레이블이 있는 셀 병합 및 가운데 맞춤 적용과 빈 셀은 '***'로 표시하시오.

(4) 행의 총합계는 지우고, 나머지 사항은 ≪출력형태≫에 맞게 작성하시오.

≪출력형태≫

	A	B	C	D	E	F	G	H
1								
2			구분 ↓					
3			타정		삼각티백		분말	
4		용량 ▾	개수 : 상품명	평균 : 재고수량	개수 : 상품명	평균 : 재고수량	개수 : 상품명	평균 : 재고수량
5		20-29	1	136	1	46	1	106
6		30-39	1	129	***	***	***	***
7		50-60	1	168	2	149	1	79
8		**총합계**	**3**	**144.3**	**3**	**114.7**	**2**	**92.5**
9								

Hint

• 피벗 테이블 필드 작업창에서 '용량' 필드는 행 레이블, '구분' 필드는 열 레이블, '상품명'과 '재고수량' 필드는 값 레이블로 각각 드래그합니다.

• 재고수량은 [값 필드 설정] 대화 상자의 [값 요약 기준] 탭에서 '평균'을 선택하고, [확인] 버튼을 클릭합니다.

• 용량을 그룹화하기 위하여 [그룹화] 대화 상자에서 시작은 '20', 끝은 '60', 단위는 '10'을 각각 입력하고, [확인] 버튼을 클릭합니다.

• [피벗 테이블 옵션] 대화 상자의 [레이아웃 및 서식] 탭에서 '레이블이 있는 셀 병합 및 가운데 맞춤'을 선택하고, 빈 셀 표시 입력란에 "***"을 입력한 후 [요약 및 필터] 탭에서 '행 총합계 표시'의 체크 표시를 해제한 다음 [확인] 버튼을 클릭합니다.

• 구분 열 레이블을 내림차순으로 정렬하기 위하여 열 레이블의 [목록] 단추를 클릭하고, [텍스트 내림차순 정렬]을 선택합니다.

• 행 레이블과 열 레이블의 이름을 《출력형태》와 동일하게 수정하기 위하여 [B4] 셀에는 "용량"을, [C2] 셀에는 "구분"을 각각 입력합니다.

• [평균 : 재고수량]의 소수점을 맞추기 위하여 [D8], [F8], [H8] 셀을 선택한 후 [셀 서식] 대화 상자의 [표시 형식] 탭에서 범주는 '숫자'와 소수 자릿수는 '1'을 지정하고, [확인] 버튼을 클릭합니다.

• [C5:H8] 영역을 블록 지정한 후 [홈] 탭의 [맞춤] 그룹에서 [가운데 맞춤] 단추를 클릭합니다.

출제 유형 문제

• **예제 파일** : 유형 분석 08₩유형 03_문제.xlsx / • **완성 파일** : 유형 분석 08₩유형 03_완성.xlsx

02 **"제1작업" 시트를 이용하여 "제3작업" 시트에 조건에 따라 《출력형태》와 같이 작업하시오.**

≪조건≫

(1) 당월판매량 및 구분별 상품명의 개수와 단가(단위:원)의 평균을 구하시오.

(2) 당월판매량을 그룹화하고, 구분을 ≪출력형태≫와 같이 정렬하시오.

(3) 레이블이 있는 셀 병합 및 가운데 맞춤 적용과 빈 셀은 '**'로 표시하시오.

(4) 행의 총합계를 지우고, 나머지 사항은 ≪출력형태≫에 맞게 작성하시오.

≪출력형태≫

	A	B	C	D	E	F	G	H
1								
2			구분					
3			축산물		수산물		농산물	
4		당월판매량	개수 : 상품명	평균 : 단가(단위:원)	개수 : 상품명	평균 : 단가(단위:원)	개수 : 상품명	평균 : 단가(단위:원)
5		1-1000	1	36,000	1	13,900	**	**
6		1001-2000	1	30,000	1	32,000	2	23,250
7		2001-3000	**	**	**	**	2	75,000
8		총합계	2	33,000	2	22,950	4	49,125
9								

Hint

- 피벗 테이블 필드 작업창에서 '당월판매량' 필드는 행 레이블, '구분' 필드는 열 레이블, '상품명'과 '단가(단위:원)' 필드는 값 레이블로 각각 드래그합니다.
- 단가(단위:원)는 [값 필드 설정] 대화 상자의 [값 요약 기준] 탭에서 '평균'을 선택한 후 사용자 지정 이름 입력란의 맨 끝에 "(단위:원)"을 입력하고, [확인] 버튼을 클릭합니다.
- 당월판매량을 그룹화하기 위하여 [그룹화] 대화 상자에서 시작은 '1', 끝은 '3000', 단위는 '1000'을 각각 입력하고, [확인] 버튼을 클릭합니다.
- [피벗 테이블 옵션] 대화 상자의 [레이아웃 및 서식] 탭에서 '레이블이 있는 셀 병합 및 가운데 맞춤'을 선택하고, 빈 셀 표시 입력란에 "**"을 입력한 후 [요약 및 필터] 탭에서 '행 총합계 표시'의 체크 표시를 해제한 다음 [확인] 버튼을 클릭합니다.
- 구분 열 레이블을 내림차순으로 정렬하기 위하여 열 레이블의 [목록] 단추를 클릭하고, [텍스트 내림차순 정렬]을 선택합니다.
- 행 레이블과 열 레이블의 이름을 《출력형태》와 동일하게 수정하기 위하여 [B4] 셀에는 "당월판매량"을, [C2] 셀에는 "구분"을 각각 입력합니다.
- [C5:H8] 영역을 블록 지정한 후 [홈] 탭의 [표시 형식] 그룹에서 [쉼표 스타일] 단추를 클릭하고, [맞춤] 그룹에서 [가운데 맞춤] 단추를 클릭합니다.

출제 유형 문제

• **예제 파일** : 유형 분석 08₩유형 04_문제.xlsx / • **완성 파일** : 유형 분석 08₩유형 04_완성.xlsx

03 "제1작업" 시트를 이용하여 "제3작업" 시트에 조건에 따라 《출력형태》와 같이 작업하시오.

≪조건≫

(1) 판매가 및 분류별 상품명의 개수와 총판매량(단위:EA)의 최대값을 구하시오.

(2) 판매가를 그룹화하고, 분류를 ≪출력형태≫와 같이 정렬하시오.

(3) 레이블이 있는 셀 병합 및 가운데 맞춤 적용과 빈 셀은 '*'로 표시하시오.

(4) 행의 총합계를 지우고, 나머지 사항은 ≪출력형태≫에 맞게 작성하시오.

≪출력형태≫

	A	B	C	D	E	F	G	H
1								
2			분류					
3			화장품		식품		시계	
4		판매가	개수 : 상품명	최대 : 총판매량(단위:EA)	개수 : 상품명	최대 : 총판매량(단위:EA)	개수 : 상품명	최대 : 총판매량(단위:EA)
5		1-100000	2	10,210	2	3,345	2	3,887
6		100001-200000	1	12,259	*	*	*	*
7		200001-300000	*	*	*	*	1	915
8		총합계	3	12,259	2	3,345	3	3,887
9								

Hint

- 피벗 테이블 필드 작업창에서 '판매가' 필드는 행 레이블, '분류' 필드는 열 레이블, '상품명'과 '총판매량(단위:EA)' 필드는 값 레이블로 각각 드래그합니다.
- 총판매량(단위:EA)은 [값 필드 설정] 대화 상자의 [값 요약 기준] 탭에서 '최대'를 선택한 후 사용자 지정 이름 입력란의 맨 끝에 "(단위:EA)"를 입력하고, [확인] 버튼을 클릭합니다.
- 판매가를 그룹화하기 위하여 [그룹화] 대화 상자에서 시작은 '1', 끝은 '300000', 단위는 '100000'을 각각 입력하고, [확인] 버튼을 클릭합니다.
- [피벗 테이블 옵션] 대화 상자의 [레이아웃 및 서식] 탭에서 '레이블이 있는 셀 병합 및 가운데 맞춤'을 선택하고, 빈 셀 표시 입력란에 "*"을 입력한 후 [요약 및 필터] 탭에서 '행 총합계 표시'의 체크 표시를 해제한 다음 [확인] 버튼을 클릭합니다.
- 분류 열 레이블을 내림차순으로 정렬하기 위하여 열 레이블의 [목록] 단추를 클릭하고, [텍스트 내림차순 정렬]을 선택합니다.
- 행 레이블과 열 레이블의 이름을 《출력형태》와 동일하게 수정하기 위하여 [B4] 셀에는 "판매가"를, [C2] 셀에는 "분류"를 각각 입력합니다.
- [C5:H8] 영역을 블록 지정한 후 [홈] 탭의 [표시 형식] 그룹에서 [쉼표 스타일] 단추를 클릭하고, [맞춤] 그룹에서 [가운데 맞춤] 단추를 클릭합니다.

출제 유형 문제

• **예제 파일** : 유형 분석 08₩유형 05_문제.xlsx / • **완성 파일** : 유형 분석 08₩유형 05_완성.xlsx

04 "제1작업" 시트를 이용하여 "제3작업" 시트에 조건에 따라 《출력형태》와 같이 작업하시오.

≪조건≫

(1) 판매수량 및 분류별 상품명의 개수와 할인가(원)의 평균을 구하시오.

(2) 판매수량을 그룹화하고, 분류를 ≪출력형태≫와 같이 정렬하시오.

(3) 레이블이 있는 셀 병합 및 가운데 맞춤 적용과 빈 셀은 '***'로 표시하시오.

(4) 행의 총합계를 지우고, 나머지 사항은 ≪출력형태≫에 맞게 작성하시오.

≪출력형태≫

	A	B	C	D	E	F	G	H
1								
2			분류					
3			화장품		세제		건강	
4		판매수량	개수 : 상품명	평균 : 할인가(원)	개수 : 상품명	평균 : 할인가(원)	개수 : 상품명	평균 : 할인가(원)
5		350-549	3	66,067	***	***	***	***
6		550-749	***	***	1	15,000	***	***
7		750-950	***	***	2	17,250	2	68,250
8		**총합계**	**3**	**66,067**	**3**	**16,500**	**2**	**68,250**
9								

Hint

- 피벗 테이블 필드 작업창에서 '판매수량' 필드는 행 레이블, '분류' 필드는 열 레이블, '상품명'과 '할인가(원)' 필드는 값 레이블로 각각 드래그합니다.
- 할인가(원)는 [값 필드 설정] 대화 상자의 [값 요약 기준] 탭에서 '평균'을 선택한 후 사용자 지정 이름 입력란의 맨 끝에 "(원)"을 입력하고, [확인] 버튼을 클릭합니다.
- 판매수량을 그룹화하기 위하여 [그룹화] 대화 상자에서 시작은 '350', 끝은 '950', 단위는 '200'을 각각 입력하고, [확인] 버튼을 클릭합니다.
- [피벗 테이블 옵션] 대화 상자의 [레이아웃 및 서식] 탭에서 '레이블이 있는 셀 병합 및 가운데 맞춤'을 선택하고, 빈 셀 표시 입력란에 "***"을 입력한 후 [요약 및 필터] 탭에서 '행 총합계 표시'의 체크 표시를 해제한 다음 [확인] 버튼을 클릭합니다.
- 분류 열 레이블을 내림차순으로 정렬하기 위하여 열 레이블의 [목록] 단추를 클릭하고, [텍스트 내림차순 정렬]을 선택합니다.
- 행 레이블과 열 레이블의 이름을 《출력형태》와 동일하게 수정하기 위하여 [B4] 셀에는 "판매수량"을, [C2] 셀에는 "분류"를 각각 입력합니다.
- [C5:H8] 영역을 블록 지정한 후 [홈] 탭의 [표시 형식] 그룹에서 [쉼표 스타일] 단추를 클릭하고, [맞춤] 그룹에서 [가운데 맞춤] 단추를 클릭합니다.

유형 분석

09 [제4작업] 그래프(차트)

그래프(차트)에서는 차트 종류에 따라 주어진 차트를 작성한 후 각각의 구성 요소를 이해하고, 차트의 레이아웃과 스타일 그리고 다양한 서식 지정 방법에 대하여 알아봅니다.

시험 유형 미리 보기

• 예제 파일 : 유형 분석 09₩유형 01_문제.xlsx / • 완성 파일 : 유형 분석 09₩유형 01_완성.xlsx

☞ **"제1작업" 시트를 이용하여 조건에 따라 《출력형태》와 같이 작업하시오.**

《조건》

(1) 차트 종류 ⇒ 〈묶은 세로 막대형〉으로 작업하시오.
(2) 데이터 범위 ⇒ "제1작업" 시트의 내용을 이용하여 작업하시오.
(3) 위치 ⇒ "새 시트"로 이동하고, "제4작업"으로 시트 이름을 바꾸시오.
(4) 차트 디자인 도구 ⇒ 레이아웃 3, 스타일 1을 선택하여 《출력형태》에 맞게 작업하시오.
(5) 영역 서식 ⇒ 차트 : 글꼴(굴림, 11pt), 채우기 효과(질감-분홍 박엽지)
그림 : 채우기(흰색, 배경1)
(6) 제목 서식 ⇒ 차트 제목 : 글꼴(굴림, 굵게, 20pt), 채우기(흰색, 배경1), 테두리
(7) 서식 ⇒ 리뷰(단위:개) 계열의 차트 종류를 〈표식이 있는 꺾은선형〉으로 변경한 후 보조 축으로 지정하시오.
계열 : ≪출력형태≫를 참조하여 표식(세모, 크기 10)과 레이블 값을 표시하시오.
눈금선 : 선 스타일-파선
축 : ≪출력형태≫를 참조하시오.
(8) 범례 ⇒ 범례명을 변경하고 《출력형태》를 참조하시오.
(9) 도형 ⇒ '말풍선: 모서리가 둥근 사각형 설명선'을 삽입한 후 《출력형태》와 같이 내용을 입력하시오.
(10) 나머지 사항은 《출력형태》에 맞게 작성하시오.

《출력형태》

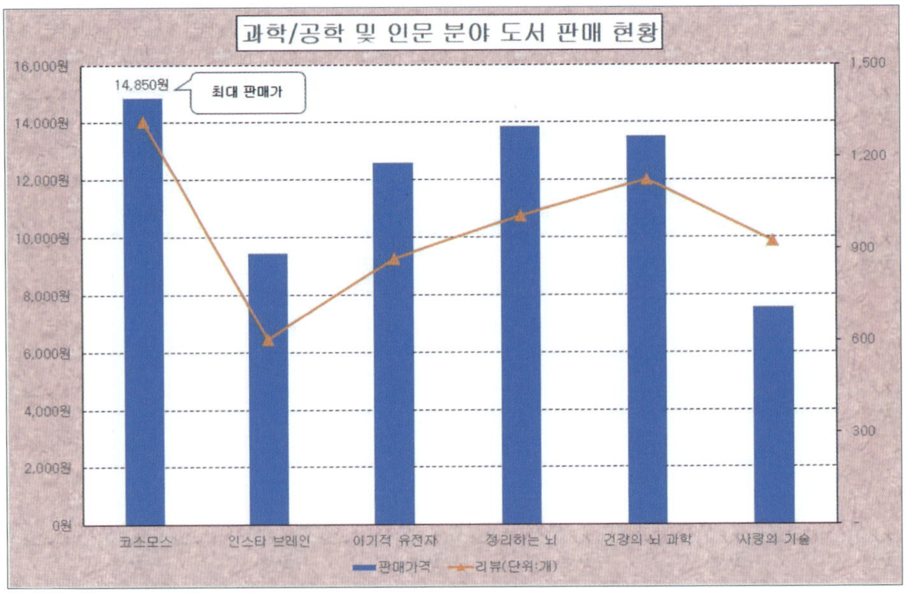

주의 ☞ 시트명 순서가 차례대로 "제1작업", "제2작업", "제3작업", "제4작업"이 되도록 할 것

1 [파일]-[열기]-[찾아보기]를 차례로 선택하고, [열기] 대화 상자에서 '유형 분석 09₩유형 01_문제.xlsx'를 불러오기 합니다.

2 [제1작업] 시트에서 Ctrl 키를 이용하여 [C4:C5], [C7:C10], [C12], [G4:H5], [G7:H10], [G12:H12] 영역을 블록 지정합니다(데이터 범위는 ≪출력형태≫에서 차트의 데이터 계열과 범례를 참조).

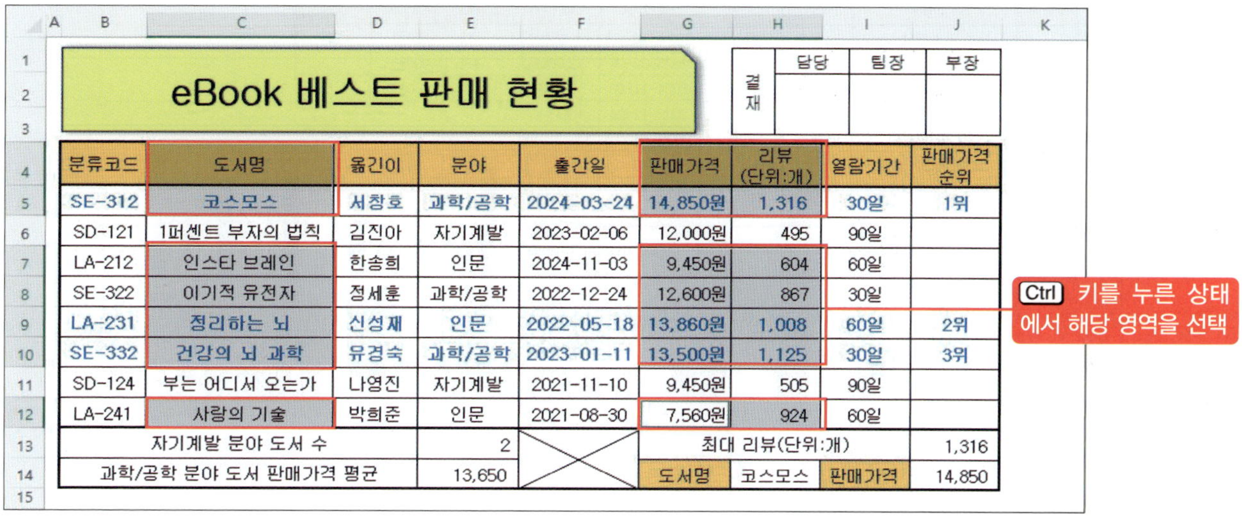

분류코드	도서명	옮긴이	분야	출간일	판매가격	리뷰(단위:개)	열람기간	판매가격 순위
SE-312	코스모스	서창호	과학/공학	2024-03-24	14,850원	1,316	30일	1위
SD-121	1퍼센트 부자의 법칙	김진아	자기계발	2023-02-06	12,000원	495	90일	
LA-212	인스타 브레인	한송희	인문	2024-11-03	9,450원	604	60일	
SE-322	이기적 유전자	정세훈	과학/공학	2022-12-24	12,600원	867	30일	
LA-231	정리하는 뇌	신성재	인문	2022-05-18	13,860원	1,008	60일	2위
SE-332	건강의 뇌 과학	유경숙	과학/공학	2023-01-11	13,500원	1,125	30일	3위
SD-124	부는 어디서 오는가	나영진	자기계발	2021-11-10	9,450원	505	90일	
LA-241	사랑의 기술	박희준	인문	2021-08-30	7,560원	924	60일	
자기계발 분야 도서 수			2		최대 리뷰(단위:개)			1,316
과학/공학 분야 도서 판매가격 평균			13,650		도서명	코스모스	판매가격	14,850

3 [삽입] 탭의 [차트] 그룹에서 세로 또는 가로 막대형 차트 삽입( ) 단추를 클릭하고, '묶은 세로 막대형'을 선택합니다.

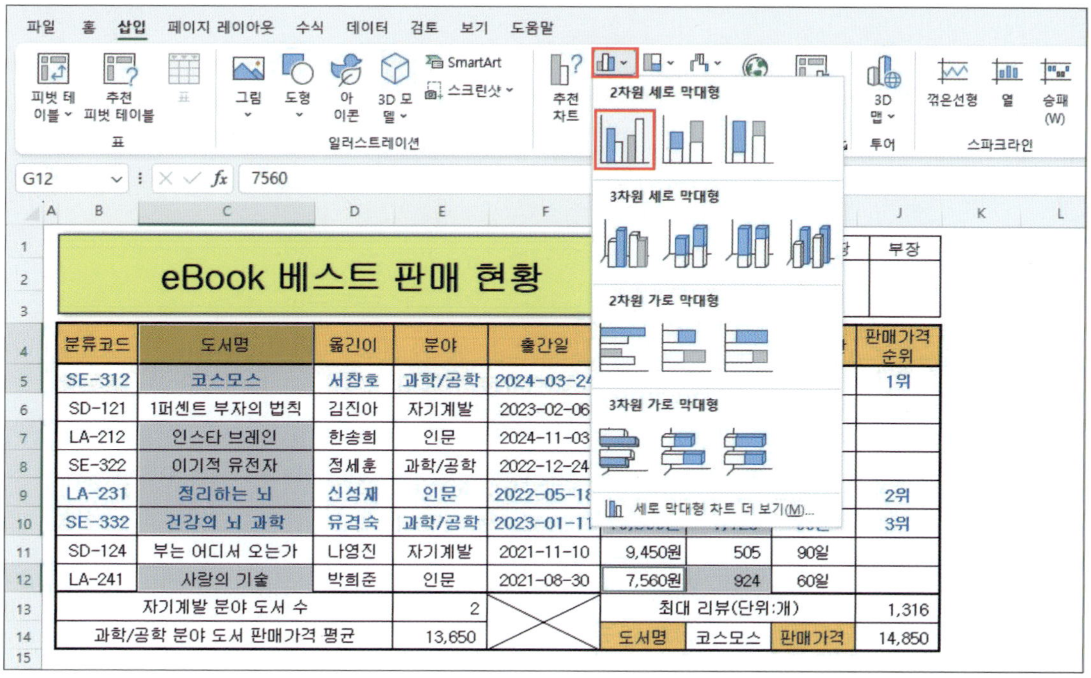

4 차트가 나타나면 차트 위치를 지정하기 위하여 [차트 디자인] 탭의 [위치] 그룹에서 차트 이동(차트 이동) 단추를 클릭합니다.

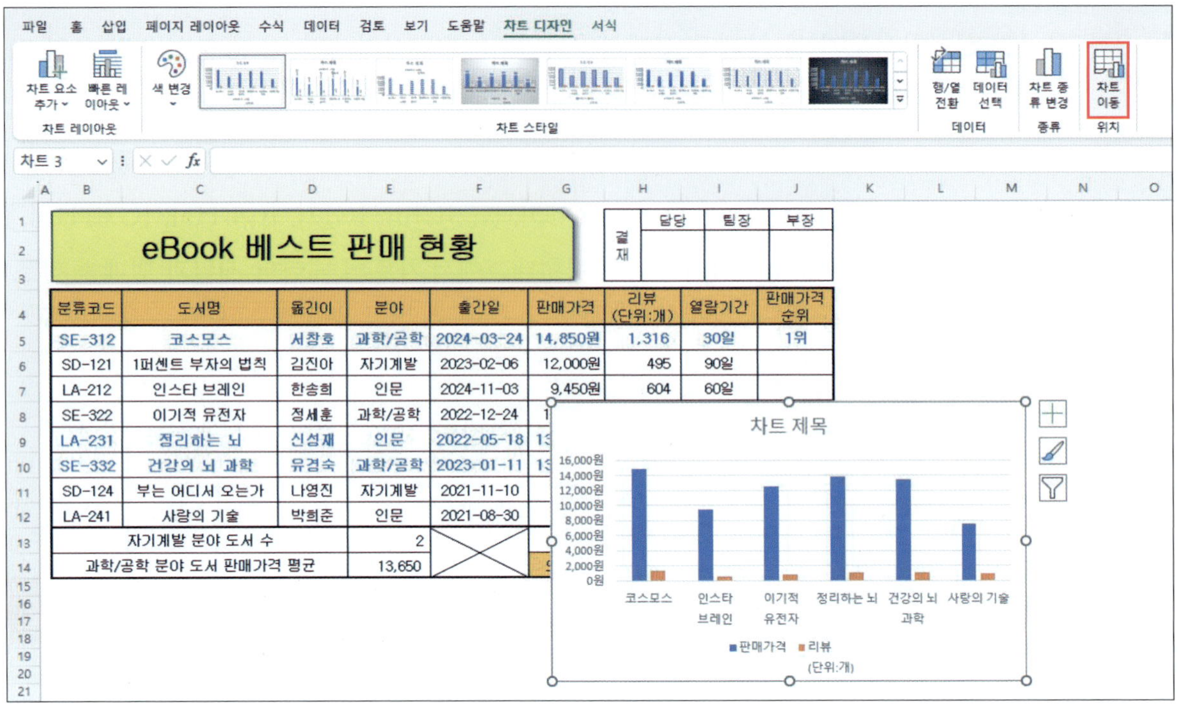

5 [차트 이동] 대화 상자에서 '새 시트'를 선택하고, "제4작업"을 입력한 후 [확인] 버튼을 클릭합니다.

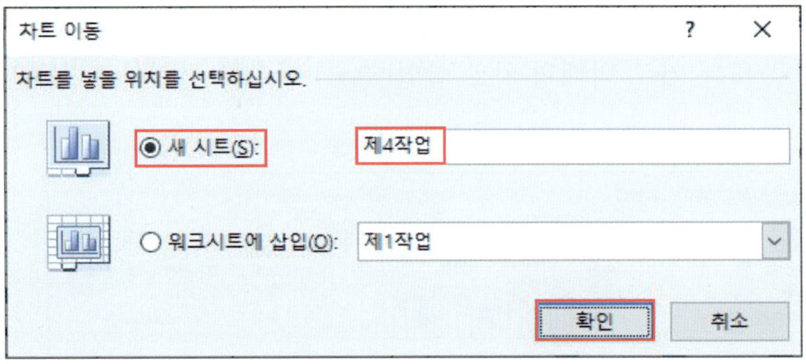

| TIP | **[차트 이동] 대화 상자**

- 새 시트 : 'Chart1'이라는 차트 시트에 새로운 차트를 삽입합니다.
- 워크시트에 삽입 : 현재 작업 중인 워크시트에 새로운 차트를 삽입합니다.

6 [제4작업] 시트에 차트가 이동되어 나타나는 것을 확인할 수 있습니다.

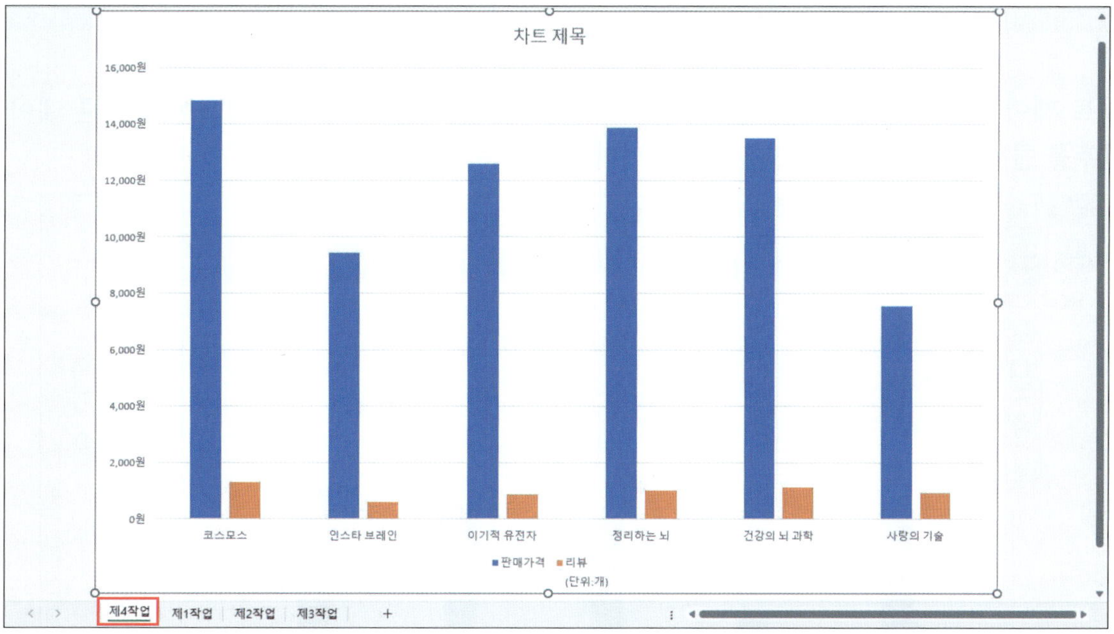

7 시트명의 순서를 차례대로 배치하기 위하여 [제4작업] 시트를 드래그하여 [제3작업] 시트 뒤쪽으로 이동합니다.

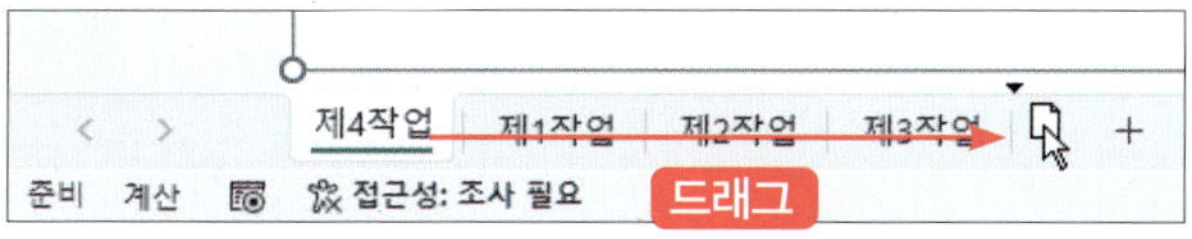

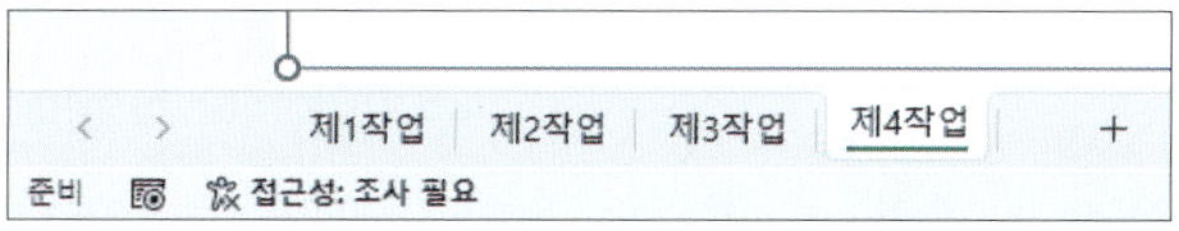

| TIP | 차트의 구성 요소

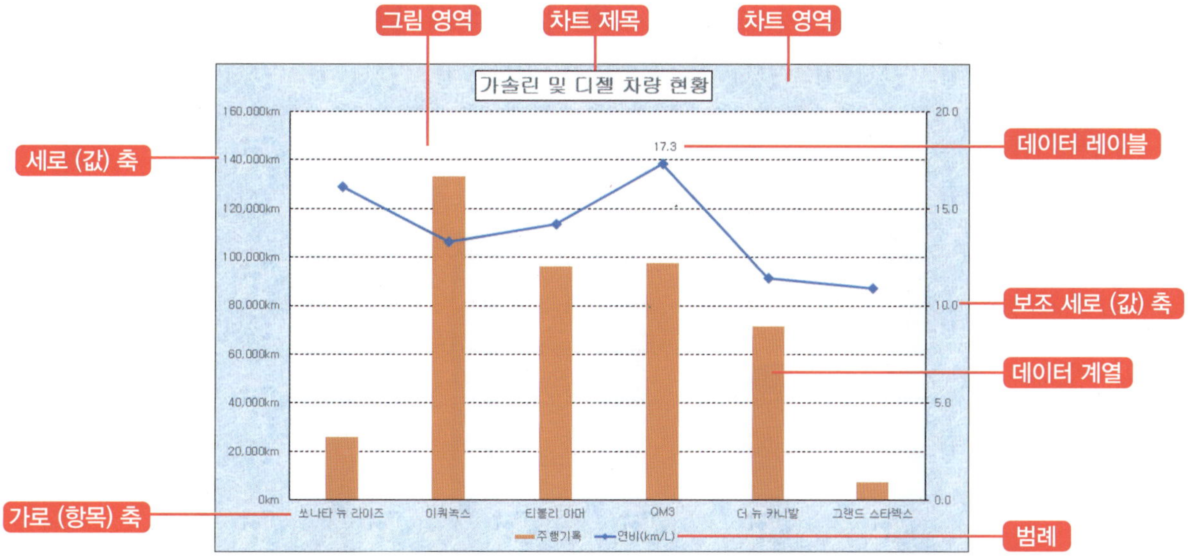

02 그래프(차트) 편집하기

1 차트 레이아웃을 지정하기 위하여 [차트 디자인] 탭의 [차트 레이아웃] 그룹에서 빠른 레이아웃(빠른 레이아웃) 단추를 클릭하고, '레이아웃 3'을 선택합니다.

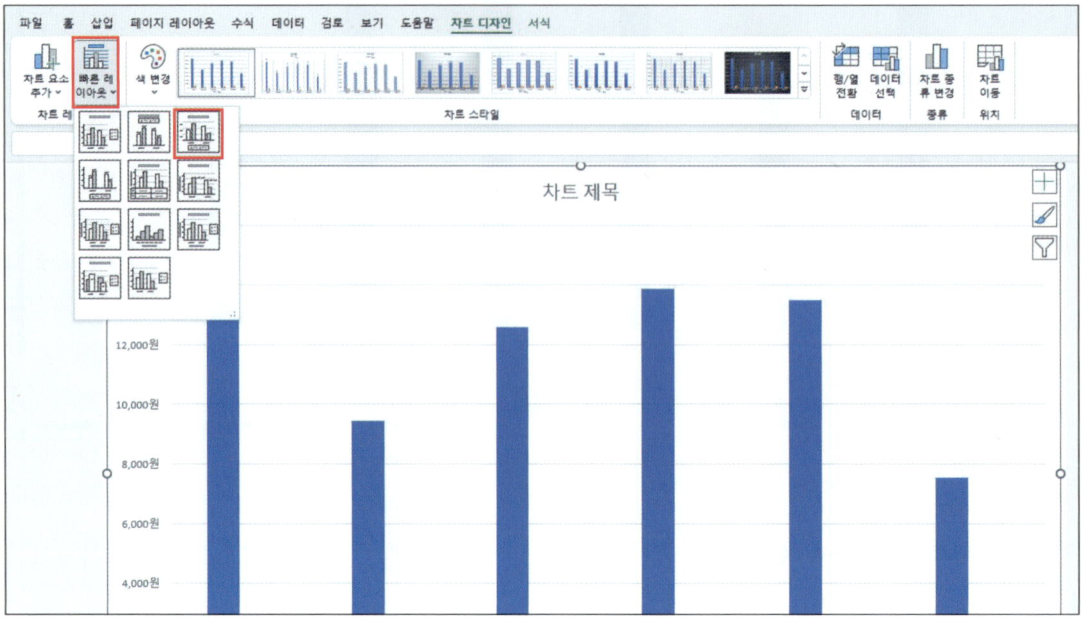

2 차트 스타일을 지정하기 위하여 [차트 디자인] 탭의 [차트 스타일] 그룹에서 빠른 스타일(▿) 단추를 클릭하고, '스타일 1'을 선택합니다.

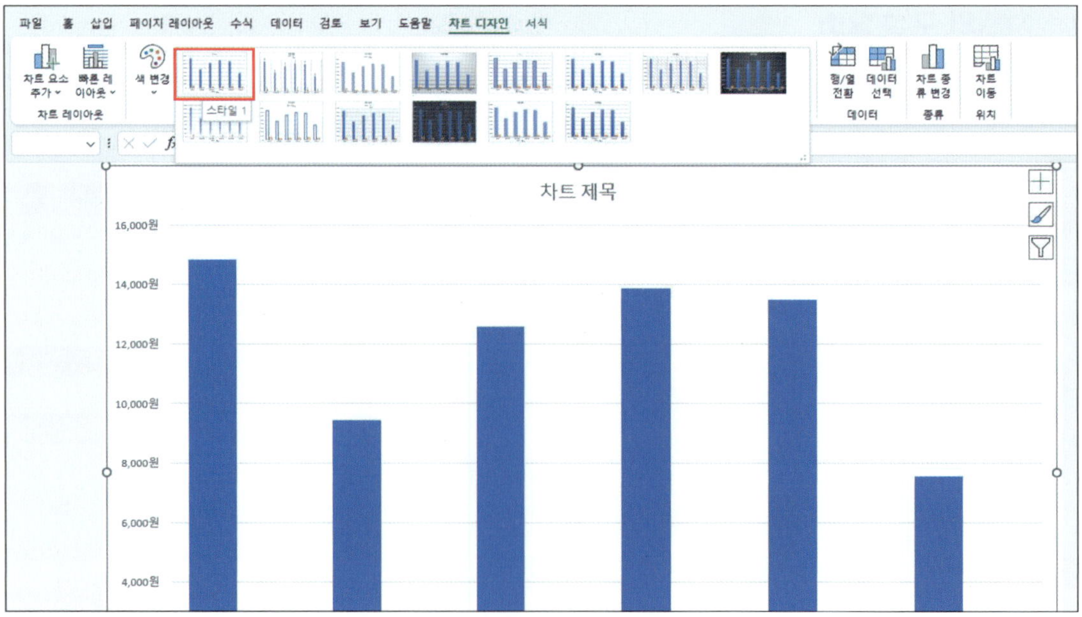

3 차트 영역에 글꼴을 지정하기 위하여 차트 영역을 선택한 후 [홈] 탭의 [글꼴] 그룹에서 글꼴은 '굴림', 글꼴 크기는 '11'을 각각 지정합니다.

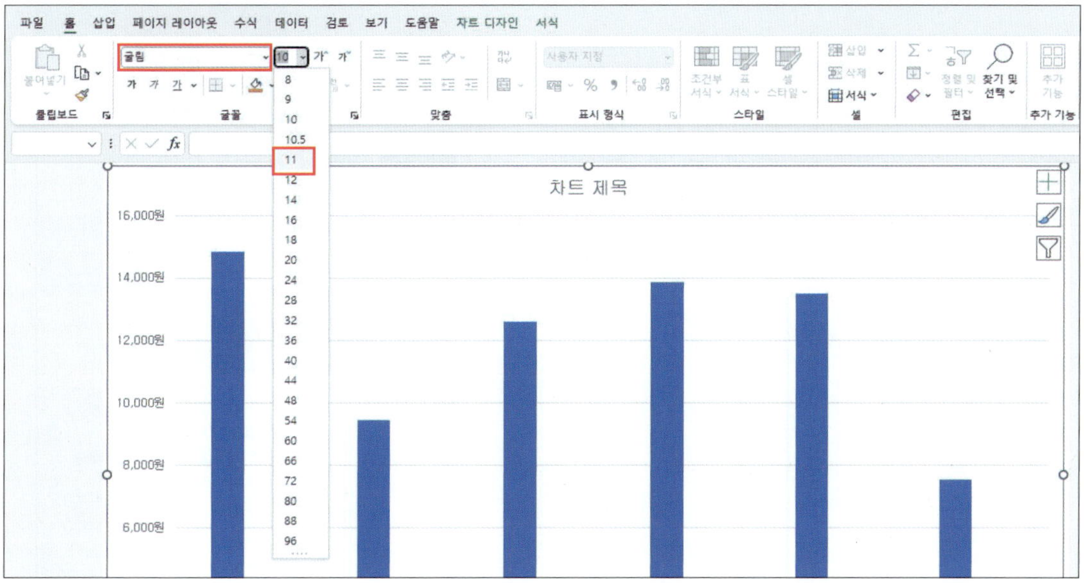

4 계속해서 차트 영역에서 마우스 오른쪽 버튼을 클릭하고, [차트 영역 서식]을 선택합니다.

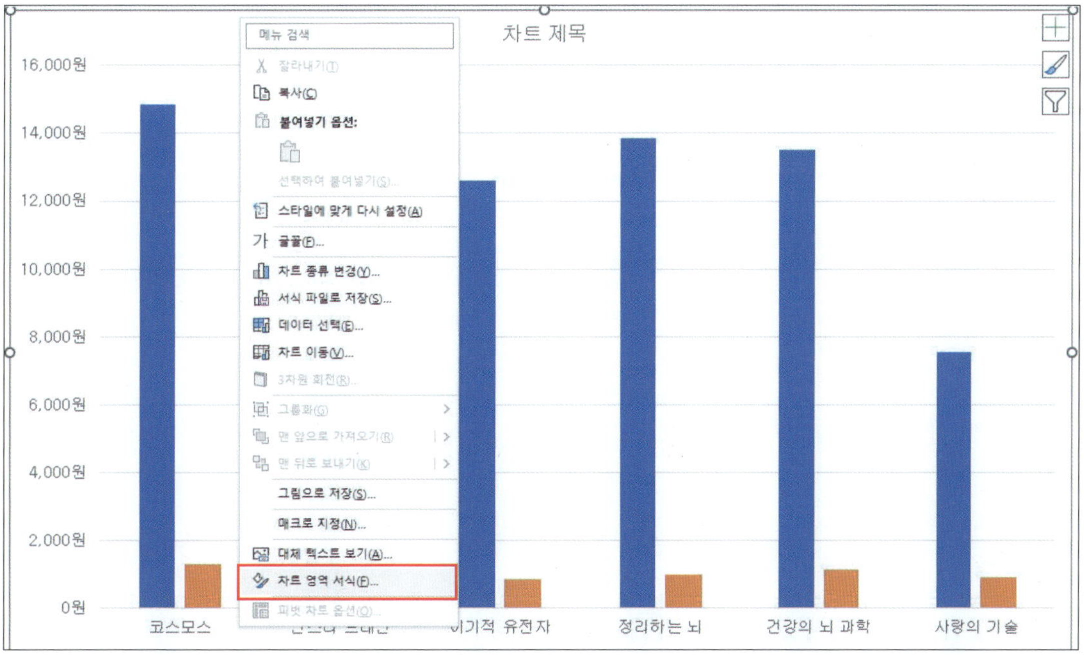

5 차트 영역 서식 작업창의 차트 옵션에서 채우기의 '그림 또는 질감 채우기'를 선택한 후 질감( ) 단추를 클릭하고, '분홍 박엽지'를 선택한 다음 닫기(×) 단추를 클릭합니다.

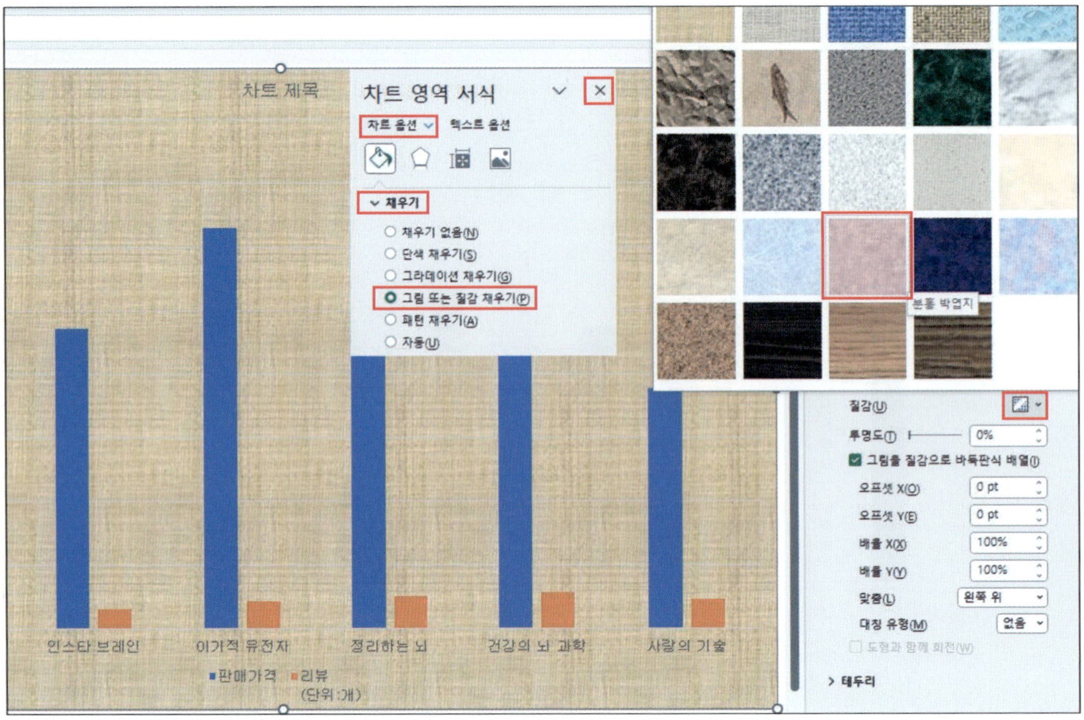

6 그림 영역에서 마우스 오른쪽 버튼을 클릭하고, [그림 영역 서식]을 선택합니다.

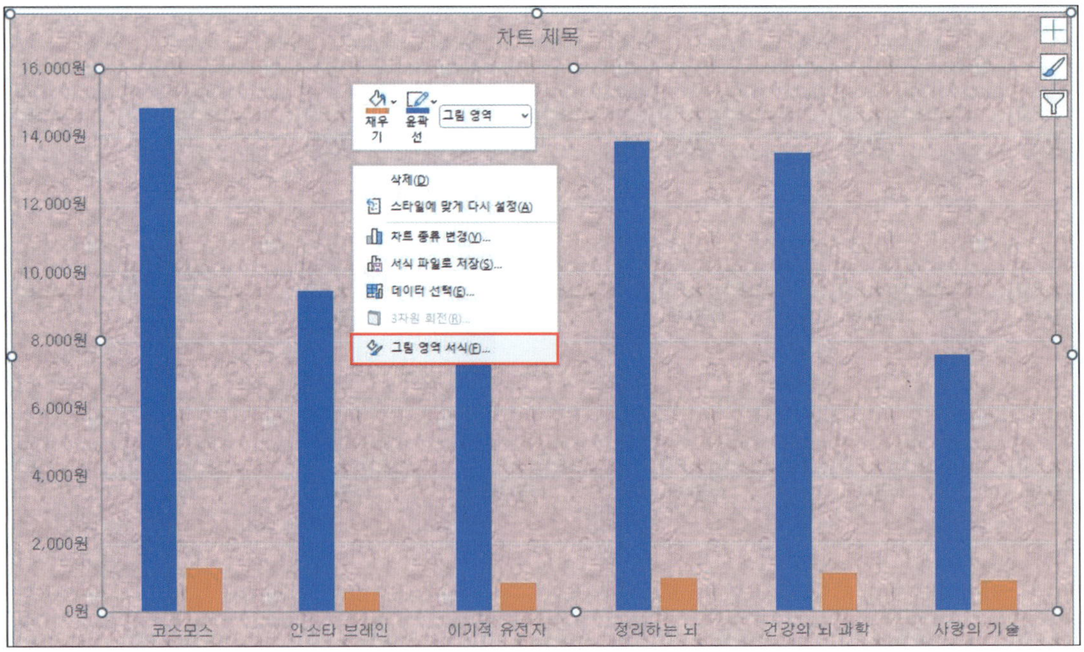

7 그림 영역 서식 작업창의 그림 영역 옵션에서 채우기의 '단색 채우기'를 선택한 후 채우기 색( ) 단추를 클릭하고, '흰색, 배경 1'을 선택한 다음 닫기(×) 단추를 클릭합니다.

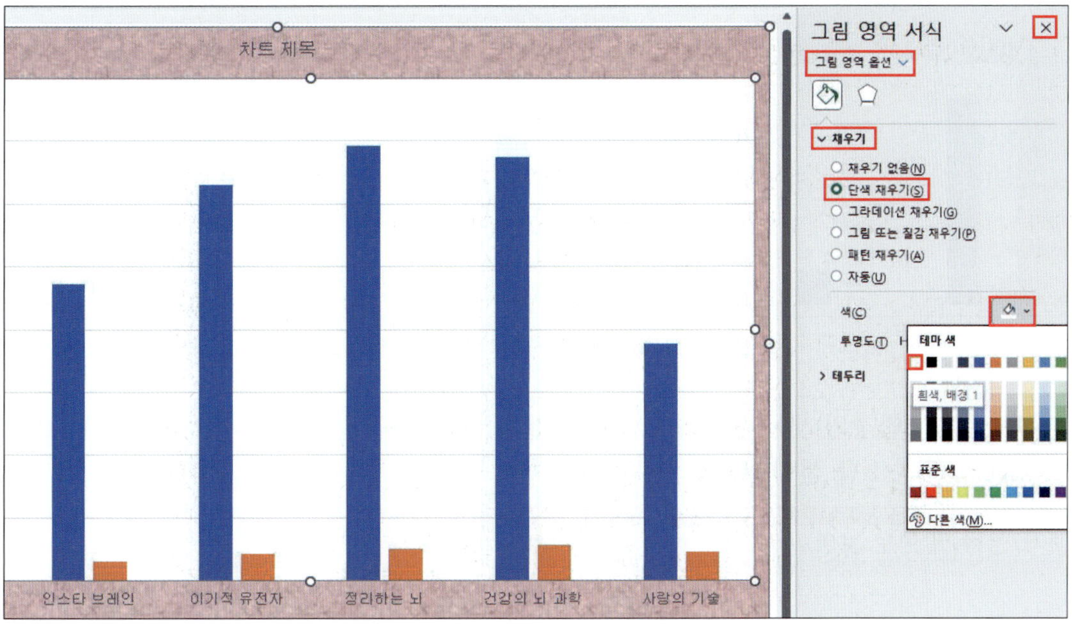

| TIP | **차트 영역과 그림 영역**

- 차트 영역 : 차트의 전체 영역으로 차트의 모든 항목이 표시됩니다.
- 그림 영역 : 차트의 X축과 Y축으로 구성된 곳으로 데이터 계열이 표시됩니다.

8 차트 제목을 선택한 후 텍스트 안쪽을 클릭하고, 주어진 차트 제목을 입력합니다.

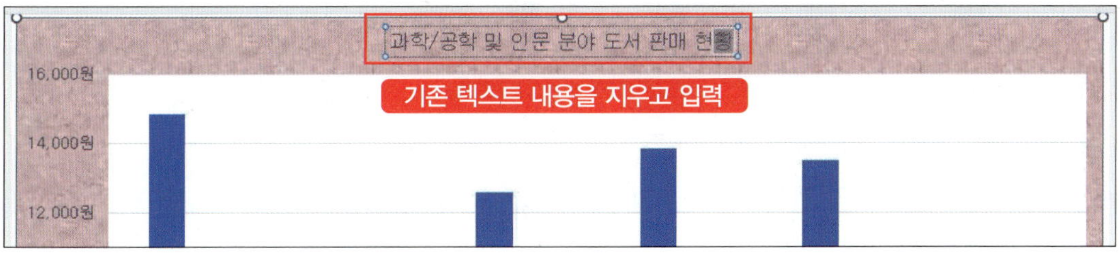

9 차트 제목을 선택한 후 [홈] 탭의 [글꼴] 그룹에서 글꼴은 '굴림', 글꼴 크기는 '20', 글꼴 스타일은 '굵게'를 각각 지정합니다.

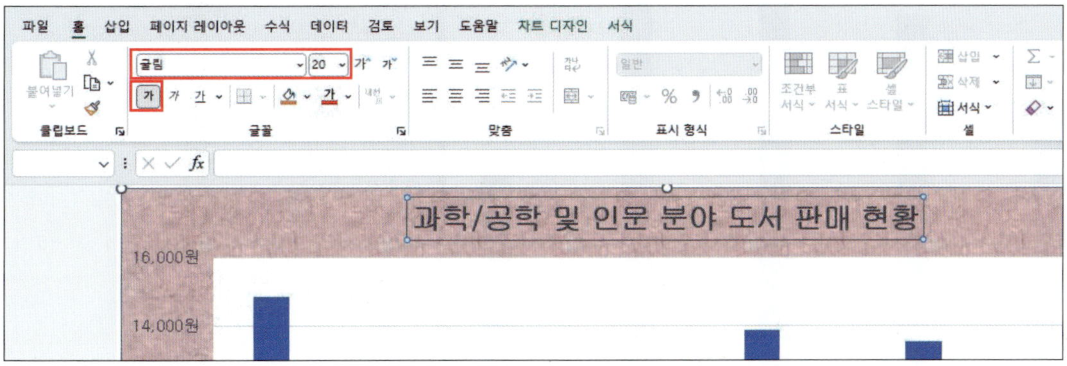

10 차트 제목에서 마우스 오른쪽 버튼을 클릭하고, [차트 제목 서식]을 선택합니다.

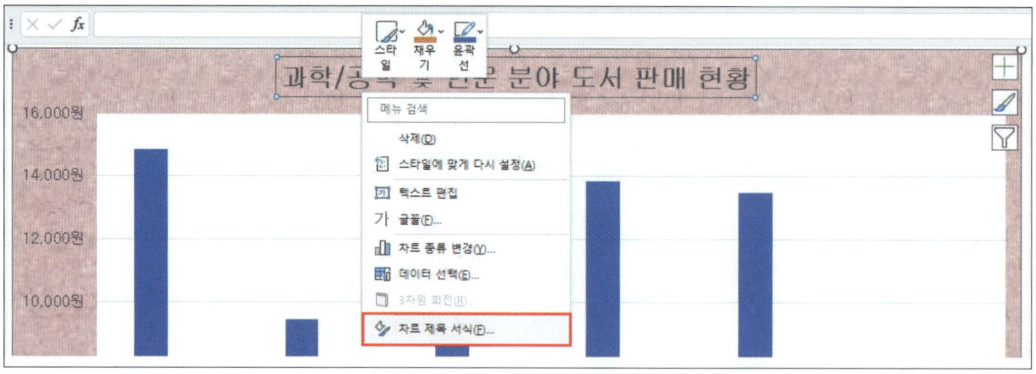

11 차트 제목 서식 작업창의 제목 옵션에서 채우기의 '단색 채우기'를 선택한 후 채우기 색( ) 단추를 클릭하고, '흰색, 배경 1'을 선택합니다.

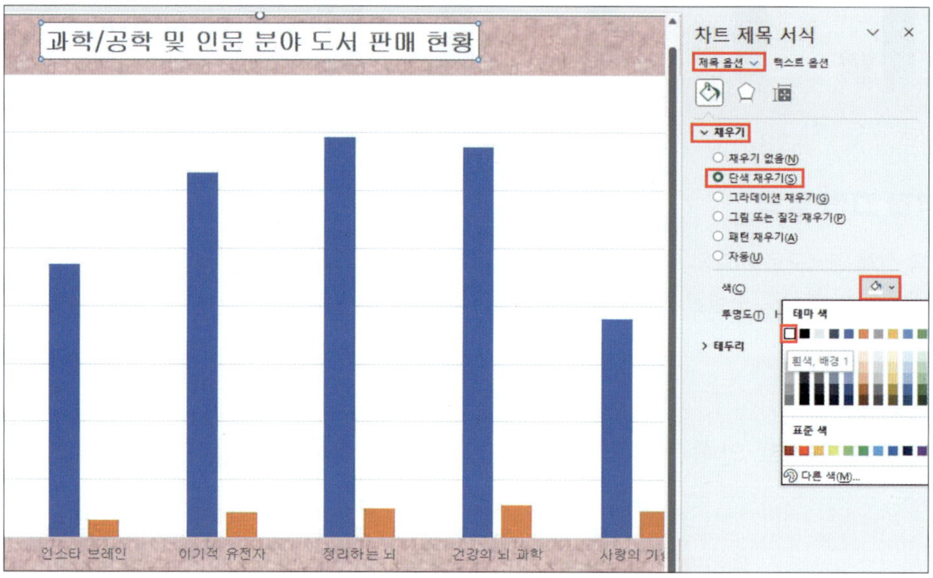

12 이번에는 테두리의 '실선'을 선택한 후 윤곽선 색( ) 단추를 클릭하고, '검정, 텍스트 1'을 선택한 다음 닫기(×) 단추를 클릭합니다.

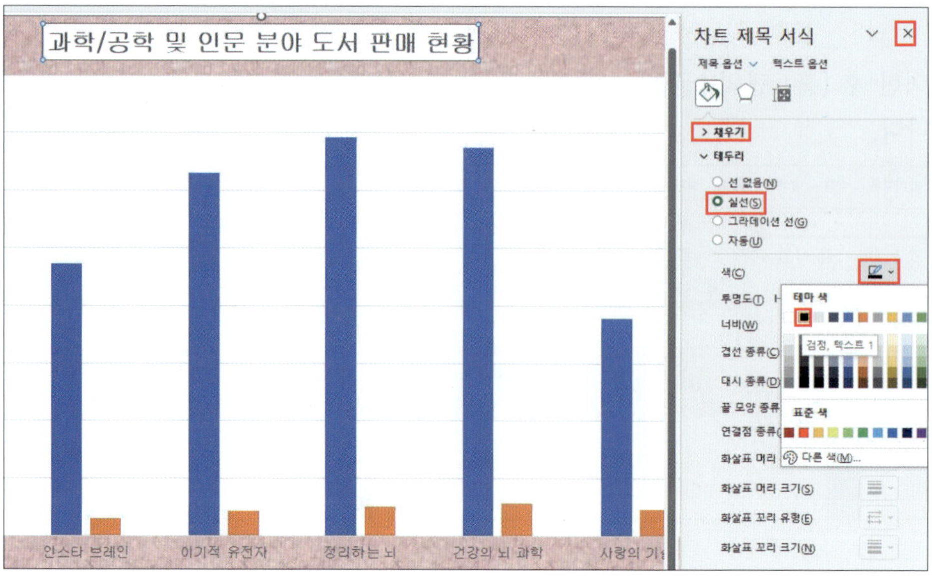

03 그래프(차트) 서식 지정하기

1 리뷰(단위:개) 계열을 선택한 후 [차트 디자인] 탭의 [종류] 그룹에서 차트 종류 변경() 단추를 클릭합니다.

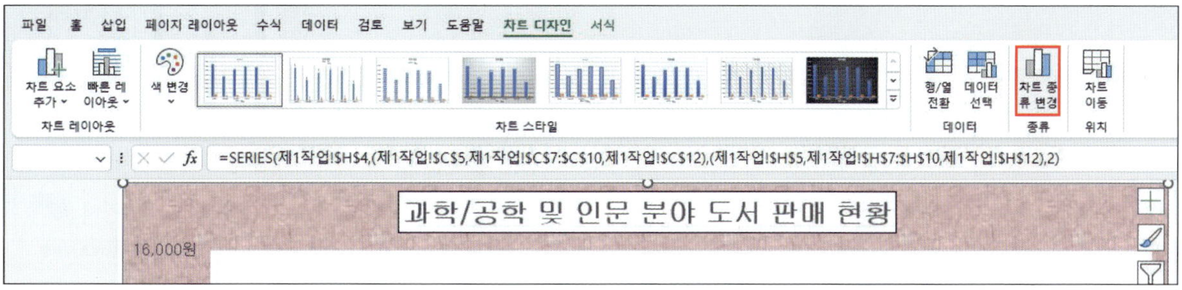

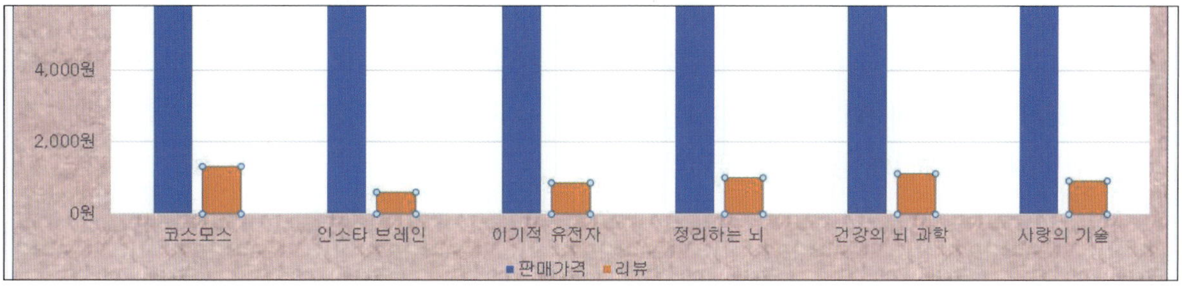

| TIP | **차트 요소 선택**

차트 계열을 선택할 때 계열의 수치가 적어 데이터 계열을 선택하기 어려운 경우는 [서식] 탭의 [현재 선택 영역] 그룹에서 차트 요소 목록(⌄) 단추를 클릭하고, 원하는 계열을 선택하면 됩니다.

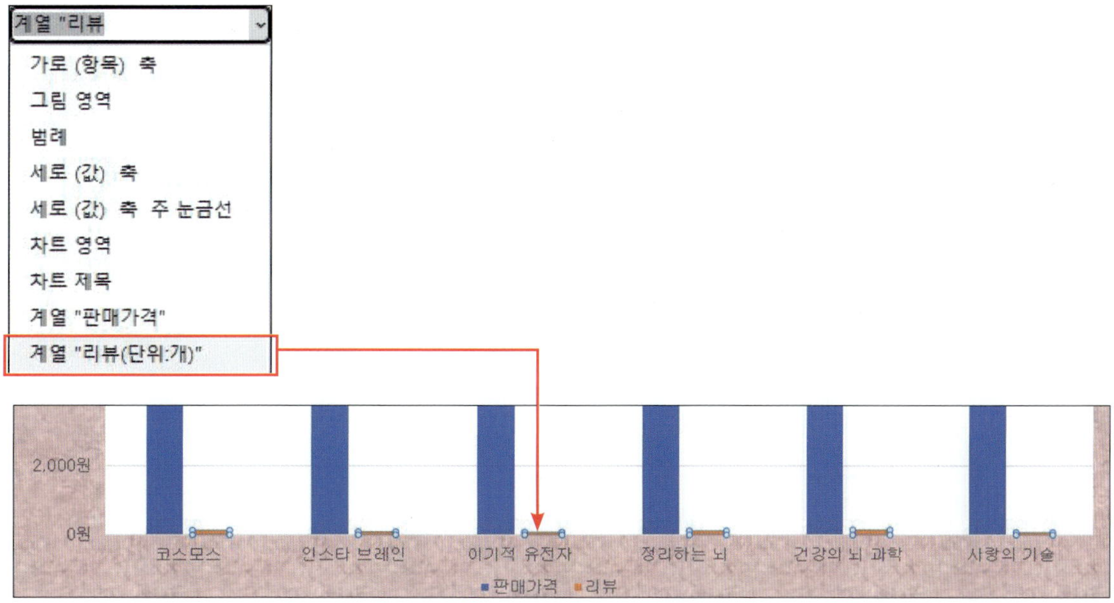

2 [차트 종류 변경] 대화 상자의 [모든 차트] 탭에서 혼합에 있는 '리뷰(단위:개)' 계열의 목록(⌄) 단추를 클릭하고, 꺾은선형의 '표식이 있는 꺾은선형'을 선택합니다.

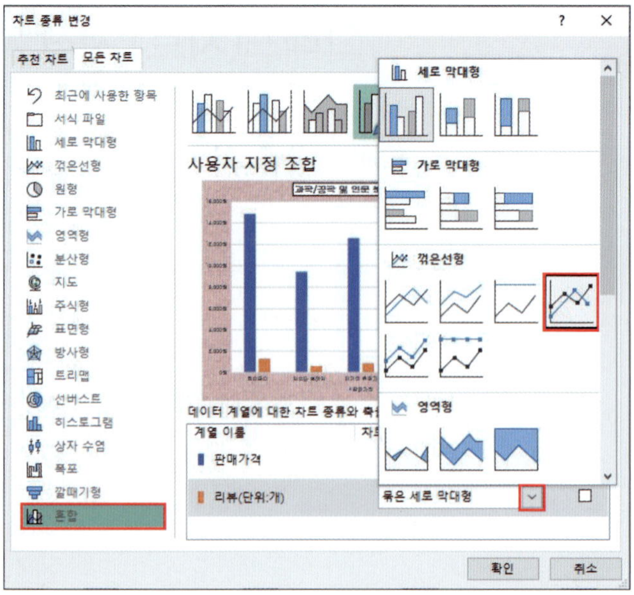

3 계속해서 '리뷰(단위:개)' 계열에 있는 보조 축을 선택(체크)하고, [확인] 버튼을 클릭합니다.

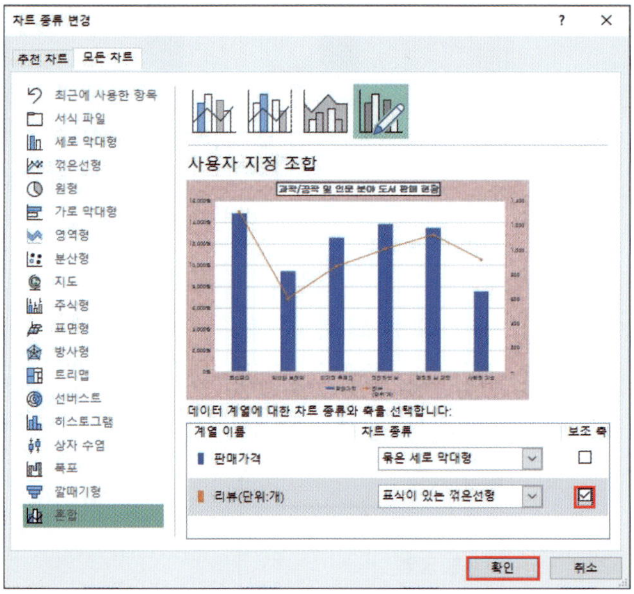

4 표식이 있는 꺾은선형으로 변경된 '리뷰(단위:개)' 계열을 선택한 후 마우스 오른쪽 버튼을 클릭하고, [데이터 계열 서식]을 선택합니다.

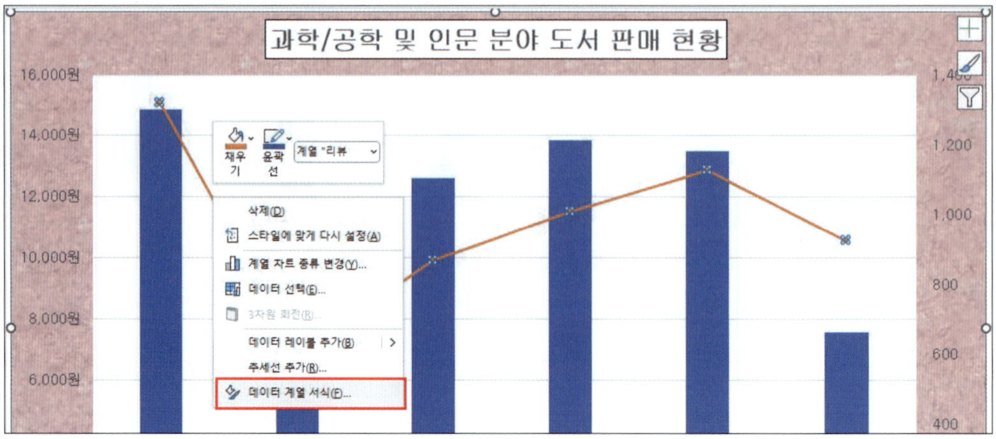

5 데이터 계열 서식 작업창의 계열 옵션에서 [표식]-[표식 옵션]의 '기본 제공'을 선택한 후 형식은 '▲', 크기는 '10'을 지정하고, 닫기(×) 단추를 클릭합니다.

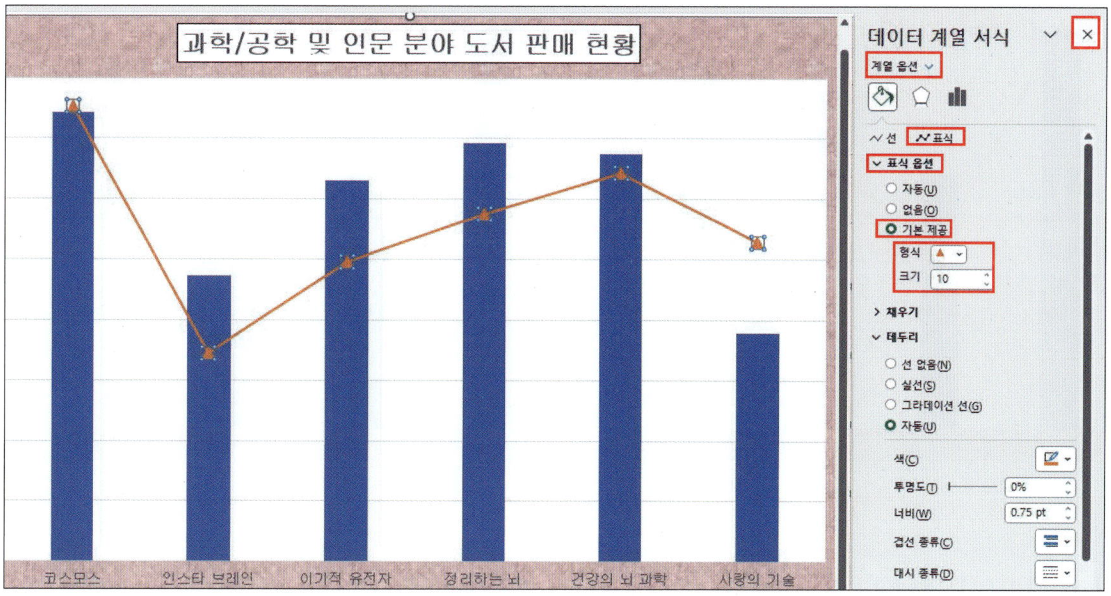

| TIP | 표식의 형식(모양) 및 선과 표식의 색상

- 표식의 형식은 《조건》의 계열에 따라 표식 옵션의 '기본 제공'에서 형식의 목록 단추를 클릭하고, 주어진 모양을 선택합니다.

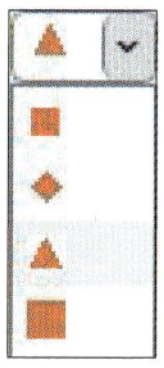

- 《출력형태》에 따라 선과 표식의 색상을 변경할 경우는 [선]-[선]에서 윤곽선 색( ) 단추와 [표식]-[채우기]에서 채우기 색( ) 단추를 클릭하여 주어진 색상을 선택합니다.

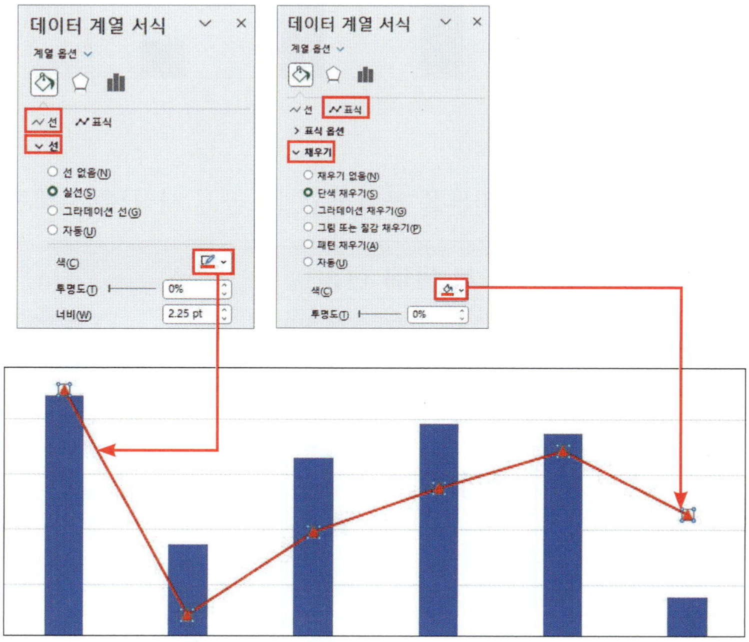

6 데이터 레이블을 지정하기 위하여 코스모스의 판매가격 계열만을 천천히 두 번 클릭합니다(한 번 클릭 시 판매가격 계열 전체가 선택됨).

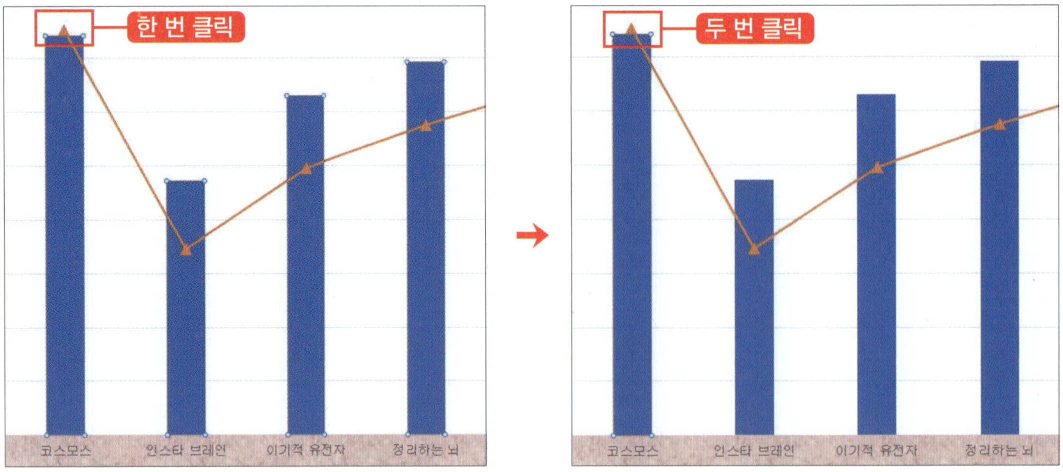

7 [차트 디자인] 탭의 [차트 레이아웃] 그룹에서 차트 요소 추가() 단추를 클릭하고, [데이터 레이블]-[바깥쪽 끝에]를 선택합니다.

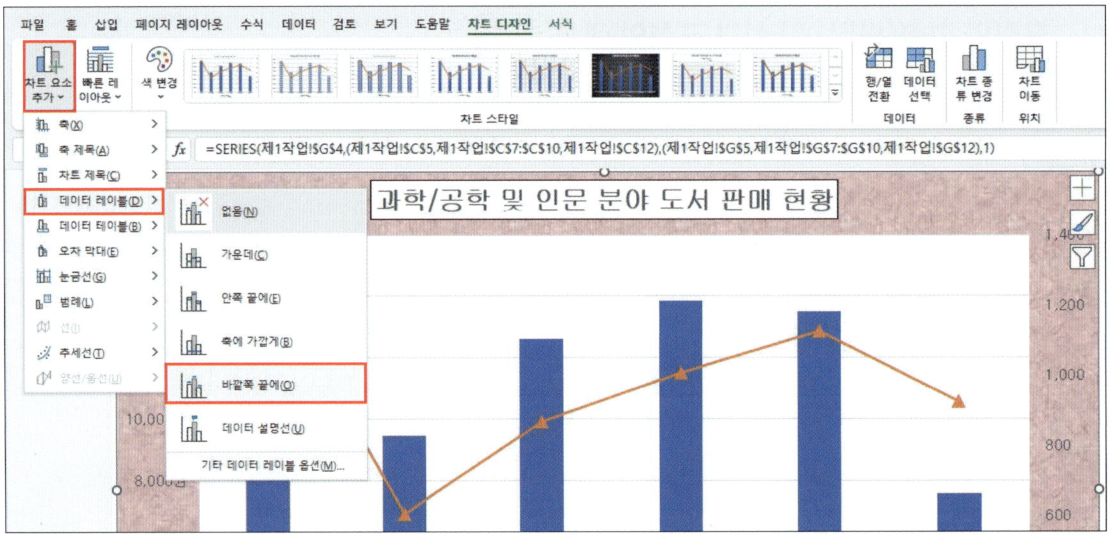

8 '세로 (값) 축 주 눈금선'을 선택한 후 마우스 오른쪽 버튼을 클릭하고, [눈금선 서식]을 선택합니다.

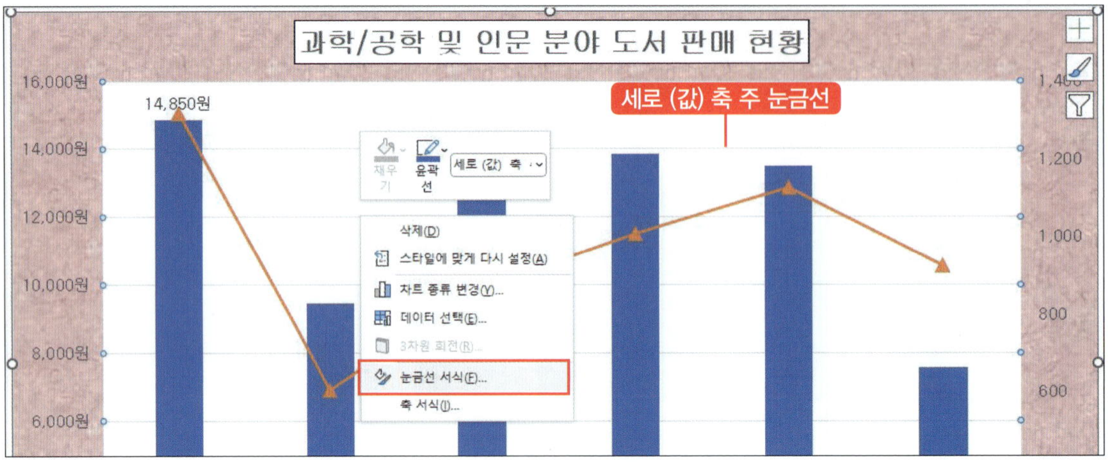

9 주 눈금선 서식 작업창의 주 눈금선 옵션에서 선의 '실선'을 선택한 후 윤곽선 색( ) 단추를 클릭하고 '검정, 텍스트 1'을, 대시 종류( ) 단추를 클릭하고, '파선'을 각각 선택한 다음 닫기(×) 단추를 클릭합니다.

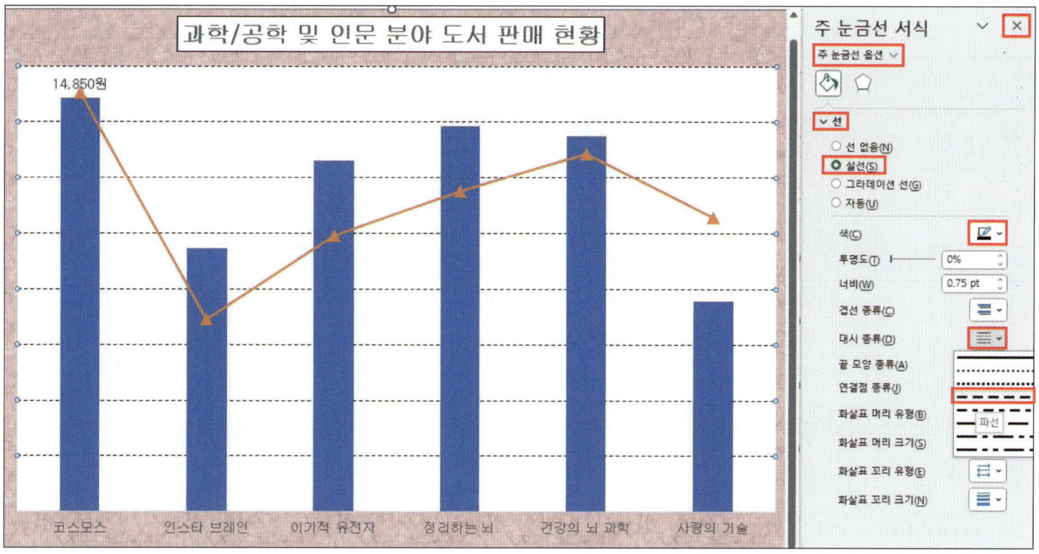

10 차트에서 보조 세로 (값) 축을 선택한 후 마우스 오른쪽 버튼을 클릭하고, [축 서식]을 선택합니다.

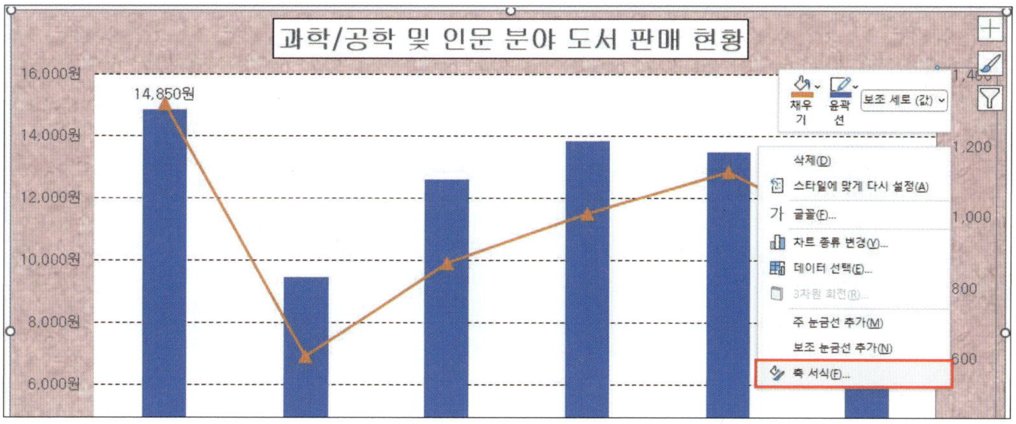

11 축 서식 작업창의 축 옵션에서 경계의 최대값에 "1500", 단위의 기본에 "300"을 입력하고, 닫기(×) 단추를 클릭합니다.

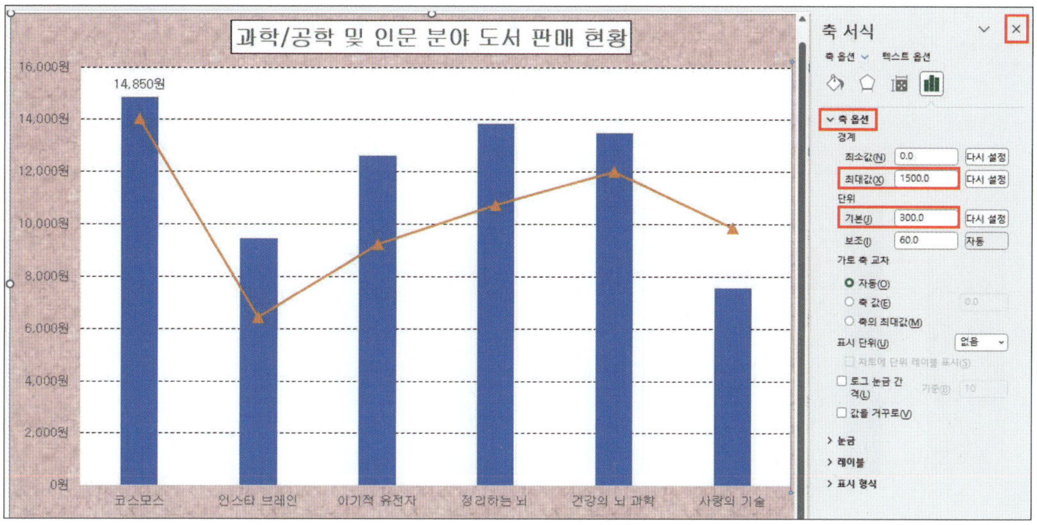

TIP | 보조 세로 (값) 축

차트의 보조 세로 (값) 축은 지시사항에 따로 없지만 문제지의 《출력형태》를 보고 축의 수치값을 정확히 맞춰야 합니다. 이때, 최소값이 '–'가 아닌 '0'으로 표현하려면 축 옵션의 '표시 형식'에서 범주는 '사용자 지정'을 선택하고, 형식 입력란에 ?,??0을 입력합니다.

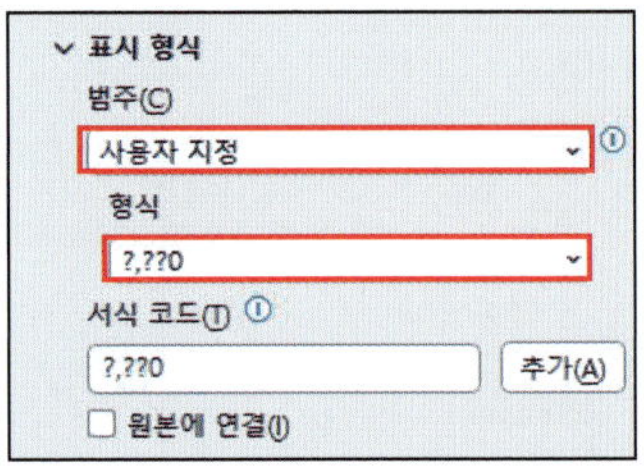

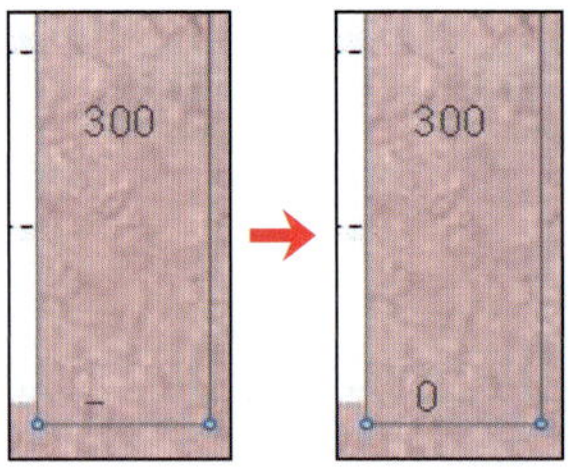

12 보조 세로 (값) 축이 선택된 상태에서 [서식] 탭의 [도형 스타일] 그룹에 있는 도형 윤곽선(도형 윤곽선) 단추를 클릭하고, '검정, 텍스트 1'을 선택합니다.

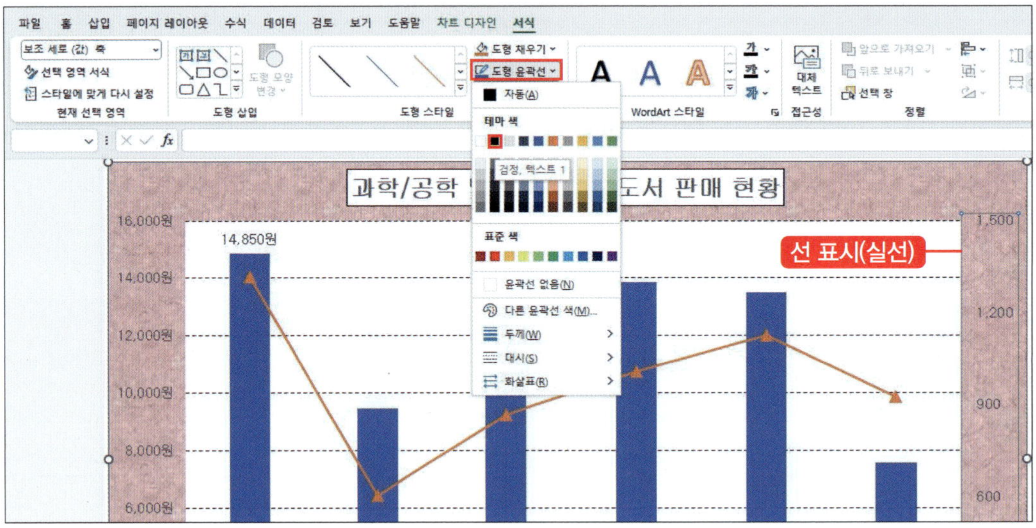

13 차트에서 세로 (값) 축을 선택한 후 [서식] 탭의 [도형 스타일] 그룹에서 도형 윤곽선(도형 윤곽선) 단추를 클릭하고, '검정, 텍스트 1'을 선택합니다.

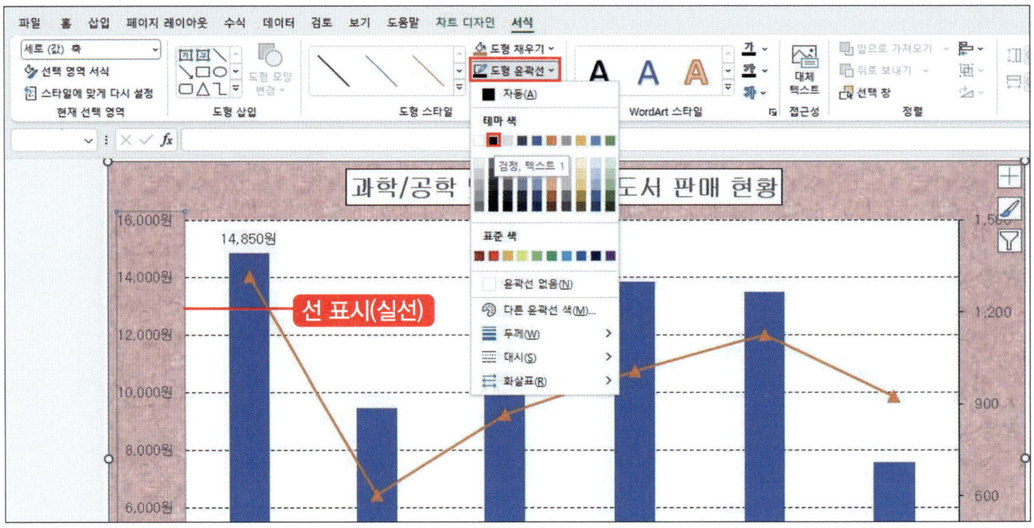

| TIP | 선 표시(실선)

차트의 구성 요소에 대한 선 표시는 지시사항에 따로 없지만 문제지의 《출력형태》를 보고 해당 차트 요소에 선(실선)을 적용합니다.

14 차트에서 가로 (항목) 축을 선택한 후 [서식] 탭의 [도형 스타일] 그룹에서 도형 윤곽선(도형 윤곽선) 단추를 클릭하고, '검정, 텍스트 1'을 선택합니다.

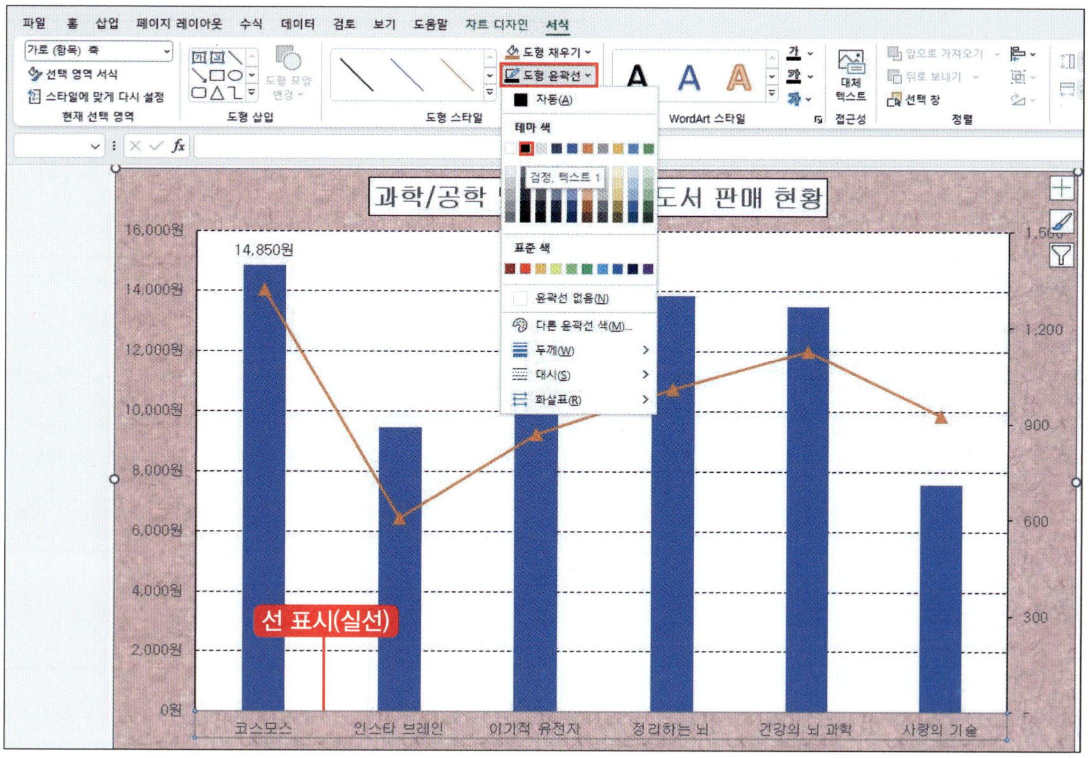

15 범례명을 변경하기 위하여 차트에서 범례를 선택한 후 [차트 디자인] 탭의 [데이터] 그룹에서 데이터 선택(데이터 선택) 단추를 클릭합니다.

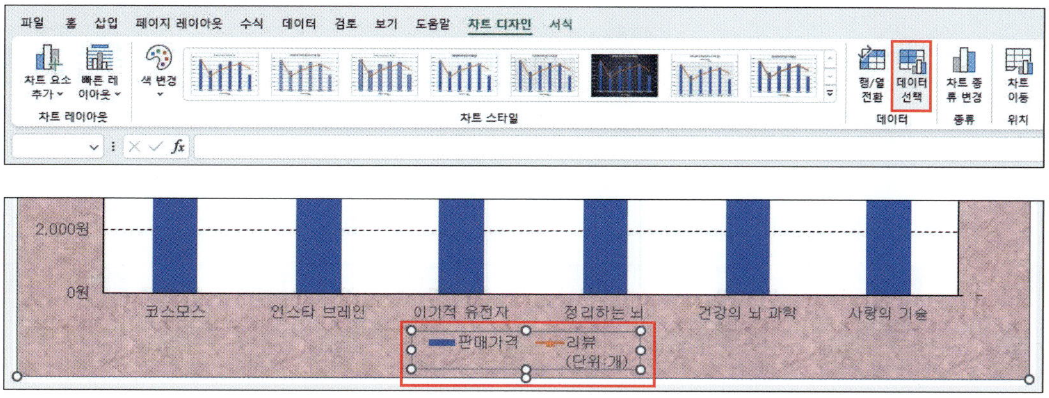

16 [데이터 원본 선택] 대화 상자에서 범례 항목(계열)의 '리뷰(단위:개)'를 선택하고, [편집] 버튼을 클릭합니다.

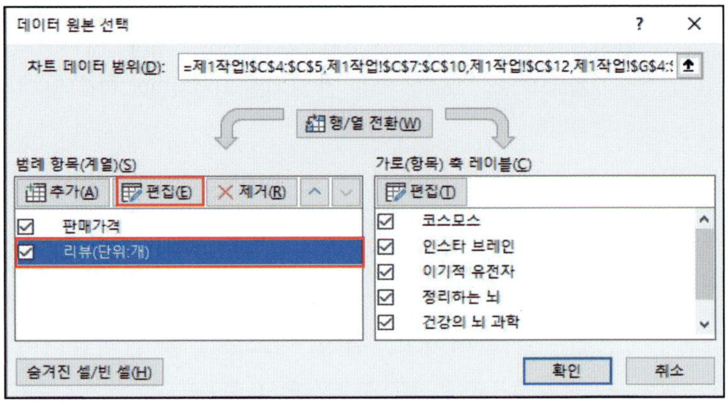

17 [계열 편집] 대화 상자에서 기존 계열 이름을 삭제하고, "리뷰(단위:개)"를 입력한 후 [확인] 버튼을 클릭합니다.

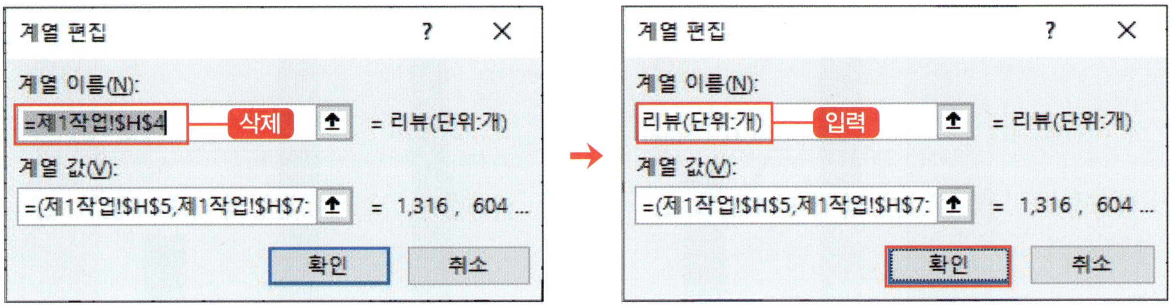

18 다시 [데이터 원본 선택] 대화 상자가 나타나면 [확인] 버튼을 클릭합니다.

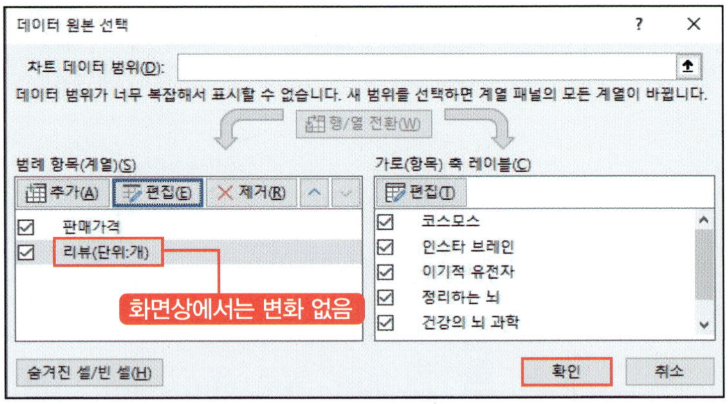

19 그 결과 ≪출력형태≫대로 범례명이 한 줄로 변경된 것을 확인할 수 있습니다.

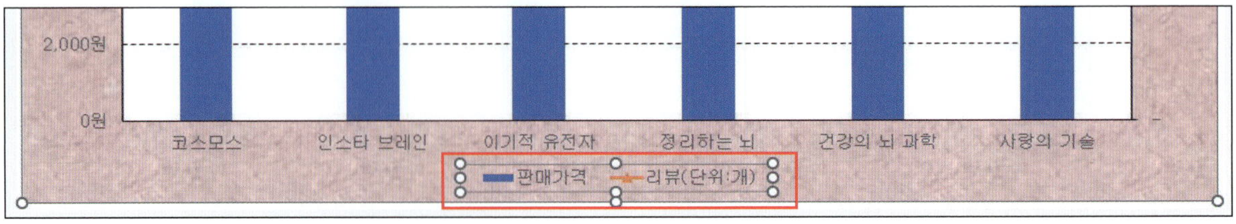

유형 잡기 04 그래프(차트)에 도형 삽입하기

1 [삽입] 탭의 [일러스트레이션] 그룹에서 도형(도형) 단추를 클릭하고, 설명선의 말풍선: 모서리가 둥근 사각형( )을 선택합니다.

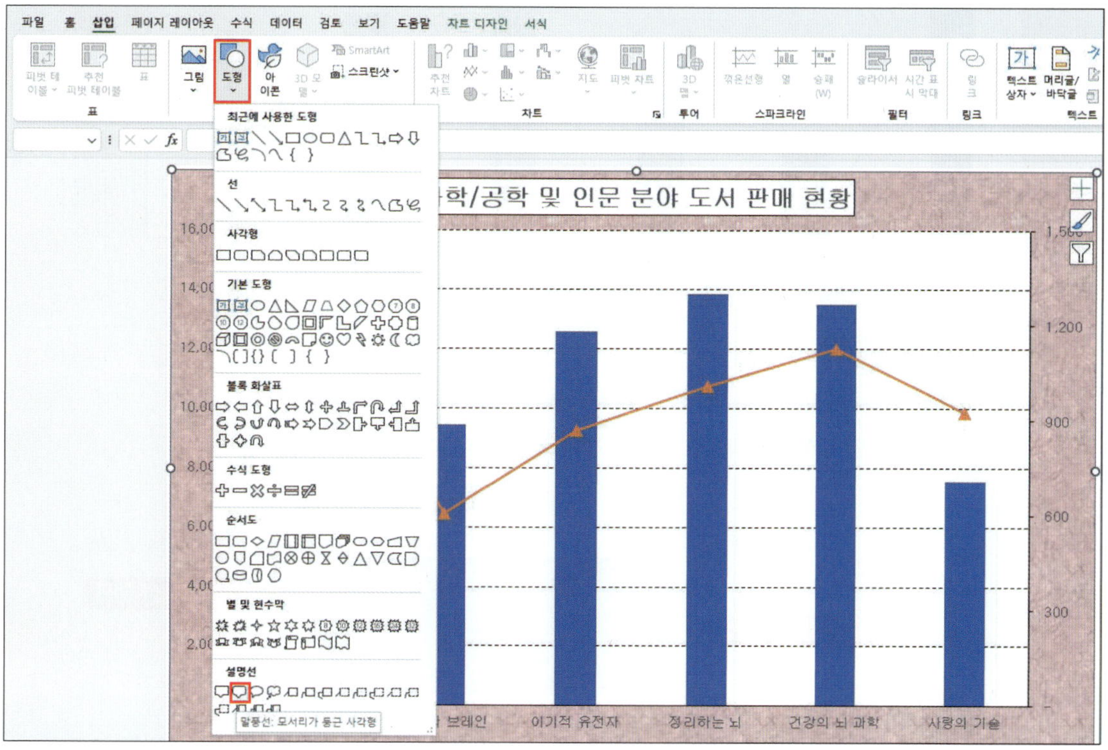

2 마우스 포인터가 '+' 모양으로 변경되면 차트의 그림 영역에 적당한 크기로 드래그하여 삽입합니다.

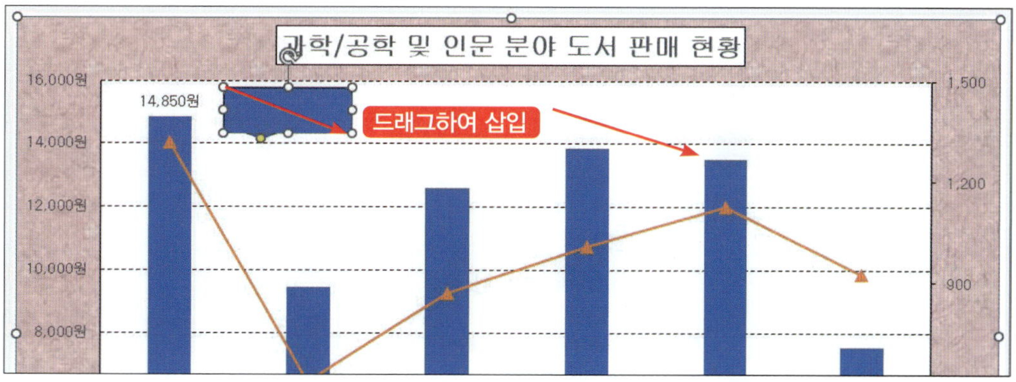

3 말풍선의 모양을 변경하기 위해 노란색 모양 조절 핸들을 왼쪽으로 드래그하여 지시선의 모양을 변경합니다.

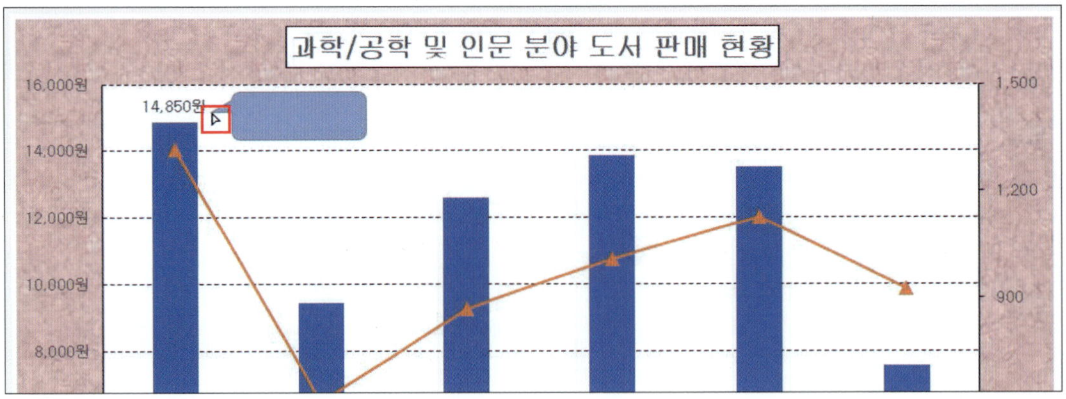

| TIP | 도형의 편집 핸들

- 워크시트에 도형을 삽입하면 회전 핸들, 모양 조절 핸들, 크기 조절 핸들이 나타납니다.
- 세 가지의 핸들을 이용하면 도형의 방향(각도), 모양, 크기 등을 자유롭게 조절할 수 있습니다.

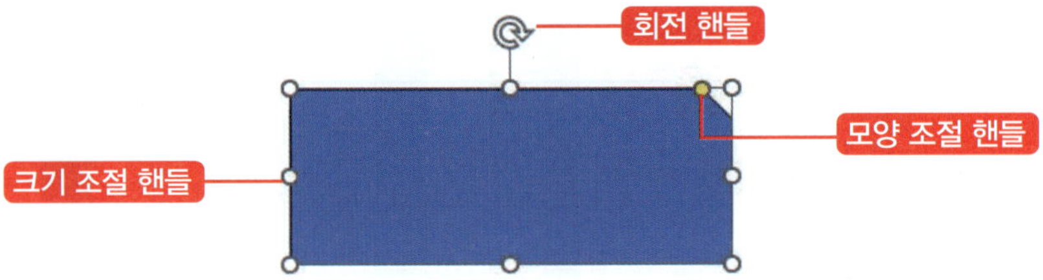

4 [도형 서식] 탭의 [도형 스타일] 그룹에서 도형 채우기(도형 채우기) 단추를 클릭하고, '흰색, 배경 1'을 선택합니다.

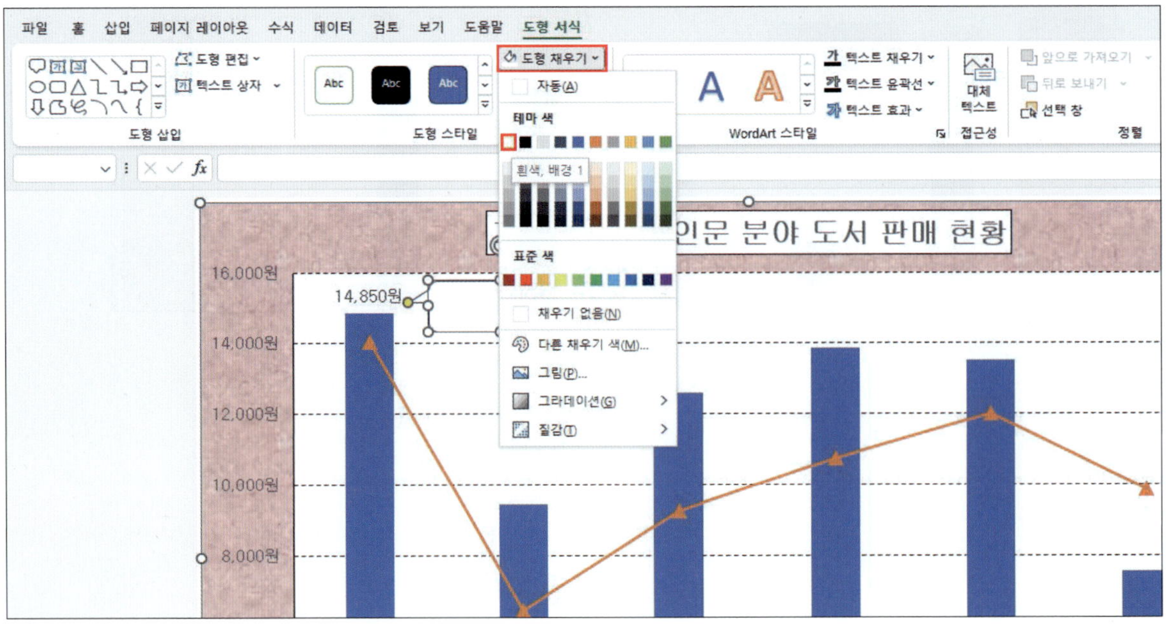

5 말풍선에 주어진 내용을 입력한 후 [홈] 탭의 [글꼴] 그룹에서 글꼴은 '굴림', 글꼴 크기는 '11', 글꼴 색은 '검정, 텍스트 1'을 각각 지정합니다.

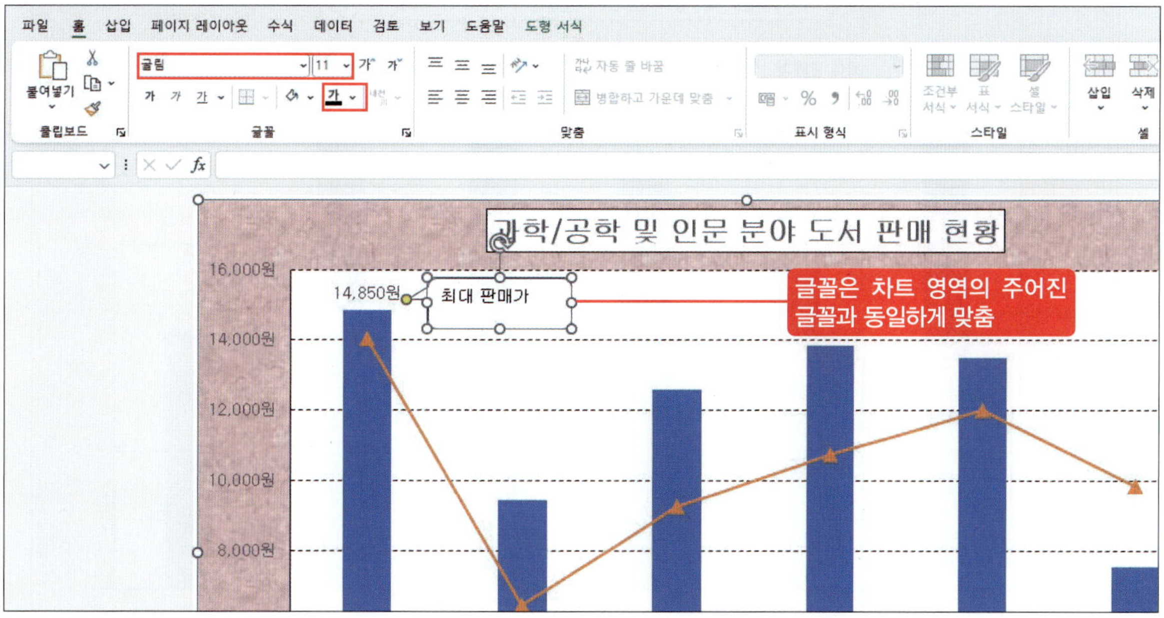

6 텍스트를 정렬하기 위하여 [홈] 탭의 [맞춤] 그룹에서 세로 가운데 맞춤(≡) 단추와 가로 가운데 맞춤(≡) 단추를 각각 클릭합니다.

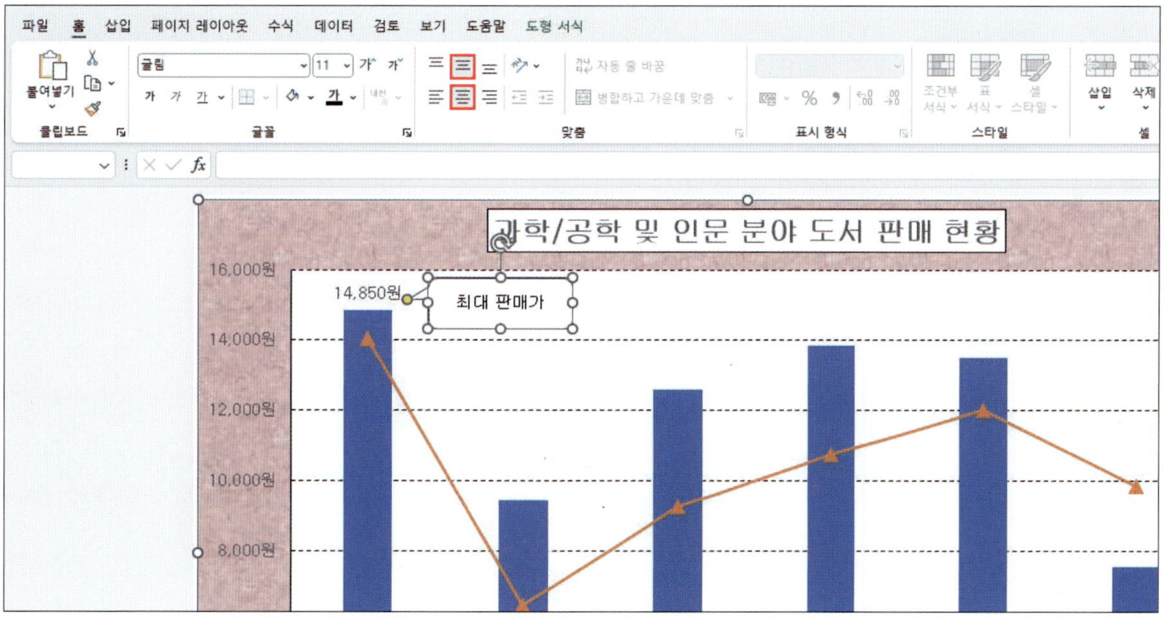

7 그래프(차트) 작업이 완료되면 《출력형태》와 비교하여 틀린 부분이 없는지 세밀하게 검토합니다.

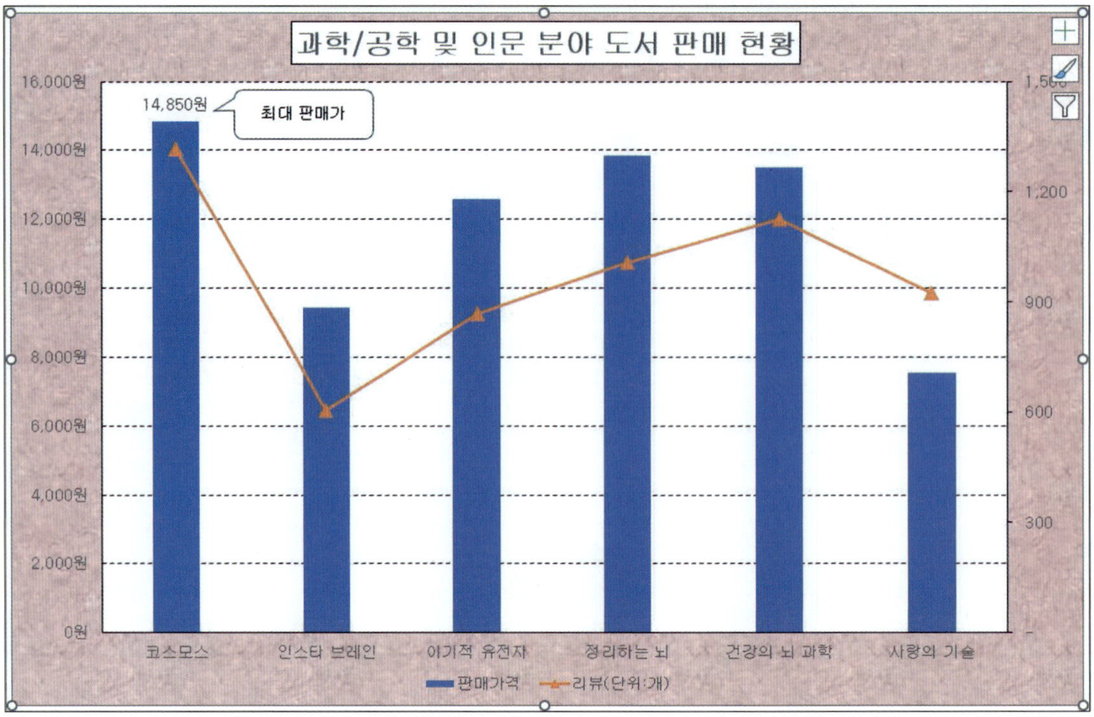

8 모든 작업이 완료되면 빠른 실행 도구 모음에서 저장( ) 단추를 클릭하여 완성 파일을 저장합니다.

출제 유형 문제

• **예제 파일** : 유형 분석 09₩유형 02_문제.xlsx / • **완성 파일** : 유형 분석 09₩유형 02_완성.xlsx

01 **"제1작업" 시트를 이용하여 조건에 따라 《출력형태》와 같이 작업하시오.**

≪조건≫

(1) 차트 종류 ⇒ 〈묶은 세로 막대형〉으로 작업하시오.
(2) 데이터 범위 ⇒ "제1작업" 시트의 내용을 이용하여 작업하시오.
(3) 위치 ⇒ "새 시트"로 이동하고, "제4작업"으로 시트 이름을 바꾸시오.
(4) 차트 디자인 도구 ⇒ 레이아웃 3, 스타일 1을 선택하여 ≪출력형태≫에 맞게 작업하시오.
(5) 영역 서식 ⇒ 차트 : 글꼴(굴림, 11pt), 채우기 효과(질감–파랑 박엽지)
그림 : 채우기(흰색, 배경1)
(6) 제목 서식 ⇒ 차트 제목 : 글꼴(굴림, 굵게, 20pt), 채우기(흰색, 배경1), 테두리
(7) 서식 ⇒ 용량 계열의 차트 종류를 〈표식이 있는 꺾은선형〉으로 변경한 후 보조 축으로 지정하시오.
계열 : ≪출력형태≫를 참조하여 표식(네모, 크기 10)과 레이블 값을 표시하시오.
눈금선 : 선 스타일–파선
축 : ≪출력형태≫를 참조하시오.
(8) 범례 ⇒ 범례명을 변경하고 ≪출력형태≫를 참조하시오.
(9) 도형 ⇒ '말풍선: 사각형 설명선'을 삽입한 후 ≪출력형태≫와 같이 내용을 입력하시오.
(10) 나머지 사항은 ≪출력형태≫에 맞게 작성하시오.

≪출력형태≫

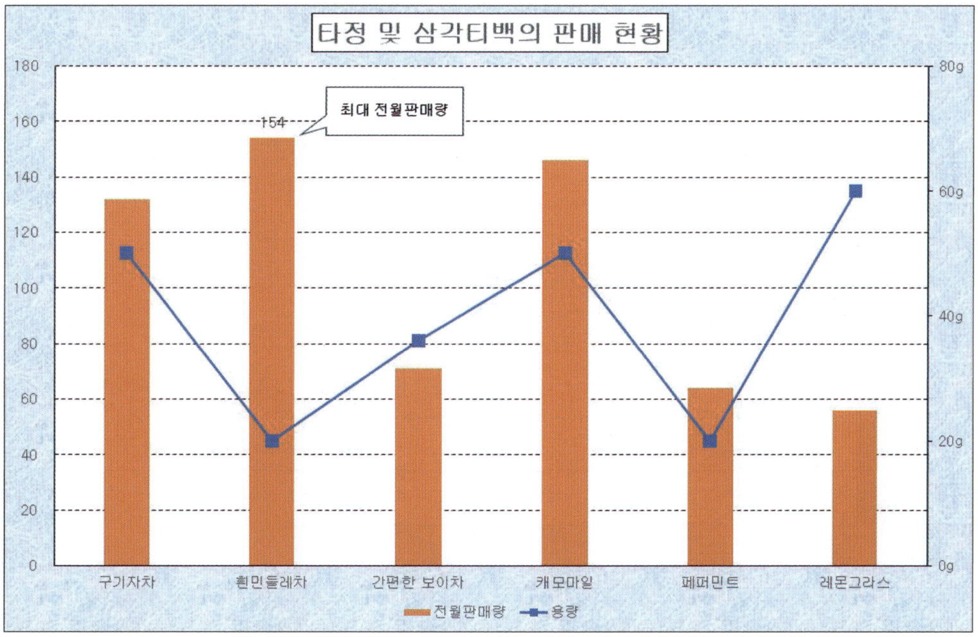

Hint

• [제1작업] 시트에서 [D4:E8], [D11:E12], [G4:G8], [G11:G12] 영역을 블록 지정하여 차트를 작성합니다.
• 데이터 계열 서식 작업창의 계열 옵션에서 [표식]-[표식 옵션]의 '기본 제공'을 선택한 후 형식은 '■', 크기는 '10'을 지정합니다.
• 흰민들레차의 전월판매량만을 선택한 후 [차트 디자인] 탭의 [차트 레이아웃] 그룹에서 [차트 요소 추가] 단추를 클릭하고, [데이터 레이블]-[바깥쪽 끝에]를 선택합니다.
• 보조 세로 (값) 축을 선택한 후 축 서식 작업창의 축 옵션에서 최대값은 "80", 기본은 "20"을 입력합니다.

출제 유형 문제

• **예제 파일** : 유형 분석 09₩유형 03_문제.xlsx / • **완성 파일** : 유형 분석 09₩유형 03_완성.xlsx

02 "제1작업" 시트를 이용하여 조건에 따라 《출력형태》와 같이 작업하시오.

≪조건≫

(1) 차트 종류 ⇒ 〈묶은 세로 막대형〉으로 작업하시오.
(2) 데이터 범위 ⇒ "제1작업" 시트의 내용을 이용하여 작업하시오.
(3) 위치 ⇒ "새 시트"로 이동하고, "제4작업"으로 시트 이름을 바꾸시오.
(4) 차트 디자인 도구 ⇒ 레이아웃 3, 스타일 1을 선택하여 ≪출력형태≫에 맞게 작업하시오.
(5) 영역 서식 ⇒ 차트 : 글꼴(돋움, 11pt), 채우기 효과(질감-분홍 박엽지)
그림 : 채우기(흰색, 배경1)
(6) 제목 서식 ⇒ 차트 제목 : 글꼴(돋움, 굵게, 20pt), 채우기(흰색, 배경1), 테두리
(7) 서식 ⇒ 당월판매량 계열의 차트 종류를 〈표식이 있는 꺾은선형〉으로 변경한 후 보조 축으로 지정하시오.
계열 : ≪출력형태≫를 참조하여 표식(세모, 크기 10)과 레이블 값을 표시하시오.
눈금선 : 선 스타일-사각 점선
축 : ≪출력형태≫를 참조하시오.
(8) 범례 ⇒ 범례명을 변경하고 ≪출력형태≫를 참조하시오.
(9) 도형 ⇒ '말풍선: 타원형 설명선'을 삽입한 후 ≪출력형태≫와 같이 내용을 입력하시오.
(10) 나머지 사항은 ≪출력형태≫에 맞게 작성하시오.

≪출력형태≫

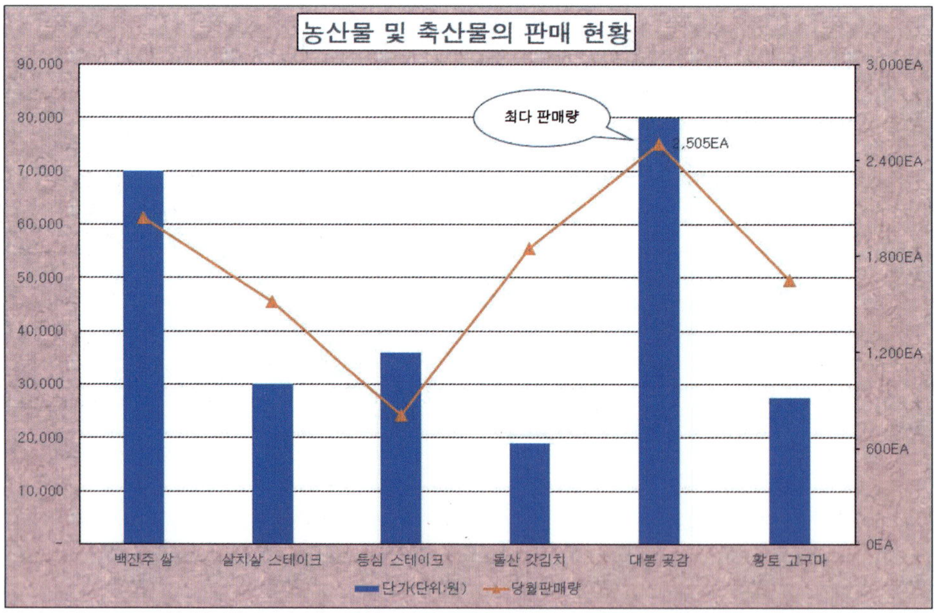

Hint

- [제1작업] 시트에서 [C4:C6], [C8:C9], [C11:C12], [E4:E6], [E8:E9], [E11:E12], [G4:G6], [G8:G9], [G11:G12] 영역을 블록 지정하여 차트를 작성합니다.
- 데이터 계열 서식 작업창의 계열 옵션에서 [표식]-[표식 옵션]의 '기본 제공'을 선택한 후 형식은 '▲', 크기는 '10'을 지정합니다.
- 대봉 곶감의 당월판매량만을 선택한 후 [차트 디자인] 탭의 [차트 레이아웃] 그룹에서 [차트 요소 추가] 단추를 클릭하고, [데이터 레이블]-[오른쪽]을 선택합니다.
- 주 눈금선 서식 작업창의 주 눈금선 옵션에서 선의 '실선'을 선택한 후 [윤곽선 색] 단추를 클릭하고, '검정, 텍스트 1'을, [대시 종류] 단추를 클릭하고, '사각 점선'을 선택합니다.
- 보조 세로 (값) 축을 선택한 후 축 서식 작업창의 축 옵션에서 단위의 기본에 "600"을 입력합니다.

출제 유형 문제

• **예제 파일** : 유형 분석 09₩유형 04_문제.xlsx / • **완성 파일** : 유형 분석 09₩유형 04_완성.xlsx

03 "제1작업" 시트를 이용하여 조건에 따라 《출력형태》와 같이 작업하시오.

≪조건≫

(1) 차트 종류 ⇒ 〈묶은 세로 막대형〉으로 작업하시오.
(2) 데이터 범위 ⇒ "제1작업" 시트의 내용을 이용하여 작업하시오.
(3) 위치 ⇒ "새 시트"로 이동하고, "제4작업"으로 시트 이름을 바꾸시오.
(4) 차트 디자인 도구 ⇒ 레이아웃 3, 스타일 1을 선택하여 ≪출력형태≫에 맞게 작업하시오.
(5) 영역 서식 ⇒ 차트 : 글꼴(굴림, 11pt), 채우기 효과(질감-편지지)
그림 : 채우기(흰색, 배경1)
(6) 제목 서식 ⇒ 차트 제목 : 글꼴(굴림, 굵게, 20pt), 채우기(흰색, 배경1), 테두리
(7) 서식 ⇒ 판매가 계열의 차트 종류를 〈표식이 있는 꺾은선형〉으로 변경한 후 보조 축으로 지정하시오.
계열 : ≪출력형태≫를 참조하여 표식(네모, 크기 10)과 레이블 값을 표시하시오.
눈금선 : 선 스타일-파선
축 : ≪출력형태≫를 참조하시오.
(8) 범례 ⇒ 범례명을 변경하고 ≪출력형태≫를 참조하시오.
(9) 도형 ⇒ '말풍선: 모서리가 둥근 사각형 설명선'을 삽입한 후 ≪출력형태≫와 같이 내용을 입력하시오.
(10) 나머지 사항은 ≪출력형태≫에 맞게 작성하시오.

≪출력형태≫

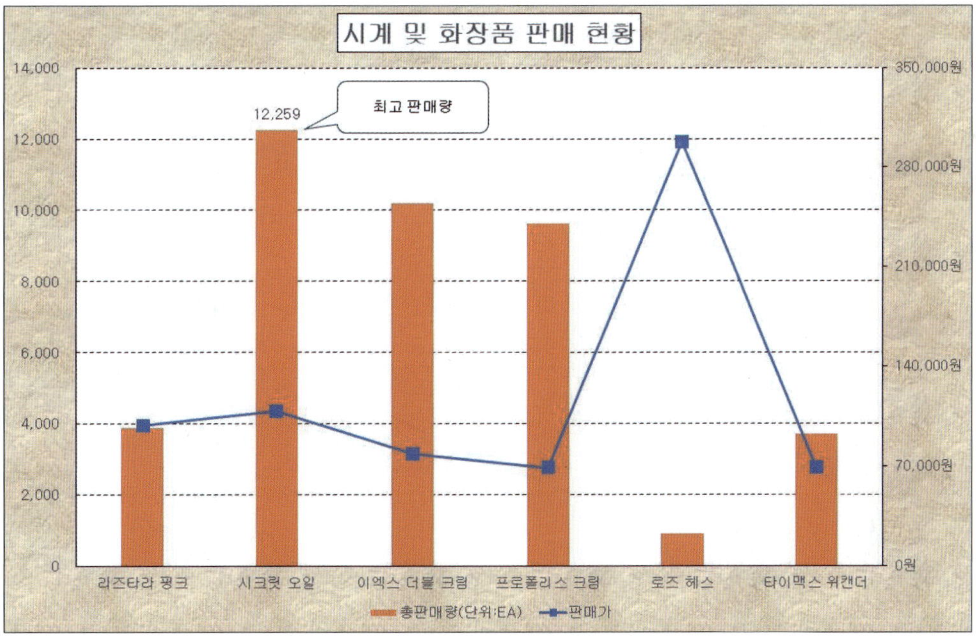

Hint

• [제1작업] 시트에서 [C4:C6], [C8:C10], [C12], [F4:G6], [F8:G10], [F12:G12] 영역을 블록 지정하여 차트를 작성합니다.
• 차트 영역 서식 작업창의 차트 옵션에서 채우기의 '그림 또는 질감 채우기'를 선택한 후 [질감] 단추를 클릭하고, '편지지'를 선택합니다.
• 데이터 계열 서식 작업창의 계열 옵션에서 [표식]-[표식 옵션]의 '기본 제공'을 선택한 후 형식은 '■', 크기는 '10'을 지정합니다.
• 보조 세로 (값) 축을 선택한 후 축 서식 작업창의 축 옵션에서 단위의 기본에 "70000"을 입력합니다.

출제 유형 문제

• **예제 파일** : 유형 분석 09₩유형 05_문제.xlsx / • **완성 파일** : 유형 분석 09₩유형 05_완성.xlsx

04 "제1작업" 시트를 이용하여 조건에 따라 《출력형태》와 같이 작업하시오.

≪조건≫

(1) 차트 종류 ⇒ 〈묶은 세로 막대형〉으로 작업하시오.
(2) 데이터 범위 ⇒ "제1작업" 시트의 내용을 이용하여 작업하시오.
(3) 위치 ⇒ "새 시트"로 이동하고, "제4작업"으로 시트 이름을 바꾸시오.
(4) 차트 디자인 도구 ⇒ 레이아웃 3, 스타일 1을 선택하여 ≪출력형태≫에 맞게 작업하시오.
(5) 영역 서식 ⇒ 차트 : 글꼴(돋움, 11pt), 채우기 효과(질감-신문 용지)
그림 : 채우기(흰색, 배경1)
(6) 제목 서식 ⇒ 차트 제목 : 글꼴(돋움, 굵게, 20pt), 채우기(흰색, 배경1), 테두리
(7) 서식 ⇒ 할인가(원) 계열의 차트 종류를 〈표식이 있는 꺾은선형〉으로 변경한 후 보조 축으로 지정하시오.
계열 : ≪출력형태≫를 참조하여 표식(마름모, 크기 10)과 레이블 값을 표시하시오.
눈금선 : 선 스타일-긴 파선
축 : ≪출력형태≫를 참조하시오.
(8) 범례 ⇒ 범례명을 변경하고 ≪출력형태≫를 참조하시오.
(9) 도형 ⇒ '말풍선: 타원형 설명선'을 삽입한 후 ≪출력형태≫와 같이 내용을 입력하시오.
(10) 나머지 사항은 ≪출력형태≫에 맞게 작성하시오.

≪출력형태≫

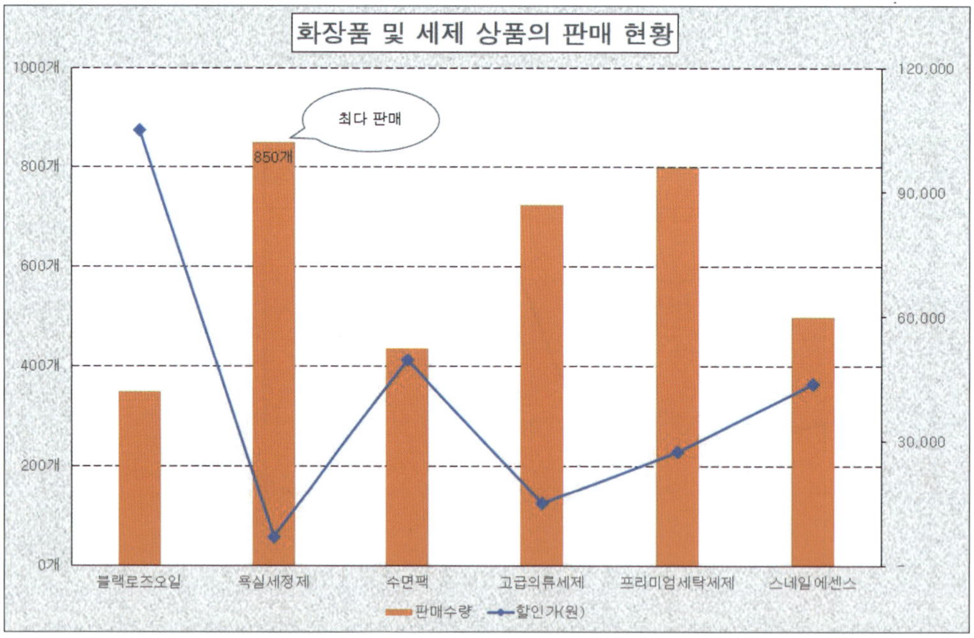

Hint

• [제1작업] 시트에서 [D4:D7], [D9:D11], [G4:H7], [G9:H11] 영역을 블록 지정하여 차트를 작성합니다.
• 데이터 계열 서식 작업창의 계열 옵션에서 [표식]-[표식 옵션]의 '기본 제공'을 선택한 후 형식은 '◆', 크기는 '10'을 지정합니다.
• 욕실세정제의 판매수량만을 선택한 후 [차트 디자인] 탭의 [차트 레이아웃] 그룹에서 [차트 요소 추가] 단추를 클릭하고, [데이터 레이블]-[안쪽 끝에]를 선택합니다.
• 세로 (값) 축을 선택한 후 축 서식 작업창의 축 옵션에서 최대값은 "1000", 기본은 "200"을 입력합니다.
• 보조 세로 (값) 축을 선택한 후 축 서식 작업창의 축 옵션에서 단위의 기본에 "30000"을 입력합니다.

PART 02

실전모의고사

제 01 회 실전모의고사

MS 오피스

과목	코드	문제유형	시험시간	수험번호	성명
한글엑셀	1122	A	60분		

수험자 유의사항

- 수험자는 문제지를 받는 즉시 문제지와 **수험표상의 시험과목(프로그램)이 동일한지 반드시 확인**하여야 합니다.
- 파일명은 본인의 "수험번호-성명"으로 입력하여 답안폴더(내 PC₩문서₩ITQ)에 하나의 파일로 저장해야 하며, 답안문서 파일명이 "수험번호-성명"과 일치하지 않거나, 답안파일을 전송하지 않아 미제출로 처리될 경우 실격 처리합니다(예:12345678-홍길동.xlsx).
- 답안 작성을 마치면 파일을 저장하고, '답안 전송' 버튼을 선택하여 감독위원 PC로 답안을 전송하십시오. 수험생 정보와 저장한 파일명이 다를 경우 전송되지 않으므로 주의하시기 바랍니다.
- 답안 작성 중에도 **주기적으로 저장하고, '답안 전송'**하여야 문제 발생을 줄일 수 있습니다. 작업한 내용을 저장하지 않고 전송할 경우 이전에 저장된 내용이 전송되오니 이점 유의하시기 바랍니다.
- 답안문서는 지정된 경로 외의 다른 보조기억장치에 저장하는 경우, 지정된 시험 시간 외에 작성된 파일을 활용할 경우, 기타 통신수단(이메일, 메신저, 네트워크 등)을 이용하여 타인에게 전달 또는 외부 반출하는 경우는 부정 처리합니다.
- 시험 중 부주의 또는 고의로 시스템을 파손한 경우는 수험자가 변상해야 하며, 〈수험자 유의사항〉에 기재된 방법대로 이행하지 않아 생기는 불이익은 수험생 당사자의 책임임을 알려 드립니다.
- 문제의 조건은 MS오피스 2021 버전으로 설정되어 있으니 유의하시기 바랍니다.
- 시험을 완료한 수험자는 답안파일이 전송되었는지 확인한 후 감독위원의 지시에 따라 문제지를 제출하고 퇴실합니다.

답안 작성요령

- 온라인 답안 작성 절차
  수험자 등록 ➡ 시험 시작 ➡ 답안파일 저장 ➡ 답안 전송 ➡ 시험 종료
- 문제는 총 4단계, 즉 제1작업부터 제4작업까지 구성되어 있으며 반드시 제1작업부터 순서대로 작성하고 조건대로 작업하시오.
- 모든 작업시트의 A열은 열 너비 '1'로, 나머지 열은 적당하게 조절하시오.
- 모든 작업시트의 테두리는 ≪출력형태≫와 같이 작업하시오.
- 해당 작업란에서는 각각 제시된 조건에 따라 ≪출력형태≫와 같이 작업하시오.
- 답안 시트 이름은 "제1작업", "제2작업", "제3작업", "제4작업"이어야 하며 답안 시트 이외의 것은 감점 처리됩니다.
- 각 시트를 파일로 나누어 작업해서 저장할 경우 실격 처리됩니다.

kpc 한국생산성본부

제1작업 표 서식 작성 및 값 계산 (240점)

☞ 다음은 '프랜차이즈 창업 현황'에 대한 자료이다. 자료를 입력하고 조건에 맞도록 작업하시오.

≪출력형태≫

프랜차이즈 창업 현황

확인	담당	팀장	부장

코드	창업주	창업일	항목	창업비용(원)	인테리어 경비	국산재료 사용비율	지역	비고
K2661	한사랑	2024-01-15	핫도그	45,000,000	10,000	95.0%	(1)	(2)
K3968	홍준표	2024-02-01	떡갈비	50,000,000	15,000	80.0%	(1)	(2)
T1092	한예지	2024-01-10	핫도그	60,000,000	18,000	88.5%	(1)	(2)
K2154	이소영	2024-01-15	떡갈비	55,455,500	20,000	75.5%	(1)	(2)
P1514	임용균	2024-02-01	떡볶이	38,500,000	8,000	70.0%	(1)	(2)
P2603	임유나	2024-02-05	떡볶이	45,500,000	12,000	85.0%	(1)	(2)
T1536	조형준	2024-01-17	떡갈비	62,550,000	19,500	82.5%	(1)	(2)
K3843	김유진	2024-02-01	핫도그	40,000,000	9,500	92.5%	(1)	(2)
핫도그 창업 개수			(3)		최대 인테리어 경비			(5)
떡볶이 창업비용(원) 평균			(4)		코드	K2661	인테리어 경비	(6)

≪조건≫

- ○ 모든 데이터의 서식에는 글꼴(굴림, 11pt), 정렬은 숫자 및 회계 서식은 오른쪽 정렬, 나머지 서식은 가운데 정렬로 작성하며 예외적인 것은 《출력형태》를 참조하시오.
- ○ 제목 ⇒ 도형(순서도: 화면 표시)과 그림자(오프셋: 오른쪽)를 이용하여 작성하고 "프랜차이즈 창업 현황"을 입력한 후 다음 서식을 적용하시오(글꼴-굴림, 24pt, 검정, 굵게, 채우기-노랑).
- ○ 임의의 셀에 결재란을 작성하여 그림으로 복사 기능을 이용하여 붙이기 하시오(단, 원본 삭제).
- ○ 「B4:J4, G14, I14」 영역은 '주황'으로 채우기 하시오.
- ○ 유효성 검사를 이용하여 「H14」 셀에 코드(「B5:B12」 영역)가 선택 표시되도록 하시오.
- ○ 셀 서식 ⇒ 「G5:G12」 영역에 셀 서식을 이용하여 숫자 뒤에 '천원'을 표시하시오(예 : 10,000천원).
- ○ 「E5:E12」 영역에 대해 '항목'으로 이름 정의를 하시오.

☞ (1)~(6) 셀은 반드시 **주어진 함수를 이용**하여 값을 구하시오(결과값을 직접 입력하면 해당 셀은 0점 처리됨).

(1) 지역 ⇒ 코드의 두 번째 값이 1이면 '안산', 2이면 '부천', 3이면 '안양'으로 표시하시오(CHOOSE, MID 함수).

(2) 비고 ⇒ 국산재료 사용비율의 내림차순 순위를 구하시오(RANK.EQ 함수).

(3) 핫도그 창업 개수 ⇒ 결과값에 '개'를 붙이시오. 단, 조건은 입력 데이터를 이용하시오(DCOUNTA 함수, & 연산자) (예 : 1개).

(4) 떡볶이 창업비용(원) 평균 ⇒ 정의된 이름(항목)을 이용하여 구하시오(SUMIF, COUNTIF 함수).

(5) 최대 인테리어 경비 ⇒ (MAX 함수)

(6) 인테리어 경비 ⇒ 「H14」 셀에서 선택한 코드에 대한 인테리어 경비를 구하시오(VLOOKUP 함수).

(7) 조건부 서식의 수식을 이용하여 창업비용(원)이 '60,000,000' 이상인 행 전체에 다음의 서식을 적용하시오 (글꼴 : 파랑, 굵게).

제2작업 필터 및 서식 (80점)

☞ **"제1작업"** 시트의 「B4:H12」 영역을 복사하여 **"제2작업"** 시트의 「B2」 셀부터 모두 붙여넣기를 한 후 다음의 조건과 같이 작업하시오.

《조건》

(1) 고급 필터 – 코드가 'T'로 시작하거나 인테리어 경비가 '10,000' 이하인 자료의 코드, 항목, 창업비용(원), 인테리어 경비 데이터만 추출하시오.

– 조건 범위 : 「B14」 셀부터 입력하시오.

– 복사 위치 : 「B18」 셀부터 나타나도록 하시오.

(2) 표 서식 – 고급 필터의 결과셀을 채우기 없음으로 설정한 후 '표 스타일 보통 1'의 서식을 적용하시오.

– 머리글 행, 줄무늬 행을 적용하시오.

제3작업 피벗 테이블 (80점)

☞ **"제1작업"** 시트를 이용하여 **"제3작업"** 시트에 조건에 따라 《출력형태》와 같이 작업하시오.

《조건》

(1) 창업비용(원) 및 항목별 코드의 개수와 인테리어 경비의 평균을 구하시오.

(2) 창업비용(원)을 그룹화하고, 항목을 《출력형태》와 같이 정렬하시오.

(3) 레이블이 있는 셀 병합 및 가운데 맞춤 적용과 빈 셀은 '**'로 표시하시오.

(4) 행의 총합계는 지우고, 나머지 사항은 《출력형태》에 맞게 작성하시오.

《출력형태》

	A	B	C	D	E	F	G	H
1								
2			항목					
3			핫도그		떡볶이		떡갈비	
4		창업비용(원)	개수 : 코드	평균 : 인테리어 경비	개수 : 코드	평균 : 인테리어 경비	개수 : 코드	평균 : 인테리어 경비
5		30000001-45000000	2	9,750	1	8,000	**	**
6		45000001-60000000	1	18,000	1	12,000	2	17,500
7		60000001-75000000	**	**	**	**	1	19,500
8		총합계	3	12,500	2	10,000	3	18,167
9								

제4작업 그래프 (100점)

☞ **"제1작업"** 시트를 이용하여 조건에 따라 《출력형태》와 같이 작업하시오.

≪조건≫

(1) 차트 종류 ⇒ 〈묶은 세로 막대형〉으로 작업하시오.

(2) 데이터 범위 ⇒ "제1작업" 시트의 내용을 이용하여 작업하시오.

(3) 위치 ⇒ "새 시트"로 이동하고, "제4작업"으로 시트 이름을 바꾸시오.

(4) 차트 디자인 도구 ⇒ 레이아웃 3, 스타일 1을 선택하여 《출력형태》에 맞게 작업하시오.

(5) 영역 서식 ⇒ 차트 : 글꼴(굴림, 11pt), 채우기 효과(질감-파랑 박엽지)
　　　　　　　그림 : 채우기(흰색, 배경1)

(6) 제목 서식 ⇒ 차트 제목 : 글꼴(굴림, 굵게, 20pt), 채우기(흰색, 배경1), 테두리

(7) 서식 ⇒ 창업비용(원) 계열의 차트 종류를 〈표식이 있는 꺾은선형〉으로 변경한 후 보조 축으로 지정하시오.
　　계열 : 《출력형태》를 참조하여 표식(네모, 크기 10)과 레이블 값을 표시하시오.
　　눈금선 : 선 스타일-파선
　　축 : 《출력형태》를 참조하시오.

(8) 범례 ⇒ 범례명을 변경하고 《출력형태》를 참조하시오.

(9) 도형 ⇒ '말풍선: 모서리가 둥근 사각형 설명선'을 삽입한 후 《출력형태》와 같이 내용을 입력하시오.

(10) 나머지 사항은 《출력형태》에 맞게 작성하시오.

≪출력형태≫

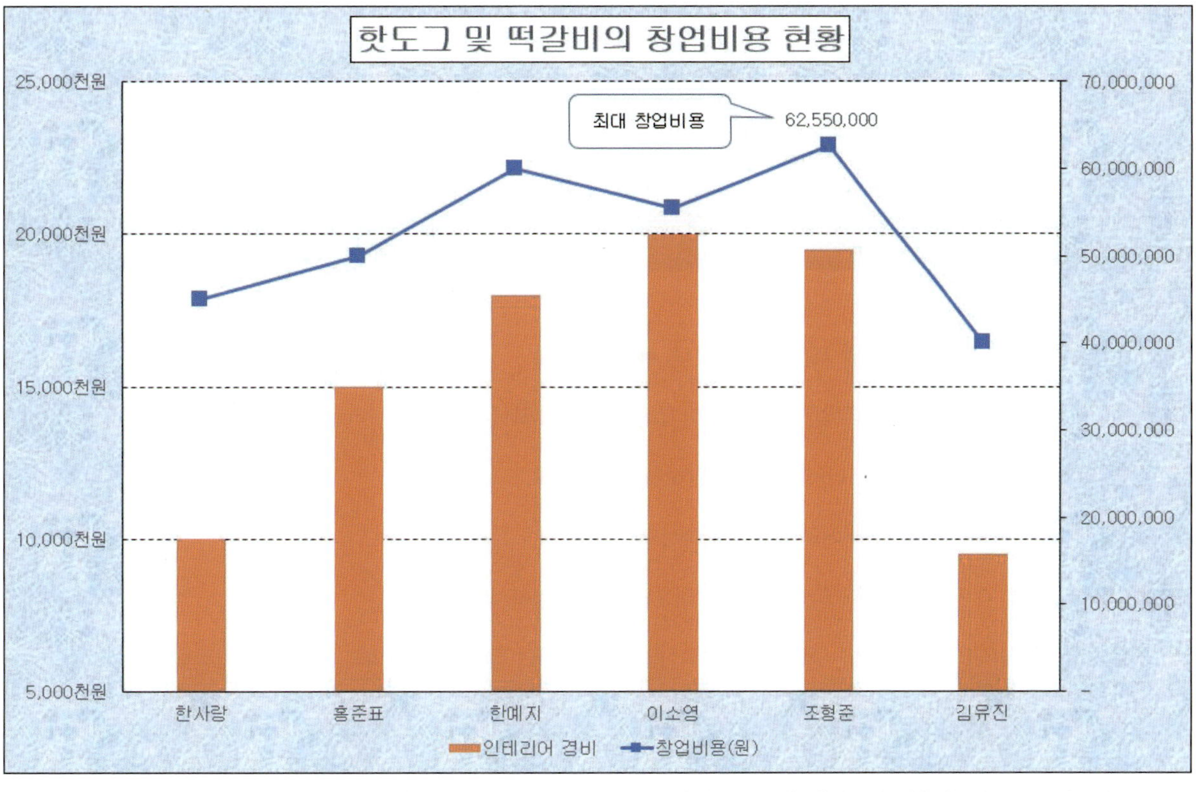

주의 ☞ 시트명 순서가 차례대로 "제1작업", "제2작업", "제3작업", "제4작업"이 되도록 할 것

제 02 회 실전모의고사

MS 오피스

과목	코드	문제유형	시험시간	수험번호	성명
한글엑셀	1122	B	60분		

수험자 유의사항

- 수험자는 문제지를 받는 즉시 문제지와 **수험표상의 시험과목(프로그램)이 동일한지 반드시 확인**하여야 합니다.
- 파일명은 본인의 "수험번호-성명"으로 입력하여 답안폴더(내 PC₩문서₩ITQ)에 하나의 파일로 저장해야 하며, 답안문서 파일명이 "수험번호-성명"과 일치하지 않거나, 답안파일을 전송하지 않아 미제출로 처리될 경우 실격 처리합니다(예:12345678-홍길동.xlsx).
- 답안 작성을 마치면 파일을 저장하고, '답안 전송' 버튼을 선택하여 감독위원 PC로 답안을 전송하십시오. 수험생 정보와 저장한 파일명이 다를 경우 전송되지 않으므로 주의하시기 바랍니다.
- 답안 작성 중에도 **주기적으로 저장하고, '답안 전송'**하여야 문제 발생을 줄일 수 있습니다. 작업한 내용을 저장하지 않고 전송할 경우 이전에 저장된 내용이 전송되오니 이점 유의하시기 바랍니다.
- 답안문서는 지정된 경로 외의 다른 보조기억장치에 저장하는 경우, 지정된 시험 시간 외에 작성된 파일을 활용할 경우, 기타 통신수단(이메일, 메신저, 네트워크 등)을 이용하여 타인에게 전달 또는 외부 반출하는 경우는 부정 처리합니다.
- 시험 중 부주의 또는 고의로 시스템을 파손한 경우는 수험자가 변상해야 하며, 〈수험자 유의사항〉에 기재된 방법대로 이행하지 않아 생기는 불이익은 수험생 당사자의 책임임을 알려 드립니다.
- 문제의 조건은 MS오피스 2021 버전으로 설정되어 있으니 유의하시기 바랍니다.
- 시험을 완료한 수험자는 답안파일이 전송되었는지 확인한 후 감독위원의 지시에 따라 문제지를 제출하고 퇴실합니다.

답안 작성요령

- 온라인 답안 작성 절차
  수험자 등록 ➡ 시험 시작 ➡ 답안파일 저장 ➡ 답안 전송 ➡ 시험 종료
- 문제는 총 4단계, 즉 제1작업부터 제4작업까지 구성되어 있으며 반드시 제1작업부터 순서대로 작성하고 조건대로 작업하시오.
- 모든 작업시트의 A열은 열 너비 '1'로, 나머지 열은 적당하게 조절하시오.
- 모든 작업시트의 테두리는 ≪출력형태≫와 같이 작업하시오.
- 해당 작업란에서는 각각 제시된 조건에 따라 ≪출력형태≫와 같이 작업하시오.
- 답안 시트 이름은 "제1작업", "제2작업", "제3작업", "제4작업"이어야 하며 답안 시트 이외의 것은 감점 처리됩니다.
- 각 시트를 파일로 나누어 작업해서 저장할 경우 실격 처리됩니다.

kpc 한국생산성본부

제1작업 표 서식 작성 및 값 계산 (240점)

☞ 다음은 '주민자치센터 강좌 현황'에 대한 자료이다. 자료를 입력하고 조건에 맞도록 작업하시오.

≪출력형태≫

주민자치센터 강좌 현황

확인	담당	대리	팀장

분류	강좌명	강사명	강좌개설 시간구분	강의요일	수강인원	수강료 (단위:원)	강사료	인기강좌
바느질	펠트인형	안주희	야간	화, 목	37	100,000	(1)	(2)
플라워	화원 창업	한진이	주간	수	31	230,000	(1)	(2)
공예	냅킨아트	이경찬	주간	월, 수	26	120,000	(1)	(2)
바느질	퀼트사랑	이다희	야간	월, 수	17	100,000	(1)	(2)
바느질	홈패션	이정민	주간	화, 목	26	150,000	(1)	(2)
플라워	실크 플라워	임상경	주간	월, 수	35	80,000	(1)	(2)
공예	캔들공예	이준호	주간	토	19	70,000	(1)	(2)
바느질	뜨개질	이소원	야간	목, 금	21	210,000	(1)	(2)
바느질 강좌의 평균 수강인원 수			(3)		최다 수강인원			(5)
공예 강좌 개수			(4)		강좌명	펠트인형	강사명	(6)

≪조건≫

○ 모든 데이터의 서식에는 글꼴(굴림, 11pt), 정렬은 숫자 및 회계 서식은 오른쪽 정렬, 나머지 서식은 가운데 정렬로 작성하며 예외적인 것은 《출력형태》를 참조하시오.

○ 제목 ⇒ 도형(육각형)과 그림자(오프셋: 오른쪽 아래)를 이용하여 작성하고 "주민자치센터 강좌 현황"을 입력한 후 다음 서식을 적용하시오(글꼴–굴림, 24pt, 검정, 굵게, 채우기–노랑).

○ 임의의 셀에 결재란을 작성하여 그림으로 복사 기능을 이용하여 붙이기 하시오(단, 원본 삭제).

○ 「B4:J4, G14, I14」 영역은 '주황'으로 채우기 하시오.

○ 유효성 검사를 이용하여 「H14」 셀에 강좌명(「C5:C12」 영역)이 선택 표시되도록 하시오.

○ 셀 서식 ⇒ 「G5:G12」 영역에 셀 서식을 이용하여 숫자 뒤에 '명'을 표시하시오(예 : 37명).

○ 「B5:B12」 영역에 대해 '분류'로 이름 정의를 하시오.

☞ (1)~(6) 셀은 반드시 **주어진 함수를 이용**하여 값을 구하시오(결과값을 직접 입력하면 해당 셀은 0점 처리됨).

(1) 강사료 ⇒ 수강인원의 첫 번째 숫자가 1이면 '50,000', 2이면 '52,000', 3이면 '55,000'을 표시하시오(CHOOSE, LEFT 함수).

(2) 인기강좌 ⇒ 수강인원이 '30' 이상이면 '☆', 그 외에는 공백으로 구하시오(IF 함수).

(3) 바느질 강좌의 평균 수강인원 수 ⇒ 반올림하여 정수로 구하시오. 단, 조건은 입력 데이터를 이용하시오 (ROUND, DAVERAGE 함수)(예 : 12.34 → 12).

(4) 공예 강좌 개수 ⇒ 정의된 이름(분류)을 이용하여 구한 결과값에 '개'를 붙이시오(COUNTIF 함수, & 연산자) (예 : 1개).

(5) 최다 수강인원 ⇒ (MAX 함수)

(6) 강사명 ⇒ 「H14」 셀에서 선택한 강좌명에 대한 강사명을 구하시오(VLOOKUP 함수).

(7) 조건부 서식의 수식을 이용하여 수강인원이 '30' 이상인 행 전체에 다음의 서식을 적용하시오(글꼴 : 굵게, 파랑).

제2작업 목표값 찾기 및 필터 (80점)

☞ **"제1작업"** 시트의 「B4:H12」 영역을 복사하여 **"제2작업"** 시트의 「B2」 셀부터 모두 붙여넣기를 한 후 다음의 조건과 같이 작업하시오.

《조건》

(1) 목표값 찾기 – 「B11:G11」 셀을 병합하고 가운데 맞춤한 후 "수강료(단위:원)의 전체 평균"을 입력하고, 「H11」 셀에 수강료(단위:원)의 전체 평균을 구하시오. 단, 조건은 입력 데이터를 이용하시오(AVERAGE 함수, 테두리).

– '수강료(단위:원)의 전체 평균'이 '140,000'이 되려면 펠트인형의 수강료(단위:원)가 얼마가 되어야 하는지 목표값을 구하시오.

(2) 고급 필터 – 분류가 '공예'이거나 수강인원이 '20' 이하인 데이터만 추출하시오.

– 조건 범위 : 「B14」 셀부터 입력하시오.

– 복사 위치 : 「B18」 셀부터 나타나도록 하시오.

제3작업 정렬 및 부분합 (80점)

☞ **"제1작업"** 시트의 「B4:H12」 영역을 복사하여 **"제3작업"** 시트의 「B2」 셀부터 모두 붙여넣기를 한 후 다음의 조건과 같이 작업하시오.

《조건》

(1) 부분합 – 《출력형태》처럼 정렬하고, 강좌명의 개수와 수강인원의 최대값을 구하시오.

(2) 개요 – 지우시오.

(3) 나머지 사항은 《출력형태》에 맞게 작성하시오.

《출력형태》

	A	B	C	D	E	F	G	H	I
1									
2		분류	강좌명	강사명	강좌개설 시간구분	강의요일	수강인원	수강료 (단위:원)	
3		플라워	화원 창업	한진이	주간	수	31명	230,000	
4		플라워	실크 플라워	임상경	주간	월, 수	35명	80,000	
5		플라워 최대					35명		
6		플라워 개수	2						
7		바느질	펠트인형	안주희	야간	화, 목	37명	100,000	
8		바느질	퀼트사랑	이다희	야간	월, 수	17명	100,000	
9		바느질	홈패션	이정민	주간	화, 목	26명	150,000	
10		바느질	뜨개질	이소원	야간	목, 금	21명	210,000	
11		바느질 최대					37명		
12		바느질 개수	4						
13		공예	냅킨아트	이경찬	주간	월, 수	26명	120,000	
14		공예	캔들공예	이준호	주간	토	19명	70,000	
15		공예 최대					26명		
16		공예 개수	2						
17		전체 최대값					37명		
18		전체 개수	8						
19									

☞ **"제1작업"** 시트를 이용하여 조건에 따라 《출력형태》와 같이 작업하시오.

≪조건≫

(1) 차트 종류 ⇒ 〈묶은 세로 막대형〉으로 작업하시오.

(2) 데이터 범위 ⇒ "제1작업" 시트의 내용을 이용하여 작업하시오.

(3) 위치 ⇒ "새 시트"로 이동하고, "제4작업"으로 시트 이름을 바꾸시오.

(4) 차트 디자인 도구 ⇒ 레이아웃 3, 스타일 1을 선택하여 《출력형태》에 맞게 작업하시오.

(5) 영역 서식 ⇒ 차트 : 글꼴(굴림, 11pt), 채우기 효과(질감–분홍 박엽지)
그림 : 채우기(흰색, 배경1)

(6) 제목 서식 ⇒ 차트 제목 : 글꼴(굴림, 굵게, 20pt), 채우기(흰색, 배경1), 테두리

(7) 서식 ⇒ 수강인원 계열의 차트 종류를 〈표식이 있는 꺾은선형〉으로 변경한 후 보조 축으로 지정하시오.
계열 : 《출력형태》를 참조하여 표식(마름모, 크기 10)과 레이블 값을 표시하시오.
눈금선 : 선 스타일–파선
축 : 《출력형태》를 참조하시오.

(8) 범례 ⇒ 범례명을 변경하고 《출력형태》를 참조하시오.

(9) 도형 ⇒ '말풍선: 타원형 설명선'을 삽입한 후 《출력형태》와 같이 내용을 입력하시오.

(10) 나머지 사항은 《출력형태》에 맞게 작성하시오.

≪출력형태≫

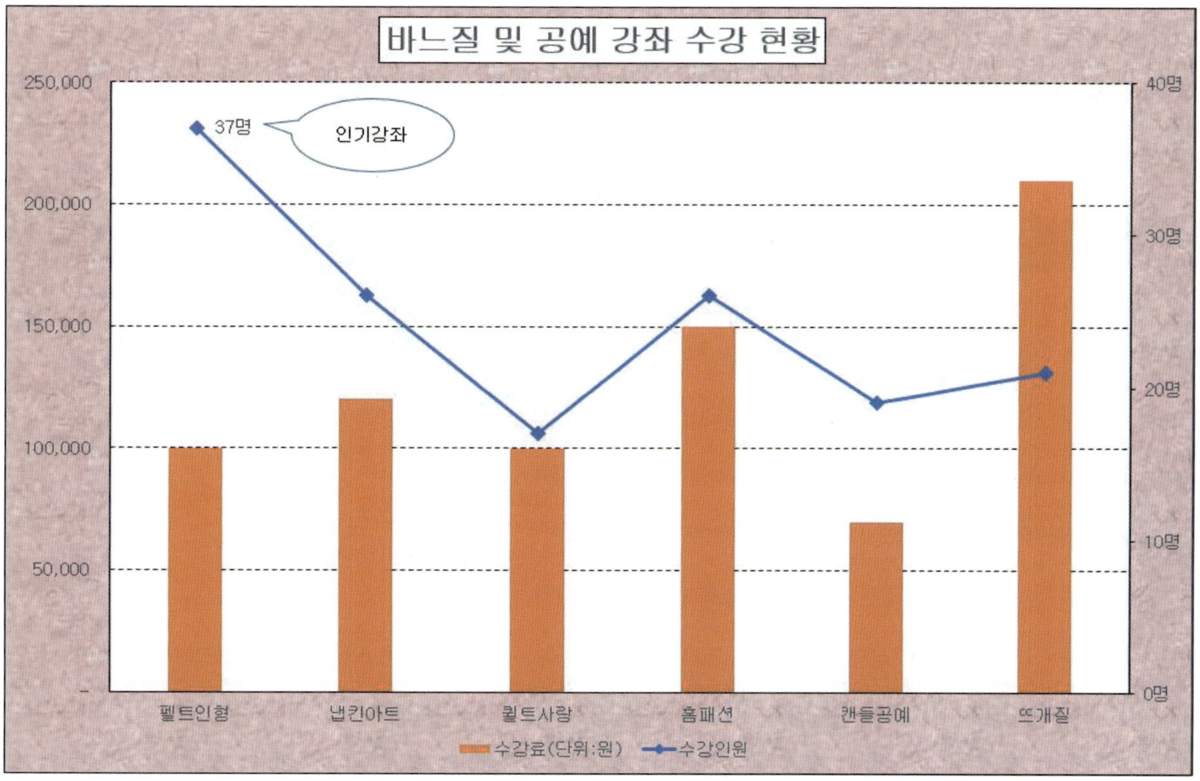

주의 ☞ 시트명 순서가 차례대로 "제1작업", "제2작업", "제3작업", "제4작업"이 되도록 할 것

제 03 회 실전모의고사

MS 오피스

과목	코드	문제유형	시험시간	수험번호	성명
한글엑셀	1122	C	60분		

수험자 유의사항

- 수험자는 문제지를 받는 즉시 문제지와 **수험표상의 시험과목(프로그램)이 동일한지 반드시 확인**하여야 합니다.
- 파일명은 본인의 "수험번호-성명"으로 입력하여 답안폴더(내 PC₩문서₩ITQ)에 하나의 파일로 저장해야 하며, 답안문서 파일명이 "수험번호-성명"과 일치하지 않거나, 답안파일을 전송하지 않아 미제출로 처리될 경우 실격 처리합니다(예:12345678-홍길동.xlsx).
- 답안 작성을 마치면 파일을 저장하고, '답안 전송' 버튼을 선택하여 감독위원 PC로 답안을 전송하십시오. 수험생 정보와 저장한 파일명이 다를 경우 전송되지 않으므로 주의하시기 바랍니다.
- 답안 작성 중에도 **주기적으로 저장하고, '답안 전송'**하여야 문제 발생을 줄일 수 있습니다. 작업한 내용을 저장하지 않고 전송할 경우 이전에 저장된 내용이 전송되오니 이점 유의하시기 바랍니다.
- 답안문서는 지정된 경로 외의 다른 보조기억장치에 저장하는 경우, 지정된 시험 시간 외에 작성된 파일을 활용할 경우, 기타 통신수단(이메일, 메신저, 네트워크 등)을 이용하여 타인에게 전달 또는 외부 반출하는 경우는 부정 처리합니다.
- 시험 중 부주의 또는 고의로 시스템을 파손한 경우는 수험자가 변상해야 하며, 〈수험자 유의사항〉에 기재된 방법대로 이행하지 않아 생기는 불이익은 수험생 당사자의 책임임을 알려 드립니다.
- 문제의 조건은 MS오피스 2021 버전으로 설정되어 있으니 유의하시기 바랍니다.
- 시험을 완료한 수험자는 답안파일이 전송되었는지 확인한 후 감독위원의 지시에 따라 문제지를 제출하고 퇴실합니다.

답안 작성요령

- 온라인 답안 작성 절차
  수험자 등록 ➡ 시험 시작 ➡ 답안파일 저장 ➡ 답안 전송 ➡ 시험 종료
- 문제는 총 4단계, 즉 제1작업부터 제4작업까지 구성되어 있으며 반드시 제1작업부터 순서대로 작성하고 조건대로 작업하시오.
- 모든 작업시트의 A열은 열 너비 '1'로, 나머지 열은 적당하게 조절하시오.
- 모든 작업시트의 테두리는 ≪출력형태≫와 같이 작업하시오.
- 해당 작업란에서는 각각 제시된 조건에 따라 ≪출력형태≫와 같이 작업하시오.
- 답안 시트 이름은 "제1작업", "제2작업", "제3작업", "제4작업"이어야 하며 답안 시트 이외의 것은 감점 처리됩니다.
- 각 시트를 파일로 나누어 작업해서 저장할 경우 실격 처리됩니다.

kpc 한국생산성본부

☞ 다음은 '꾸미다 의류 판매 현황'에 대한 자료이다. 자료를 입력하고 조건에 맞도록 작업하시오.

≪출력형태≫

꾸미다 의류 판매 현황

결재	담당	팀장	본부장

제품코드	제품명	구분	판매수량 (단위:점)	재고수량 (단위:점)	판매가	제조사	비고	판매순위
SS1048	마카롱 T	유아	341	239	52,000	기린	(1)	(2)
ST1003	에이스쿨 T	성인	320	130	27,000	우주	(1)	(2)
DS3113	11트레이닝	어린이	137	144	14,000	기린	(1)	(2)
SS1061	제로니정글	어린이	219	321	48,000	달팽이	(1)	(2)
ST9770	트윙클 T	성인	422	228	7,900	우주	(1)	(2)
DE7021	카야세모팬츠	유아	137	143	15,900	달팽이	(1)	(2)
SE6021	그렌카모팬츠	유아	30	220	8,900	달팽이	(1)	(2)
DE3201	초코별	어린이	229	121	79,800	기린	(1)	(2)
어린이 제품 판매수량(단위:점) 평균			(3)		유아 제품의 판매수량(단위:점) 합계			(5)
최다 재고수량(단위:점)			(4)		제품코드	SS1048	판매가	(6)

≪조건≫

- ○ 모든 데이터의 서식에는 글꼴(굴림, 11pt), 정렬은 숫자 및 회계 서식은 오른쪽 정렬, 나머지 서식은 가운데 정렬로 작성하며 예외적인 것은《출력형태》를 참조하시오.
- ○ 제목 ⇒ 도형(평행 사변형)과 그림자(오프셋: 오른쪽 위)를 이용하여 작성하고 "꾸미다 의류 판매 현황"을 입력한 후 다음 서식을 적용하시오(글꼴–굴림, 24pt, 검정, 굵게, 채우기–노랑).
- ○ 임의의 셀에 결재란을 작성하여 그림으로 복사 기능을 이용하여 붙이기 하시오(단, 원본 삭제).
- ○「B4:J4, G14, I14」영역은 '주황'으로 채우기 하시오.
- ○ 유효성 검사를 이용하여「H14」셀에 제품코드(「B5:B12」영역)가 선택 표시되도록 하시오.
- ○ 셀 서식 ⇒「G5:G12」영역에 셀 서식을 이용하여 숫자 뒤에 '원'을 표시하시오(예 : 52,000원).
- ○「F5:F12」영역에 대해 '재고수량'으로 이름 정의를 하시오.

☞ (1)~(6) 셀은 반드시 **<u>주어진 함수를 이용</u>**하여 값을 구하시오(결과값을 직접 입력하면 해당 셀은 0점 처리됨).

(1) 비고 ⇒ 재고수량(단위:점)이 200 이상이거나 판매가가 50,000 이상이면 '20% 할인', 그 외에는 공백으로 표시하시오(IF, OR 함수).

(2) 판매순위 ⇒ 판매수량(단위:점)의 내림차순 순위를 구한 결과값에 '위'를 붙이시오(RANK.EQ 함수, & 연산자)(예 : 1위).

(3) 어린이 제품 판매수량(단위:점) 평균 ⇒ (SUMIF, COUNTIF 함수)

(4) 최다 재고수량(단위:점) ⇒ 정의된 이름(재고수량)을 이용하여 구하시오(MAX 함수).

(5) 유아 제품의 판매수량(단위:점) 합계 ⇒ 조건은 입력 데이터를 이용하시오(DSUM 함수).

(6) 판매가 ⇒「H14」셀에서 선택한 제품코드에 대한 판매가를 구하시오(VLOOKUP 함수).

(7) 조건부 서식을 이용하여 판매수량(단위:점) 셀에 데이터 막대 스타일(녹색)을 최소값 및 최대값으로 적용하시오.

제2작업 필터 및 서식 (80점)

☞ **"제1작업"** 시트의 「**B4:H12**」 영역을 복사하여 **"제2작업"** 시트의 「B2」 셀부터 모두 붙여넣기를 한 후 다음의 조건과 같이 작업하시오.

《조건》

(1) 고급 필터 – 구분이 '성인'이거나 판매가가 '50,000' 이상인 자료의 데이터만 추출하시오.

– 조건 범위 : 「B13」 셀부터 입력하시오.

– 복사 위치 : 「B18」 셀부터 나타나도록 하시오.

(2) 표 서식 – 고급 필터의 결과셀을 채우기 없음으로 설정한 후 '표 스타일 보통 2'의 서식을 적용하시오.

– 머리글 행, 줄무늬 행을 적용하시오.

제3작업 피벗 테이블 (80점)

☞ **"제1작업"** 시트를 이용하여 **"제3작업"** 시트에 조건에 따라 《출력형태》와 같이 작업하시오.

《조건》

(1) 판매가 및 구분별 제품명의 개수와 판매수량(단위:점)의 평균을 구하시오.

(2) 판매가를 그룹화하고, 구분을 《출력형태》와 같이 정렬하시오.

(3) 레이블이 있는 셀 병합 및 가운데 맞춤 적용과 빈 셀은 '***'로 표시하시오.

(4) 행의 총합계는 지우고, 나머지 사항은 《출력형태》에 맞게 작성하시오.

《출력형태》

	A	B	C	D	E	F	G	H
1								
2			구분					
3			유아		어린이		성인	
4		판매가	개수 : 제품명	평균 : 판매수량(단위:점)	개수 : 제품명	평균 : 판매수량(단위:점)	개수 : 제품명	평균 : 판매수량(단위:점)
5		1-30000	2	84	1	137	2	371
6		30001-60000	1	341	1	219	***	***
7		60001-90000	***	***	1	229	***	***
8		총합계	3	169	3	195	2	371
9								

제4작업 그래프 (100점)

☞ **"제1작업"** 시트를 이용하여 조건에 따라 《출력형태》와 같이 작업하시오.

《조건》

(1) 차트 종류 ⇒ 〈묶은 세로 막대형〉으로 작업하시오.

(2) 데이터 범위 ⇒ "제1작업" 시트의 내용을 이용하여 작업하시오.

(3) 위치 ⇒ "새 시트"로 이동하고, "제4작업"으로 시트 이름을 바꾸시오.

(4) 차트 디자인 도구 ⇒ 레이아웃 3, 스타일 1을 선택하여 《출력형태》에 맞게 작업하시오.

(5) 영역 서식 ⇒ 차트 : 글꼴(굴림, 11pt), 채우기 효과(질감–양피지)

그림 : 채우기(흰색, 배경1)

(6) 제목 서식 ⇒ 차트 제목 : 글꼴(굴림, 굵게, 20pt), 채우기(흰색, 배경1), 테두리

(7) 서식 ⇒ 판매수량(단위:점) 계열의 차트 종류를 〈표식이 있는 꺾은선형〉으로 변경한 후 보조 축으로 지정하시오.

계열 : 《출력형태》를 참조하여 표식(마름모, 크기 10)과 레이블 값을 표시하시오.

눈금선 : 선 스타일–파선

축 : 《출력형태》를 참조하시오.

(8) 범례 ⇒ 범례명을 변경하고 《출력형태》를 참조하시오.

(9) 도형 ⇒ '말풍선: 모서리가 둥근 사각형 설명선'을 삽입한 후 《출력형태》와 같이 내용을 입력하시오.

(10) 나머지 사항은 《출력형태》에 맞게 작성하시오.

《출력형태》

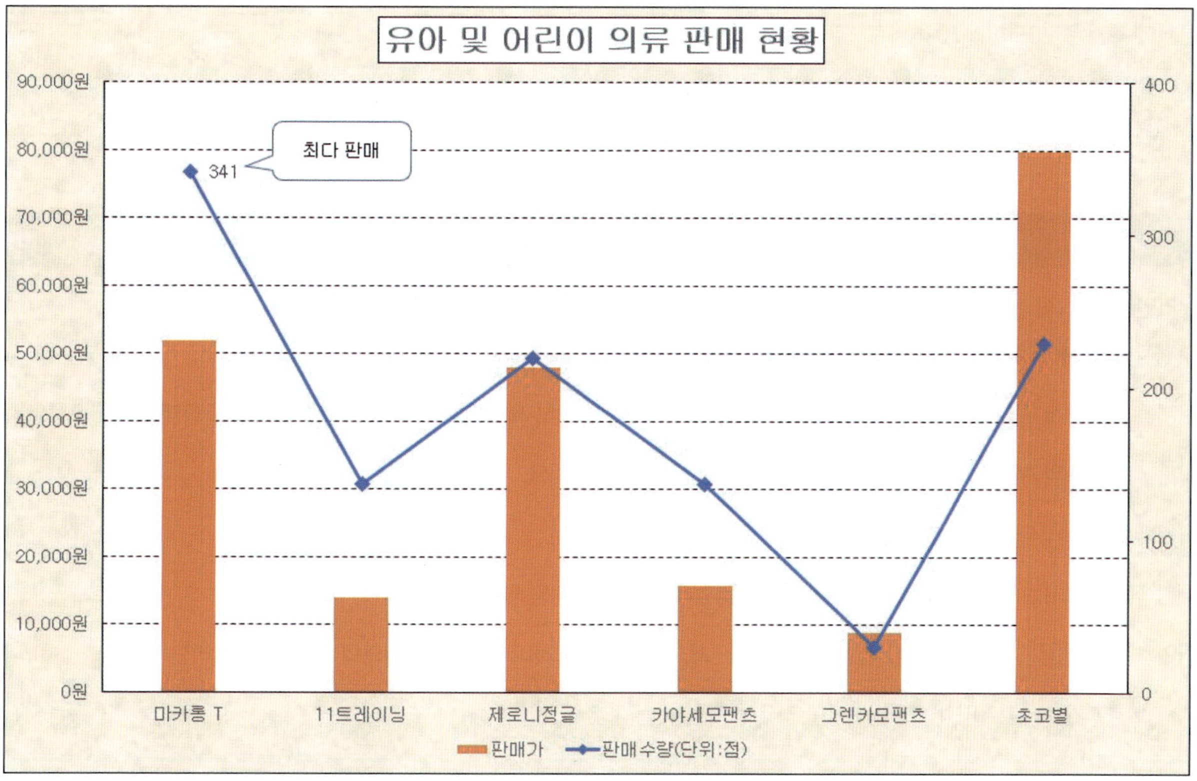

주의 ☞ 시트명 순서가 차례대로 "제1작업", "제2작업", "제3작업", "제4작업"이 되도록 할 것

제 04 회 실전모의고사

MS 오피스

과목	코드	문제유형	시험시간	수험번호	성명
한글엑셀	1122	D	60분		

수험자 유의사항

- 수험자는 문제지를 받는 즉시 문제지와 **수험표상의 시험과목(프로그램)이 동일한지 반드시 확인**하여야 합니다.
- 파일명은 본인의 "수험번호-성명"으로 입력하여 답안폴더(내 PC₩문서₩ITQ)에 하나의 파일로 저장해야 하며, 답안문서 파일명이 "수험번호-성명"과 일치하지 않거나, 답안파일을 전송하지 않아 미제출로 처리될 경우 실격 처리합니다(예:12345678-홍길동.xlsx).
- 답안 작성을 마치면 파일을 저장하고, '답안 전송' 버튼을 선택하여 감독위원 PC로 답안을 전송하십시오. 수험생 정보와 저장한 파일명이 다를 경우 전송되지 않으므로 주의하시기 바랍니다.
- 답안 작성 중에도 **주기적으로 저장하고, '답안 전송'**하여야 문제 발생을 줄일 수 있습니다. 작업한 내용을 저장하지 않고 전송할 경우 이전에 저장된 내용이 전송되오니 이점 유의하시기 바랍니다.
- 답안문서는 지정된 경로 외의 다른 보조기억장치에 저장하는 경우, 지정된 시험 시간 외에 작성된 파일을 활용할 경우, 기타 통신수단(이메일, 메신저, 네트워크 등)을 이용하여 타인에게 전달 또는 외부 반출하는 경우는 부정 처리합니다.
- 시험 중 부주의 또는 고의로 시스템을 파손한 경우는 수험자가 변상해야 하며, 〈수험자 유의사항〉에 기재된 방법대로 이행하지 않아 생기는 불이익은 수험생 당사자의 책임임을 알려 드립니다.
- 문제의 조건은 MS오피스 2021 버전으로 설정되어 있으니 유의하시기 바랍니다.
- 시험을 완료한 수험자는 답안파일이 전송되었는지 확인한 후 감독위원의 지시에 따라 문제지를 제출하고 퇴실합니다.

답안 작성요령

- 온라인 답안 작성 절차
  수험자 등록 ➡ 시험 시작 ➡ 답안파일 저장 ➡ 답안 전송 ➡ 시험 종료
- 문제는 총 4단계, 즉 제1작업부터 제4작업까지 구성되어 있으며 반드시 제1작업부터 순서대로 작성하고 조건대로 작업하시오.
- 모든 작업시트의 A열은 열 너비 '1'로, 나머지 열은 적당하게 조절하시오.
- 모든 작업시트의 테두리는 ≪출력형태≫와 같이 작업하시오.
- 해당 작업란에서는 각각 제시된 조건에 따라 ≪출력형태≫와 같이 작업하시오.
- 답안 시트 이름은 "제1작업", "제2작업", "제3작업", "제4작업"이어야 하며 답안 시트 이외의 것은 감점 처리됩니다.
- 각 시트를 파일로 나누어 작업해서 저장할 경우 실격 처리됩니다.

kpc 한국생산성본부

표 서식 작성 및 값 계산 (240점)

☞ 다음은 '크루즈 여행상품 예약 현황'에 대한 자료이다. 자료를 입력하고 조건에 맞도록 작업하시오.

《출력형태》

크루즈 여행상품 예약 현황

결재	담당	과장	차장

상품코드	여행지	크루즈 선사명	출발도시	출발날짜	예약인원	상품가격 (항공비 불포함)	항공사	출발요일
CHC-316	홍콩/마카오	밀레니엄호	부산	2024-09-07	158	1,450,000	(1)	(2)
EMC-120	이탈리아/프랑스	빅토리아호	인천	2024-08-31	268	4,490,000	(1)	(2)
ENC-110	노르웨이 피요르드	선 프린세스호	인천	2024-10-01	198	2,750,000	(1)	(2)
ATC-201	대만/오키나와	노티카호	대구	2024-09-10	167	1,200,000	(1)	(2)
EWC-230	영국/스코트랜드	골든 프린세스호	인천	2024-08-19	236	1,050,000	(1)	(2)
EMC-110	슬로베니아/알바니아	코스타 세레나호	인천	2024-09-19	185	2,540,000	(1)	(2)
CHC-325	심천/나트랑/다낭	오베이션호	대구	2024-08-18	495	1,290,000	(1)	(2)
EWC-230	독일/벨기에/영국	인시그니아호	부산	2024-10-26	168	3,150,000	(1)	(2)
부산 출발 상품가격(항공비 불포함) 평균			(3)		두 번째로 큰 예약인원			(5)
9월 이후 출발하는 여행 상품 수			(4)		여행지	홍콩/마카오	출발날짜	(6)

《조건》

○ 모든 데이터의 서식에는 글꼴(굴림, 11pt), 정렬은 숫자 및 회계 서식은 오른쪽 정렬, 나머지 서식은 가운데 정렬로 작성하며 예외적인 것은 《출력형태》를 참조하시오.

○ 제목 ⇒ 도형(화살표: 오각형)과 그림자(오프셋: 오른쪽 위)를 이용하여 작성하고 "크루즈 여행상품 예약 현황"을 입력한 후 다음 서식을 적용하시오(글꼴–굴림, 24pt, 검정, 굵게, 채우기–노랑).

○ 임의의 셀에 결재란을 작성하여 그림으로 복사 기능을 이용하여 붙이기 하시오(단, 원본 삭제).

○ 「B4:J4, G14, I14」 영역은 '주황'으로 채우기 하시오.

○ 유효성 검사를 이용하여 「H14」 셀에 여행지(「C5:C12」 영역)가 선택 표시되도록 하시오.

○ 셀 서식 ⇒ 「G5:G12」 영역에 셀 서식을 이용하여 숫자 뒤에 '명'을 표시하시오(예 : 158명).

○ 「G5:G12」 영역에 대해 '예약인원'으로 이름 정의를 하시오.

☞ (1)~(6) 셀은 반드시 **주어진 함수를 이용**하여 값을 구하시오(결과값을 직접 입력하면 해당 셀은 0점 처리됨).

(1) 항공사 ⇒ 상품코드 5번째 글자가 1이면 '대한항공', 2이면 '아시아나항공', 그 외에는 '저가항공'으로 구하시오 (IF, MID 함수).

(2) 출발요일 ⇒ 출발날짜의 요일을 구하시오(CHOOSE, WEEKDAY 함수)(예 : 월요일).

(3) 부산 출발 상품가격(항공비 불포함) 평균 ⇒ 조건은 입력 데이터를 이용하시오(DAVERAGE 함수).

(4) 9월 이후 출발하는 여행 상품 수 ⇒ 출발날짜가 '2024–09–01'(해당일 포함) 이후인 개수를 구한 결과값에 '개'를 붙이시오(COUNTIF 함수, & 연산자)(예 : 1개).

(5) 두 번째로 큰 예약인원 ⇒ 정의된 이름(예약인원)을 이용하여 구하시오(LARGE 함수).

(6) 출발날짜 ⇒ 「H14」 셀에서 선택한 여행지에 대한 출발날짜를 구하시오(VLOOKUP 함수)(예 : 2024–08–10).

(7) 조건부 서식의 수식을 이용하여 상품가격(항공비 불포함)이 '3,000,000' 이상인 자료의 행 전체에 다음의 서식을 적용하시오(글꼴 : 파랑, 굵게).

제2작업 목표값 찾기 및 필터 (80점)

☞ **"제1작업"** 시트의 「B4:H12」 영역을 복사하여 **"제2작업"** 시트의 「B2」 셀부터 모두 붙여넣기를 한 후 다음의 조건과 같이 작업하시오.

≪조건≫

(1) 목표값 찾기 – 「B11:G11」 셀을 병합하고 가운데 맞춤한 후 "예약인원의 전체 평균"을 입력하고, 「H11」 셀에 예약인원의 전체 평균을 구하시오. 단, 조건은 입력 데이터를 이용하시오 (AVERAGE 함수, 테두리).

– '예약인원의 전체 평균'이 '250'이 되려면 홍콩/마카오 여행지의 예약인원이 얼마가 되어야 하는지 목표값을 구하시오.

(2) 고급 필터 – 출발도시가 '대구'이거나 상품가격(항공비 불포함)이 '4,000,000' 이상인 자료의 여행지, 크루즈 선사명, 출발날짜, 예약인원의 데이터만 추출하시오.

– 조건 범위 : 「B14」 셀부터 입력하시오.

– 복사 위치 : 「B18」 셀부터 나타나도록 하시오.

제3작업 정렬 및 부분합 (80점)

☞ **"제1작업"** 시트의 「B4:H12」 영역을 복사하여 **"제3작업"** 시트의 「B2」 셀부터 모두 붙여넣기를 한 후 다음의 조건과 같이 작업하시오.

≪조건≫

(1) 부분합 – 《출력형태》처럼 정렬하고, 여행지의 개수와 예약인원의 평균을 구하시오.

(2) 개요 – 지우시오.

(3) 나머지 사항은 《출력형태》에 맞게 작성하시오.

≪출력형태≫

	A	B	C	D	E	F	G	H	I
1									
2		상품코드	여행지	크루즈 선사명	출발도시	출발날짜	예약인원	상품가격 (항공비 불포함)	
3		EMC-120	이탈리아/프랑스	빅토리아호	인천	2024-08-31	268명	4,490,000	
4		ENC-110	노르웨이 피요르드	선 프린세스호	인천	2024-10-01	198명	2,750,000	
5		EWC-230	영국/스코트랜드	골든 프린세스호	인천	2024-08-19	236명	1,050,000	
6		EMC-110	슬로베니아/알바니아	코스타 세레나호	인천	2024-09-19	185명	2,540,000	
7					**인천 평균**		222명		
8			4		**인천 개수**				
9		CHC-316	홍콩/마카오	밀레니엄호	부산	2024-09-07	158명	1,450,000	
10		EWC-230	독일/벨기에/영국	인시그니아호	부산	2024-10-26	168명	3,150,000	
11					**부산 평균**		163명		
12			2		**부산 개수**				
13		ATC-201	대만/오키나와	노티카호	대구	2024-09-10	167명	1,200,000	
14		CHC-325	심천/나트랑/다낭	오베이션호	대구	2024-08-18	495명	1,290,000	
15					**대구 평균**		331명		
16			2		**대구 개수**				
17					**전체 평균**		234명		
18			8		**전체 개수**				
19									

제4작업 그래프 (100점)

☞ **"제1작업"** 시트를 이용하여 조건에 따라 《출력형태》와 같이 작업하시오.

《조건》

(1) 차트 종류 ⇒ 〈묶은 세로 막대형〉으로 작업하시오.

(2) 데이터 범위 ⇒ "제1작업" 시트의 내용을 이용하여 작업하시오.

(3) 위치 ⇒ "새 시트"로 이동하고, "제4작업"으로 시트 이름을 바꾸시오.

(4) 차트 디자인 도구 ⇒ 레이아웃 3, 스타일 1을 선택하여 《출력형태》에 맞게 작업하시오.

(5) 영역 서식 ⇒ 차트 : 글꼴(돋움, 11pt), 채우기 효과(질감–꽃다발)
그림 : 채우기(흰색, 배경1)

(6) 제목 서식 ⇒ 차트 제목 : 글꼴(돋움, 굵게, 20pt), 채우기(흰색, 배경1), 테두리

(7) 서식 ⇒ 상품가격(항공비 불포함) 계열의 차트 종류를 〈표식이 있는 꺾은선형〉으로 변경한 후 보조 축으로 지정하시오.
계열 : 《출력형태》를 참조하여 표식(동그라미, 크기 10)과 레이블 값을 표시하시오.
눈금선 : 선 스타일–파선
축 : 《출력형태》를 참조하시오.

(8) 범례 ⇒ 범례명을 변경하고 《출력형태》를 참조하시오.

(9) 도형 ⇒ '말풍선: 사각형 설명선'을 삽입한 후 《출력형태》와 같이 내용을 입력하시오.

(10) 나머지 사항은 《출력형태》에 맞게 작성하시오.

《출력형태》

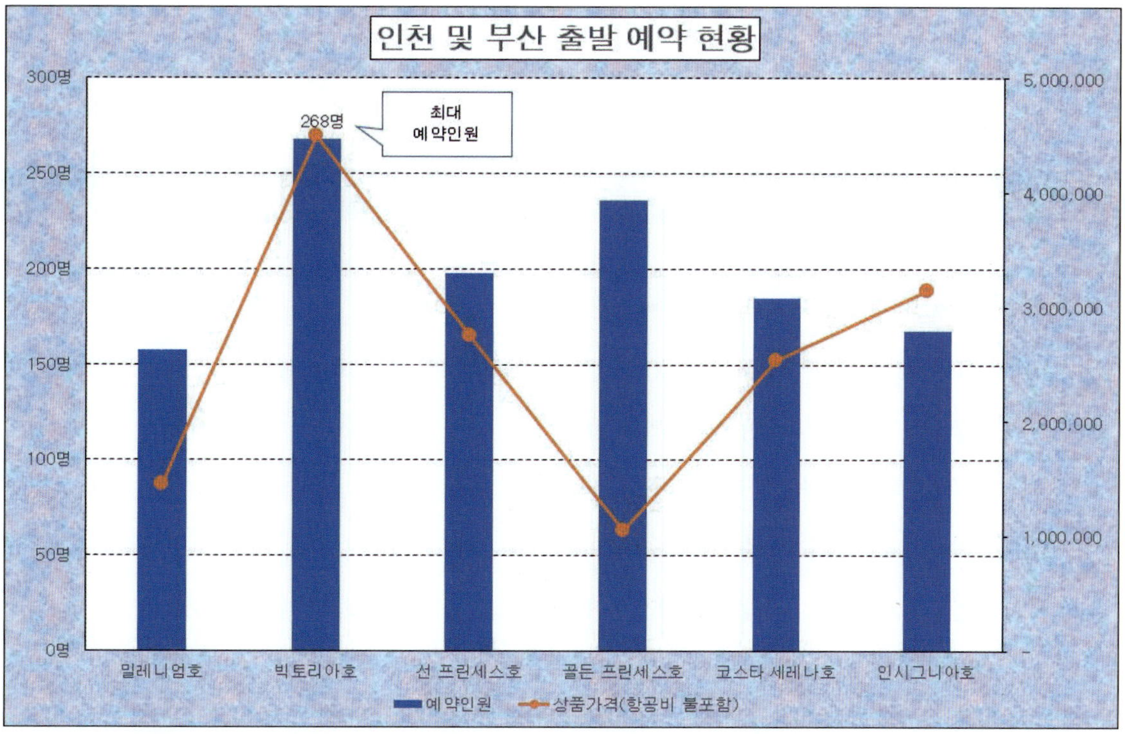

주의 ☞ 시트명 순서가 차례대로 "제1작업", "제2작업", "제3작업", "제4작업"이 되도록 할 것

제 05 회 실전모의고사

MS 오피스

과목	코드	문제유형	시험시간	수험번호	성명
한글엑셀	1122	E	60분		

수험자 유의사항

- 수험자는 문제지를 받는 즉시 문제지와 **수험표상의 시험과목(프로그램)이 동일한지 반드시 확인**하여야 합니다.
- 파일명은 본인의 "수험번호-성명"으로 입력하여 답안폴더(내 PC₩문서₩ITQ)에 하나의 파일로 저장해야 하며, 답안문서 파일명이 "수험번호-성명"과 일치하지 않거나, 답안파일을 전송하지 않아 미제출로 처리될 경우 실격 처리합니다(예:12345678-홍길동.xlsx).
- 답안 작성을 마치면 파일을 저장하고, '답안 전송' 버튼을 선택하여 감독위원 PC로 답안을 전송하십시오. 수험생 정보와 저장한 파일명이 다를 경우 전송되지 않으므로 주의하시기 바랍니다.
- 답안 작성 중에도 **주기적으로 저장하고, '답안 전송'**하여야 문제 발생을 줄일 수 있습니다. 작업한 내용을 저장하지 않고 전송할 경우 이전에 저장된 내용이 전송되오니 이점 유의하시기 바랍니다.
- 답안문서는 지정된 경로 외의 다른 보조기억장치에 저장하는 경우, 지정된 시험 시간 외에 작성된 파일을 활용할 경우, 기타 통신수단(이메일, 메신저, 네트워크 등)을 이용하여 타인에게 전달 또는 외부 반출하는 경우는 부정 처리합니다.
- 시험 중 부주의 또는 고의로 시스템을 파손한 경우는 수험자가 변상해야 하며, 〈수험자 유의사항〉에 기재된 방법대로 이행하지 않아 생기는 불이익은 수험생 당사자의 책임임을 알려 드립니다.
- 문제의 조건은 MS오피스 2021 버전으로 설정되어 있으니 유의하시기 바랍니다.
- 시험을 완료한 수험자는 답안파일이 전송되었는지 확인한 후 감독위원의 지시에 따라 문제지를 제출하고 퇴실합니다.

답안 작성요령

- 온라인 답안 작성 절차
  수험자 등록 ➡ 시험 시작 ➡ 답안파일 저장 ➡ 답안 전송 ➡ 시험 종료
- 문제는 총 4단계, 즉 제1작업부터 제4작업까지 구성되어 있으며 반드시 제1작업부터 순서대로 작성하고 조건대로 작업하시오.
- 모든 작업시트의 A열은 열 너비 '1'로, 나머지 열은 적당하게 조절하시오.
- 모든 작업시트의 테두리는 ≪출력형태≫와 같이 작업하시오.
- 해당 작업란에서는 각각 제시된 조건에 따라 ≪출력형태≫와 같이 작업하시오.
- 답안 시트 이름은 "제1작업", "제2작업", "제3작업", "제4작업"이어야 하며 답안 시트 이외의 것은 감점 처리됩니다.
- 각 시트를 파일로 나누어 작업해서 저장할 경우 실격 처리됩니다.

kpc 한국생산성본부

제1작업 표 서식 작성 및 값 계산 (240점)

☞ 다음은 '11월의 체험 행사 현황'에 대한 자료이다. 자료를 입력하고 조건에 맞도록 작업하시오.

《출력형태》

11월의 체험 행사 현황

결재	담당	팀장	센터장

개최지역	체험행사명	행사일	행사기간(일)	시작연도	체험비용	참석인원(단위:명)	체험비 지원금	실시기간
전남	희망 농장	2024-11-09	7	1990	45,000	6,552	(1)	(2)
충남	윷대회	2024-11-15	30	2006	10,000	2,500	(1)	(2)
경기도	생태소풍	2024-11-23	14	2001	20,000	12,134	(1)	(2)
충남	어울림 축제	2024-11-17	20	2002	20,000	12,500	(1)	(2)
전남	놀장놀장	2024-11-17	10	2005	35,000	7,231	(1)	(2)
경기도	달빛 음악회	2024-11-08	5	1998	10,000	3,215	(1)	(2)
전남	심심한 철학	2024-11-15	10	1995	10,000	8,251	(1)	(2)
충남	게임문화	2024-11-03	15	2000	30,000	15,000	(1)	(2)
전남지역의 참석인원(단위:명) 평균			(3)		최소 참석인원(단위:명)			(5)
행사일이 11월 15일 이후인 행사 수			(4)		체험행사명	희망 농장	행사일	(6)

《조건》

○ 모든 데이터의 서식에는 글꼴(굴림, 11pt), 정렬은 숫자 및 회계 서식은 오른쪽 정렬, 나머지 서식은 가운데 정렬로 작성하며 예외적인 것은 《출력형태》를 참조하시오.

○ 제목 ⇒ 도형(배지)과 그림자(오프셋: 오른쪽 아래)를 이용하여 작성하고 "11월의 체험 행사 현황"을 입력한 후 다음 서식을 적용하시오(글꼴–굴림, 24pt, 검정, 굵게, 채우기–노랑).

○ 임의의 셀에 결재란을 작성하여 그림으로 복사 기능을 이용하여 붙이기 하시오(단, 원본 삭제).

○ 「B4:J4, G14, I14」 영역은 '주황'으로 채우기 하시오.

○ 유효성 검사를 이용하여 「H14」 셀에 체험행사명(「C5:C12」 영역)이 선택 표시되도록 하시오.

○ 셀 서식 ⇒ 「G5:G12」 영역에 셀 서식을 이용하여 숫자 뒤에 '원'을 표시하시오(예 : 45,000원).

○ 「D5:D12」 영역에 대해 '행사일'로 이름 정의를 하시오.

☞ (1)~(6) 셀은 반드시 **주어진 함수를 이용**하여 값을 구하시오(결과값을 직접 입력하면 해당 셀은 0점 처리됨).

(1) 체험비 지원금 ⇒ 행사기간일이 '15' 이상이면서 참석인원(단위:명)이 '10,000' 이상이면 체험비용의 10%, 그 외에는 체험비용의 5%를 구하시오(IF, AND 함수).

(2) 실시기간 ⇒ 「행사일의 연도 – 시작연도」로 구한 결과값에 '년'을 붙이시오(YEAR 함수 & 연산자)(예 : 12년).

(3) 전남지역의 참석인원(단위:명) 평균 ⇒ 내림하여 정수로 구하시오. 단, 조건은 입력 데이터를 이용하시오 (ROUNDDOWN, DAVERAGE 함수)(예 : 1,234.5 → 1,234).

(4) 행사일이 11월 15일 이후인 행사 수 ⇒ 행사일이 11월 15일(해당일자 포함) 이후인 개수를 정의된 이름(행사일)을 이용하여 구하시오(COUNTIF 함수).

(5) 최소 참석인원(단위:명) ⇒ (MIN 함수)

(6) 행사일 ⇒ 「H14」 셀에서 선택한 체험행사명의 행사일을 구하시오(VLOOKUP 함수)(예 : 2024–11–01).

(7) 조건부 서식을 이용하여 체험비용 셀에 데이터 막대 스타일(녹색)을 최소값 및 최대값으로 적용하시오.

제2작업 필터 및 서식 (80점)

☞ **"제1작업"** 시트의 「B4:H12」 영역을 복사하여 **"제2작업"** 시트의 「B2」 셀부터 모두 붙여넣기를 한 후 다음의 조건과 같이 작업하시오.

≪조건≫

(1) 고급 필터 – 개최지역이 '경기도'이거나 참석인원(단위:명)이 '10,000' 이상인 자료의 데이터만 추출하시오.
- 조건 범위 : 「B13」 셀부터 입력하시오.
- 복사 위치 : 「B18」 셀부터 나타나도록 하시오.

(2) 표 서식 – 고급 필터의 결과셀을 채우기 없음으로 설정한 후 '표 스타일 보통 3'의 서식을 적용하시오.
- 머리글 행, 줄무늬 행을 적용하시오.

제3작업 피벗 테이블 (80점)

☞ **"제1작업"** 시트를 이용하여 **"제3작업"** 시트에 조건에 따라 《출력형태》와 같이 작업하시오.

≪조건≫

(1) 행사일 및 개최지역별 체험행사명의 개수와 참석인원(단위:명)의 평균을 구하시오.
(2) 행사일을 그룹화하고, 개최지역을 ≪출력형태≫와 같이 정렬하시오.
(3) 레이블이 있는 셀 병합 및 가운데 맞춤 적용과 빈 셀은 '***'로 표시하시오.
(4) 행의 총합계는 지우고, 나머지 사항은《출력형태》에 맞게 작성하시오.

≪출력형태≫

	A	B	C	D	E	F	G	H
1								
2			개최지역					
3			충남		전남		경기도	
4		행사일	개수 : 체험행사명	평균 : 참석인원(단위:명)	개수 : 체험행사명	평균 : 참석인원(단위:명)	개수 : 체험행사명	평균 : 참석인원(단위:명)
5		2024-11-01 - 2024-11-10	1	15,000	1	6,552	1	3,215
6		2024-11-11 - 2024-11-20	2	7,500	2	7,741	***	***
7		2024-11-21 - 2024-11-30	***	***	***	***	1	12,134
8		총합계	3	10,000	3	7,345	2	7,675
9								

제4작업 그래프 (100점)

☞ **"제1작업"** 시트를 이용하여 조건에 따라 《출력형태》와 같이 작업하시오.

《조건》

(1) 차트 종류 ⇒ 〈묶은 세로 막대형〉으로 작업하시오.

(2) 데이터 범위 ⇒ "제1작업" 시트의 내용을 이용하여 작업하시오.

(3) 위치 ⇒ "새 시트"로 이동하고, "제4작업"으로 시트 이름을 바꾸시오.

(4) 차트 디자인 도구 ⇒ 레이아웃 3, 스타일 1을 선택하여 《출력형태》에 맞게 작업하시오.

(5) 영역 서식 ⇒ 차트 : 글꼴(굴림, 11pt), 채우기 효과(질감–파랑 박엽지)

그림 : 채우기(흰색, 배경1)

(6) 제목 서식 ⇒ 차트 제목 : 글꼴(굴림, 굵게, 20pt), 채우기(흰색, 배경1), 테두리

(7) 서식 ⇒ 체험비용 계열의 차트 종류를 〈표식이 있는 꺾은선형〉으로 변경한 후 보조 축으로 지정하시오.

계열 : 《출력형태》를 참조하여 표식(네모, 크기 10)과 레이블 값을 표시하시오.

눈금선 : 선 스타일–파선

축 : 《출력형태》를 참조하시오.

(8) 범례 ⇒ 범례명을 변경하고 《출력형태》를 참조하시오.

(9) 도형 ⇒ '말풍선: 모서리가 둥근 사각형 설명선'을 삽입한 후 《출력형태》와 같이 내용을 입력하시오.

(10) 나머지 사항은 《출력형태》에 맞게 작성하시오.

《출력형태》

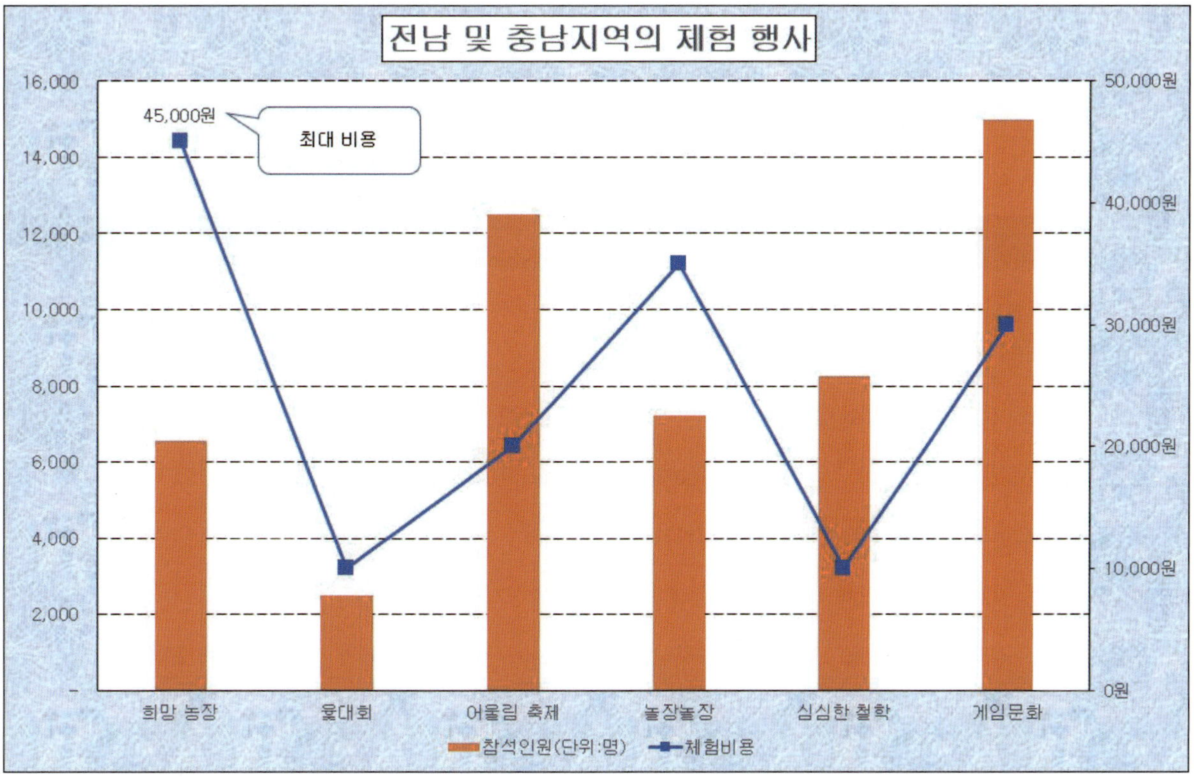

주의 ☞ 시트명 순서가 차례대로 "제1작업", "제2작업", "제3작업", "제4작업"이 되도록 할 것

제 06 회 실전모의고사

MS 오피스

과목	코드	문제유형	시험시간	수험번호	성명
한글엑셀	1122	A	60분		

수험자 유의사항

- 수험자는 문제지를 받는 즉시 문제지와 **수험표상의 시험과목(프로그램)이 동일한지 반드시 확인**하여야 합니다.
- 파일명은 본인의 "수험번호-성명"으로 입력하여 답안폴더(내 PC₩문서₩ITQ)에 하나의 파일로 저장해야 하며, 답안문서 파일명이 "수험번호-성명"과 일치하지 않거나, 답안파일을 전송하지 않아 미제출로 처리될 경우 실격 처리합니다(예:12345678-홍길동.xlsx).
- 답안 작성을 마치면 파일을 저장하고, '답안 전송' 버튼을 선택하여 감독위원 PC로 답안을 전송하십시오. 수험생 정보와 저장한 파일명이 다를 경우 전송되지 않으므로 주의하시기 바랍니다.
- 답안 작성 중에도 **주기적으로 저장하고, '답안 전송'**하여야 문제 발생을 줄일 수 있습니다. 작업한 내용을 저장하지 않고 전송할 경우 이전에 저장된 내용이 전송되오니 이점 유의하시기 바랍니다.
- 답안문서는 지정된 경로 외의 다른 보조기억장치에 저장하는 경우, 지정된 시험 시간 외에 작성된 파일을 활용할 경우, 기타 통신수단(이메일, 메신저, 네트워크 등)을 이용하여 타인에게 전달 또는 외부 반출하는 경우는 부정 처리합니다.
- 시험 중 부주의 또는 고의로 시스템을 파손한 경우는 수험자가 변상해야 하며, 〈수험자 유의사항〉에 기재된 방법대로 이행하지 않아 생기는 불이익은 수험생 당사자의 책임임을 알려 드립니다.
- 문제의 조건은 MS오피스 2021 버전으로 설정되어 있으니 유의하시기 바랍니다.
- 시험을 완료한 수험자는 답안파일이 전송되었는지 확인한 후 감독위원의 지시에 따라 문제지를 제출하고 퇴실합니다.

답안 작성요령

- 온라인 답안 작성 절차
  수험자 등록 ➡ 시험 시작 ➡ 답안파일 저장 ➡ 답안 전송 ➡ 시험 종료
- 문제는 총 4단계, 즉 제1작업부터 제4작업까지 구성되어 있으며 반드시 제1작업부터 순서대로 작성하고 조건대로 작업하시오.
- 모든 작업시트의 A열은 열 너비 '1'로, 나머지 열은 적당하게 조절하시오.
- 모든 작업시트의 테두리는 ≪출력형태≫와 같이 작업하시오.
- 해당 작업란에서는 각각 제시된 조건에 따라 ≪출력형태≫와 같이 작업하시오.
- 답안 시트 이름은 "제1작업", "제2작업", "제3작업", "제4작업"이어야 하며 답안 시트 이외의 것은 감점 처리됩니다.
- 각 시트를 파일로 나누어 작업해서 저장할 경우 실격 처리됩니다.

kpc 한국생산성본부

☞ 다음은 '여성 의류 판매실적 현황'에 대한 자료이다. 자료를 입력하고 조건에 맞도록 작업하시오.

≪출력형태≫

여성 의류 판매실적 현황

결재	담당	팀장	본부장

상품코드	분류	상품명	담당자	상반기목표 (단위:천원)	상반기실적 (단위:천원)	반품건수	협찬	반품순위
VS-21A	원피스	퓨엘르 반팔	홍용호	22,730	30,130	25	(1)	(2)
FS-11S	가디건	레이슨 로브	김성은	31,130	41,190	34	(1)	(2)
FE-32A	티셔츠	벨버른 레터링	천정우	43,030	30,430	8	(1)	(2)
MS-02S	원피스	플라워 러브	방서찬	67,740	52,830	15	(1)	(2)
CE-89B	가디건	린넨 7부	김진영	10,180	10,300	6	(1)	(2)
MS-37A	원피스	컨시 하이텍 버클	길현지	15,730	15,030	23	(1)	(2)
CA-34S	티셔츠	버터플라이 호일티	김시내	61,330	91,790	17	(1)	(2)
EX-36B	티셔츠	하트레터링 라운드	한여정	21,770	19,830	21	(1)	(2)
원피스 상반기실적(단위:천원) 평균			(3)		티셔츠 상반기실적(단위:천원) 합계			(5)
가디건 개수			(4)		상품코드	VS-21A	반품건수	(6)

≪조건≫

○ 모든 데이터의 서식에는 글꼴(굴림, 11pt), 정렬은 숫자 및 회계 서식은 오른쪽 정렬, 나머지 서식은 가운데 정렬로 작성하며 예외적인 것은 《출력형태》를 참조하시오.

○ 제목 ⇒ 도형(사다리꼴)과 그림자(오프셋: 오른쪽)를 이용하여 작성하고 "여성 의류 판매실적 현황"을 입력한 후 다음 서식을 적용하시오(글꼴-굴림, 24pt, 검정, 굵게, 채우기-노랑).

○ 임의의 셀에 결재란을 작성하여 그림으로 복사 기능을 이용하여 붙이기 하시오(단, 원본 삭제).

○ 「B4:J4, G14, I14」 영역은 '주황'으로 채우기 하시오.

○ 유효성 검사를 이용하여 「H14」 셀에 상품코드(「B5:B12」 영역)가 선택 표시되도록 하시오.

○ 셀 서식 ⇒ 「H5:H12」 영역에 셀 서식을 이용하여 숫자 뒤에 '건'을 표시하시오(예 : 25건).

○ 「H5:H12」 영역에 대해 '반품건수'로 이름 정의를 하시오.

☞ (1)~(6) 셀은 반드시 **주어진 함수를 이용**하여 값을 구하시오(결과값을 직접 입력하면 해당 셀은 0점 처리됨).

(1) 협찬 ⇒ 상품코드의 마지막 글자가 S이면 '연예인 협찬', 그 외에는 공백으로 구하시오(IF, RIGHT 함수).

(2) 반품순위 ⇒ 정의된 이름(반품건수)을 이용하여 반품건수의 내림차순 순위를 구한 결과값에 '위'를 붙이시오 (RANK.EQ 함수, & 연산자)(예 : 1위).

(3) 원피스 상반기실적(단위:천원) 평균 ⇒ 내림하여 천원 단위로 구하시오. 단, 조건은 입력 데이터를 이용하시오 (ROUNDDOWN, DAVERAGE 함수)(예 : 12,365 → 12,000).

(4) 가디건 개수 ⇒ (COUNTIF 함수)

(5) 티셔츠 상반기실적(단위:천원) 합계 ⇒ (SUMIF 함수)

(6) 반품건수 ⇒ 「H14」 셀에서 선택한 상품코드에 대한 반품건수를 표시하시오(VLOOKUP 함수).

(7) 조건부 서식의 수식을 이용하여 상반기실적(단위:천원)이 '50,000' 이상인 자료의 행 전체에 다음의 서식을 적용하시오(글꼴 : 파랑, 굵게).

제2작업 목표값 찾기 및 필터 (80점)

☞ **"제1작업"** 시트의 「B4:H12」 영역을 복사하여 **"제2작업"** 시트의 「B2」 셀부터 모두 붙여넣기를 한 후 다음의 조건과 같이 작업하시오.

《조건》

(1) 목표값 찾기 – 「B11:G11」 셀을 병합하고 가운데 맞춤한 후 "상반기실적(단위:천원)의 전체 평균"을 입력하고, 「H11」 셀에 상반기실적(단위:천원)의 전체 평균을 구하시오. 단, 조건은 입력 데이터를 이용하시오(AVERAGE 함수, 테두리).
– '상반기실적(단위:천원)의 전체 평균'이 '37,000'이 되려면 퓨엘르 반팔의 상반기실적(단위:천원)이 얼마가 되어야 하는지 목표값을 구하시오.

(2) 고급 필터 – 분류가 '티셔츠'이면서 반품건수가 '15' 이상인 자료의 상품명, 상반기목표(단위:천원), 상반기실적(단위:천원), 반품건수의 데이터만 추출하시오.
– 조건 범위 : 「B14」 셀부터 입력하시오.
– 복사 위치 : 「B18」 셀부터 나타나도록 하시오.

제3작업 정렬 및 부분합 (80점)

☞ **"제1작업"** 시트의 「B4:H12」 영역을 복사하여 **"제3작업"** 시트의 「B2」 셀부터 모두 붙여넣기를 한 후 다음의 조건과 같이 작업하시오.

《조건》

(1) 부분합 – 《출력형태》처럼 정렬하고, 상품명의 개수와 상반기실적(단위:천원)의 평균을 구하시오.
(2) 개요 – 지우시오.
(3) 나머지 사항은 《출력형태》에 맞게 작성하시오.

《출력형태》

	A	B	C	D	E	F	G	H	I
1									
2		상품코드	분류	상품명	담당자	상반기목표 (단위:천원)	상반기실적 (단위:천원)	반품건수	
3		FE-32A	티셔츠	벨버른 레터링	천정우	43,030	30,430	8건	
4		CA-34S	티셔츠	버터플라이 호일티	김시내	61,330	91,790	17건	
5		EX-36B	티셔츠	하트레터링 라운드	한여정	21,770	19,830	21건	
6			티셔츠 평균				47,350		
7			티셔츠 개수	3					
8		VS-21A	원피스	퓨엘르 반팔	홍용호	22,730	30,130	25건	
9		MS-02S	원피스	플라워 러브	방서찬	67,740	52,830	15건	
10		MS-37A	원피스	컨시 하이텍 버클	길현지	15,730	15,030	23건	
11			원피스 평균				32,663		
12			원피스 개수	3					
13		FS-11S	가디건	레이슨 로브	김성은	31,130	41,190	34건	
14		CE-89B	가디건	린넨 7부	김진영	10,180	10,300	6건	
15			가디건 평균				25,745		
16			가디건 개수	2					
17			전체 평균				36,441		
18			전체 개수	8					
19									

제4작업 그래프 (100점)

☞ **"제1작업"** 시트를 이용하여 조건에 따라 《출력형태》와 같이 작업하시오.

≪조건≫

⑴ 차트 종류 ⇒ 〈묶은 세로 막대형〉으로 작업하시오.

⑵ 데이터 범위 ⇒ "제1작업" 시트의 내용을 이용하여 작업하시오.

⑶ 위치 ⇒ "새 시트"로 이동하고, "제4작업"으로 시트 이름을 바꾸시오.

⑷ 차트 디자인 도구 ⇒ 레이아웃 3, 스타일 1을 선택하여 《출력형태》에 맞게 작업하시오.

⑸ 영역 서식 ⇒ 차트 : 글꼴(굴림, 11pt), 채우기 효과(질감–재생지)
그림 : 채우기(흰색, 배경1)

⑹ 제목 서식 ⇒ 차트 제목 : 글꼴(굴림, 굵게, 20pt), 채우기(흰색, 배경1), 테두리

⑺ 서식 ⇒ 상반기실적(단위:천원) 계열의 차트 종류를 〈표식이 있는 꺾은선형〉으로 변경한 후 보조 축으로 지정하시오.
계열 : 《출력형태》를 참조하여 표식(마름모, 크기 10)과 레이블 값을 표시하시오.
눈금선 : 선 스타일–파선
축 : 《출력형태》를 참조하시오.

⑻ 범례 ⇒ 범례명을 변경하고 《출력형태》를 참조하시오.

⑼ 도형 ⇒ '말풍선: 타원형 설명선'을 삽입한 후 《출력형태》와 같이 내용을 입력하시오.

⑽ 나머지 사항은 《출력형태》에 맞게 작성하시오.

≪출력형태≫

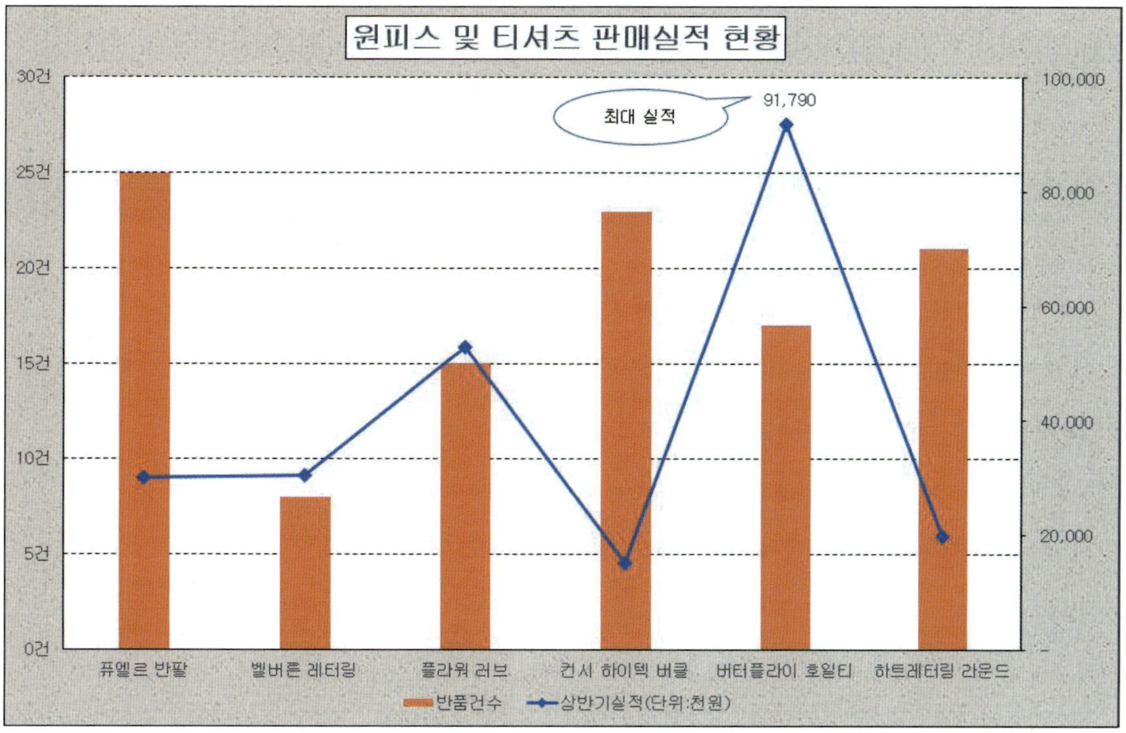

주의 ☞ 시트명 순서가 차례대로 "제1작업", "제2작업", "제3작업", "제4작업"이 되도록 할 것

제 07 회 실전모의고사

MS 오피스

과목	코드	문제유형	시험시간	수험번호	성명
한글엑셀	1122	B	60분		

수험자 유의사항

- 수험자는 문제지를 받는 즉시 문제지와 **수험표상의 시험과목(프로그램)이 동일한지 반드시 확인**하여야 합니다.
- 파일명은 본인의 "수험번호-성명"으로 입력하여 답안폴더(내 PC₩문서₩ITQ)에 하나의 파일로 저장해야 하며, 답안문서 파일명이 "수험번호-성명"과 일치하지 않거나, 답안파일을 전송하지 않아 미제출로 처리될 경우 실격 처리합니다(예:12345678-홍길동.xlsx).
- 답안 작성을 마치면 파일을 저장하고, '답안 전송' 버튼을 선택하여 감독위원 PC로 답안을 전송하십시오. 수험생 정보와 저장한 파일명이 다를 경우 전송되지 않으므로 주의하시기 바랍니다.
- 답안 작성 중에도 **주기적으로 저장하고, '답안 전송'**하여야 문제 발생을 줄일 수 있습니다. 작업한 내용을 저장하지 않고 전송할 경우 이전에 저장된 내용이 전송되오니 이점 유의하시기 바랍니다.
- 답안문서는 지정된 경로 외의 다른 보조기억장치에 저장하는 경우, 지정된 시험 시간 외에 작성된 파일을 활용할 경우, 기타 통신수단(이메일, 메신저, 네트워크 등)을 이용하여 타인에게 전달 또는 외부 반출하는 경우는 부정 처리합니다.
- 시험 중 부주의 또는 고의로 시스템을 파손한 경우는 수험자가 변상해야 하며, 〈수험자 유의사항〉에 기재된 방법대로 이행하지 않아 생기는 불이익은 수험생 당사자의 책임임을 알려 드립니다.
- 문제의 조건은 MS오피스 2021 버전으로 설정되어 있으니 유의하시기 바랍니다.
- 시험을 완료한 수험자는 답안파일이 전송되었는지 확인한 후 감독위원의 지시에 따라 문제지를 제출하고 퇴실합니다.

답안 작성요령

- 온라인 답안 작성 절차
  수험자 등록 ➡ 시험 시작 ➡ 답안파일 저장 ➡ 답안 전송 ➡ 시험 종료
- 문제는 총 4단계, 즉 제1작업부터 제4작업까지 구성되어 있으며 반드시 제1작업부터 순서대로 작성하고 조건대로 작업하시오.
- 모든 작업시트의 A열은 열 너비 '1'로, 나머지 열은 적당하게 조절하시오.
- 모든 작업시트의 테두리는 ≪출력형태≫와 같이 작업하시오.
- 해당 작업란에서는 각각 제시된 조건에 따라 ≪출력형태≫와 같이 작업하시오.
- 답안 시트 이름은 "제1작업", "제2작업", "제3작업", "제4작업"이어야 하며 답안 시트 이외의 것은 감점 처리됩니다.
- 각 시트를 파일로 나누어 작업해서 저장할 경우 실격 처리됩니다.

kpc 한국생산성본부

제1작업 표 서식 작성 및 값 계산 (240점)

☞ 다음은 '5월 프로모션 카드 순위'에 대한 자료이다. 자료를 입력하고 조건에 맞도록 작업하시오.

≪출력형태≫

5월 프로모션 카드 순위

결재	담당	선임	팀장

관리코드	카드명	프로모션	카드사	연회비 (국내전용)	포인트 적립률	가입자수	순위	관리점
DJ2-312	라이크 펀 퍼플	통신비할인	한국	120,000	2.1%	15,720	(1)	(2)
VX7-902	탄탄대로 2030	커피할인	대한	30,000	1.5%	72,678	(1)	(2)
EG4-071	올원 파이	넷플릭스	선한	8,000	3.0%	37,949	(1)	(2)
GN1-907	청춘대로 티톡	통신비할인	한국	10,000	2.0%	32,509	(1)	(2)
BJ3-762	마일리지 블랙	넷플릭스	한국	300,000	5.0%	4,062	(1)	(2)
VR1-619	힙스터 취향저격	커피할인	대한	15,000	3.0%	48,683	(1)	(2)
QH7-578	마일앤조이	통신비할인	선한	5,000	1.5%	36,289	(1)	(2)
DH2-612	에이스플러스	커피할인	대한	5,000	3.0%	28,944	(1)	(2)
통신비할인 카드 포인트 적립률 평균			(3)		두 번째로 높은 연회비(국내전용)			(5)
한국 카드사의 가입자수 합계			(4)		관리코드	DJ2-312	연회비 (국내전용)	(6)

≪조건≫

- ○ 모든 데이터의 서식에는 글꼴(굴림, 11pt), 정렬은 숫자 및 회계 서식은 오른쪽 정렬, 나머지 서식은 가운데 정렬로 작성하며 예외적인 것은 ≪출력형태≫를 참조하시오.
- ○ 제목 ⇒ 도형(사각형: 잘린 위쪽 모서리)과 그림자(오프셋: 오른쪽)를 이용하여 작성하고 "5월 프로모션 카드 순위"를 입력한 후 다음 서식을 적용하시오(글꼴–굴림, 24pt, 검정, 굵게, 채우기–노랑).
- ○ 임의의 셀에 결재란을 작성하여 그림으로 복사 기능을 이용하여 붙이기 하시오(단, 원본 삭제).
- ○ 「B4:J4, G14, I14」 영역은 '주황'으로 채우기 하시오.
- ○ 유효성 검사를 이용하여 「H14」 셀에 관리코드(「B5:B12」 영역)가 선택 표시되도록 하시오.
- ○ 셀 서식 ⇒ 「H5:H12」 영역에 셀 서식을 이용하여 숫자 뒤에 '명'을 표시하시오(예 : 15,720명).
- ○ 「F5:F12」 영역에 대해 '연회비'로 이름 정의를 하시오.

☞ (1)~(6) 셀은 반드시 **주어진 함수를 이용**하여 값을 구하시오(결과값을 직접 입력하면 해당 셀은 0점 처리됨).

(1) 순위 ⇒ 포인트 적립률의 내림차순 순위를 구한 결과에 '위'를 붙이시오(RANK.EQ 함수, & 연산자)(예 : 1위).

(2) 관리점 ⇒ 관리코드의 세 번째 글자가 1이면 '직영점', 2이면 '대리점', 그 외에는 '이벤트행사'로 구하시오(IF, MID 함수).

(3) 통신비할인 카드 포인트 적립률 평균 ⇒ 셀 서식을 이용하여 백분율과 소수 둘째 자리까지 표시하시오(SUMIF, COUNTIF 함수)(예 : 0.02986 → 2.99%).

(4) 한국 카드사의 가입자수 합계 ⇒ 카드사가 한국인 카드의 가입자수 합계를 구하시오. 단, 조건은 입력 데이터를 이용하시오(DSUM 함수).

(5) 두 번째로 높은 연회비(국내전용) ⇒ 정의된 이름(연회비)을 이용하여 구하시오(LARGE 함수).

(6) 연회비(국내전용) ⇒ 「H14」 셀에서 선택한 관리코드에 대한 연회비(국내전용)를 구하시오(VLOOKUP 함수).

(7) 조건부 서식의 수식을 이용하여 포인트 적립률이 '3.0%' 이상인 행 전체에 다음의 서식을 적용하시오(글꼴 : 파랑, 굵게).

제2작업 목표값 찾기 및 필터 (80점)

☞ **"제1작업"** 시트의 「B4:H12」 영역을 복사하여 **"제2작업"** 시트의 「B2」 셀부터 모두 붙여넣기를 한 후 다음의 조건과 같이 작업하시오.

《조건》

(1) 목표값 찾기 – 「B11:G11」 셀을 병합하고 가운데 맞춤한 후 "한국 카드사의 가입자수 평균"을 입력하고, 「H11」 셀에 한국 카드사의 가입자수 평균을 구하시오. 단, 조건은 입력 데이터를 이용하시오(DAVERAGE 함수, 테두리).

– '한국 카드사의 가입자수 평균'이 '17,500'이 되려면 라이크 펀 퍼플의 가입자수가 얼마가 되어야 하는지 목표값을 구하시오.

(2) 고급 필터 – 관리코드가 'V'로 시작하거나 연회비(국내전용)가 '5,000' 이하인 자료의 카드명, 프로모션, 카드사, 포인트 적립률 데이터만 추출하시오.

– 조건 범위 : 「B14」 셀부터 입력하시오.

– 복사 위치 : 「B18」 셀부터 나타나도록 하시오.

제3작업 정렬 및 부분합 (80점)

☞ **"제1작업"** 시트의 「B4:H12」 영역을 복사하여 **"제3작업"** 시트의 「B2」 셀부터 모두 붙여넣기를 한 후 다음의 조건과 같이 작업하시오.

《조건》

(1) 부분합 – 《출력형태》처럼 정렬하고, 카드사의 개수와 가입자수의 평균을 구하시오.

(2) 개요 – 지우시오.

(3) 나머지 사항은 《출력형태》에 맞게 작성하시오.

《출력형태》

	A	B	C	D	E	F	G	H	I
1									
2		관리코드	카드명	프로모션	카드사	연회비 (국내전용)	포인트 적립률	가입자수	
3		DJ2-312	라이크 펀 퍼플	통신비할인	한국	120,000	2.1%	15,720명	
4		GN1-907	청춘대로 티톡	통신비할인	한국	10,000	2.0%	32,509명	
5		QH7-578	마일앤조이	통신비할인	선한	5,000	1.5%	36,289명	
6				통신비할인 평균				28,173명	
7				통신비할인 개수	3				
8		VX7-902	탄탄대로 2030	커피할인	대한	30,000	1.5%	72,678명	
9		VR1-619	힙스터 취향저격	커피할인	대한	15,000	3.0%	48,683명	
10		DH2-612	에이스플러스	커피할인	대한	5,000	3.0%	28,944명	
11				커피할인 평균				50,102명	
12				커피할인 개수	3				
13		EG4-071	올원 파이	넷플릭스	선한	8,000	3.0%	37,949명	
14		BJ3-762	마일리지 블랙	넷플릭스	한국	300,000	5.0%	4,062명	
15				넷플릭스 평균				21,006명	
16				넷플릭스 개수	2				
17				전체 평균				34,604명	
18				전체 개수	8				
19									

☞ **"제1작업"** 시트를 이용하여 조건에 따라 《출력형태》와 같이 작업하시오.

≪조건≫

(1) 차트 종류 ⇒ 〈묶은 세로 막대형〉으로 작업하시오.

(2) 데이터 범위 ⇒ "제1작업" 시트의 내용을 이용하여 작업하시오.

(3) 위치 ⇒ "새 시트"로 이동하고, "제4작업"으로 시트 이름을 바꾸시오.

(4) 차트 디자인 도구 ⇒ 레이아웃 3, 스타일 1을 선택하여 《출력형태》에 맞게 작업하시오.

(5) 영역 서식 ⇒ 차트 : 글꼴(굴림, 11pt), 채우기 효과(질감–파랑 박엽지)
그림 : 채우기(흰색, 배경1)

(6) 제목 서식 ⇒ 차트 제목 : 글꼴(굴림, 굵게, 20pt), 채우기(흰색, 배경1), 테두리

(7) 서식 ⇒ 연회비(국내전용) 계열의 차트 종류를 〈표식이 있는 꺾은선형〉으로 변경한 후 보조 축으로 지정하시오.
계열 : ≪출력형태≫를 참조하여 표식(마름모, 크기 10)과 레이블 값을 표시하시오.
눈금선 : 선 스타일–파선
축 : ≪출력형태≫를 참조하시오.

(8) 범례 ⇒ 범례명을 변경하고 ≪출력형태≫를 참조하시오.

(9) 도형 ⇒ '말풍선: 모서리가 둥근 사각형 설명선'을 삽입한 후 ≪출력형태≫와 같이 내용을 입력하시오.

(10) 나머지 사항은 ≪출력형태≫에 맞게 작성하시오.

≪출력형태≫

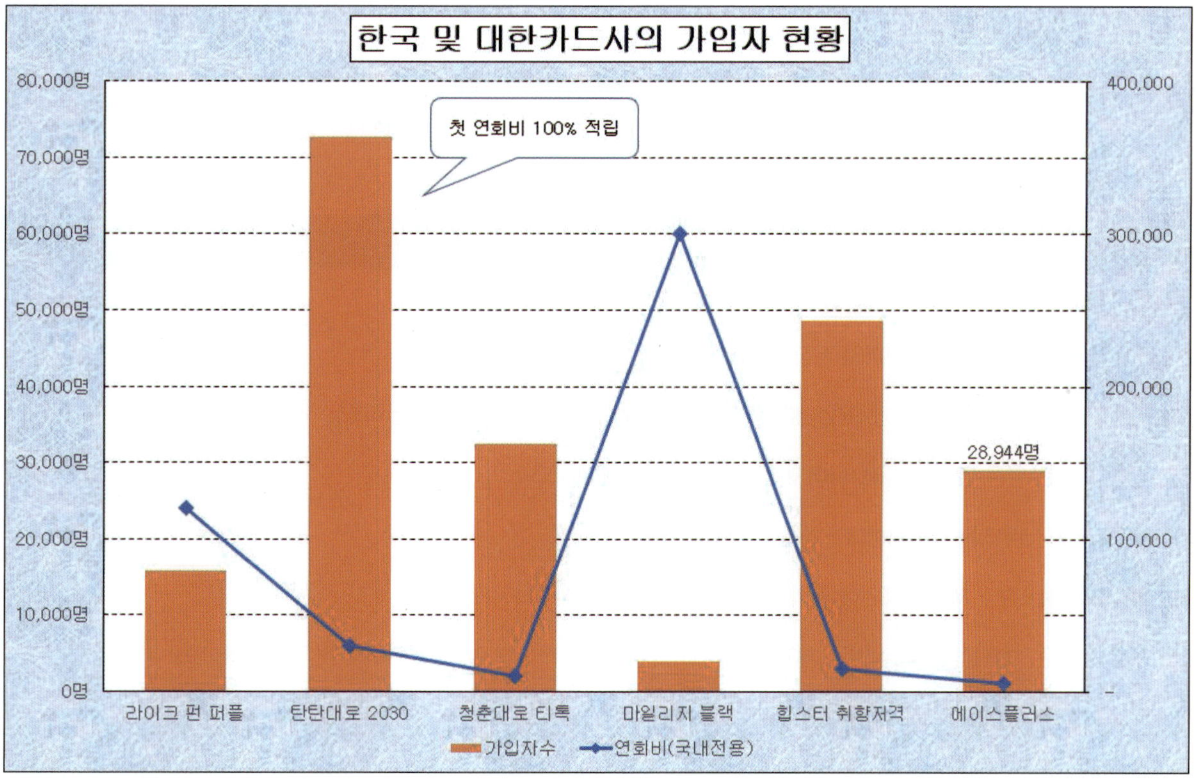

주의 ☞ 시트명 순서가 차례대로 "제1작업", "제2작업", "제3작업", "제4작업"이 되도록 할 것

제 08 회 실전모의고사

MS 오피스

과목	코드	문제유형	시험시간	수험번호	성명
한글엑셀	1122	C	60분		

수험자 유의사항

- 수험자는 문제지를 받는 즉시 문제지와 **수험표상의 시험과목(프로그램)이 동일한지 반드시 확인**하여야 합니다.
- 파일명은 본인의 "수험번호-성명"으로 입력하여 답안폴더(내 PC₩문서₩ITQ)에 하나의 파일로 저장해야 하며, 답안문서 파일명이 "수험번호-성명"과 일치하지 않거나, 답안파일을 전송하지 않아 미제출로 처리될 경우 실격 처리합니다(예:12345678-홍길동.xlsx).
- 답안 작성을 마치면 파일을 저장하고, '답안 전송' 버튼을 선택하여 감독위원 PC로 답안을 전송하십시오. 수험생 정보와 저장한 파일명이 다를 경우 전송되지 않으므로 주의하시기 바랍니다.
- 답안 작성 중에도 **주기적으로 저장하고, '답안 전송'**하여야 문제 발생을 줄일 수 있습니다. 작업한 내용을 저장하지 않고 전송할 경우 이전에 저장된 내용이 전송되오니 이점 유의하시기 바랍니다.
- 답안문서는 지정된 경로 외의 다른 보조기억장치에 저장하는 경우, 지정된 시험 시간 외에 작성된 파일을 활용할 경우, 기타 통신수단(이메일, 메신저, 네트워크 등)을 이용하여 타인에게 전달 또는 외부 반출하는 경우는 부정 처리합니다.
- 시험 중 부주의 또는 고의로 시스템을 파손한 경우는 수험자가 변상해야 하며, 〈수험자 유의사항〉에 기재된 방법대로 이행하지 않아 생기는 불이익은 수험생 당사자의 책임임을 알려 드립니다.
- 문제의 조건은 MS오피스 2021 버전으로 설정되어 있으니 유의하시기 바랍니다.
- 시험을 완료한 수험자는 답안파일이 전송되었는지 확인한 후 감독위원의 지시에 따라 문제지를 제출하고 퇴실합니다.

답안 작성요령

- 온라인 답안 작성 절차
  수험자 등록 ➡ 시험 시작 ➡ 답안파일 저장 ➡ 답안 전송 ➡ 시험 종료
- 문제는 총 4단계, 즉 제1작업부터 제4작업까지 구성되어 있으며 반드시 제1작업부터 순서대로 작성하고 조건대로 작업하시오.
- 모든 작업시트의 A열은 열 너비 '1'로, 나머지 열은 적당하게 조절하시오.
- 모든 작업시트의 테두리는 ≪출력형태≫와 같이 작업하시오.
- 해당 작업란에서는 각각 제시된 조건에 따라 ≪출력형태≫와 같이 작업하시오.
- 답안 시트 이름은 "제1작업", "제2작업", "제3작업", "제4작업"이어야 하며 답안 시트 이외의 것은 감점 처리됩니다.
- 각 시트를 파일로 나누어 작업해서 저장할 경우 실격 처리됩니다.

kpc 한국생산성본부

표 서식 작성 및 값 계산 (240점)

☞ 다음은 '온라인 가전제품 판매 현황'에 대한 자료이다. 자료를 입력하고 조건에 맞도록 작업하시오.

≪출력형태≫

온라인 가전제품 판매 현황

결재	담당	팀장	센터장

모델명	제조사	출시일	구분	가격	판매수량 (단위:대)	에너지소비 효율등급	판매순위	스마트기능
ME2-691	아비코전자	2020-01-08	공기청정기	315,850	2,175	3	(1)	(2)
ME2-681	써니전자	2019-11-10	냉장고	2,632,800	1,988	1	(1)	(2)
AS7-742	자화전자	2020-04-15	건조기	1,469,300	2,107	1	(1)	(2)
DX4-772	아비코전자	2020-02-12	건조기	825,000	2,457	2	(1)	(2)
EE5-752	써니전자	2018-04-13	냉장고	648,500	1,782	3	(1)	(2)
ST4-752	써니전자	2019-05-11	공기청정기	294,050	3,045	2	(1)	(2)
FQ2-771	아비코전자	2019-04-14	냉장고	1,826,490	2,336	2	(1)	(2)
DB6-772	자화전자	2020-02-19	공기청정기	1,219,140	3,154	1	(1)	(2)
최고 가격			(3)		공기청정기 판매수량(단위:대) 합계			(5)
판매수량(단위:대)이 평균 이상인 모델수			(4)		모델명	ME2-691	판매수량 (단위:대)	(6)

≪조건≫

○ 모든 데이터의 서식에는 글꼴(굴림, 11pt), 정렬은 숫자 및 회계 서식은 오른쪽 정렬, 나머지 서식은 가운데 정렬로 작성하며 예외적인 것은 ≪출력형태≫를 참조하시오.

○ 제목 ⇒ 도형(화살표: 오각형)과 그림자(오프셋: 오른쪽)를 이용하여 작성하고 "온라인 가전제품 판매 현황"을 입력한 후 다음 서식을 적용하시오(글꼴–굴림, 24pt, 검정, 굵게, 채우기–노랑).

○ 임의의 셀에 결재란을 작성하여 그림으로 복사 기능을 이용하여 붙이기 하시오(단, 원본 삭제).

○ 「B4:J4, G14, I14」 영역은 '주황'으로 채우기 하시오.

○ 유효성 검사를 이용하여 「H14」 셀에 모델명(「B5:B12」 영역)이 선택 표시되도록 하시오.

○ 셀 서식 ⇒ 「F5:F12」 영역에 셀 서식을 이용하여 숫자 뒤에 '원'을 표시하시오(예 : 315,850원).

○ 「F5:F12」 영역에 대해 '가격'으로 이름 정의를 하시오.

☞ (1)~(6) 셀은 반드시 **주어진 함수를 이용**하여 값을 구하시오(결과값을 직접 입력하면 해당 셀은 0점 처리됨).

(1) 판매순위 ⇒ 판매수량(단위:대)의 내림차순 순위를 구하시오(RANK.EQ 함수).

(2) 스마트기능 ⇒ 모델명의 마지막 글자가 1이면 'WIFI 내장', 2이면 공백으로 구하시오(CHOOSE, RIGHT 함수).

(3) 최고 가격 ⇒ 정의된 이름(가격)을 이용하여 구하시오(MAX 함수).

(4) 판매수량(단위:대)이 평균 이상인 모델수 ⇒ 결과값 뒤에 '개'를 붙이시오(COUNTIF, AVERAGE 함수, & 연산자) (예 : 2개).

(5) 공기청정기 판매수량(단위:대) 합계 ⇒ 조건은 입력 데이터를 이용하시오(DSUM 함수).

(6) 판매수량(단위:대) ⇒ 「H14」 셀에서 선택한 모델명에 대한 판매수량(단위:대)을 구하시오(VLOOKUP 함수).

(7) 조건부 서식의 수식을 이용하여 가격이 '500,000' 이하인 행 전체에 다음의 서식을 적용하시오 (글꼴 : 파랑, 굵게).

제2작업 목표값 찾기 및 필터 (80점)

☞ **"제1작업"** 시트의 「B4:H12」 영역을 복사하여 **"제2작업"** 시트의 「B2」 셀부터 모두 붙여넣기를 한 후 다음의 조건과 같이 작업하시오.

《조건》

(1) 목표값 찾기 – 「B11:G11」 셀을 병합하고 가운데 맞춤한 후 "아비코전자의 판매수량(단위:대) 평균"을 입력하고, 「H11」 셀에 아비코전자의 판매수량(단위:대) 평균을 구하시오. 단, 조건은 입력 데이터를 이용하시오(DAVERAGE 함수, 테두리).

– '아비코전자의 판매수량(단위:대) 평균'이 '2,400'이 되려면 ME2–691의 판매수량(단위:대)이 얼마가 되어야 하는지 목표값을 구하시오.

(2) 고급 필터 – 모델명이 'D'로 시작하거나 가격이 '2,000,000' 이상인 자료의 모델명, 구분, 가격, 판매수량(단위:대) 데이터만 추출하시오.

– 조건 범위 : 「B14」 셀부터 입력하시오.

– 복사 위치 : 「B18」 셀부터 나타나도록 하시오.

제3작업 정렬 및 부분합 (80점)

☞ **"제1작업"** 시트의 「B4:H12」 영역을 복사하여 **"제3작업"** 시트의 「B2」 셀부터 모두 붙여넣기를 한 후 다음의 조건과 같이 작업하시오.

《조건》

(1) 부분합 – 《출력형태》처럼 정렬하고, 모델명의 개수와 판매수량(단위:대)의 평균을 구하시오.

(2) 개요 – 지우시오.

(3) 나머지 사항은 《출력형태》에 맞게 작성하시오.

《출력형태》

	A	B	C	D	E	F	G	H	I
1									
2		모델명	제조사	출시일	구분	가격	판매수량 (단위:대)	에너지소비 효율등급	
3		ME2-681	써니전자	2019-11-10	냉장고	2,632,800원	1,988	1	
4		EE5-752	써니전자	2018-04-13	냉장고	648,500원	1,782	3	
5		FQ2-771	아비코전자	2019-04-14	냉장고	1,826,490원	2,336	2	
6					냉장고 평균		2,035		
7		3			냉장고 개수				
8		ME2-691	아비코전자	2020-01-08	공기청정기	315,850원	2,175	3	
9		ST4-752	써니전자	2019-05-11	공기청정기	294,050원	3,045	2	
10		DB6-772	자화전자	2020-02-19	공기청정기	1,219,140원	3,154	1	
11					공기청정기 평균		2,791		
12		3			공기청정기 개수				
13		AS7-742	자화전자	2020-04-15	건조기	1,469,300원	2,107	1	
14		DX4-772	아비코전자	2020-02-12	건조기	825,000원	2,457	2	
15					건조기 평균		2,282		
16		2			건조기 개수				
17					전체 평균		2,381		
18		8			전체 개수				
19									

그래프 (100점)

☞ **"제1작업"** 시트를 이용하여 조건에 따라 《출력형태》와 같이 작업하시오.

≪조건≫

(1) 차트 종류 ⇒ 〈묶은 세로 막대형〉으로 작업하시오.

(2) 데이터 범위 ⇒ "제1작업" 시트의 내용을 이용하여 작업하시오.

(3) 위치 ⇒ "새 시트"로 이동하고, "제4작업"으로 시트 이름을 바꾸시오.

(4) 차트 디자인 도구 ⇒ 레이아웃 3, 스타일 1을 선택하여 《출력형태》에 맞게 작업하시오.

(5) 영역 서식 ⇒ 차트 : 글꼴(굴림, 11pt), 채우기 효과(질감-파랑 박엽지)

그림 : 채우기(흰색, 배경1)

(6) 제목 서식 ⇒ 차트 제목 : 글꼴(굴림, 굵게, 20pt), 채우기(흰색, 배경1), 테두리

(7) 서식 ⇒ 가격 계열의 차트 종류를 〈표식이 있는 꺾은선형〉으로 변경한 후 보조 축으로 지정하시오.

계열 : ≪출력형태≫를 참조하여 표식(네모, 크기 10)과 레이블 값을 표시하시오.

눈금선 : 선 스타일-파선

축 : ≪출력형태≫를 참조하시오.

(8) 범례 ⇒ 범례명을 변경하고 ≪출력형태≫를 참조하시오.

(9) 도형 ⇒ '말풍선: 모서리가 둥근 사각형 설명선'을 삽입한 후 ≪출력형태≫와 같이 내용을 입력하시오.

(10) 나머지 사항은 ≪출력형태≫에 맞게 작성하시오.

≪출력형태≫

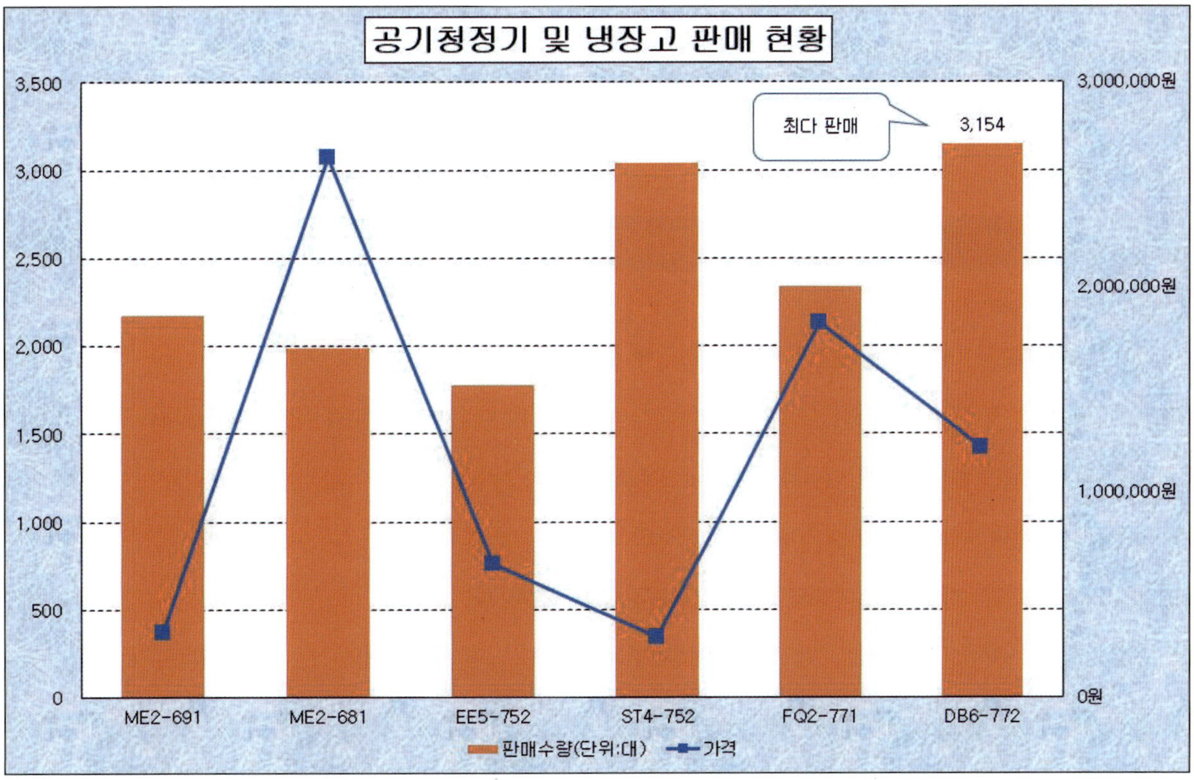

주의 ☞ 시트명 순서가 차례대로 "제1작업", "제2작업", "제3작업", "제4작업"이 되도록 할 것

제 09 회 실전모의고사

MS 오피스

과목	코드	문제유형	시험시간	수험번호	성명
한글엑셀	1122	D	60분		

수험자 유의사항

- 수험자는 문제지를 받는 즉시 문제지와 **수험표상의 시험과목(프로그램)이 동일한지 반드시 확인**하여야 합니다.
- 파일명은 본인의 "수험번호-성명"으로 입력하여 답안폴더(내 PC₩문서₩ITQ)에 하나의 파일로 저장해야 하며, 답안문서 파일명이 "수험번호-성명"과 일치하지 않거나, 답안파일을 전송하지 않아 미제출로 처리될 경우 실격 처리합니다(예:12345678-홍길동.xlsx).
- 답안 작성을 마치면 파일을 저장하고, '답안 전송' 버튼을 선택하여 감독위원 PC로 답안을 전송하십시오. 수험생 정보와 저장한 파일명이 다를 경우 전송되지 않으므로 주의하시기 바랍니다.
- 답안 작성 중에도 **주기적으로 저장하고, '답안 전송'**하여야 문제 발생을 줄일 수 있습니다. 작업한 내용을 저장하지 않고 전송할 경우 이전에 저장된 내용이 전송되오니 이점 유의하시기 바랍니다.
- 답안문서는 지정된 경로 외의 다른 보조기억장치에 저장하는 경우, 지정된 시험 시간 외에 작성된 파일을 활용할 경우, 기타 통신수단(이메일, 메신저, 네트워크 등)을 이용하여 타인에게 전달 또는 외부 반출하는 경우는 부정 처리합니다.
- 시험 중 부주의 또는 고의로 시스템을 파손한 경우는 수험자가 변상해야 하며, 〈수험자 유의사항〉에 기재된 방법대로 이행하지 않아 생기는 불이익은 수험생 당사자의 책임임을 알려 드립니다.
- 문제의 조건은 MS오피스 2021 버전으로 설정되어 있으니 유의하시기 바랍니다.
- 시험을 완료한 수험자는 답안파일이 전송되었는지 확인한 후 감독위원의 지시에 따라 문제지를 제출하고 퇴실합니다.

답안 작성요령

- 온라인 답안 작성 절차
  수험자 등록 ➡ 시험 시작 ➡ 답안파일 저장 ➡ 답안 전송 ➡ 시험 종료
- 문제는 총 4단계, 즉 제1작업부터 제4작업까지 구성되어 있으며 반드시 제1작업부터 순서대로 작성하고 조건대로 작업하시오.
- 모든 작업시트의 A열은 열 너비 '1'로, 나머지 열은 적당하게 조절하시오.
- 모든 작업시트의 테두리는 ≪출력형태≫와 같이 작업하시오.
- 해당 작업란에서는 각각 제시된 조건에 따라 ≪출력형태≫와 같이 작업하시오.
- 답안 시트 이름은 "제1작업", "제2작업", "제3작업", "제4작업"이어야 하며 답안 시트 이외의 것은 감점 처리됩니다.
- 각 시트를 파일로 나누어 작업해서 저장할 경우 실격 처리됩니다.

kpc 한국생산성본부

제1작업 표 서식 작성 및 값 계산 (240점)

☞ 다음은 '장난감 대여 관리 현황'에 대한 자료이다. 자료를 입력하고 조건에 맞도록 작업하시오.

≪출력형태≫

장난감 대여 관리 현황

결재	담당	대리	과장

대여코드	제품명	분류	대여기간	판매가격 (단위:원)	4주 대여가격 (단위:원)	대여수량	배송지	비고
GW-03	페달트랙터	자동차	15	125,000	33,000	17	(1)	(2)
CE-13	레이싱카	자동차	5	65,000	28,000	19	(1)	(2)
DC-12	워크어라운드	쏘서	6	95,000	33,000	6	(1)	(2)
PK-01	물놀이세트	놀이세트	12	17,000	33,000	15	(1)	(2)
DW-01	디보쏘서	쏘서	10	105,000	26,000	12	(1)	(2)
CQ-02	미니카	자동차	6	78,000	28,000	20	(1)	(2)
WB-12	구름빵 놀이터	놀이세트	8	42,000	23,000	14	(1)	(2)
PX-02	스포츠센터	놀이세트	10	56,000	30,000	7	(1)	(2)
놀이세트 제품 대여수량 합계			(3)		4주 대여가격(단위:원)의 최저값			(5)
자동차 제품 평균 대여기간			(4)		제품명	페달트랙터	대여수량	(6)

≪조건≫

- ○ 모든 데이터의 서식에는 글꼴(굴림, 11pt), 정렬은 숫자 및 회계 서식은 오른쪽 정렬, 나머지 서식은 가운데 정렬로 작성하며 예외적인 것은《출력형태》를 참조하시오.
- ○ 제목 ⇒ 도형(팔각형)과 그림자(오프셋: 가운데)를 이용하여 작성하고 "장난감 대여 관리 현황"을 입력한 후 다음 서식을 적용하시오(글꼴-굴림, 24pt, 검정, 굵게, 채우기-노랑).
- ○ 임의의 셀에 결재란을 작성하여 그림으로 복사 기능을 이용하여 붙이기 하시오(단, 원본 삭제).
- ○「B4:J4, G14, I14」 영역은 '주황'으로 채우기 하시오.
- ○ 유효성 검사를 이용하여「H14」셀에 제품명(「C5:C12」 영역)이 선택 표시되도록 하시오.
- ○ 셀 서식 ⇒「E5:E12」 영역에 셀 서식을 이용하여 숫자 뒤에 '주'를 표시하시오(예 : 15주).
- ○「G5:G12」 영역에 대해 '대여가격'으로 이름 정의를 하시오.

☞ (1)~(6) 셀은 반드시 **주어진 함수를 이용**하여 값을 구하시오(결과값을 직접 입력하면 해당 셀은 0점 처리됨).

(1) 배송지 ⇒ 대여코드의 마지막 글자가 1이면 '경기', 2이면 '인천', 3이면 '서울'로 구하시오(CHOOSE, RIGHT 함수).

(2) 비고 ⇒ 대여수량이 15 이상이면 '★', 그 외에는 공백으로 구하시오(IF 함수).

(3) 놀이세트 제품 대여수량 합계 ⇒ 결과값에 '개'를 붙이시오(SUMIF 함수, & 연산자)(예 : 10개).

(4) 자동차 제품 평균 대여기간 ⇒ 올림하여 정수로 구하시오. 단, 조건은 입력 데이터를 이용하시오(ROUNDUP, DAVERAGE 함수)(예 : 12.3 → 13).

(5) 4주 대여가격(단위:원)의 최저값 ⇒ 정의된 이름(대여가격)을 이용하여 구하시오(MIN 함수).

(6) 대여수량 ⇒「H14」셀에서 선택한 제품명에 대한 대여수량을 구하시오(VLOOKUP 함수).

(7) 조건부 서식을 이용하여 대여수량 셀에 데이터 막대 스타일(녹색)을 최소값 및 최대값으로 적용하시오.

제2작업 필터 및 서식 (80점)

☞ **"제1작업"** 시트의 「**B4:H12**」 영역을 복사하여 **"제2작업"** 시트의 「B2」 셀부터 모두 붙여넣기를 한 후 다음의 조건과 같이 작업하시오.

≪조건≫

(1) 고급 필터 – 분류가 '자동차'이거나 판매가격(단위:원)이 '100,000' 이상인 자료의 데이터만 추출하시오.
- 조건 범위 : 「B13」 셀부터 입력하시오.
- 복사 위치 : 「B18」 셀부터 나타나도록 하시오.

(2) 표 서식 – 고급 필터의 결과셀을 채우기 없음으로 설정한 후 '표 스타일 보통 4'의 서식을 적용하시오.
- 머리글 행, 줄무늬 행을 적용하시오.

제3작업 피벗 테이블 (80점)

☞ **"제1작업"** 시트를 이용하여 **"제3작업"** 시트에 조건에 따라 《출력형태》와 같이 작업하시오.

≪조건≫

(1) 판매가격(단위:원) 및 분류별 제품명의 개수와 4주 대여가격(단위:원)의 평균을 구하시오.
(2) 판매가격(단위:원)을 그룹화하고, 분류를 ≪출력형태≫와 같이 정렬하시오.
(3) 레이블이 있는 셀 병합 및 가운데 맞춤 적용과 빈 셀은 '**'로 표시하시오.
(4) 행의 총합계는 지우고, 나머지 사항은 《출력형태》에 맞게 작성하시오.

≪출력형태≫

	A	B	C	D	E	F	G	H
1								
2			분류					
3			자동차		쏘서		놀이세트	
4		판매가격(단위:원)	개수 : 제품명	평균 : 4주 대여가격(단위:원)	개수 : 제품명	평균 : 4주 대여가격(단위:원)	개수 : 제품명	평균 : 4주 대여가격(단위:원)
5		1-50000	**	**	**	**	2	28,000
6		50001-100000	2	28,000	1	33,000	1	30,000
7		100001-150000	1	33,000	1	26,000	**	**
8		총합계	3	29,667	2	29,500	3	28,667
9								

☞ **"제1작업"** 시트를 이용하여 조건에 따라 《출력형태》와 같이 작업하시오.

《조건》

(1) 차트 종류 ⇒ 〈묶은 세로 막대형〉으로 작업하시오.

(2) 데이터 범위 ⇒ "제1작업" 시트의 내용을 이용하여 작업하시오.

(3) 위치 ⇒ "새 시트"로 이동하고, "제4작업"으로 시트 이름을 바꾸시오.

(4) 차트 디자인 도구 ⇒ 레이아웃 3, 스타일 1을 선택하여 《출력형태》에 맞게 작업하시오.

(5) 영역 서식 ⇒ 차트 : 글꼴(굴림, 11pt), 채우기 효과(질감–파랑 박엽지)
그림 : 채우기(흰색, 배경1)

(6) 제목 서식 ⇒ 차트 제목 : 글꼴(굴림, 굵게, 20pt), 채우기(흰색, 배경1), 테두리

(7) 서식 ⇒ 대여기간 계열의 차트 종류를 〈표식이 있는 꺾은선형〉으로 변경한 후 보조 축으로 지정하시오.
계열 : 《출력형태》를 참조하여 표식(세모, 크기 10)과 레이블 값을 표시하시오.
눈금선 : 선 스타일–파선
축 : 《출력형태》를 참조하시오.

(8) 범례 ⇒ 범례명을 변경하고 《출력형태》를 참조하시오.

(9) 도형 ⇒ '말풍선: 모서리가 둥근 사각형 설명선'을 삽입한 후 《출력형태》와 같이 내용을 입력하시오.

(10) 나머지 사항은 《출력형태》에 맞게 작성하시오.

《출력형태》

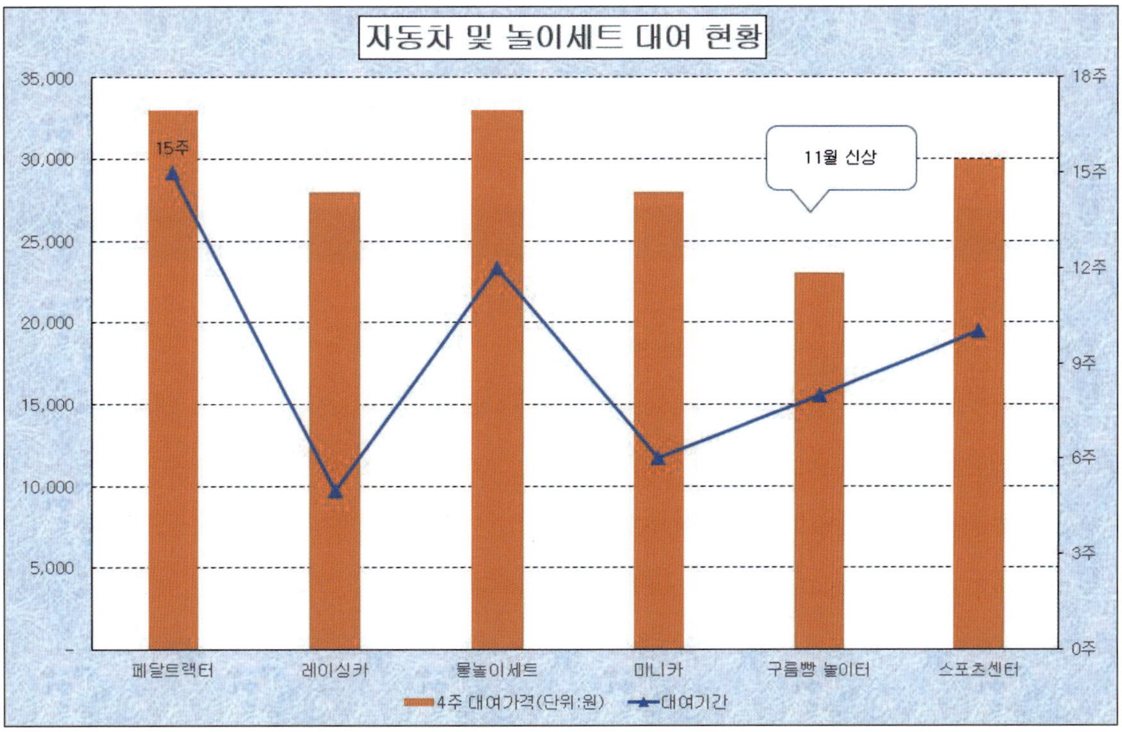

주의 ☞ 시트명 순서가 차례대로 "제1작업", "제2작업", "제3작업", "제4작업"이 되도록 할 것

제 10 회 실전모의고사

MS 오피스

과목	코드	문제유형	시험시간	수험번호	성명
한글엑셀	1122	E	60분		

수험자 유의사항

- 수험자는 문제지를 받는 즉시 문제지와 **수험표상의 시험과목(프로그램)이 동일한지 반드시 확인**하여야 합니다.
- 파일명은 본인의 "수험번호-성명"으로 입력하여 답안폴더(내 PC₩문서₩ITQ)에 하나의 파일로 저장해야 하며, 답안문서 파일명이 "수험번호-성명"과 일치하지 않거나, 답안파일을 전송하지 않아 미제출로 처리될 경우 실격 처리합니다(예:12345678-홍길동.xlsx).
- 답안 작성을 마치면 파일을 저장하고, '답안 전송' 버튼을 선택하여 감독위원 PC로 답안을 전송하십시오. 수험생 정보와 저장한 파일명이 다를 경우 전송되지 않으므로 주의하시기 바랍니다.
- 답안 작성 중에도 **주기적으로 저장하고, '답안 전송'**하여야 문제 발생을 줄일 수 있습니다. 작업한 내용을 저장하지 않고 전송할 경우 이전에 저장된 내용이 전송되오니 이점 유의하시기 바랍니다.
- 답안문서는 지정된 경로 외의 다른 보조기억장치에 저장하는 경우, 지정된 시험 시간 외에 작성된 파일을 활용할 경우, 기타 통신수단(이메일, 메신저, 네트워크 등)을 이용하여 타인에게 전달 또는 외부 반출하는 경우는 부정 처리합니다.
- 시험 중 부주의 또는 고의로 시스템을 파손한 경우는 수험자가 변상해야 하며, 〈수험자 유의사항〉에 기재된 방법대로 이행하지 않아 생기는 불이익은 수험생 당사자의 책임임을 알려 드립니다.
- 문제의 조건은 MS오피스 2021 버전으로 설정되어 있으니 유의하시기 바랍니다.
- 시험을 완료한 수험자는 답안파일이 전송되었는지 확인한 후 감독위원의 지시에 따라 문제지를 제출하고 퇴실합니다.

답안 작성요령

- 온라인 답안 작성 절차
  수험자 등록 ➡ 시험 시작 ➡ 답안파일 저장 ➡ 답안 전송 ➡ 시험 종료
- 문제는 총 4단계, 즉 제1작업부터 제4작업까지 구성되어 있으며 반드시 제1작업부터 순서대로 작성하고 조건대로 작업하시오.
- 모든 작업시트의 A열은 열 너비 '1'로, 나머지 열은 적당하게 조절하시오.
- 모든 작업시트의 테두리는 ≪출력형태≫와 같이 작업하시오.
- 해당 작업란에서는 각각 제시된 조건에 따라 ≪출력형태≫와 같이 작업하시오.
- 답안 시트 이름은 "제1작업", "제2작업", "제3작업", "제4작업"이어야 하며 답안 시트 이외의 것은 감점 처리됩니다.
- 각 시트를 파일로 나누어 작업해서 저장할 경우 실격 처리됩니다.

kpc 한국생산성본부

☞ 다음은 '상반기 주말근무 현황'에 대한 자료이다. 자료를 입력하고 조건에 맞도록 작업하시오.

≪출력형태≫

상반기 주말근무 현황

결재	담당	팀장	센터장

사원명	부서	주민번호	근무일	직급	근무시간	근무수당 (단위:원)	성별	근무월
이건우	홍보	800102-1******	2024-01-26	사원	9	77,000	(1)	(2)
이경은	마케팅	820315-2******	2024-06-15	대리	8	72,500	(1)	(2)
안경찬	기획	780116-1******	2024-03-09	과장	5	54,500	(1)	(2)
김연수	기획	801210-2******	2024-05-26	대리	6	45,000	(1)	(2)
지용수	홍보	810412-1******	2024-04-07	사원	6	52,000	(1)	(2)
윤다솔	마케팅	880504-2******	2024-05-05	사원	7	45,000	(1)	(2)
권희서	홍보	791230-2******	2024-04-13	대리	6	63,500	(1)	(2)
안국기	기획	730713-1******	2024-06-08	부장	4	51,000	(1)	(2)
최대 근무수당(단위:원)			(3)		마케팅 사원 수			(5)
홍보부 근무수당(단위:원) 평균			(4)		사원명	이건우	근무수당 (단위:원)	(6)

≪조건≫

○ 모든 데이터의 서식에는 글꼴(굴림, 11pt), 정렬은 숫자 및 회계 서식은 오른쪽 정렬, 나머지 서식은 가운데 정렬로 작성하며 예외적인 것은《출력형태》를 참조하시오.

○ 제목 ⇒ 도형(십자형)과 그림자(오프셋: 오른쪽 위)를 이용하여 작성하고 "상반기 주말근무 현황"을 입력한 후 다음 서식을 적용하시오(글꼴–굴림, 24pt, 검정, 굵게, 채우기–노랑).

○ 임의의 셀에 결재란을 작성하여 그림으로 복사 기능을 이용하여 붙이기 하시오(단, 원본 삭제).

○ 「B4:J4, G14, I14」 영역은 '주황'으로 채우기 하시오.

○ 유효성 검사를 이용하여 「H14」 셀에 사원명(「B5:B12」 영역)이 선택 표시되도록 하시오.

○ 셀 서식 ⇒ 「G5:G12」 영역에 셀 서식을 이용하여 숫자 뒤에 '시간'을 표시하시오(예 : 9시간).

○ 「C5:C12」 영역에 대해 '부서'로 이름 정의를 하시오.

☞ (1)~(6) 셀은 반드시 **주어진 함수를 이용**하여 값을 구하시오(결과값을 직접 입력하면 해당 셀은 0점 처리됨).

(1) 성별 ⇒ 주민번호의 8번째 글자가 1이면 '남성', 그 외에는 '여성'으로 구하시오(IF, MID 함수).

(2) 근무월 ⇒ 근무일의 월을 추출하여 '월'을 붙이시오(MONTH 함수, & 연산자)(예 : 1월).

(3) 최대 근무수당(단위:원) ⇒ (MAX 함수)

(4) 홍보부 근무수당(단위:원) 평균 ⇒ 부서가 '홍보'인 사원의 근무수당(단위:원) 평균을 올림하여 천원 단위까지 구하시오. 단, 조건은 입력 데이터를 이용하시오(ROUNDUP, DAVERAGE 함수)(예 : 12,345.6 → 13,000).

(5) 마케팅 사원 수 ⇒ 정의된 이름(부서)을 이용하여 구하시오(COUNTIF 함수).

(6) 근무수당(단위:원) ⇒ 「H14」 셀에서 선택한 사원명의 근무수당(단위:원)을 구하시오(VLOOKUP 함수).

(7) 조건부 서식의 수식을 이용하여 근무수당(단위:원)이 '70,000' 이상인 자료의 행 전체에 다음의 서식을 적용하시오(글꼴 : 파랑, 굵게).

제2작업 목표값 찾기 및 필터 (80점)

☞ **"제1작업"** 시트의 「B4:H12」 영역을 복사하여 **"제2작업"** 시트의 「B2」 셀부터 모두 붙여넣기를 한 후 다음의 조건과 같이 작업하시오.

《조건》

(1) 목표값 찾기 – 「B11:G11」 셀을 병합하고 가운데 맞춤한 후 "근무수당(단위:원)의 전체 평균"을 입력하고, 「H11」 셀에 근무수당(단위:원)의 전체 평균을 구하시오. 단, 조건은 입력 데이터를 이용하시오(AVERAGE 함수, 테두리).

– '근무수당(단위:원)의 전체 평균'이 '58,000'이 되려면 이건우의 근무수당(단위:원)이 얼마가 되어야 하는지 목표값을 구하시오.

(2) 고급 필터 – 부서가 '홍보'가 아니면서 근무시간이 '6' 이하인 자료의 사원명, 직급, 근무시간, 근무수당(단위:원)의 데이터만 추출하시오.

– 조건 범위 : 「B14」 셀부터 입력하시오.

– 복사 위치 : 「B18」 셀부터 나타나도록 하시오.

제3작업 정렬 및 부분합 (80점)

☞ **"제1작업"** 시트의 「B4:H12」 영역을 복사하여 **"제3작업"** 시트의 「B2」 셀부터 모두 붙여넣기를 한 후 다음의 조건과 같이 작업하시오.

《조건》

(1) 부분합 – 《출력형태》처럼 정렬하고, 사원명의 개수와 근무수당(단위:원)의 평균을 구하시오.

(2) 개요 – 지우시오.

(3) 나머지 사항은 《출력형태》에 맞게 작성하시오.

《출력형태》

	A	B	C	D	E	F	G	H	I
1									
2		사원명	부서	주민번호	근무일	직급	근무시간	근무수당 (단위:원)	
3		이건우	홍보	800102-1******	2024-01-26	사원	9시간	77,000	
4		지용수	홍보	810412-1******	2024-04-07	사원	6시간	52,000	
5		권희서	홍보	791230-2******	2024-04-13	대리	6시간	63,500	
6			홍보 평균					64,167	
7		3	홍보 개수						
8		이경은	마케팅	820315-2******	2024-06-15	대리	8시간	72,500	
9		윤다솔	마케팅	880504-2******	2024-05-05	사원	7시간	45,000	
10			마케팅 평균					58,750	
11		2	마케팅 개수						
12		안경찬	기획	780116-1******	2024-03-09	과장	5시간	54,500	
13		김연수	기획	801210-2******	2024-05-26	대리	6시간	45,000	
14		안국기	기획	730713-1******	2024-06-08	부장	4시간	51,000	
15			기획 평균					50,167	
16		3	기획 개수						
17			전체 평균					57,563	
18		8	전체 개수						
19									

제4작업 그래프 (100점)

☞ **"제1작업"** 시트를 이용하여 조건에 따라 《출력형태》와 같이 작업하시오.

《조건》

(1) 차트 종류 ⇒ 〈묶은 세로 막대형〉으로 작업하시오.

(2) 데이터 범위 ⇒ "제1작업" 시트의 내용을 이용하여 작업하시오.

(3) 위치 ⇒ "새 시트"로 이동하고, "제4작업"으로 시트 이름을 바꾸시오.

(4) 차트 디자인 도구 ⇒ 레이아웃 3, 스타일 1을 선택하여 《출력형태》에 맞게 작업하시오.

(5) 영역 서식 ⇒ 차트 : 글꼴(굴림, 11pt), 채우기 효과(질감–분홍 박엽지)

그림 : 채우기(흰색, 배경1)

(6) 제목 서식 ⇒ 차트 제목 : 글꼴(굴림, 굵게, 20pt), 채우기(흰색, 배경1), 테두리

(7) 서식 ⇒ 근무시간 계열의 차트 종류를 〈표식이 있는 꺾은선형〉으로 변경한 후 보조 축으로 지정하시오.

계열 : 《출력형태》를 참조하여 표식(네모, 크기 10)과 레이블 값을 표시하시오.

눈금선 : 선 스타일–파선

축 : 《출력형태》를 참조하시오.

(8) 범례 ⇒ 범례명을 변경하고 《출력형태》를 참조하시오.

(9) 도형 ⇒ '말풍선: 사각형 설명선'을 삽입한 후 《출력형태》와 같이 내용을 입력하시오.

(10) 나머지 사항은 《출력형태》에 맞게 작성하시오.

《출력형태》

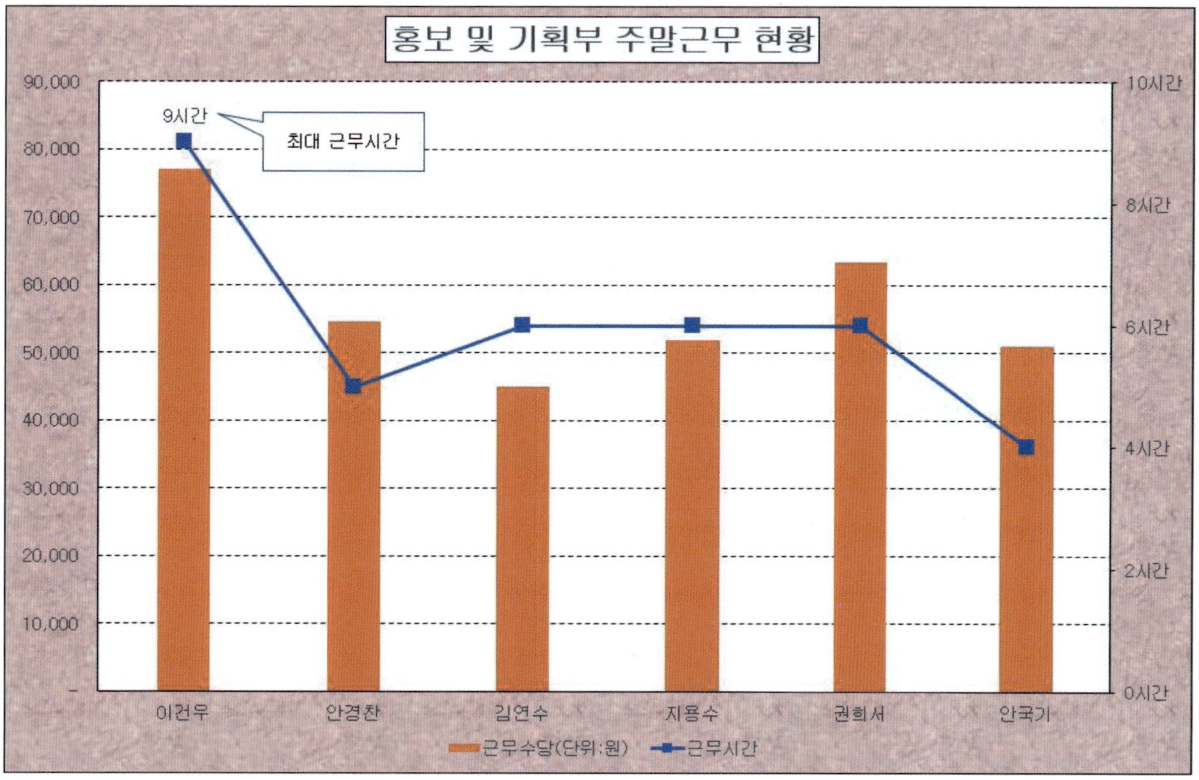

주의 ☞ 시트명 순서가 차례대로 "제1작업", "제2작업", "제3작업", "제4작업"이 되도록 할 것

제 11 회 실전모의고사

MS 오피스

과목	코드	문제유형	시험시간	수험번호	성명
한글엑셀	1122	A	60분		

수험자 유의사항

- 수험자는 문제지를 받는 즉시 문제지와 **수험표상의 시험과목(프로그램)이 동일한지 반드시 확인**하여야 합니다.
- 파일명은 본인의 "수험번호-성명"으로 입력하여 답안폴더(내 PC₩문서₩ITQ)에 하나의 파일로 저장해야 하며, 답안문서 파일명이 "수험번호-성명"과 일치하지 않거나, 답안파일을 전송하지 않아 미제출로 처리될 경우 실격 처리합니다(예:12345678-홍길동.xlsx).
- 답안 작성을 마치면 파일을 저장하고, '답안 전송' 버튼을 선택하여 감독위원 PC로 답안을 전송하십시오. 수험생 정보와 저장한 파일명이 다를 경우 전송되지 않으므로 주의하시기 바랍니다.
- 답안 작성 중에도 **주기적으로 저장하고, '답안 전송'**하여야 문제 발생을 줄일 수 있습니다. 작업한 내용을 저장하지 않고 전송할 경우 이전에 저장된 내용이 전송되오니 이점 유의하시기 바랍니다.
- 답안문서는 지정된 경로 외의 다른 보조기억장치에 저장하는 경우, 지정된 시험 시간 외에 작성된 파일을 활용할 경우, 기타 통신수단(이메일, 메신저, 네트워크 등)을 이용하여 타인에게 전달 또는 외부 반출하는 경우는 부정 처리합니다.
- 시험 중 부주의 또는 고의로 시스템을 파손한 경우는 수험자가 변상해야 하며, 〈수험자 유의사항〉에 기재된 방법대로 이행하지 않아 생기는 불이익은 수험생 당사자의 책임임을 알려 드립니다.
- 문제의 조건은 MS오피스 2021 버전으로 설정되어 있으니 유의하시기 바랍니다.
- 시험을 완료한 수험자는 답안파일이 전송되었는지 확인한 후 감독위원의 지시에 따라 문제지를 제출하고 퇴실합니다.

답안 작성요령

- 온라인 답안 작성 절차
  수험자 등록 ➡ 시험 시작 ➡ 답안파일 저장 ➡ 답안 전송 ➡ 시험 종료
- 문제는 총 4단계, 즉 제1작업부터 제4작업까지 구성되어 있으며 반드시 제1작업부터 순서대로 작성하고 조건대로 작업하시오.
- 모든 작업시트의 A열은 열 너비 '1'로, 나머지 열은 적당하게 조절하시오.
- 모든 작업시트의 테두리는 ≪출력형태≫와 같이 작업하시오.
- 해당 작업란에서는 각각 제시된 조건에 따라 ≪출력형태≫와 같이 작업하시오.
- 답안 시트 이름은 "제1작업", "제2작업", "제3작업", "제4작업"이어야 하며 답안 시트 이외의 것은 감점 처리됩니다.
- 각 시트를 파일로 나누어 작업해서 저장할 경우 실격 처리됩니다.

kpc 한국생산성본부

제1작업 표 서식 작성 및 값 계산 (240점)

☞ 다음은 '자원봉사자 모집 및 신청 현황'에 대한 자료이다. 자료를 입력하고 조건에 맞도록 작업하시오.

≪출력형태≫

자원봉사자 모집 및 신청 현황

결재	담당	팀장	부장

모집코드	봉사명	봉사장소	활동주기	봉사시간	모집인원(단위:명)	신청인원(단위:명)	봉사시작일	순위
CB-0410	바자회 보조	센터	비정기/월1회	8	1,347	1,450	(1)	(2)
BC-0315	미용서비스	복지관	비정기/월1회	6	750	568	(1)	(2)
BC-0901	멘토링 교육	복지관	정기/매주 1회	24	1,850	954	(1)	(2)
JC-1012	시설 봉사	재활협회	정기/매주 주말	48	1,125	1,450	(1)	(2)
BC-0620	경로식당	복지관	비정기/월1회	8	1,500	1,650	(1)	(2)
CB-0401	생활지원	센터	정기/매주 매일	48	1,120	1,350	(1)	(2)
BC-0622	컴퓨터교육 보조	복지관	정기/매주 1회	16	500	467	(1)	(2)
JC-1101	성장 멘토링	재활협회	정기/매주 월수	32	1,831	1,321	(1)	(2)
비정기/월1회 모집인원(단위:명)의 평균			(3)		최저 신청인원(단위:명)			(5)
봉사장소 복지관의 전체 비율			(4)		봉사명	바자회 보조	봉사시간	(6)

≪조건≫

○ 모든 데이터의 서식에는 글꼴(굴림, 11pt), 정렬은 숫자 및 회계 서식은 오른쪽 정렬, 나머지 서식은 가운데 정렬로 작성하며 예외적인 것은 《출력형태》를 참조하시오.

○ 제목 ⇒ 도형(사각형: 둥근 모서리)과 그림자(오프셋: 오른쪽 아래)를 이용하여 작성하고 "자원봉사자 모집 및 신청 현황"을 입력한 후 다음 서식을 적용하시오(글꼴-굴림, 24pt, 검정, 굵게, 채우기-노랑).

○ 임의의 셀에 결재란을 작성하여 그림으로 복사 기능을 이용하여 붙이기 하시오(단, 원본 삭제).

○ 「B4:J4, G14, I14」 영역은 '주황'으로 채우기 하시오.

○ 유효성 검사를 이용하여 「H14」 셀에 봉사명(「C5:C12」 영역)이 선택 표시되도록 하시오.

○ 셀 서식 ⇒ 「F5:F12」 영역에 셀 서식을 이용하여 숫자 뒤에 '시간'을 표시하시오(예 : 8시간).

○ 「H5:H12」 영역에 대해 '신청인원'으로 이름 정의를 하시오.

☞ (1)~(6) 셀은 반드시 **주어진 함수를 이용**하여 값을 구하시오(결과값을 직접 입력하면 해당 셀은 0점 처리됨).

(1) 봉사시작일 ⇒ 모집코드 4, 5번째 숫자를 '월', 6, 7번째 숫자를 '일'로 하는 2024년의 날짜를 구하시오(DATE, MID 함수)(예 : CB-0410 → 2024-04-10).

(2) 순위 ⇒ 신청인원(단위:명)의 내림차순 순위를 구한 결과값에 '위'를 붙이시오(RANK.EQ 함수 & 연산자)(예 : 1위).

(3) 비정기/월1회 모집인원(단위:명)의 평균 ⇒ 조건은 입력 데이터를 이용하시오(DAVERAGE 함수).

(4) 봉사장소 복지관의 전체 비율 ⇒ 「복지관수÷전체 봉사장소 수」로 구한 후 백분율 형식으로 표시하시오(COUNTIF, COUNTA 함수)(예 : 25%).

(5) 최저 신청인원(단위:명) ⇒ 정의된 이름(신청인원)을 이용하여 구하시오(SMALL 함수).

(6) 봉사시간 ⇒ 「H14」 셀에서 선택한 봉사명에 대한 봉사시간을 구하시오(VLOOKUP 함수).

(7) 조건부 서식을 이용하여 모집인원(단위:명) 셀에 데이터 막대 스타일(녹색)을 최소값 및 최대값으로 적용하시오.

제2작업 필터 및 서식 (80점)

☞ **"제1작업"** 시트의 「**B4:H12**」 영역을 복사하여 **"제2작업"** 시트의 「B2」 셀부터 모두 붙여넣기를 한 후 다음의 조건과 같이 작업하시오.

≪조건≫

(1) 고급 필터 – 봉사장소가 '센터'이거나 모집인원(단위:명)이 '1,800' 이상인 자료의 봉사명, 봉사장소, 봉사시간, 모집인원(단위:명) 데이터만 추출하시오.
- 조건 범위 : 「B13」 셀부터 입력하시오.
- 복사 위치 : 「B18」 셀부터 나타나도록 하시오.

(2) 표 서식 – 고급 필터의 결과셀을 채우기 없음으로 설정한 후 '표 스타일 보통 5'의 서식을 적용하시오.
- 머리글 행, 줄무늬 행을 적용하시오.

제3작업 피벗 테이블 (80점)

☞ **"제1작업"** 시트를 이용하여 **"제3작업"** 시트에 조건에 따라 《출력형태》와 같이 작업하시오.

≪조건≫

(1) 봉사시간 및 봉사장소별 봉사명의 개수와 신청인원(단위:명)의 평균을 구하시오.
(2) 봉사시간을 그룹화하고, 봉사장소를 ≪출력형태≫와 같이 정렬하시오.
(3) 레이블이 있는 셀 병합 및 가운데 맞춤 적용과 빈 셀은 '***'로 표시하시오.
(4) 행의 총합계는 지우고, 나머지 사항은 《출력형태》에 맞게 작성하시오.

≪출력형태≫

	A	B	C	D	E	F	G	H
1								
2			봉사장소					
3			재활협회		센터		복지관	
4		봉사시간	개수 : 봉사명	평균 : 신청인원(단위:명)	개수 : 봉사명	평균 : 신청인원(단위:명)	개수 : 봉사명	평균 : 신청인원(단위:명)
5		6-25	***	***	1	1,450	4	910
6		26-45	1	1,321	***	***	***	***
7		46-65	1	1,450	1	1,350	***	***
8		총합계	2	1,386	2	1,400	4	910
9								

제4작업 그래프 (100점)

☞ **"제1작업"** 시트를 이용하여 조건에 따라 《출력형태》와 같이 작업하시오.

《조건》

(1) 차트 종류 ⇒ 〈묶은 세로 막대형〉으로 작업하시오.

(2) 데이터 범위 ⇒ "제1작업" 시트의 내용을 이용하여 작업하시오.

(3) 위치 ⇒ "새 시트"로 이동하고, "제4작업"으로 시트 이름을 바꾸시오.

(4) 차트 디자인 도구 ⇒ 레이아웃 3, 스타일 1을 선택하여 《출력형태》에 맞게 작업하시오.

(5) 영역 서식 ⇒ 차트 : 글꼴(돋움, 11pt), 채우기 효과(질감–편지지)
그림 : 채우기(흰색, 배경1)

(6) 제목 서식 ⇒ 차트 제목 : 글꼴(돋움, 굵게, 20pt), 채우기(흰색, 배경1), 테두리

(7) 서식 ⇒ 봉사시간 계열의 차트 종류를 〈표식이 있는 꺾은선형〉으로 변경한 후 보조 축으로 지정하시오.
계열 : 《출력형태》를 참조하여 표식(세모, 크기 10)과 레이블 값을 표시하시오.
눈금선 : 선 스타일–긴 파선
축 : 《출력형태》를 참조하시오.

(8) 범례 ⇒ 범례명을 변경하고 《출력형태》를 참조하시오.

(9) 도형 ⇒ '말풍선: 모서리가 둥근 사각형 설명선'을 삽입한 후 《출력형태》와 같이 내용을 입력하시오.

(10) 나머지 사항은 《출력형태》에 맞게 작성하시오.

《출력형태》

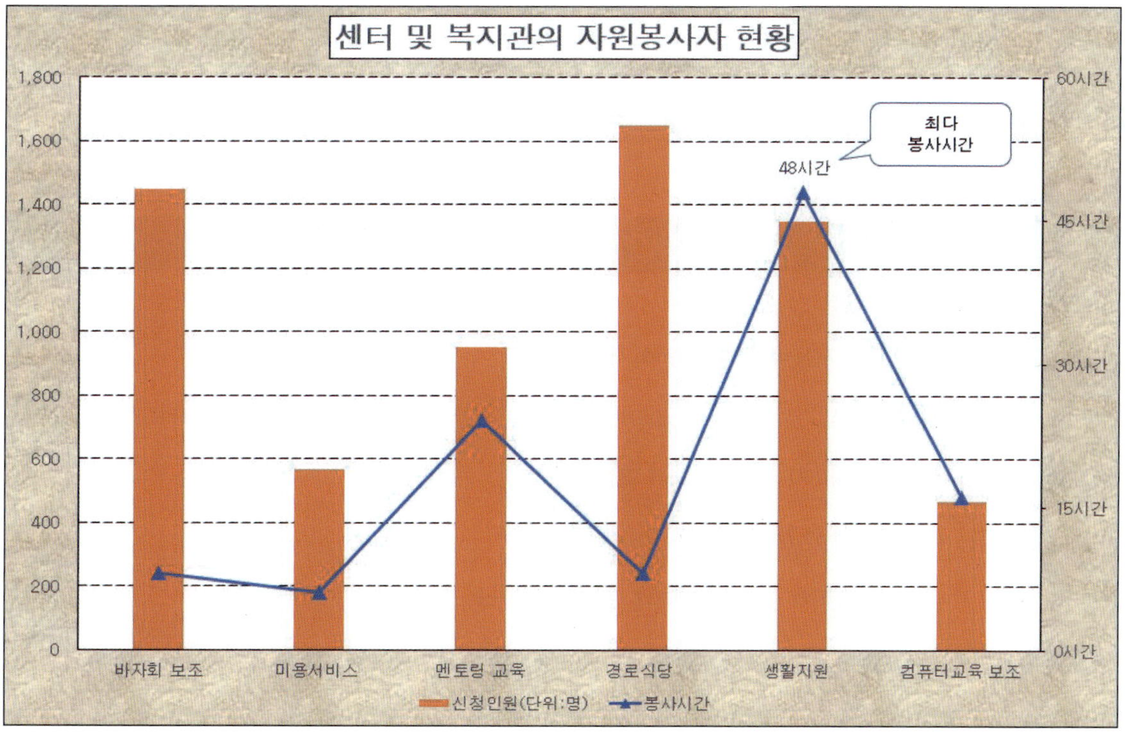

주의 ☞ 시트명 순서가 차례대로 "제1작업", "제2작업", "제3작업", "제4작업"이 되도록 할 것

제 12 회 실전모의고사

MS 오피스

과목	코드	문제유형	시험시간	수험번호	성명
한글엑셀	1122	B	60분		

수험자 유의사항

- 수험자는 문제지를 받는 즉시 문제지와 **수험표상의 시험과목(프로그램)이 동일한지 반드시 확인**하여야 합니다.
- 파일명은 본인의 "수험번호-성명"으로 입력하여 답안폴더(내 PC₩문서₩ITQ)에 하나의 파일로 저장해야 하며, 답안문서 파일명이 "수험번호-성명"과 일치하지 않거나, 답안파일을 전송하지 않아 미제출로 처리될 경우 실격 처리합니다(예:12345678-홍길동.xlsx).
- 답안 작성을 마치면 파일을 저장하고, '답안 전송' 버튼을 선택하여 감독위원 PC로 답안을 전송하십시오. 수험생 정보와 저장한 파일명이 다를 경우 전송되지 않으므로 주의하시기 바랍니다.
- 답안 작성 중에도 **주기적으로 저장하고, '답안 전송'**하여야 문제 발생을 줄일 수 있습니다. 작업한 내용을 저장하지 않고 전송할 경우 이전에 저장된 내용이 전송되오니 이점 유의하시기 바랍니다.
- 답안문서는 지정된 경로 외의 다른 보조기억장치에 저장하는 경우, 지정된 시험 시간 외에 작성된 파일을 활용할 경우, 기타 통신수단(이메일, 메신저, 네트워크 등)을 이용하여 타인에게 전달 또는 외부 반출하는 경우는 부정 처리합니다.
- 시험 중 부주의 또는 고의로 시스템을 파손한 경우는 수험자가 변상해야 하며, 〈수험자 유의사항〉에 기재된 방법대로 이행하지 않아 생기는 불이익은 수험생 당사자의 책임임을 알려 드립니다.
- 문제의 조건은 MS오피스 2021 버전으로 설정되어 있으니 유의하시기 바랍니다.
- 시험을 완료한 수험자는 답안파일이 전송되었는지 확인한 후 감독위원의 지시에 따라 문제지를 제출하고 퇴실합니다.

답안 작성요령

- 온라인 답안 작성 절차
  수험자 등록 ➡ 시험 시작 ➡ 답안파일 저장 ➡ 답안 전송 ➡ 시험 종료
- 문제는 총 4단계, 즉 제1작업부터 제4작업까지 구성되어 있으며 반드시 제1작업부터 순서대로 작성하고 조건대로 작업하시오.
- 모든 작업시트의 A열은 열 너비 '1'로, 나머지 열은 적당하게 조절하시오.
- 모든 작업시트의 테두리는 ≪출력형태≫와 같이 작업하시오.
- 해당 작업란에서는 각각 제시된 조건에 따라 ≪출력형태≫와 같이 작업하시오.
- 답안 시트 이름은 "제1작업", "제2작업", "제3작업", "제4작업"이어야 하며 답안 시트 이외의 것은 감점 처리됩니다.
- 각 시트를 파일로 나누어 작업해서 저장할 경우 실격 처리됩니다.

kpc 한국생산성본부

제1작업 표 서식 작성 및 값 계산 (240점)

☞ 다음은 '2024년 연구사업 진행 현황'에 대한 자료이다. 자료를 입력하고 조건에 맞도록 작업하시오.

≪출력형태≫

2024년 연구사업 진행 현황

결재	담당	팀장	본부장

관리코드	사업명	관리팀	진행 인원수	시작일	기본예산 (단위:원)	사업구분	진행기간	예산순위
TE1-12	홈네트워크	개발2팀	12	2024-06-20	185,000,000	교육/기술	(1)	(2)
SA4-06	이러닝	교육관리	7	2024-07-10	45,800,000	영업/교육	(1)	(2)
SA2-05	VR개발	개발2팀	7	2024-08-10	34,500,000	교육/기술	(1)	(2)
TE3-05	환경개선	개발2팀	7	2024-09-01	105,000,000	생산/기술	(1)	(2)
TE3-07	AR개발	개발1팀	11	2024-07-01	85,600,000	교육/기술	(1)	(2)
SA4-04	연수원관리	교육관리	6	2024-09-20	28,000,000	영업/교육	(1)	(2)
SA2-03	마케팅	개발1팀	4	2024-10-05	22,500,000	영업/교육	(1)	(2)
TE1-10	네트워크보안	개발1팀	10	2024-06-01	155,000,000	생산/기술	(1)	(2)
개발1팀 기본예산(단위:원) 평균			(3)		교육/기술 사업의 총 기본예산(단위:원)			(5)
최저 진행인원수			(4)		사업명	홈네트워크	기본예산(원)	(6)

≪조건≫

- ○ 모든 데이터의 서식에는 글꼴(굴림, 11pt), 정렬은 숫자 및 회계 서식은 오른쪽 정렬, 나머지 서식은 가운데 정렬로 작성하며 예외적인 것은《출력형태》를 참조하시오.
- ○ 제목 ⇒ 도형(순서도: 문서)과 그림자(오프셋: 왼쪽 위)를 이용하여 작성하고 "2024년 연구사업 진행 현황"을 입력한 후 다음 서식을 적용하시오(글꼴–굴림, 24pt, 검정, 굵게, 채우기–노랑).
- ○ 임의의 셀에 결재란을 작성하여 그림으로 복사 기능을 이용하여 붙이기 하시오(단, 원본 삭제).
- ○ 「B4:J4, G14, I14」 영역은 '주황'으로 채우기 하시오.
- ○ 유효성 검사를 이용하여 「H14」 셀에 사업명(「C5:C12」 영역)이 선택 표시되도록 하시오.
- ○ 셀 서식 ⇒ 「E5:E12」 영역에 셀 서식을 이용하여 숫자 뒤에 '명'을 표시하시오(예 : 12명).
- ○ 「E5:E12」 영역에 대해 '진행인원수'로 이름 정의를 하시오.

☞ (1)~(6) 셀은 반드시 **주어진 함수를 이용**하여 값을 구하시오(결과값을 직접 입력하면 해당 셀은 0점 처리됨).

(1) 진행기간 ⇒「12–시작일의 월」을 구한 값에 '개월'을 붙이시오(MONTH 함수, & 연산자)(예 : 1개월).

(2) 예산순위 ⇒ 기본예산(단위:원)의 내림차순 순위를 '1~3'만 표시하고, 그 외에는 공백으로 구하시오(IF, RANK.EQ 함수).

(3) 개발1팀 기본예산(단위:원) 평균 ⇒ 개발1팀의 기본예산(단위:원) 평균을 구하시오(SUMIF, COUNTIF 함수).

(4) 최저 진행인원수 ⇒ 정의된 이름(진행인원수)을 이용하여 구하시오(MIN 함수).

(5) 교육/기술 사업의 총 기본예산(단위:원) ⇒ 조건은 입력 데이터를 이용하여 구하시오(DSUM 함수).

(6) 기본예산(원) ⇒「H14」 셀에서 선택한 사업명의 기본예산(단위:원)을 구하시오(VLOOKUP 함수).

(7) 조건부 서식을 이용하여 진행 인원수 셀에 데이터 막대 스타일(녹색)을 최소값 및 최대값으로 적용하시오.

제2작업 필터 및 서식 (80점)

☞ **"제1작업"** 시트의 「B4:H12」 영역을 복사하여 **"제2작업"** 시트의 「B2」 셀부터 모두 붙여넣기를 한 후 다음의 조건과 같이 작업하시오.

《조건》

(1) 고급 필터 – 관리팀이 '교육관리'이거나 기본예산(단위:원)이 '100,000,000' 이상인 자료의 사업명, 관리팀, 기본예산(단위:원), 사업구분 데이터만 추출하시오.
- 조건 범위 : 「B13」 셀부터 입력하시오.
- 복사 위치 : 「B18」 셀부터 나타나도록 하시오.

(2) 표 서식 – 고급 필터의 결과셀을 채우기 없음으로 설정한 후 '표 스타일 보통 7'의 서식을 적용하시오.
- 머리글 행, 줄무늬 행을 적용하시오.

제3작업 정렬 및 부분합 (80점)

☞ **"제1작업"** 시트의 「B4:H12」 영역을 복사하여 **"제3작업"** 시트의 「B2」 셀부터 모두 붙여넣기를 한 후 다음의 조건과 같이 작업하시오.

《조건》

(1) 부분합 – 《출력형태》처럼 정렬하고, 사업명의 개수와 기본예산(단위:원)의 평균을 구하시오.
(2) 개요 – 지우시오.
(3) 나머지 사항은 《출력형태》에 맞게 작성하시오.

《출력형태》

	A	B	C	D	E	F	G	H	I
1									
2		관리코드	사업명	관리팀	진행 인원수	시작일	기본예산 (단위:원)	사업구분	
3		SA4-06	이러닝	교육관리	7명	2024-07-10	45,800,000	영업/교육	
4		SA4-04	연수원관리	교육관리	6명	2024-09-20	28,000,000	영업/교육	
5				**교육관리 평균**			36,900,000		
6			2	**교육관리 개수**					
7		TE1-12	홈네트워크	개발2팀	12명	2024-06-20	185,000,000	교육/기술	
8		SA2-05	VR개발	개발2팀	7명	2024-08-10	34,500,000	교육/기술	
9		TE3-05	환경개선	개발2팀	7명	2024-09-01	105,000,000	생산/기술	
10				**개발2팀 평균**			108,166,667		
11			3	**개발2팀 개수**					
12		TE3-07	AR개발	개발1팀	11명	2024-07-01	85,600,000	교육/기술	
13		SA2-03	마케팅	개발1팀	4명	2024-10-05	22,500,000	영업/교육	
14		TE1-10	네트워크보안	개발1팀	10명	2024-06-01	155,000,000	생산/기술	
15				**개발1팀 평균**			87,700,000		
16			3	**개발1팀 개수**					
17				**전체 평균**			82,675,000		
18			8	**전체 개수**					
19									

☞ **"제1작업"** 시트를 이용하여 조건에 따라 《출력형태》와 같이 작업하시오.

《조건》

(1) 차트 종류 ⇒ 〈묶은 세로 막대형〉으로 작업하시오.
(2) 데이터 범위 ⇒ "제1작업" 시트의 내용을 이용하여 작업하시오.
(3) 위치 ⇒ "새 시트"로 이동하고, "제4작업"으로 시트 이름을 바꾸시오.
(4) 차트 디자인 도구 ⇒ 레이아웃 3, 스타일 1을 선택하여 《출력형태》에 맞게 작업하시오.
(5) 영역 서식 ⇒ 차트 : 글꼴(굴림, 11pt), 채우기 효과(질감-파랑 박엽지)
그림 : 채우기(흰색, 배경1)
(6) 제목 서식 ⇒ 차트 제목 : 글꼴(굴림, 굵게, 20pt), 채우기(흰색, 배경1), 테두리
(7) 서식 ⇒ 기본예산(단위:원) 계열의 차트 종류를 〈표식이 있는 꺾은선형〉으로 변경한 후 보조 축으로 지정하시오.
계열 : 《출력형태》를 참조하여 표식(마름모, 크기 10)과 레이블 값을 표시하시오.
눈금선 : 선 스타일-파선
축 : 《출력형태》를 참조하시오.
(8) 범례 ⇒ 범례명을 변경하고 《출력형태》를 참조하시오.
(9) 도형 ⇒ '말풍선: 모서리가 둥근 사각형 설명선'을 삽입한 후 《출력형태》와 같이 내용을 입력하시오.
(10) 나머지 사항은 《출력형태》에 맞게 작성하시오.

《출력형태》

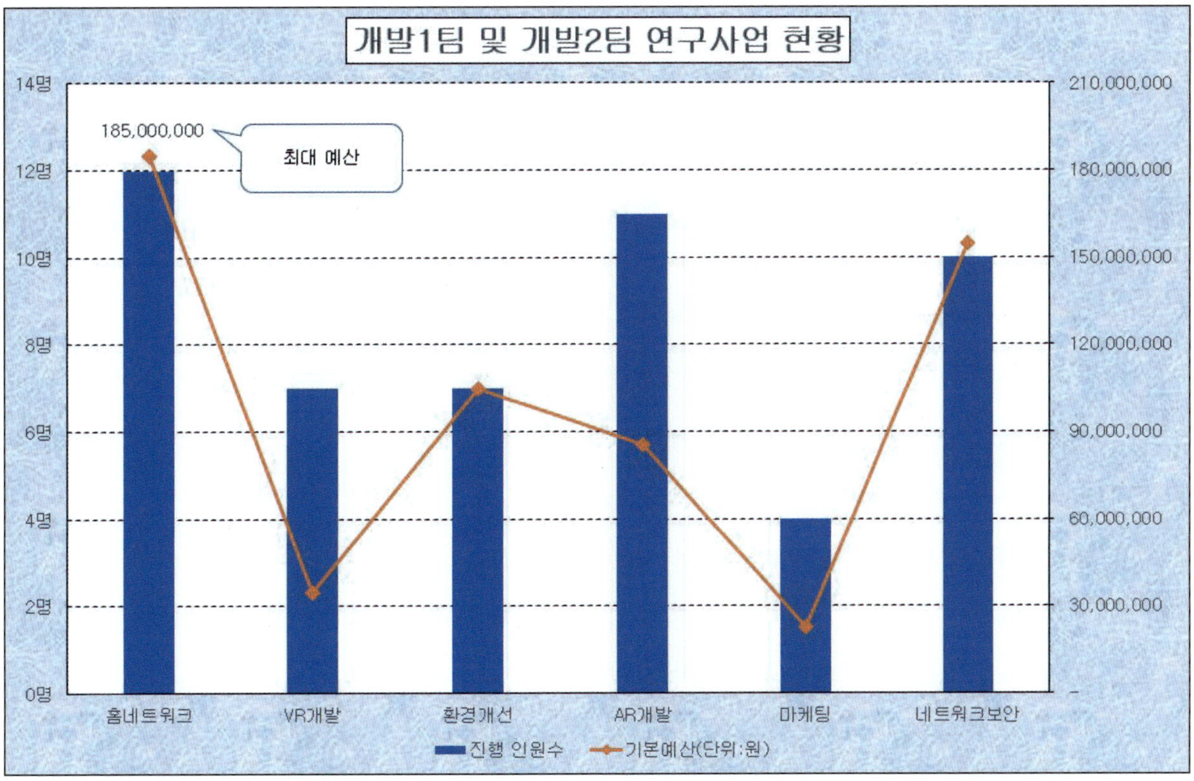

주의 ☞ 시트명 순서가 차례대로 "제1작업", "제2작업", "제3작업", "제4작업"이 되도록 할 것

제 13 회 실전모의고사

MS 오피스

과목	코드	문제유형	시험시간	수험번호	성명
한글엑셀	1122	C	60분		

수험자 유의사항

- 수험자는 문제지를 받는 즉시 문제지와 **수험표상의 시험과목(프로그램)이 동일한지 반드시 확인**하여야 합니다.
- 파일명은 본인의 "수험번호-성명"으로 입력하여 답안폴더(내 PC\문서\ITQ)에 하나의 파일로 저장해야 하며, 답안문서 파일명이 "수험번호-성명"과 일치하지 않거나, 답안파일을 전송하지 않아 미제출로 처리될 경우 실격 처리합니다(예:12345678-홍길동.xlsx).
- 답안 작성을 마치면 파일을 저장하고, '답안 전송' 버튼을 선택하여 감독위원 PC로 답안을 전송하십시오. 수험생 정보와 저장한 파일명이 다를 경우 전송되지 않으므로 주의하시기 바랍니다.
- 답안 작성 중에도 **주기적으로 저장하고, '답안 전송'**하여야 문제 발생을 줄일 수 있습니다. 작업한 내용을 저장하지 않고 전송할 경우 이전에 저장된 내용이 전송되오니 이점 유의하시기 바랍니다.
- 답안문서는 지정된 경로 외의 다른 보조기억장치에 저장하는 경우, 지정된 시험 시간 외에 작성된 파일을 활용할 경우, 기타 통신수단(이메일, 메신저, 네트워크 등)을 이용하여 타인에게 전달 또는 외부 반출하는 경우는 부정 처리합니다.
- 시험 중 부주의 또는 고의로 시스템을 파손한 경우는 수험자가 변상해야 하며, 〈수험자 유의사항〉에 기재된 방법대로 이행하지 않아 생기는 불이익은 수험생 당사자의 책임임을 알려 드립니다.
- 문제의 조건은 MS오피스 2021 버전으로 설정되어 있으니 유의하시기 바랍니다.
- 시험을 완료한 수험자는 답안파일이 전송되었는지 확인한 후 감독위원의 지시에 따라 문제지를 제출하고 퇴실합니다.

답안 작성요령

- 온라인 답안 작성 절차
  수험자 등록 ➡ 시험 시작 ➡ 답안파일 저장 ➡ 답안 전송 ➡ 시험 종료
- 문제는 총 4단계, 즉 제1작업부터 제4작업까지 구성되어 있으며 반드시 제1작업부터 순서대로 작성하고 조건대로 작업하시오.
- 모든 작업시트의 A열은 열 너비 '1'로, 나머지 열은 적당하게 조절하시오.
- 모든 작업시트의 테두리는 ≪출력형태≫와 같이 작업하시오.
- 해당 작업란에서는 각각 제시된 조건에 따라 ≪출력형태≫와 같이 작업하시오.
- 답안 시트 이름은 "제1작업", "제2작업", "제3작업", "제4작업"이어야 하며 답안 시트 이외의 것은 감점 처리됩니다.
- 각 시트를 파일로 나누어 작업해서 저장할 경우 실격 처리됩니다.

kpc 한국생산성본부

표 서식 작성 및 값 계산 (240점)

☞ 다음은 '수제버거 일일 판매 현황'에 대한 자료이다. 자료를 입력하고 조건에 맞도록 작업하시오.

≪출력형태≫

수제버거 일일 판매 현황

확인	담당	팀장	지점장

제품코드	메뉴	구분	원산지	가격	판매수량 (단위:EA)	열량 (단위:Kcal)	판매순위	비고
RA-051	통새우버거세트	세트	베트남	8,900	580	1,060	(1)	(2)
CB-102	클래식치즈버거	단품	덴마크	5,500	430	850	(1)	(2)
FR-103	프렌치프라이	사이드	한국	3,000	350	330	(1)	(2)
BE-502	베이컨에그버거	단품	독일	6,000	650	950	(1)	(2)
BA-031	바베큐버거세트	세트	미국	9,100	178	1,100	(1)	(2)
HA-402	하와이안버거	단품	호주	6,500	423	920	(1)	(2)
KO-071	한우버거세트	세트	한국	8,500	950	1,080	(1)	(2)
CH-503	치즈스틱	사이드	덴마크	2,500	657	250	(1)	(2)
최고 열량(단위:Kcal)			(3)		세트 메뉴 판매수량 합계			(5)
수제버거 일일 총 판매금액			(4)		메뉴	통새우버거세트	판매금액	(6)

≪조건≫

- ○ 모든 데이터의 서식에는 글꼴(굴림, 11pt), 정렬은 숫자 및 회계 서식은 오른쪽 정렬, 나머지 서식은 가운데 정렬로 작성하며 예외적인 것은 《출력형태》를 참조하시오.
- ○ 제목 ⇒ 도형(평행 사변형)과 그림자(오프셋: 오른쪽 아래)를 이용하여 작성하고 "수제버거 일일 판매 현황"을 입력한 후 다음 서식을 적용하시오(글꼴–굴림, 24pt, 검정, 굵게, 채우기–노랑).
- ○ 임의의 셀에 결재란을 작성하여 그림으로 복사 기능을 이용하여 붙이기 하시오(단, 원본 삭제).
- ○ 「B4:J4, G14, I14」 영역은 '주황'으로 채우기 하시오.
- ○ 유효성 검사를 이용하여 「H14」 셀에 메뉴(「C5:C12」 영역)가 선택 표시되도록 하시오.
- ○ 셀 서식 ⇒ 「F5:F12」 영역에 셀 서식을 이용하여 숫자 뒤에 '원'을 표시하시오(예 : 8,900원).
- ○ 「H5:H12」 영역에 대해 '열량'으로 이름 정의를 하시오.

☞ (1)~(6) 셀은 반드시 **주어진 함수를 이용**하여 값을 구하시오(결과값을 직접 입력하면 해당 셀은 0점 처리됨).

(1) 판매순위 ⇒ 판매수량(단위:EA)의 내림차순 순위를 1~3까지 구한 값에 '위'를 붙이고, 그 외에는 공백으로 나타내시오(IF, RANK.EQ 함수, & 연산자)(예 : 1위).

(2) 비고 ⇒ 제품코드의 마지막 글자가 1이면 '쿠폰증정', 2이면 '음료리필', 3이면 공백으로 표시하시오(CHOOSE, RIGHT 함수).

(3) 최고 열량(단위:Kcal) ⇒ 정의된 이름(열량)을 이용하여 구하시오(MAX 함수).

(4) 수제버거 일일 총 판매금액 ⇒ 「가격×판매수량(단위:EA)」으로 구하시오(SUMPRODUCT 함수).

(5) 세트 메뉴 판매수량 합계 ⇒ 조건은 입력 데이터를 이용하여 구하시오(DSUM 함수).

(6) 판매금액 ⇒ 「H14」 셀에서 선택한 메뉴에 대한 판매금액을 「가격×판매수량(단위:EA)」으로 구하시오(VLOOKUP 함수).

(7) 조건부 서식을 이용하여 판매수량(단위:EA) 셀에 데이터 막대 스타일(녹색)을 최소값 및 최대값으로 적용하시오.

제2작업 필터 및 서식 (80점)

☞ **"제1작업"** 시트의 「B4:H12」 영역을 복사하여 **"제2작업"** 시트의 「B2」 셀부터 모두 붙여넣기를 한 후 다음의 조건과 같이 작업하시오.

≪조건≫

(1) 고급 필터 – 원산지가 '한국'이거나 판매수량(단위:EA)이 '650' 이상인 자료의 데이터만 추출하시오.
- 조건 범위 : 「B13」 셀부터 입력하시오.
- 복사 위치 : 「B18」 셀부터 나타나도록 하시오.

(2) 표 서식 – 고급 필터의 결과셀을 채우기 없음으로 설정한 후 '표 스타일 보통 2'의 서식을 적용하시오.
- 머리글 행, 줄무늬 행을 적용하시오.

제3작업 피벗 테이블 (80점)

☞ **"제1작업"** 시트를 이용하여 **"제3작업"** 시트에 조건에 따라 《출력형태》와 같이 작업하시오.

≪조건≫

(1) 가격 및 구분별 제품코드의 개수와 판매수량(단위:EA)의 평균을 구하시오.
(2) 가격을 그룹화하고, 구분을 《출력형태》와 같이 정렬하시오.
(3) 레이블이 있는 셀 병합 및 가운데 맞춤 적용과 빈 셀은 '**'로 표시하시오.
(4) 행의 총합계는 지우고, 나머지 사항은 《출력형태》에 맞게 작성하시오.

≪출력형태≫

	A	B	C	D	E	F	G	H
1								
2			구분					
3			세트		사이드		단품	
4		가격	개수 : 제품코드	평균 : 판매수량(단위:EA)	개수 : 제품코드	평균 : 판매수량(단위:EA)	개수 : 제품코드	평균 : 판매수량(단위:EA)
5		2001-5000	**	**	2	504	**	**
6		5001-8000	**	**	**	**	3	501
7		8001-11000	3	569	**	**	**	**
8		총합계	3	569	2	504	3	501
9								

제4작업 그래프 (100점)

☞ **"제1작업"** 시트를 이용하여 조건에 따라 《출력형태》와 같이 작업하시오.

《조건》

(1) 차트 종류 ⇒ 〈묶은 세로 막대형〉으로 작업하시오.

(2) 데이터 범위 ⇒ "제1작업" 시트의 내용을 이용하여 작업하시오.

(3) 위치 ⇒ "새 시트"로 이동하고, "제4작업"으로 시트 이름을 바꾸시오.

(4) 차트 디자인 도구 ⇒ 레이아웃 3, 스타일 1을 선택하여 《출력형태》에 맞게 작업하시오.

(5) 영역 서식 ⇒ 차트 : 글꼴(굴림, 11pt), 채우기 효과(질감–파랑 박엽지)

그림 : 채우기(흰색, 배경1)

(6) 제목 서식 ⇒ 차트 제목 : 글꼴(굴림, 굵게, 20pt), 채우기(흰색, 배경1), 테두리

(7) 서식 ⇒ 가격 계열의 차트 종류를 〈표식이 있는 꺾은선형〉으로 변경한 후 보조 축으로 지정하시오.

계열 : 《출력형태》를 참조하여 표식(마름모, 크기 10)과 레이블 값을 표시하시오.

눈금선 : 선 스타일–파선

축 : 《출력형태》를 참조하시오.

(8) 범례 ⇒ 범례명을 변경하고 《출력형태》를 참조하시오.

(9) 도형 ⇒ '말풍선: 모서리가 둥근 사각형 설명선'을 삽입한 후 《출력형태》와 같이 내용을 입력하시오.

(10) 나머지 사항은 《출력형태》에 맞게 작성하시오.

《출력형태》

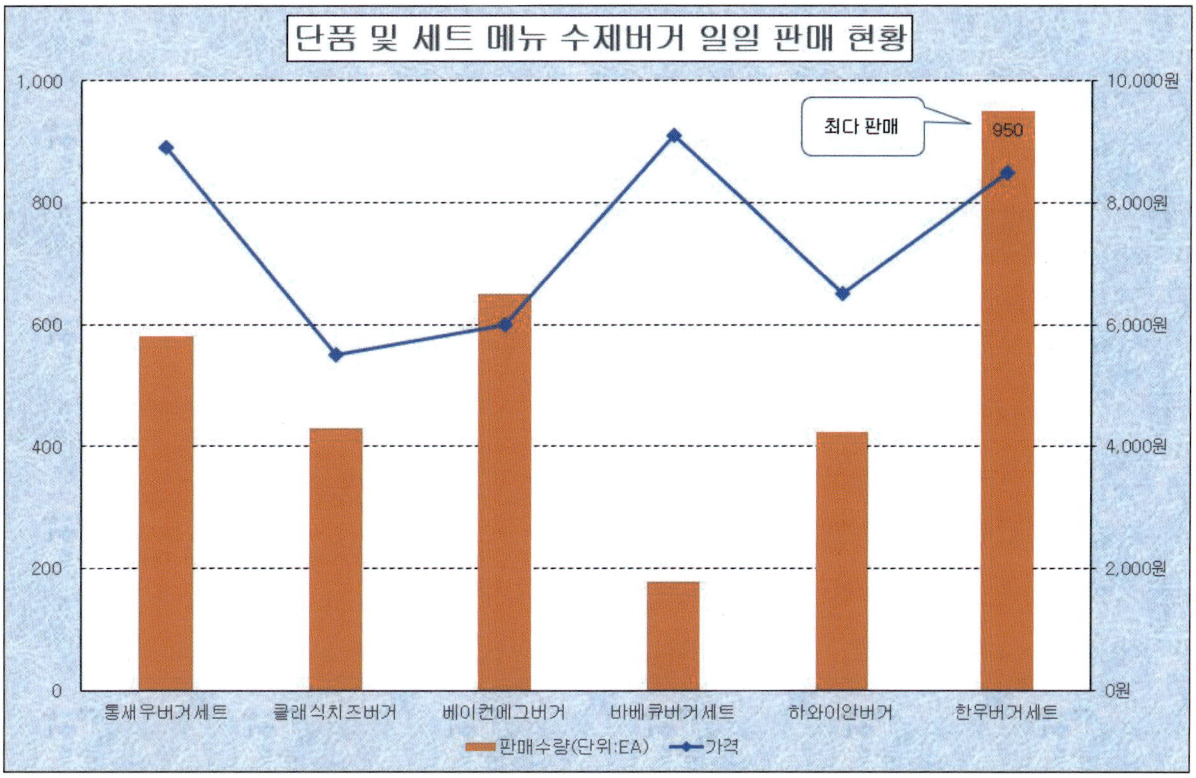

주의 ☞ 시트명 순서가 차례대로 "제1작업", "제2작업", "제3작업", "제4작업"이 되도록 할 것

제 14 회 실전모의고사

MS 오피스

과목	코드	문제유형	시험시간	수험번호	성명
한글엑셀	1122	D	60분		

수험자 유의사항

- 수험자는 문제지를 받는 즉시 문제지와 **수험표상의 시험과목(프로그램)이 동일한지 반드시 확인**하여야 합니다.
- 파일명은 본인의 "수험번호-성명"으로 입력하여 답안폴더(내 PC₩문서₩ITQ)에 하나의 파일로 저장해야 하며, 답안문서 파일명이 "수험번호-성명"과 일치하지 않거나, 답안파일을 전송하지 않아 미제출로 처리될 경우 실격 처리합니다(예:12345678-홍길동.xlsx).
- 답안 작성을 마치면 파일을 저장하고, '답안 전송' 버튼을 선택하여 감독위원 PC로 답안을 전송하십시오. 수험생 정보와 저장한 파일명이 다를 경우 전송되지 않으므로 주의하시기 바랍니다.
- 답안 작성 중에도 **주기적으로 저장하고, '답안 전송'**하여야 문제 발생을 줄일 수 있습니다. 작업한 내용을 저장하지 않고 전송할 경우 이전에 저장된 내용이 전송되오니 이점 유의하시기 바랍니다.
- 답안문서는 지정된 경로 외의 다른 보조기억장치에 저장하는 경우, 지정된 시험 시간 외에 작성된 파일을 활용할 경우, 기타 통신수단(이메일, 메신저, 네트워크 등)을 이용하여 타인에게 전달 또는 외부 반출하는 경우는 부정 처리합니다.
- 시험 중 부주의 또는 고의로 시스템을 파손한 경우는 수험자가 변상해야 하며, 〈수험자 유의사항〉에 기재된 방법대로 이행하지 않아 생기는 불이익은 수험생 당사자의 책임임을 알려 드립니다.
- 문제의 조건은 MS오피스 2021 버전으로 설정되어 있으니 유의하시기 바랍니다.
- 시험을 완료한 수험자는 답안파일이 전송되었는지 확인한 후 감독위원의 지시에 따라 문제지를 제출하고 퇴실합니다.

답안 작성요령

- 온라인 답안 작성 절차
  수험자 등록 ➡ 시험 시작 ➡ 답안파일 저장 ➡ 답안 전송 ➡ 시험 종료
- 문제는 총 4단계, 즉 제1작업부터 제4작업까지 구성되어 있으며 반드시 제1작업부터 순서대로 작성하고 조건대로 작업하시오.
- 모든 작업시트의 A열은 열 너비 '1'로, 나머지 열은 적당하게 조절하시오.
- 모든 작업시트의 테두리는 ≪출력형태≫와 같이 작업하시오.
- 해당 작업란에서는 각각 제시된 조건에 따라 ≪출력형태≫와 같이 작업하시오.
- 답안 시트 이름은 "제1작업", "제2작업", "제3작업", "제4작업"이어야 하며 답안 시트 이외의 것은 감점 처리됩니다.
- 각 시트를 파일로 나누어 작업해서 저장할 경우 실격 처리됩니다.

kpc 한국생산성본부

제1작업 표 서식 작성 및 값 계산 (240점)

☞ 다음은 '위즈도서관 도서 대출 현황'에 대한 자료이다. 자료를 입력하고 조건에 맞도록 작업하시오.

≪출력형태≫

위즈도서관 도서 대출 현황

확인	사원	대리	과장

도서번호	도서명	저자	분류	대출일자	연체일수	대출횟수 (누적)	출판사	어린이 인기도서
1-A01	오페라의 유령	가스통 르루	실버	2024-07-02	4	13	(1)	(2)
2-B01	내 심장은 작은 북	송현섭	어린이	2024-06-19	17	24	(1)	(2)
1-A32	여행의 이유	김영하	일반	2024-07-03	3	8	(1)	(2)
2-B33	내일도 야구	이석용	어린이	2024-07-04	2	21	(1)	(2)
3-C21	첫말잇기 동시집	박성우	어린이	2024-06-22	14	19	(1)	(2)
2-B22	신통방통 홈쇼핑	이분희	어린이	2024-06-15	21	16	(1)	(2)
1-A23	연필로 쓰기	김훈	일반	2024-07-03	3	7	(1)	(2)
1-A82	미국 단편 동화집	강민호	실버	2024-06-24	12	13	(1)	(2)
실버도서 평균 대출횟수(누적)			(3)		최다 연체일수			(5)
어린이 도서 수			(4)		도서명	오페라의 유령	저자	(6)

≪조건≫

○ 모든 데이터의 서식에는 글꼴(굴림, 11pt), 정렬은 숫자 및 회계 서식은 오른쪽 정렬, 나머지 서식은 가운데 정렬로 작성하며 예외적인 것은《출력형태》를 참조하시오.

○ 제목 ⇒ 도형(사각형: 잘린 한쪽 모서리)과 그림자(오프셋: 오른쪽 아래)를 이용하여 작성하고 "위즈도서관 도서 대출 현황"을 입력한 후 다음 서식을 적용하시오(글꼴–굴림, 24pt, 검정, 굵게, 채우기–노랑).

○ 임의의 셀에 결재란을 작성하여 그림으로 복사 기능을 이용하여 붙이기 하시오(단, 원본 삭제).

○「B4:J4, G14, I14」영역은 '주황'으로 채우기 하시오.

○ 유효성 검사를 이용하여「H14」셀에 도서명(「C5:C12」영역)이 선택 표시되도록 하시오.

○ 셀 서식 ⇒「H5:H12」영역에 셀 서식을 이용하여 숫자 뒤에 '회'를 표시하시오(예 : 13회).

○「E5:E12」영역에 대해 '분류'로 이름 정의를 하시오.

☞ (1)~(6) 셀은 반드시 **주어진 함수를 이용**하여 값을 구하시오(결과값을 직접 입력하면 해당 셀은 0점 처리됨).

(1) 출판사 ⇒ 도서번호의 첫 번째 글자가 1이면 '문학동네', 2이면 '창비', 3이면 '비룡소'로 표시하시오 (CHOOSE, LEFT 함수).

(2) 어린이 인기도서 ⇒ 분류가 '어린이'이면서 대출횟수(누적)가 '20' 이상이면 '★', 그 외에는 공백으로 표시하시오 (IF, AND 함수).

(3) 실버도서 평균 대출횟수(누적) ⇒ 조건은 입력 데이터를 이용하시오(DAVERAGE 함수).

(4) 어린이 도서 수 ⇒ 정의된 이름(분류)을 이용하여 구하시오(COUNTIF 함수).

(5) 최다 연체일수 ⇒ 구한 결과값에 '일'을 붙이시오(MAX 함수, & 연산자)(예 : 1일).

(6) 저자 ⇒「H14」셀에서 선택한 도서명에 대한 저자를 구하시오(VLOOKUP 함수).

(7) 조건부 서식의 수식을 이용하여 연체일수가 '15' 이상인 행 전체에 다음의 서식을 적용하시오 (글꼴 : 굵게, 파랑).

제2작업 목표값 찾기 및 필터 (80점)

☞ **"제1작업"** 시트의 「**B4:H12**」 영역을 복사하여 **"제2작업"** 시트의 「B2」 셀부터 모두 붙여넣기를 한 후 다음의 조건과 같이 작업하시오.

《조건》

(1) 목표값 찾기 – 「B11:G11」 셀을 병합하고 가운데 맞춤한 후 "대출횟수(누적)의 전체 평균"을 입력하고, 「H11」 셀에 대출횟수(누적)의 전체 평균을 구하시오. 단, 조건은 입력 데이터를 이용하시오 (AVERAGE 함수, 테두리).

– '대출횟수(누적)의 전체 평균'이 '16'이 되려면 오페라의 유령 대출횟수(누적)가 얼마가 되어야 하는지 목표값을 구하시오.

(2) 고급 필터 – 분류가 '일반'이거나 연체일수가 '20' 이상인 데이터만 추출하시오.

– 조건 범위 : 「B14」 셀부터 입력하시오.

– 복사 위치 : 「B18」 셀부터 나타나도록 하시오.

제3작업 정렬 및 부분합 (80점)

☞ **"제1작업"** 시트의 「**B4:H12**」 영역을 복사하여 **"제3작업"** 시트의 「B2」 셀부터 모두 붙여넣기를 한 후 다음의 조건과 같이 작업하시오.

《조건》

(1) 부분합 – 《출력형태》처럼 정렬하고, 도서명의 개수와 대출횟수(누적)의 평균을 구하시오.

(2) 개요 – 지우시오.

(3) 나머지 사항은 《출력형태》에 맞게 작성하시오.

《출력형태》

	A	B	C	D	E	F	G	H	I
1									
2		도서번호	도서명	저자	분류	대출일자	연체일수	대출횟수(누적)	
3		1-A32	여행의 이유	김영하	일반	2024-07-03	3	8회	
4		1-A23	연필로 쓰기	김훈	일반	2024-07-03	3	7회	
5					**일반 평균**			8회	
6			2		**일반 개수**				
7		2-B01	내 심장은 작은 북	송현섭	어린이	2024-06-19	17	24회	
8		2-B33	내일도 야구	이석용	어린이	2024-07-04	2	21회	
9		3-C21	첫말잇기 동시집	박성우	어린이	2024-06-22	14	19회	
10		2-B22	신통방통 홈쇼핑	이분희	어린이	2024-06-15	21	16회	
11					**어린이 평균**			20회	
12			4		**어린이 개수**				
13		1-A01	오페라의 유령	가스통 르루	실버	2024-07-02	4	13회	
14		1-A82	미국 단편 동화집	강민호	실버	2024-06-24	12	13회	
15					**실버 평균**			13회	
16			2		**실버 개수**				
17					**전체 평균**			15회	
18			8		**전체 개수**				
19									

제4작업 그래프 (100점)

☞ **"제1작업"** 시트를 이용하여 조건에 따라 《출력형태》와 같이 작업하시오.

《조건》

(1) 차트 종류 ⇒ 〈묶은 세로 막대형〉으로 작업하시오.

(2) 데이터 범위 ⇒ "제1작업" 시트의 내용을 이용하여 작업하시오.

(3) 위치 ⇒ "새 시트"로 이동하고, "제4작업"으로 시트 이름을 바꾸시오.

(4) 차트 디자인 도구 ⇒ 레이아웃 3, 스타일 1을 선택하여 《출력형태》에 맞게 작업하시오.

(5) 영역 서식 ⇒ 차트 : 글꼴(굴림, 11pt), 채우기 효과(질감-편지지)

그림 : 채우기(흰색, 배경1)

(6) 제목 서식 ⇒ 차트 제목 : 글꼴(굴림, 굵게, 20pt), 채우기(흰색, 배경1), 테두리

(7) 서식 ⇒ 연체일수 계열의 차트 종류를 〈표식이 있는 꺾은선형〉으로 변경한 후 보조 축으로 지정하시오.

계열 : 《출력형태》를 참조하여 표식(세모, 크기 10)과 레이블 값을 표시하시오.

눈금선 : 선 스타일-파선

축 : 《출력형태》를 참조하시오.

(8) 범례 ⇒ 범례명을 변경하고 《출력형태》를 참조하시오.

(9) 도형 ⇒ '말풍선: 모서리가 둥근 사각형 설명선'을 삽입한 후 《출력형태》와 같이 내용을 입력하시오.

(10) 나머지 사항은 《출력형태》에 맞게 작성하시오.

《출력형태》

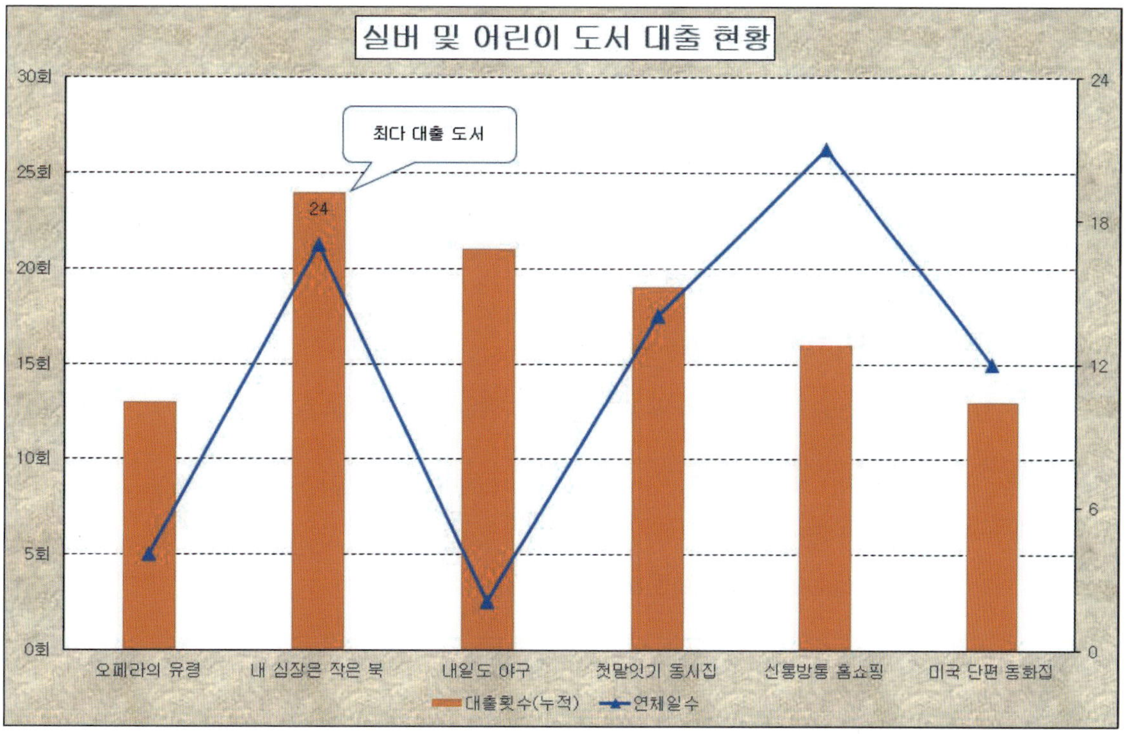

주의 ☞ 시트명 순서가 차례대로 "제1작업", "제2작업", "제3작업", "제4작업"이 되도록 할 것

제 15 회 실전모의고사

MS 오피스

과목	코드	문제유형	시험시간	수험번호	성명
한글엑셀	1122	E	60분		

수험자 유의사항

- 수험자는 문제지를 받는 즉시 문제지와 **수험표상의 시험과목(프로그램)이 동일한지 반드시 확인**하여야 합니다.
- 파일명은 본인의 "수험번호-성명"으로 입력하여 답안폴더(내 PC₩문서₩ITQ)에 하나의 파일로 저장해야 하며, 답안문서 파일명이 "수험번호-성명"과 일치하지 않거나, 답안파일을 전송하지 않아 미제출로 처리될 경우 실격 처리합니다(예:12345678-홍길동.xlsx).
- 답안 작성을 마치면 파일을 저장하고, '답안 전송' 버튼을 선택하여 감독위원 PC로 답안을 전송하십시오. 수험생 정보와 저장한 파일명이 다를 경우 전송되지 않으므로 주의하시기 바랍니다.
- 답안 작성 중에도 **주기적으로 저장하고, '답안 전송'**하여야 문제 발생을 줄일 수 있습니다. 작업한 내용을 저장하지 않고 전송할 경우 이전에 저장된 내용이 전송되오니 이점 유의하시기 바랍니다.
- 답안문서는 지정된 경로 외의 다른 보조기억장치에 저장하는 경우, 지정된 시험 시간 외에 작성된 파일을 활용할 경우, 기타 통신수단(이메일, 메신저, 네트워크 등)을 이용하여 타인에게 전달 또는 외부 반출하는 경우는 부정 처리합니다.
- 시험 중 부주의 또는 고의로 시스템을 파손한 경우는 수험자가 변상해야 하며, 〈수험자 유의사항〉에 기재된 방법대로 이행하지 않아 생기는 불이익은 수험생 당사자의 책임임을 알려 드립니다.
- 문제의 조건은 MS오피스 2021 버전으로 설정되어 있으니 유의하시기 바랍니다.
- 시험을 완료한 수험자는 답안파일이 전송되었는지 확인한 후 감독위원의 지시에 따라 문제지를 제출하고 퇴실합니다.

답안 작성요령

- 온라인 답안 작성 절차

  수험자 등록 ➡ 시험 시작 ➡ 답안파일 저장 ➡ 답안 전송 ➡ 시험 종료
- 문제는 총 4단계, 즉 제1작업부터 제4작업까지 구성되어 있으며 반드시 제1작업부터 순서대로 작성하고 조건대로 작업하시오.
- 모든 작업시트의 A열은 열 너비 '1'로, 나머지 열은 적당하게 조절하시오.
- 모든 작업시트의 테두리는 ≪출력형태≫와 같이 작업하시오.
- 해당 작업란에서는 각각 제시된 조건에 따라 ≪출력형태≫와 같이 작업하시오.
- 답안 시트 이름은 "제1작업", "제2작업", "제3작업", "제4작업"이어야 하며 답안 시트 이외의 것은 감점 처리됩니다.
- 각 시트를 파일로 나누어 작업해서 저장할 경우 실격 처리됩니다.

kpc 한국생산성본부

제1작업 표 서식 작성 및 값 계산 (240점)

☞ 다음은 '포인트모아 매출 현황'에 대한 자료이다. 자료를 입력하고 조건에 맞도록 작업하시오.

≪출력형태≫

포인트모아 매출 현황

결재	담당	대리	과장

상품코드	판매상품	분류	정가 (단위:원)	할인율	판매기간	총 판매량 (쿠폰개수)	판매종료일	순위
B03-240621	꿀달달 참외	식품	10,500	45.0%	1	1,810	(1)	(2)
S05-240607	거제도 펜션 2박	여행	24,000	50.0%	2	1,706	(1)	(2)
S03-240628	거품 입욕	뷰티	50,000	65.0%	1	2,146	(1)	(2)
S06-240614	트롤리 지구 젤리	식품	45,000	47.2%	3	4,914	(1)	(2)
S04-240605	수제 햄버거	식품	20,000	50.0%	1	15,067	(1)	(2)
S03-240625	아라솔 펜션 1박	여행	120,000	60.0%	2	987	(1)	(2)
S08-240617	제주삼다수	식품	11,500	50.0%	7	30,110	(1)	(2)
B03-240604	미스트	뷰티	16,000	55.4%	7	24,252	(1)	(2)
식품의 총 판매량(쿠폰개수) 전체 합계			(3)		식품의 총 판매량(쿠폰개수) 평균			(5)
여행상품 개수			(4)		상품코드	B03-240621	판매기간	(6)

≪조건≫

- ○ 모든 데이터의 서식에는 글꼴(굴림, 11pt), 정렬은 숫자 및 회계 서식은 오른쪽 정렬, 나머지 서식은 가운데 정렬로 작성하며 예외적인 것은 《출력형태》를 참조하시오.
- ○ 제목 ⇒ 도형(화살표: 오각형)과 그림자(오프셋: 아래쪽)를 이용하여 작성하고 "포인트모아 매출 현황"을 입력한 후 다음 서식을 적용하시오(글꼴–굴림, 24pt, 검정, 굵게, 채우기–노랑).
- ○ 임의의 셀에 결재란을 작성하여 그림으로 복사 기능을 이용하여 붙이기 하시오(단, 원본 삭제).
- ○ 「B4:J4, G14, I14」 영역은 '주황'으로 채우기 하시오.
- ○ 유효성 검사를 이용하여 「H14」 셀에 상품코드(「B5:B12」 영역)가 선택 표시되도록 하시오.
- ○ 셀 서식 ⇒ 「G5:G12」 영역에 셀 서식을 이용하여 숫자 뒤에 '일'을 표시하시오(예 : 1일).
- ○ 「D5:D12」 영역에 대해 '분류'로 이름 정의를 하시오.

☞ (1)~(6) 셀은 반드시 **주어진 함수를 이용**하여 값을 구하시오(결과값을 직접 입력하면 해당 셀은 0점 처리됨).

(1) 판매종료일 ⇒ 상품코드의 5번째부터 2글자에 2,000을 더하여 연, 7번째부터 2글자를 월, 9번째부터 2글자를 일로 하는 판매종료일을 구하시오(DATE, MID 함수)(예 : B03–240621 → 2024–06–21).

(2) 순위 ⇒ 총 판매량(쿠폰개수)의 내림차순 순위를 구한 결과값에 '위'를 붙이시오(RANK.EQ 함수, & 연산자) (예 : 1위).

(3) 식품의 총 판매량(쿠폰개수) 전체 합계 ⇒ 조건은 입력 데이터를 이용하시오(DSUM 함수).

(4) 여행상품 개수 ⇒ 정의된 이름(분류)을 이용하여 구하시오(COUNTIF 함수).

(5) 식품의 총 판매량(쿠폰개수) 평균 ⇒ 식품의 총 판매량(쿠폰개수)의 평균을 반올림하여 정수로 구하시오. 단, 조건은 입력 데이터를 이용하시오(ROUND, DAVERAGE 함수)(예 : 12,567.8 → 12,568).

(6) 판매기간 ⇒ 「H14」 셀에서 선택한 상품코드에 대한 판매기간을 구하시오(VLOOKUP 함수).

(7) 조건부 서식을 이용하여 총 판매량(쿠폰개수) 셀에 데이터 막대 스타일(녹색)을 최소값 및 최대값으로 적용하시오.

제2작업 필터 및 서식 (80점)

☞ **"제1작업"** 시트의 「B4:H12」 영역을 복사하여 **"제2작업"** 시트의 「B2」 셀부터 모두 붙여넣기를 한 후 다음의 조건과 같이 작업하시오.

≪조건≫

(1) 고급 필터 – 분류가 '여행'이거나 총 판매량(쿠폰개수)이 '20,000' 이상인 자료의 데이터만 추출하시오.
– 조건 범위 : 「B13」 셀부터 입력하시오.
– 복사 위치 : 「B18」 셀부터 나타나도록 하시오.

(2) 표 서식 – 고급 필터의 결과셀을 채우기 없음으로 설정한 후 '표 스타일 보통 5'의 서식을 적용하시오.
– 머리글 행, 줄무늬 행을 적용하시오.

제3작업 피벗 테이블 (80점)

☞ **"제1작업"** 시트를 이용하여 **"제3작업"** 시트에 조건에 따라 《출력형태》와 같이 작업하시오.

≪조건≫

(1) 정가(단위:원) 및 분류별 판매상품의 개수와 총 판매량(쿠폰개수)의 최대값을 구하시오.
(2) 정가(단위:원)를 그룹화하고, 분류를 《출력형태》와 같이 정렬하시오.
(3) 레이블이 있는 셀 병합 및 가운데 맞춤 적용과 빈 셀은 '*'로 표시하시오.
(4) 행의 총합계는 지우고, 나머지 사항은 《출력형태》에 맞게 작성하시오.

≪출력형태≫

	A	B	C	D	E	F	G	H
1								
2			분류					
3			여행		식품		뷰티	
4		정가(단위:원)	개수 : 판매상품	최대 : 총 판매량(쿠폰개수)	개수 : 판매상품	최대 : 총 판매량(쿠폰개수)	개수 : 판매상품	최대 : 총 판매량(쿠폰개수)
5		1-30000	1	1,706	3	30,110	1	24,252
6		30001-60000	*	*	1	4,914	1	2,146
7		90001-120000	1	987	*	*	*	*
8		총합계	2	1,706	4	30,110	2	24,252
9								

제4작업 그래프 (100점)

☞ **"제1작업"** 시트를 이용하여 조건에 따라 《출력형태》와 같이 작업하시오.

《조건》

(1) 차트 종류 ⇒ 〈묶은 세로 막대형〉으로 작업하시오.

(2) 데이터 범위 ⇒ "제1작업" 시트의 내용을 이용하여 작업하시오.

(3) 위치 ⇒ "새 시트"로 이동하고, "제4작업"으로 시트 이름을 바꾸시오.

(4) 차트 디자인 도구 ⇒ 레이아웃 3, 스타일 1을 선택하여 《출력형태》에 맞게 작업하시오.

(5) 영역 서식 ⇒ 차트 : 글꼴(굴림, 11pt), 채우기 효과(질감–신문 용지)

그림 : 채우기(흰색, 배경1)

(6) 제목 서식 ⇒ 차트 제목 : 글꼴(굴림, 굵게, 20pt), 채우기(흰색, 배경1), 테두리

(7) 서식 ⇒ 판매기간 계열의 차트 종류를 〈표식이 있는 꺾은선형〉으로 변경한 후 보조 축으로 지정하시오.

계열 : 《출력형태》를 참조하여 표식(세모, 크기 10)과 레이블 값을 표시하시오.

눈금선 : 선 스타일–파선

축 : 《출력형태》를 참조하시오.

(8) 범례 ⇒ 범례명을 변경하고 《출력형태》를 참조하시오.

(9) 도형 ⇒ '말풍선: 모서리가 둥근 사각형 설명선'을 삽입한 후 《출력형태》와 같이 내용을 입력하시오.

(10) 나머지 사항은 《출력형태》에 맞게 작성하시오.

《출력형태》

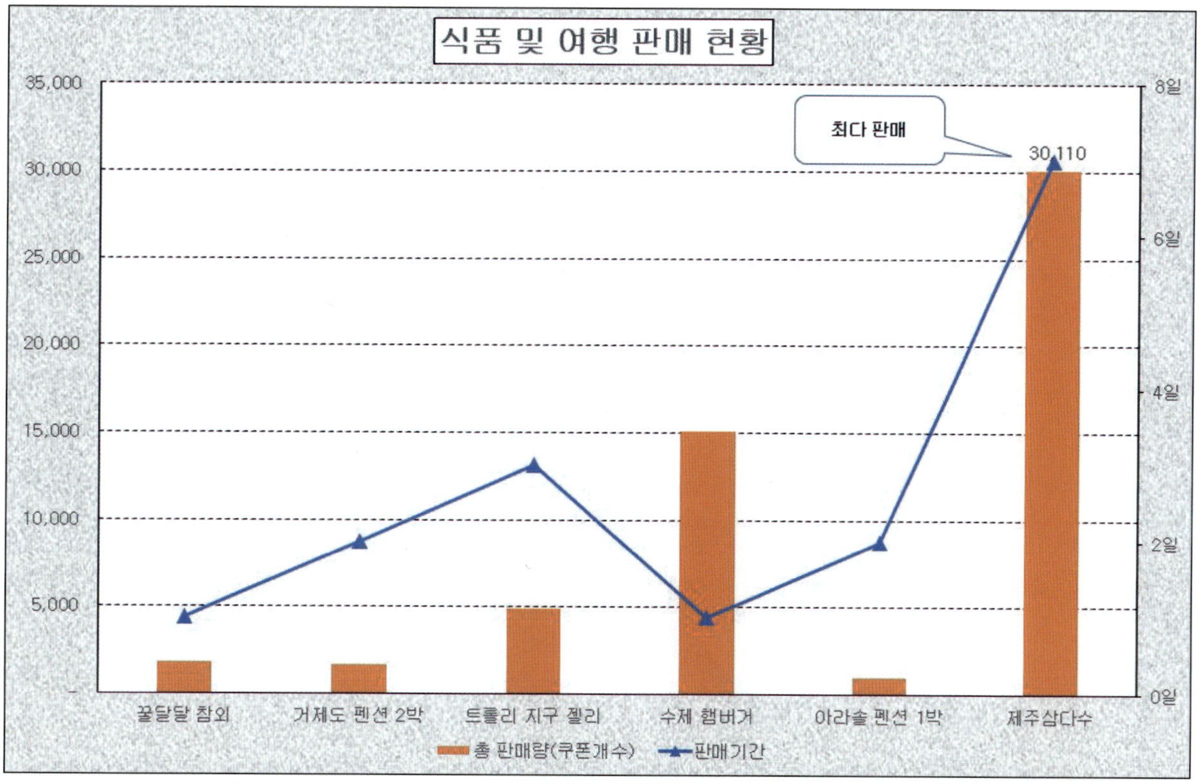

주의 ☞ 시트명 순서가 차례대로 "제1작업", "제2작업", "제3작업", "제4작업"이 되도록 할 것

memo

PART 03

최신기출유형

제 01 회 최신기출유형

MS 오피스

과목	코드	문제유형	시험시간	수험번호	성명
한글엑셀	1122	A	60분		

수험자 유의사항

- 수험자는 문제지를 받는 즉시 문제지와 **수험표상의 시험과목(프로그램)이 동일한지 반드시 확인**하여야 합니다.
- 파일명은 본인의 "수험번호-성명"으로 입력하여 답안폴더(내 PC₩문서₩ITQ)에 하나의 파일로 저장해야 하며, 답안문서 파일명이 "수험번호-성명"과 일치하지 않거나, 답안파일을 전송하지 않아 미제출로 처리될 경우 실격 처리합니다(예:12345678-홍길동.xlsx).
- 답안 작성을 마치면 파일을 저장하고, '답안 전송' 버튼을 선택하여 감독위원 PC로 답안을 전송하십시오. 수험생 정보와 저장한 파일명이 다를 경우 전송되지 않으므로 주의하시기 바랍니다.
- 답안 작성 중에도 **주기적으로 저장하고, '답안 전송'**하여야 문제 발생을 줄일 수 있습니다. 작업한 내용을 저장하지 않고 전송할 경우 이전에 저장된 내용이 전송되오니 이점 유의하시기 바랍니다.
- 답안문서는 지정된 경로 외의 다른 보조기억장치에 저장하는 경우, 지정된 시험 시간 외에 작성된 파일을 활용할 경우, 기타 통신수단(이메일, 메신저, 네트워크 등)을 이용하여 타인에게 전달 또는 외부 반출하는 경우는 부정 처리합니다.
- 시험 중 부주의 또는 고의로 시스템을 파손한 경우는 수험자가 변상해야 하며, 〈수험자 유의사항〉에 기재된 방법대로 이행하지 않아 생기는 불이익은 수험생 당사자의 책임임을 알려 드립니다.
- 문제의 조건은 MS오피스 2021 버전으로 설정되어 있으니 유의하시기 바랍니다.
- 시험을 완료한 수험자는 답안파일이 전송되었는지 확인한 후 감독위원의 지시에 따라 문제지를 제출하고 퇴실합니다.

답안 작성요령

- 온라인 답안 작성 절차
  수험자 등록 ➡ 시험 시작 ➡ 답안파일 저장 ➡ 답안 전송 ➡ 시험 종료
- 문제는 총 4단계, 즉 제1작업부터 제4작업까지 구성되어 있으며 반드시 제1작업부터 순서대로 작성하고 조건대로 작업하시오.
- 모든 작업시트의 A열은 열 너비 '1'로, 나머지 열은 적당하게 조절하시오.
- 모든 작업시트의 테두리는 ≪출력형태≫와 같이 작업하시오.
- 해당 작업란에서는 각각 제시된 조건에 따라 ≪출력형태≫와 같이 작업하시오.
- 답안 시트 이름은 "제1작업", "제2작업", "제3작업", "제4작업"이어야 하며 답안 시트 이외의 것은 감점 처리됩니다.
- 각 시트를 파일로 나누어 작업해서 저장할 경우 실격 처리됩니다.

kpc 한국생산성본부

☞ 다음은 '명재활의학과 1분기 환자 관리 현황'에 대한 자료이다. 자료를 입력하고 조건에 맞도록 작업하시오.

≪출력형태≫

명재활의학과 1분기 환자 관리 현황

결재	담당	과장	원장

관리번호	주민번호	환자명	치료구분	치료시작일	1회비용	치료횟수(1주)	성별	치료부위
SHD-01	541209-2******	박시선	도수치료	2024-03-11	87,000	3	(1)	(2)
KNE-01	671105-1******	이태호	통증치료	2024-01-19	55,000	2	(1)	(2)
SHD-02	020705-4******	홍규림	통증치료	2024-02-07	45,000	4	(1)	(2)
WAT-01	701210-1******	정상헌	운동치료	2024-02-23	102,000	3	(1)	(2)
KNE-02	910510-2******	김우윤	도수치료	2024-03-15	78,500	2	(1)	(2)
WAT-02	480731-2******	심명혜	통증치료	2024-01-15	57,500	2	(1)	(2)
SHD-03	851020-1******	최보근	도수치료	2024-02-13	83,000	4	(1)	(2)
WAT-03	030225-3******	정해림	운동치료	2024-03-05	98,500	3	(1)	(2)
도수치료 치료횟수(1주) 평균			(3)		운동치료 환자 수			(5)
가장 많은 치료횟수(1주)			(4)		관리번호	SHD-01	치료시작일	(6)

≪조건≫

- ○ 모든 데이터의 서식에는 글꼴(굴림, 11pt), 정렬은 숫자 및 회계 서식은 오른쪽 정렬, 나머지 서식은 가운데 정렬로 작성하며 예외적인 것은 ≪출력형태≫를 참조하시오.
- ○ 제목 ⇒ 도형(배지)과 그림자(오프셋: 오른쪽)를 이용하여 작성하고 "명재활의학과 1분기 환자 관리 현황"을 입력한 후 다음 서식을 적용하시오(글꼴–굴림, 24pt, 검정, 굵게, 채우기–노랑).
- ○ 임의의 셀에 결재란을 작성하여 그림으로 복사 기능을 이용하여 붙이기 하시오(단, 원본 삭제).
- ○ 「B4:J4, G14, I14」 영역은 '주황'으로 채우기 하시오.
- ○ 유효성 검사를 이용하여 「H14」 셀에 관리번호(「B5:B12」 영역)가 선택 표시되도록 하시오.
- ○ 셀 서식 ⇒ 「G5:G12」 영역에 셀 서식을 이용하여 숫자 뒤에 '원'을 표시하시오(예 : 87,000원).
- ○ 「H5:H12」 영역에 대해 '치료횟수'로 이름 정의를 하시오.

☞ (1)~(6) 셀은 반드시 **주어진 함수를 이용**하여 값을 구하시오(결과값을 직접 입력하면 해당 셀은 0점 처리됨).

(1) 성별 ⇒ 주민번호 8번째 값이 1이면 '남', 2이면 '여', 3이면 '남', 4이면 '여'로 구하시오(CHOOSE, MID 함수).

(2) 치료부위 ⇒ 관리번호 첫 번째 글자가 S이면 '어깨', K이면 '무릎', 그 외에는 '허리'로 구하시오(IF, LEFT 함수).

(3) 도수치료 치료횟수(1주) 평균 ⇒ 단, 조건은 입력 데이터를 이용하시오(DAVERAGE 함수).

(4) 가장 많은 치료횟수(1주) ⇒ 정의된 이름(치료횟수)을 이용하여 구하시오(MAX 함수).

(5) 운동치료 환자 수 ⇒ 결과값에 '명'을 붙이시오(COUNTIF 함수, & 연산자)(예 : 1명).

(6) 치료시작일 ⇒ 「H14」 셀에서 선택한 관리번호에 대한 치료시작일을 구하시오(VLOOKUP 함수) (예 : 2024–01–01).

(7) 조건부 서식의 수식을 이용하여 1회비용이 '85,000' 이상인 행 전체에 다음의 서식을 적용하시오 (글꼴 : 파랑, 굵게).

제2작업 목표값 찾기 및 필터 (80점)

☞ **"제1작업"** 시트의 「B4:H12」 영역을 복사하여 **"제2작업"** 시트의 「B2」 셀부터 모두 붙여넣기를 한 후 다음의 조건과 같이 작업하시오.

≪조건≫

(1) 목표값 찾기 – 「B11:G11」 셀을 병합하고 가운데 맞춤한 후 "1회비용 전체 평균"을 입력하고, 「H11」 셀에 1회비용의 전체 평균을 구하시오(AVERAGE 함수, 테두리).

– '1회비용 전체 평균'이 '76,000'이 되려면 박시선의 1회비용이 얼마가 되어야 하는지 목표값을 구하시오.

(2) 고급 필터 – 치료구분이 '도수치료'가 아니면서 치료횟수(1주)가 '3' 이상인 자료의 관리번호, 주민번호, 환자명, 치료시작일 데이터만 추출하시오.

– 조건 범위 : 「B14」 셀부터 입력하시오.

– 복사 위치 : 「B18」 셀부터 나타나도록 하시오.

제3작업 정렬 및 부분합 (80점)

☞ **"제1작업"** 시트의 「B4:H12」 영역을 복사하여 **"제3작업"** 시트의 「B2」 셀부터 모두 붙여넣기를 한 후 다음의 조건과 같이 작업하시오.

≪조건≫

(1) 부분합 – ≪출력형태≫처럼 정렬하고, 환자명의 개수와 1회비용의 평균을 구하시오.

(2) 개요 – 지우시오.

(3) 나머지 사항은 ≪출력형태≫에 맞게 작성하시오.

≪출력형태≫

	A	B	C	D	E	F	G	H	I
1									
2		관리번호	주민번호	환자명	치료구분	치료시작일	1회비용	치료횟수 (1주)	
3		KNE-01	671105-1******	이태호	통증치료	2024-01-19	55,000원	2	
4		SHD-02	020705-4******	홍규림	통증치료	2024-02-07	45,000원	4	
5		WAT-02	480731-2******	심명혜	통증치료	2024-01-15	57,500원	2	
6					통증치료 평균		52,500원		
7				3	통증치료 개수				
8		WAT-01	701210-1******	정상헌	운동치료	2024-02-23	102,000원	3	
9		WAT-03	030225-3******	정혜림	운동치료	2024-03-05	98,500원	3	
10					운동치료 평균		100,250원		
11				2	운동치료 개수				
12		SHD-01	541209-2******	박시선	도수치료	2024-03-11	87,000원	3	
13		KNE-02	910510-2******	김우윤	도수치료	2024-03-15	78,500원	2	
14		SHD-03	851020-1******	최보근	도수치료	2024-02-13	83,000원	4	
15					도수치료 평균		82,833원		
16				3	도수치료 개수				
17					전체 평균		75,813원		
18				8	전체 개수				
19									

제4작업 그래프 (100점)

☞ **"제1작업"** 시트를 이용하여 조건에 따라 《출력형태》와 같이 작업하시오.

≪조건≫

(1) 차트 종류 ⇒ 〈묶은 세로 막대형〉으로 작업하시오.

(2) 데이터 범위 ⇒ "제1작업" 시트의 내용을 이용하여 작업하시오.

(3) 위치 ⇒ "새 시트"로 이동하고, "제4작업"으로 시트 이름을 바꾸시오.

(4) 차트 디자인 도구 ⇒ 레이아웃 3, 스타일 1을 선택하여 《출력형태》에 맞게 작업하시오.

(5) 영역 서식 ⇒ 차트 : 글꼴(굴림, 11pt), 채우기 효과(질감–파랑 박엽지)

그림 : 채우기(흰색, 배경1)

(6) 제목 서식 ⇒ 차트 제목 : 글꼴(굴림, 굵게, 20pt), 채우기(흰색, 배경1), 테두리

(7) 서식 ⇒ 치료횟수(1주) 계열의 차트 종류를 〈표식이 있는 꺾은선형〉으로 변경한 후 보조 축으로 지정하시오.

계열 : ≪출력형태≫를 참조하여 표식(마름모, 크기 10)과 레이블 값을 표시하시오.

눈금선 : 선 스타일–파선

축 : ≪출력형태≫를 참조하시오.

(8) 범례 ⇒ 범례명을 변경하고 ≪출력형태≫를 참조하시오.

(9) 도형 ⇒ '말풍선: 모서리가 둥근 사각형 설명선'을 삽입한 후 ≪출력형태≫와 같이 내용을 입력하시오.

(10) 나머지 사항은 ≪출력형태≫에 맞게 작성하시오.

≪출력형태≫

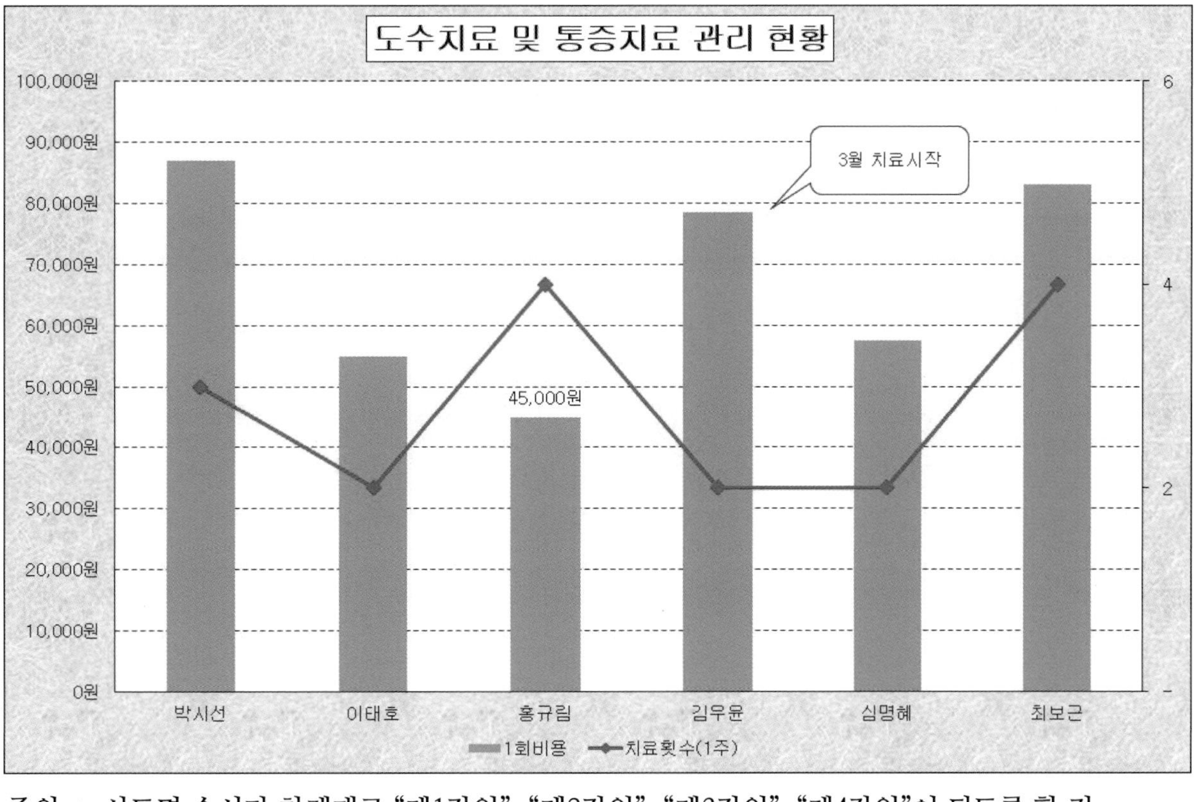

주의 ☞ 시트명 순서가 차례대로 "제1작업", "제2작업", "제3작업", "제4작업"이 되도록 할 것

제 02 회 최신기출유형

MS 오피스

과목	코드	문제유형	시험시간	수험번호	성명
한글엑셀	1122	B	60분		

수험자 유의사항

- 수험자는 문제지를 받는 즉시 문제지와 **수험표상의 시험과목(프로그램)이 동일한지 반드시 확인**하여야 합니다.
- 파일명은 본인의 "수험번호-성명"으로 입력하여 답안폴더(내 PC₩문서₩ITQ)에 하나의 파일로 저장해야 하며, 답안문서 파일명이 "수험번호-성명"과 일치하지 않거나, 답안파일을 전송하지 않아 미제출로 처리될 경우 실격 처리합니다(예:12345678-홍길동.xlsx).
- 답안 작성을 마치면 파일을 저장하고, '답안 전송' 버튼을 선택하여 감독위원 PC로 답안을 전송하십시오. 수험생 정보와 저장한 파일명이 다를 경우 전송되지 않으므로 주의하시기 바랍니다.
- 답안 작성 중에도 **주기적으로 저장하고, '답안 전송'**하여야 문제 발생을 줄일 수 있습니다. 작업한 내용을 저장하지 않고 전송할 경우 이전에 저장된 내용이 전송되오니 이점 유의하시기 바랍니다.
- 답안문서는 지정된 경로 외의 다른 보조기억장치에 저장하는 경우, 지정된 시험 시간 외에 작성된 파일을 활용할 경우, 기타 통신수단(이메일, 메신저, 네트워크 등)을 이용하여 타인에게 전달 또는 외부 반출하는 경우는 부정 처리합니다.
- 시험 중 부주의 또는 고의로 시스템을 파손한 경우는 수험자가 변상해야 하며, 〈수험자 유의사항〉에 기재된 방법대로 이행하지 않아 생기는 불이익은 수험생 당사자의 책임임을 알려 드립니다.
- 문제의 조건은 MS오피스 2021 버전으로 설정되어 있으니 유의하시기 바랍니다.
- 시험을 완료한 수험자는 답안파일이 전송되었는지 확인한 후 감독위원의 지시에 따라 문제지를 제출하고 퇴실합니다.

답안 작성요령

- 온라인 답안 작성 절차
  수험자 등록 ➡ 시험 시작 ➡ 답안파일 저장 ➡ 답안 전송 ➡ 시험 종료
- 문제는 총 4단계, 즉 제1작업부터 제4작업까지 구성되어 있으며 반드시 제1작업부터 순서대로 작성하고 조건대로 작업하시오.
- 모든 작업시트의 A열은 열 너비 '1'로, 나머지 열은 적당하게 조절하시오.
- 모든 작업시트의 테두리는 ≪출력형태≫와 같이 작업하시오.
- 해당 작업란에서는 각각 제시된 조건에 따라 ≪출력형태≫와 같이 작업하시오.
- 답안 시트 이름은 "제1작업", "제2작업", "제3작업", "제4작업"이어야 하며 답안 시트 이외의 것은 감점 처리됩니다.
- 각 시트를 파일로 나누어 작업해서 저장할 경우 실격 처리됩니다.

kpc 한국생산성본부

제1작업 표 서식 작성 및 값 계산 (240점)

☞ 다음은 '직접판매 유통업체 현황'에 대한 자료이다. 자료를 입력하고 조건에 맞도록 작업하시오.

≪출력형태≫

직접판매 유통업체 현황

확인	담당	대리	과장

관리번호	회사명	분류	소재지	설립일	반품환불	매출액(백만)	설립연도	매출액 순위
B2-03	도담도담	애견용품	부산	2013-05-01	3,950	198,619	(1)	(2)
S1-01	그린웰빙	건강식품	서울	2011-01-20	2,694	43,766	(1)	(2)
J1-04	그린라이프	건강식품	제주	2011-11-16	3,405	156,373	(1)	(2)
S2-05	마이스토어	화장품	서울	2009-12-10	4,580	643,654	(1)	(2)
B1-01	뉴스타	건강식품	부산	2007-01-24	500	22,896	(1)	(2)
S3-02	뭉이월드	애견용품	서울	2011-01-24	1,220	126,100	(1)	(2)
J3-02	레옹샵	애견용품	제주	2007-03-03	1,587	64,817	(1)	(2)
S2-03	해피월드	화장품	서울	2009-10-20	409	84,540	(1)	(2)
평균 매출액(백만) 이상인 회사 수			(3)		최대 반품환불			(5)
애견용품 매출액(백만) 합계			(4)		회사명	도담도담	반품환불	(6)

≪조건≫

- ○ 모든 데이터의 서식에는 글꼴(굴림, 11pt), 정렬은 숫자 및 회계 서식은 오른쪽 정렬, 나머지 서식은 가운데 정렬로 작성하며 예외적인 것은 ≪출력형태≫를 참조하시오.
- ○ 제목 ⇒ 도형(평행 사변형)과 그림자(오프셋: 오른쪽)를 이용하여 작성하고 "직접판매 유통업체 현황"을 입력한 후 다음 서식을 적용하시오(글꼴–굴림, 24pt, 검정, 굵게, 채우기–노랑).
- ○ 임의의 셀에 결재란을 작성하여 그림으로 복사 기능을 이용하여 붙이기 하시오(단, 원본 삭제).
- ○ 「B4:J4, G14, I14」 영역은 '주황'으로 채우기 하시오.
- ○ 유효성 검사를 이용하여 「H14」 셀에 회사명(「C5:C12」 영역)이 선택 표시되도록 하시오.
- ○ 셀 서식 ⇒ 「G5:G12」 영역에 셀 서식을 이용하여 숫자 뒤에 '건'을 표시하시오(예 : 3,950건).
- ○ 「G5:G12」 영역에 대해 '반품환불'로 이름 정의를 하시오.

☞ (1)~(6) 셀은 반드시 **주어진 함수를 이용**하여 값을 구하시오(결과값을 직접 입력하면 해당 셀은 0점 처리됨).

(1) 설립연도 ⇒ 설립일의 연도를 구하시오(YEAR 함수).

(2) 매출액 순위 ⇒ 매출액(백만)의 내림차순 순위를 1~3까지 구하고, 그 외에는 공백으로 표시하시오(IF, RANK.EQ 함수).

(3) 평균 매출액(백만) 이상인 회사 수 ⇒ 매출액(백만)이 평균 이상인 회사 수를 구한 후 결과값에 '개'를 붙이시오(COUNTIF, AVERAGE 함수, & 연산자)(예 : 3개).

(4) 애견용품 매출액(백만) 합계 ⇒ (SUMIF 함수)

(5) 최대 반품환불 ⇒ 정의된 이름(반품환불)을 이용하여 구하시오(MAX 함수).

(6) 반품환불 ⇒ 「H14」 셀에서 선택한 회사명에 대한 반품환불을 구하시오(VLOOKUP 함수).

(7) 조건부 서식의 수식을 이용하여 반품환불이 '3,000' 이상인 행 전체에 다음의 서식을 적용하시오(글꼴 : 파랑, 굵게).

제2작업 필터 및 서식 (80점)

☞ **"제1작업"** 시트의 「B4:H12」 영역을 복사하여 **"제2작업"** 시트의 「B2」 셀부터 모두 붙여넣기를 한 후 다음의 조건과 같이 작업하시오.

≪조건≫

(1) 고급 필터 – 소재지가 '제주'이거나 설립일이 '2010-01-01' 이후(해당일 포함)인 자료의 회사명, 소재지, 반품환불, 매출액(백만) 데이터만 추출하시오.
– 조건 범위 : 「B14」 셀부터 입력하시오.
– 복사 위치 : 「B18」 셀부터 나타나도록 하시오.

(2) 표 서식 – 고급 필터의 결과셀을 채우기 없음으로 설정한 후 '표 스타일 밝게 9'의 서식을 적용하시오.
– 머리글 행, 줄무늬 행을 적용하시오.

제3작업 피벗 테이블 (80점)

☞ **"제1작업"** 시트를 이용하여 **"제3작업"** 시트에 조건에 따라 《출력형태》와 같이 작업하시오.

≪조건≫

(1) 설립일 및 분류별 회사명의 개수와 매출액(백만)의 평균을 구하시오.
(2) 설립일을 그룹화하고, 분류를 ≪출력형태≫와 같이 정렬하시오.
(3) 레이블이 있는 셀 병합 및 가운데 맞춤 적용과 빈 셀은 '**'로 표시하시오.
(4) 행의 총합계는 지우고, 나머지 사항은 ≪출력형태≫에 맞게 작성하시오.

≪출력형태≫

	A	B	C	D	E	F	G	H
1								
2			분류					
3			화장품		애견용품		건강식품	
4		설립일	개수 : 회사명	평균 : 매출액(백만)	개수 : 회사명	평균 : 매출액(백만)	개수 : 회사명	평균 : 매출액(백만)
5		2007년	**	**	1	64,817	1	22,896
6		2009년	2	364,097	**	**	**	**
7		2011년	**	**	1	126,100	2	100,070
8		2013년	**	**	1	198,619	**	**
9		총합계	2	364,097	3	129,845	3	74,345
10								

제4작업 그래프 (100점)

☞ **"제1작업"** 시트를 이용하여 조건에 따라 《출력형태》와 같이 작업하시오.

≪조건≫

(1) 차트 종류 ⇒ 〈묶은 세로 막대형〉으로 작업하시오.
(2) 데이터 범위 ⇒ "제1작업" 시트의 내용을 이용하여 작업하시오.
(3) 위치 ⇒ "새 시트"로 이동하고, "제4작업"으로 시트 이름을 바꾸시오.
(4) 차트 디자인 도구 ⇒ 레이아웃 3, 스타일 1을 선택하여 《출력형태》에 맞게 작업하시오.
(5) 영역 서식 ⇒ 차트 : 글꼴(굴림, 11pt), 채우기 효과(질감–분홍 박엽지)
그림 : 채우기(흰색, 배경1)
(6) 제목 서식 ⇒ 차트 제목 : 글꼴(굴림, 굵게, 20pt), 채우기(흰색, 배경1), 테두리
(7) 서식 ⇒ 매출액(백만) 계열의 차트 종류를 〈표식이 있는 꺾은선형〉으로 변경한 후 보조 축으로 지정하시오.
계열 : ≪출력형태≫를 참조하여 표식(세모, 크기 10)과 레이블 값을 표시하시오.
눈금선 : 선 스타일–파선
축 : ≪출력형태≫를 참조하시오.
(8) 범례 ⇒ 범례명을 변경하고 ≪출력형태≫를 참조하시오.
(9) 도형 ⇒ '말풍선: 모서리가 둥근 사각형 설명선'을 삽입한 후 ≪출력형태≫와 같이 내용을 입력하시오.
(10) 나머지 사항은 ≪출력형태≫에 맞게 작성하시오.

≪출력형태≫

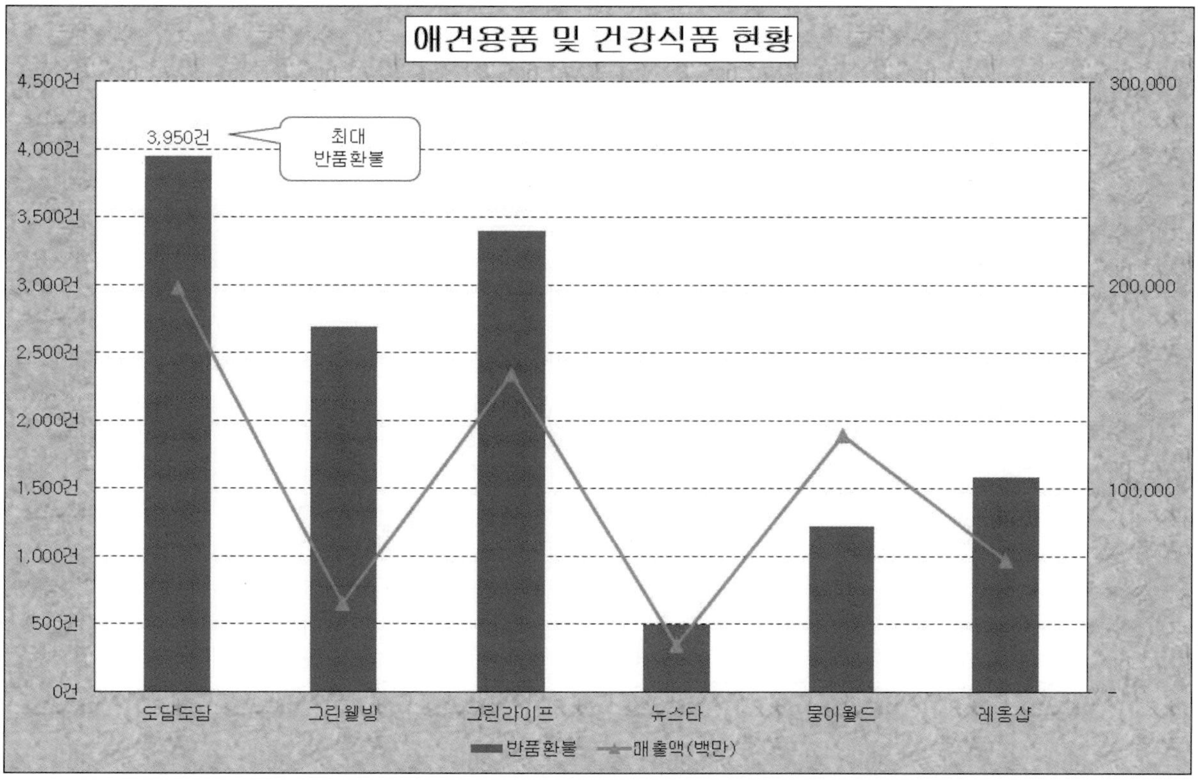

주의 ☞ 시트명 순서가 차례대로 "제1작업", "제2작업", "제3작업", "제4작업"이 되도록 할 것

제 03 회 최신기출유형

MS 오피스

과목	코드	문제유형	시험시간	수험번호	성명
한글엑셀	1122	C	60분		

수험자 유의사항

- 수험자는 문제지를 받는 즉시 문제지와 **수험표상의 시험과목(프로그램)이 동일한지 반드시 확인**하여야 합니다.
- 파일명은 본인의 "수험번호-성명"으로 입력하여 답안폴더(내 PC₩문서₩ITQ)에 하나의 파일로 저장해야 하며, 답안문서 파일명이 "수험번호-성명"과 일치하지 않거나, 답안파일을 전송하지 않아 미제출로 처리될 경우 실격 처리합니다(예:12345678-홍길동.xlsx).
- 답안 작성을 마치면 파일을 저장하고, '답안 전송' 버튼을 선택하여 감독위원 PC로 답안을 전송하십시오. 수험생 정보와 저장한 파일명이 다를 경우 전송되지 않으므로 주의하시기 바랍니다.
- 답안 작성 중에도 **주기적으로 저장하고, '답안 전송'**하여야 문제 발생을 줄일 수 있습니다. 작업한 내용을 저장하지 않고 전송할 경우 이전에 저장된 내용이 전송되오니 이점 유의하시기 바랍니다.
- 답안문서는 지정된 경로 외의 다른 보조기억장치에 저장하는 경우, 지정된 시험 시간 외에 작성된 파일을 활용할 경우, 기타 통신수단(이메일, 메신저, 네트워크 등)을 이용하여 타인에게 전달 또는 외부 반출하는 경우는 부정 처리합니다.
- 시험 중 부주의 또는 고의로 시스템을 파손한 경우는 수험자가 변상해야 하며, 〈수험자 유의사항〉에 기재된 방법대로 이행하지 않아 생기는 불이익은 수험생 당사자의 책임임을 알려 드립니다.
- 문제의 조건은 MS오피스 2021 버전으로 설정되어 있으니 유의하시기 바랍니다.
- 시험을 완료한 수험자는 답안파일이 전송되었는지 확인한 후 감독위원의 지시에 따라 문제지를 제출하고 퇴실합니다.

답안 작성요령

- 온라인 답안 작성 절차
  수험자 등록 ➡ 시험 시작 ➡ 답안파일 저장 ➡ 답안 전송 ➡ 시험 종료
- 문제는 총 4단계, 즉 제1작업부터 제4작업까지 구성되어 있으며 반드시 제1작업부터 순서대로 작성하고 조건대로 작업하시오.
- 모든 작업시트의 A열은 열 너비 '1'로, 나머지 열은 적당하게 조절하시오.
- 모든 작업시트의 테두리는 ≪출력형태≫와 같이 작업하시오.
- 해당 작업란에서는 각각 제시된 조건에 따라 ≪출력형태≫와 같이 작업하시오.
- 답안 시트 이름은 "제1작업", "제2작업", "제3작업", "제4작업"이어야 하며 답안 시트 이외의 것은 감점 처리됩니다.
- 각 시트를 파일로 나누어 작업해서 저장할 경우 실격 처리됩니다.

kpc 한국생산성본부

제1작업　표 서식 작성 및 값 계산 (240점)

☞ 다음은 '소고기 부위별 판매 현황'에 대한 자료이다. 자료를 입력하고 조건에 맞도록 작업하시오.

≪출력형태≫

소고기 부위별 판매 현황

결재	담당	팀장	부장

품목코드	부위	생산일	구분	kg당 가격	판매량 (단위:kg)	납품한 시장 수	판매순위	비고
FVS-39	앞다리	2023-12-19	1+등급	75,600	1,294	39	(1)	(2)
SKR-86	앞다리	2023-12-29	2등급	52,000	4,188	73	(1)	(2)
ATE-38	안심	2023-12-24	1++등급	98,200	1,350	37	(1)	(2)
MYH-19	안심	2023-12-22	1등급	95,600	1,472	38	(1)	(2)
FEW-29	등심	2023-12-24	1등급	79,200	4,870	86	(1)	(2)
EUY-39	앞다리	2023-12-30	1++등급	73,000	3,765	71	(1)	(2)
TVE-68	등심	2023-12-27	2등급	66,400	5,760	98	(1)	(2)
MTT-92	등심	2023-12-24	1+등급	88,700	3,240	56	(1)	(2)
kg당 최고 가격			(3)		앞다리 부위 판매량(단위:kg) 합계			(5)
등심 부위 납품한 시장 수 평균			(4)		품목코드	FVS-39	생산일	(6)

≪조건≫

- ○ 모든 데이터의 서식에는 글꼴(굴림, 11pt), 정렬은 숫자 및 회계 서식은 오른쪽 정렬, 나머지 서식은 가운데 정렬로 작성하며 예외적인 것은 ≪출력형태≫를 참조하시오.
- ○ 제목 ⇒ 도형(배지)과 그림자(오프셋: 오른쪽)를 이용하여 작성하고 "소고기 부위별 판매 현황"을 입력한 후 다음 서식을 적용하시오(글꼴–굴림, 24pt, 검정, 굵게, 채우기–노랑).
- ○ 임의의 셀에 결재란을 작성하여 그림으로 복사 기능을 이용하여 붙이기 하시오(단, 원본 삭제).
- ○ 「B4:J4, G14, I14」 영역은 '주황'으로 채우기 하시오.
- ○ 유효성 검사를 이용하여 「H14」 셀에 품목코드(「B5:B12」 영역)가 선택 표시되도록 하시오.
- ○ 셀 서식 ⇒ 「F5:F12」 영역에 셀 서식을 이용하여 숫자 뒤에 '원'을 표시하시오(예 : 75,600원).
- ○ 「F5:F12」 영역에 대해 '가격'으로 이름 정의를 하시오.

☞ (1)~(6) 셀은 반드시 **주어진 함수를 이용**하여 값을 구하시오(결과값을 직접 입력하면 해당 셀은 0점 처리됨).

(1) 판매순위 ⇒ 판매량(단위:kg)의 내림차순 순위를 구한 결과값에 '위'를 붙이시오(RANK.EQ 함수, & 연산자) (예 : 1위).

(2) 비고 ⇒ kg당 가격이 90,000 이상이거나 판매량(단위:kg)이 5,000 이상이면 '★', 그 외에는 공백으로 구하시오 (IF, OR 함수).

(3) kg당 최고 가격 ⇒ 정의된 이름(가격)을 이용하여 구하시오(MAX 함수).

(4) 등심 부위 납품한 시장 수 평균 ⇒ (SUMIF, COUNTIF 함수)

(5) 앞다리 부위 판매량(단위:kg) 합계 ⇒ 조건은 입력 데이터를 이용하시오(DSUM 함수).

(6) 생산일 ⇒ 「H14」 셀에서 선택한 품목코드에 대한 생산일을 구하시오(VLOOKUP 함수)(예 : 2024-01-01).

(7) 조건부 서식의 수식을 이용하여 납품한 시장 수가 '50' 이하인 행 전체에 다음의 서식을 적용하시오 (글꼴 : 파랑, 굵게).

제2작업 목표값 찾기 및 필터 (80점)

☞ **"제1작업"** 시트의 「B4:H12」 영역을 복사하여 **"제2작업"** 시트의 「B2」 셀부터 모두 붙여넣기를 한 후 다음의 조건과 같이 작업하시오.

≪조건≫

(1) 목표값 찾기 – 「B11:G11」 셀을 병합하고 가운데 맞춤한 후 "판매량(단위:kg) 전체 평균"을 입력하고, 「H11」 셀에 판매량(단위:kg) 전체 평균을 구하시오(AVERAGE 함수, 테두리).
– '판매량(단위:kg) 전체 평균'이 '3,300'이 되려면 FVS-39의 판매량(단위:kg)이 얼마가 되어야 하는지 목표값을 구하시오.

(2) 고급 필터 – 부위가 '앞다리'가 아니면서 kg당 가격이 '90,000' 이하인 자료의 품목코드, 구분, kg당 가격, 판매량(단위:kg) 데이터만 추출하시오.
– 조건 범위 : 「B14」 셀부터 입력하시오.
– 복사 위치 : 「B18」 셀부터 나타나도록 하시오.

제3작업 정렬 및 부분합 (80점)

☞ **"제1작업"** 시트의 「B4:H12」 영역을 복사하여 **"제3작업"** 시트의 「B2」 셀부터 모두 붙여넣기를 한 후 다음의 조건과 같이 작업하시오.

≪조건≫

(1) 부분합 – ≪출력형태≫처럼 정렬하고, 품목코드의 개수와 판매량(단위:kg)의 평균을 구하시오.
(2) 개요 – 지우시오.
(3) 나머지 사항은 ≪출력형태≫에 맞게 작성하시오.

≪출력형태≫

	A	B	C	D	E	F	G	H	I
1									
2		품목코드	부위	생산일	구분	kg당 가격	판매량 (단위:kg)	납품한 시장 수	
3		FVS-39	앞다리	2023-12-19	1+등급	75,600원	1,294	39	
4		SKR-86	앞다리	2023-12-29	2등급	52,000원	4,188	73	
5		EUY-39	앞다리	2023-12-30	1++등급	73,000원	3,765	71	
6			앞다리 평균				3,082		
7		3	앞다리 개수						
8		ATE-38	안심	2023-12-24	1++등급	98,200원	1,350	37	
9		MYH-19	안심	2023-12-22	1등급	95,600원	1,472	38	
10			안심 평균				1,411		
11		2	안심 개수						
12		FEW-29	등심	2023-12-24	1등급	79,200원	4,870	86	
13		TVE-68	등심	2023-12-27	2등급	66,400원	5,760	98	
14		MTT-92	등심	2023-12-24	1+등급	88,700원	3,240	56	
15			등심 평균				4,623		
16		3	등심 개수						
17			전체 평균				3,242		
18		8	전체 개수						
19									

제4작업 그래프 (100점)

☞ **"제1작업"** 시트를 이용하여 조건에 따라 《출력형태》와 같이 작업하시오.

≪조건≫

(1) 차트 종류 ⇒ 〈묶은 세로 막대형〉으로 작업하시오.

(2) 데이터 범위 ⇒ "제1작업" 시트의 내용을 이용하여 작업하시오.

(3) 위치 ⇒ "새 시트"로 이동하고, "제4작업"으로 시트 이름을 바꾸시오.

(4) 차트 디자인 도구 ⇒ 레이아웃 3, 스타일 1을 선택하여 《출력형태》에 맞게 작업하시오.

(5) 영역 서식 ⇒ 차트 : 글꼴(굴림, 11pt), 채우기 효과(질감-파랑 박엽지)

그림 : 채우기(흰색, 배경1)

(6) 제목 서식 ⇒ 차트 제목 : 글꼴(굴림, 굵게, 20pt), 채우기(흰색, 배경1), 테두리

(7) 서식 ⇒ 판매량(단위:kg) 계열의 차트 종류를 〈표식이 있는 꺾은선형〉으로 변경한 후 보조 축으로 지정하시오.

계열 : ≪출력형태≫를 참조하여 표식(마름모, 크기 10)과 레이블 값을 표시하시오.

눈금선 : 선 스타일-긴 파선

축 : ≪출력형태≫를 참조하시오.

(8) 범례 ⇒ 범례명을 변경하고 ≪출력형태≫를 참조하시오.

(9) 도형 ⇒ '말풍선: 모서리가 둥근 사각형 설명선'을 삽입한 후 ≪출력형태≫와 같이 내용을 입력하시오.

(10) 나머지 사항은 ≪출력형태≫에 맞게 작성하시오.

≪출력형태≫

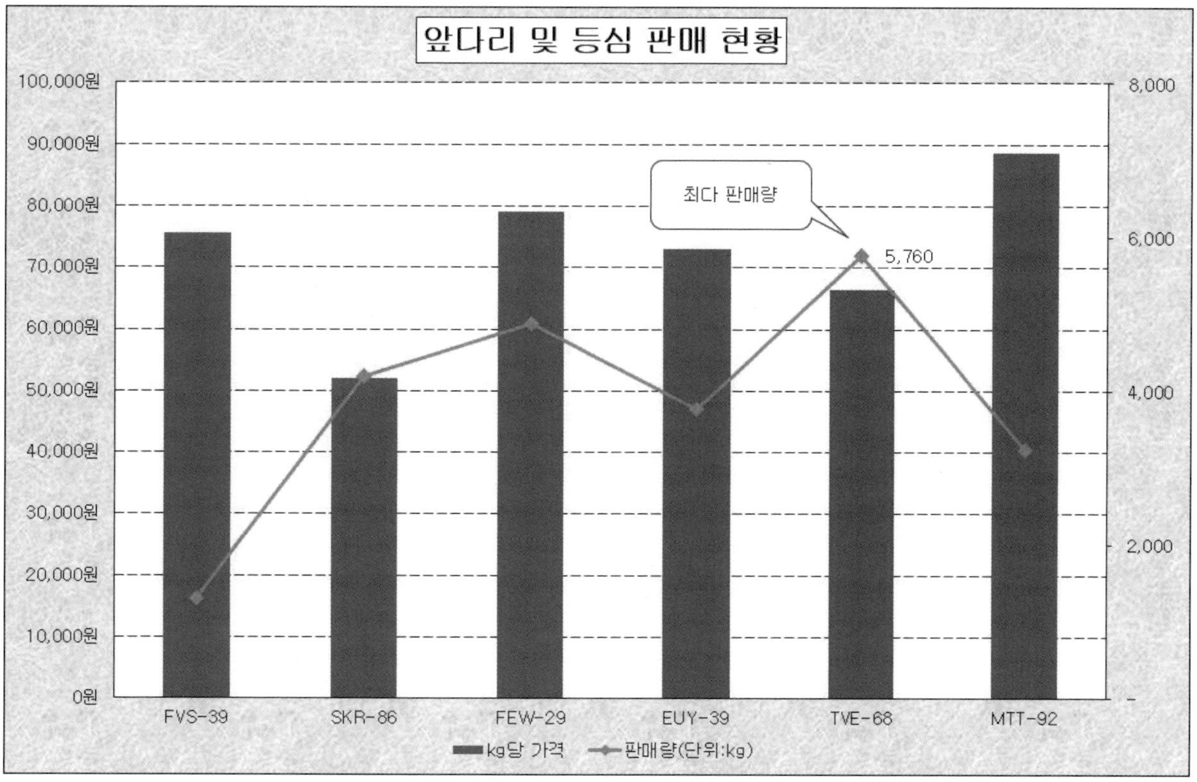

주의 ☞ 시트명 순서가 차례대로 "제1작업", "제2작업", "제3작업", "제4작업"이 되도록 할 것

제 04 회 최신기출유형

MS 오피스

과목	코드	문제유형	시험시간	수험번호	성명
한글엑셀	1122	D	60분		

수험자 유의사항

- 수험자는 문제지를 받는 즉시 문제지와 **수험표상의 시험과목(프로그램)이 동일한지 반드시 확인**하여야 합니다.
- 파일명은 본인의 "수험번호-성명"으로 입력하여 답안폴더(내 PC₩문서₩ITQ)에 하나의 파일로 저장해야 하며, 답안문서 파일명이 "수험번호-성명"과 일치하지 않거나, 답안파일을 전송하지 않아 미제출로 처리될 경우 실격 처리합니다(예:12345678-홍길동.xlsx).
- 답안 작성을 마치면 파일을 저장하고, '답안 전송' 버튼을 선택하여 감독위원 PC로 답안을 전송하십시오. 수험생 정보와 저장한 파일명이 다를 경우 전송되지 않으므로 주의하시기 바랍니다.
- 답안 작성 중에도 **주기적으로 저장하고, '답안 전송'**하여야 문제 발생을 줄일 수 있습니다. 작업한 내용을 저장하지 않고 전송할 경우 이전에 저장된 내용이 전송되오니 이점 유의하시기 바랍니다.
- 답안문서는 지정된 경로 외의 다른 보조기억장치에 저장하는 경우, 지정된 시험 시간 외에 작성된 파일을 활용할 경우, 기타 통신수단(이메일, 메신저, 네트워크 등)을 이용하여 타인에게 전달 또는 외부 반출하는 경우는 부정 처리합니다.
- 시험 중 부주의 또는 고의로 시스템을 파손한 경우는 수험자가 변상해야 하며, 〈수험자 유의사항〉에 기재된 방법대로 이행하지 않아 생기는 불이익은 수험생 당사자의 책임임을 알려 드립니다.
- 문제의 조건은 MS오피스 2021 버전으로 설정되어 있으니 유의하시기 바랍니다.
- 시험을 완료한 수험자는 답안파일이 전송되었는지 확인한 후 감독위원의 지시에 따라 문제지를 제출하고 퇴실합니다.

답안 작성요령

- 온라인 답안 작성 절차
  수험자 등록 ➡ 시험 시작 ➡ 답안파일 저장 ➡ 답안 전송 ➡ 시험 종료
- 문제는 총 4단계, 즉 제1작업부터 제4작업까지 구성되어 있으며 반드시 제1작업부터 순서대로 작성하고 조건대로 작업하시오.
- 모든 작업시트의 A열은 열 너비 '1'로, 나머지 열은 적당하게 조절하시오.
- 모든 작업시트의 테두리는 ≪출력형태≫와 같이 작업하시오.
- 해당 작업란에서는 각각 제시된 조건에 따라 ≪출력형태≫와 같이 작업하시오.
- 답안 시트 이름은 "제1작업", "제2작업", "제3작업", "제4작업"이어야 하며 답안 시트 이외의 것은 감점 처리됩니다.
- 각 시트를 파일로 나누어 작업해서 저장할 경우 실격 처리됩니다.

kpc 한국생산성본부

☞ 다음은 '12월 여행 예약 현황'에 대한 자료이다. 자료를 입력하고 조건에 맞도록 작업하시오.

≪출력형태≫

12월 여행 예약 현황

확인	사원	팀장	부장

예약코드	고객명	여행지	구분	예약일자	1박요금 (단위:원)	예약일수	이용금액 (단위:원)	비고
D8-33	강지우	제주도	우정여행	2023-12-21	170,000	3	(1)	(2)
D7-34	송희원	우도	우정여행	2023-12-18	240,000	3	(1)	(2)
B6-27	김지율	강릉	신혼여행	2023-12-12	300,000	3	(1)	(2)
B2-24	서현정	강릉	신혼여행	2023-12-26	250,000	2	(1)	(2)
A3-12	유승아	제주도	가족여행	2023-12-12	150,000	4	(1)	(2)
C5-38	조은주	우도	우정여행	2023-12-27	220,000	2	(1)	(2)
A1-13	백로민	제주도	가족여행	2023-12-19	120,000	5	(1)	(2)
B4-22	정석현	강릉	신혼여행	2023-12-05	250,000	4	(1)	(2)
우정여행의 1박요금(단위:원) 평균			(3)		최대 1박요금(단위:원)			(5)
제주도여행 예약일수 평균			(4)		고객명	강지우	예약일수	(6)

≪조건≫

○ 모든 데이터의 서식에는 글꼴(굴림, 11pt), 정렬은 숫자 및 회계 서식은 오른쪽 정렬, 나머지 서식은 가운데 정렬로 작성하며 예외적인 것은 ≪출력형태≫를 참조하시오.

○ 제목 ⇒ 도형(육각형)과 그림자(오프셋: 가운데)를 이용하여 작성하고 "12월 여행 예약 현황"을 입력한 후 다음 서식을 적용하시오(글꼴–굴림, 24pt, 검정, 굵게, 채우기–노랑).

○ 임의의 셀에 결재란을 작성하여 그림으로 복사 기능을 이용하여 붙이기 하시오(단, 원본 삭제).

○「B4:J4, G14, I14」 영역은 '주황'으로 채우기 하시오.

○ 유효성 검사를 이용하여「H14」셀에 고객명(「C5:C12」 영역)이 선택 표시되도록 하시오.

○ 셀 서식 ⇒「H5:H12」 영역에 셀 서식을 이용하여 숫자 뒤에 '일'을 표시하시오(예 : 3일).

○「H5:H12」 영역에 대해 '예약일수'로 이름 정의를 하시오.

☞ (1)~(6) 셀은 반드시 **주어진 함수를 이용**하여 값을 구하시오(결과값을 직접 입력하면 해당 셀은 0점 처리됨).

(1) 이용금액(단위:원) ⇒「1박요금(단위:원)×예약일수–할인금액」으로 구하시오. 단, 할인금액은「1박요금(단위:원)×예약일수×예약코드의 마지막 글자×1.5%」로 계산하시오(RIGHT 함수).

(2) 비고 ⇒ 예약코드의 첫 글자가 D이면 '반려견 동반', 그 외에는 공백으로 표시하시오(IF, LEFT 함수).

(3) 우정여행의 1박요금(단위:원) 평균 ⇒ 조건은 입력 데이터를 이용하시오(DAVERAGE 함수).

(4) 제주도여행 예약일수 평균 ⇒ 정의된 이름(예약일수)을 이용하여 구한 결과값에 '일'을 표시하시오(SUMIF, COUNTIF 함수, & 연산자)(예 : 1일).

(5) 최대 1박요금(단위:원) ⇒ (MAX 함수)

(6) 예약일수 ⇒「H14」셀에서 선택한 고객명에 대한 예약일수를 표시하시오(VLOOKUP 함수).

(7) 조건부 서식의 수식을 이용하여 1박요금(단위:원)이 '200,000' 이하인 행 전체에 다음의 서식을 적용하시오(글꼴 : 파랑, 굵게).

제2작업　필터 및 서식 (80점)

☞ **"제1작업"** 시트의 「B4:H12」 영역을 복사하여 **"제2작업"** 시트의 「B2」 셀부터 모두 붙여넣기를 한 후 다음의 조건과 같이 작업하시오.

≪조건≫

(1) 고급 필터 – 여행지가 '제주도'이거나 예약일자가 '2023-12-25' 이후(해당일 포함)인 자료의 고객명, 구분, 1박요금(단위:원), 예약일수 데이터만 추출하시오.
- 조건 범위 : 「B14」 셀부터 입력하시오.
- 복사 위치 : 「B18」 셀부터 나타나도록 하시오.

(2) 표 서식 – 고급 필터의 결과셀을 채우기 없음으로 설정한 후 '표 스타일 밝게 9'의 서식을 적용하시오.
- 머리글 행, 줄무늬 행을 적용하시오.

제3작업　피벗 테이블 (80점)

☞ **"제1작업"** 시트를 이용하여 **"제3작업"** 시트에 조건에 따라 《출력형태》와 같이 작업하시오.

≪조건≫

(1) 예약일자 및 구분별 고객명의 개수와 1박요금(단위:원)의 평균을 구하시오.
(2) 예약일자를 그룹화하고, 구분을 ≪출력형태≫와 같이 정렬하시오.
(3) 레이블이 있는 셀 병합 및 가운데 맞춤 적용과 빈 셀은 '**'로 표시하시오.
(4) 행의 총합계는 지우고, 나머지 사항은 ≪출력형태≫에 맞게 작성하시오.

≪출력형태≫

	A	B	C	D	E	F	G	H
1								
2			구분					
3			우정여행		신혼여행		가족여행	
4		예약일자	개수 : 고객명	평균 : 1박요금(단위:원)	개수 : 고객명	평균 : 1박요금(단위:원)	개수 : 고객명	평균 : 1박요금(단위:원)
5		2023-12-05 - 2023-12-14	**	**	2	275,000	1	150,000
6		2023-12-15 - 2023-12-24	2	205,000	**	**	1	120,000
7		2023-12-25 - 2023-12-28	1	220,000	1	250,000	**	**
8		**총합계**	**3**	**210,000**	**3**	**266,667**	**2**	**135,000**
9								

그래프 (100점)

☞ **"제1작업"** 시트를 이용하여 조건에 따라 《출력형태》와 같이 작업하시오.

≪조건≫

(1) 차트 종류 ⇒ 〈묶은 세로 막대형〉으로 작업하시오.

(2) 데이터 범위 ⇒ "제1작업" 시트의 내용을 이용하여 작업하시오.

(3) 위치 ⇒ "새 시트"로 이동하고, "제4작업"으로 시트 이름을 바꾸시오.

(4) 차트 디자인 도구 ⇒ 레이아웃 3, 스타일 1을 선택하여《출력형태》에 맞게 작업하시오.

(5) 영역 서식 ⇒ 차트 : 글꼴(굴림, 11pt), 채우기 효과(질감-분홍 박엽지)
그림 : 채우기(흰색, 배경1)

(6) 제목 서식 ⇒ 차트 제목 : 글꼴(굴림, 굵게, 20pt), 채우기(흰색, 배경1), 테두리

(7) 서식 ⇒ 예약일수 계열의 차트 종류를 〈표식이 있는 꺾은선형〉으로 변경한 후 보조 축으로 지정하시오.
계열 : ≪출력형태≫를 참조하여 표식(세모, 크기 10)과 레이블 값을 표시하시오.
눈금선 : 선 스타일-파선
축 : ≪출력형태≫를 참조하시오.

(8) 범례 ⇒ 범례명을 변경하고 ≪출력형태≫를 참조하시오.

(9) 도형 ⇒ '말풍선: 모서리가 둥근 사각형 설명선'을 삽입한 후 ≪출력형태≫와 같이 내용을 입력하시오.

(10) 나머지 사항은 ≪출력형태≫에 맞게 작성하시오.

≪출력형태≫

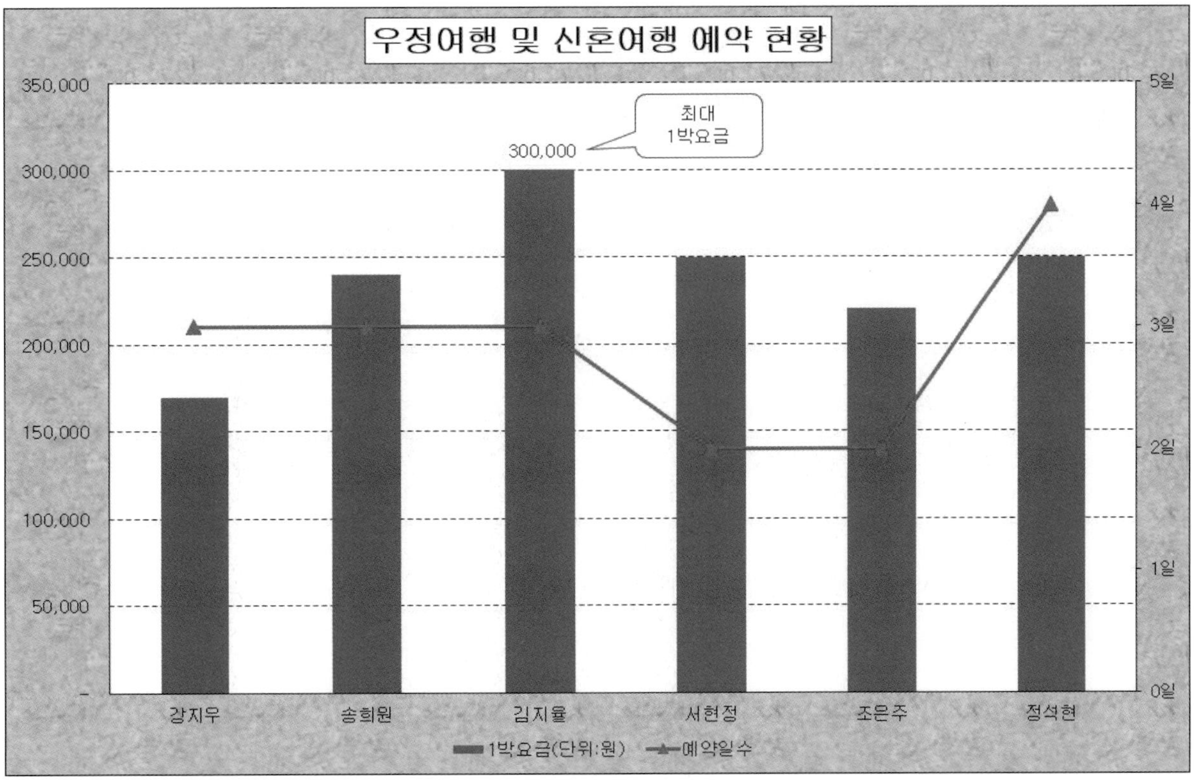

주의 ☞ 시트명 순서가 차례대로 "제1작업", "제2작업", "제3작업", "제4작업"이 되도록 할 것

제 05 회 최신기출유형

MS 오피스

과목	코드	문제유형	시험시간	수험번호	성명
한글엑셀	1122	A	60분		

수험자 유의사항

- 수험자는 문제지를 받는 즉시 문제지와 **수험표상의 시험과목(프로그램)이 동일한지 반드시 확인**하여야 합니다.
- 파일명은 본인의 "수험번호-성명"으로 입력하여 답안폴더(내 PC₩문서₩ITQ)에 하나의 파일로 저장해야 하며, 답안문서 파일명이 "수험번호-성명"과 일치하지 않거나, 답안파일을 전송하지 않아 미제출로 처리될 경우 실격 처리합니다(예:12345678-홍길동.xlsx).
- 답안 작성을 마치면 파일을 저장하고, '답안 전송' 버튼을 선택하여 감독위원 PC로 답안을 전송하십시오. 수험생 정보와 저장한 파일명이 다를 경우 전송되지 않으므로 주의하시기 바랍니다.
- 답안 작성 중에도 **주기적으로 저장하고, '답안 전송'**하여야 문제 발생을 줄일 수 있습니다. 작업한 내용을 저장하지 않고 전송할 경우 이전에 저장된 내용이 전송되오니 이점 유의하시기 바랍니다.
- 답안문서는 지정된 경로 외의 다른 보조기억장치에 저장하는 경우, 지정된 시험 시간 외에 작성된 파일을 활용할 경우, 기타 통신수단(이메일, 메신저, 네트워크 등)을 이용하여 타인에게 전달 또는 외부 반출하는 경우는 부정 처리합니다.
- 시험 중 부주의 또는 고의로 시스템을 파손한 경우는 수험자가 변상해야 하며, 〈수험자 유의사항〉에 기재된 방법대로 이행하지 않아 생기는 불이익은 수험생 당사자의 책임임을 알려 드립니다.
- 문제의 조건은 MS오피스 2021 버전으로 설정되어 있으니 유의하시기 바랍니다.
- 시험을 완료한 수험자는 답안파일이 전송되었는지 확인한 후 감독위원의 지시에 따라 문제지를 제출하고 퇴실합니다.

답안 작성요령

- 온라인 답안 작성 절차
  수험자 등록 ➡ 시험 시작 ➡ 답안파일 저장 ➡ 답안 전송 ➡ 시험 종료
- 문제는 총 4단계, 즉 제1작업부터 제4작업까지 구성되어 있으며 반드시 제1작업부터 순서대로 작성하고 조건대로 작업하시오.
- 모든 작업시트의 A열은 열 너비 '1'로, 나머지 열은 적당하게 조절하시오.
- 모든 작업시트의 테두리는 ≪출력형태≫와 같이 작업하시오.
- 해당 작업란에서는 각각 제시된 조건에 따라 ≪출력형태≫와 같이 작업하시오.
- 답안 시트 이름은 "제1작업", "제2작업", "제3작업", "제4작업"이어야 하며 답안 시트 이외의 것은 감점 처리됩니다.
- 각 시트를 파일로 나누어 작업해서 저장할 경우 실격 처리됩니다.

kpc 한국생산성본부

제1작업 표 서식 작성 및 값 계산 (240점)

☞ 다음은 '미용기기 판매 현황'에 대한 자료이다. 자료를 입력하고 조건에 맞도록 작업하시오.

≪출력형태≫

미용기기 판매 현황

결재	담당	팀장	본부장

제품코드	제품명	구분	판매수량 (단위:대)	재고수량 (단위:대)	판매가	적합등록일	판매순위	비고
FSS-48	뉴페이스	고주파기	348	278	230	2023-05-22	(1)	(2)
SXT-13	벨라	초음파기	320	130	260	2023-06-03	(1)	(2)
DAS-13	헤르킨	복합기	132	144	70	2023-02-26	(1)	(2)
SES-11	플라덤	복합기	220	321	68	2023-02-09	(1)	(2)
SZT-97	헤라스킨	초음파기	422	273	350	2023-07-17	(1)	(2)
DVE-21	매직업	고주파기	137	143	440	2023-07-05	(1)	(2)
SEE-21	리얼스타	고주파기	176	320	240	2023-10-04	(1)	(2)
DZE-32	워터웰	초음파기	229	182	175	2023-09-16	(1)	(2)
복합기 제품 판매수량(단위:대) 평균			(3)		고주파기 제품의 판매수량(단위:대) 합계			(5)
최저 판매가			(4)		제품코드	FSS-48	적합등록일	(6)

≪조건≫

○ 모든 데이터의 서식에는 글꼴(굴림, 11pt), 정렬은 숫자 및 회계 서식은 오른쪽 정렬, 나머지 서식은 가운데 정렬로 작성하며 예외적인 것은 ≪출력형태≫를 참조하시오.

○ 제목 ⇒ 도형(화살표: 오각형)과 그림자(오프셋: 오른쪽)를 이용하여 작성하고 "미용기기 판매 현황"을 입력한 후 다음 서식을 적용하시오(글꼴-굴림, 24pt, 검정, 굵게, 채우기-노랑).

○ 임의의 셀에 결재란을 작성하여 그림으로 복사 기능을 이용하여 붙이기 하시오(단, 원본 삭제).

○ 「B4:J4, G14, I14」 영역은 '주황'으로 채우기 하시오.

○ 유효성 검사를 이용하여 「H14」 셀에 제품코드(「B5:B12」 영역)가 선택 표시되도록 하시오.

○ 셀 서식 ⇒ 「G5:G12」 영역에 셀 서식을 이용하여 숫자 뒤에 '만원'을 표시하시오(예 : 230만원).

○ 「G5:G12」 영역에 대해 '판매가'로 이름 정의를 하시오.

☞ (1)~(6) 셀은 반드시 **주어진 함수를 이용**하여 값을 구하시오(결과값을 직접 입력하면 해당 셀은 0점 처리됨).

(1) 판매순위 ⇒ 판매수량(단위:대)의 내림차순 순위를 구하시오(RANK.EQ 함수).

(2) 비고 ⇒ 재고수량(단위:대)이 200 이상이거나 판매가가 300 이상이면 '20% 할인', 그 외에는 공백으로 표시하시오(IF, OR 함수).

(3) 복합기 제품 판매수량(단위:대) 평균 ⇒ (SUMIF, COUNTIF 함수)

(4) 최저 판매가 ⇒ 정의된 이름(판매가)을 이용하여 구한 결과값에 '만원'을 붙이시오(MIN 함수, & 연산자)(예 : 230만원).

(5) 고주파기 제품의 판매수량(단위:대) 합계 ⇒ 조건은 입력 데이터를 이용하시오(DSUM 함수).

(6) 적합등록일 ⇒ 「H14」 셀에서 선택한 제품코드에 대한 적합등록일을 구하시오(VLOOKUP 함수)(예 : 2023-01-01).

(7) 조건부 서식의 수식을 이용하여 판매수량(단위:대)이 '200' 이하인 행 전체에 다음의 서식을 적용하시오(글꼴 : 파랑, 굵게).

제2작업 목표값 찾기 및 필터 (80점)

☞ **"제1작업"** 시트의 「B4:H12」 영역을 복사하여 **"제2작업"** 시트의 「B2」 셀부터 모두 붙여넣기를 한 후 다음의 조건과 같이 작업하시오.

≪조건≫

(1) 목표값 찾기 – 「B11:G11」 셀을 병합하고 가운데 맞춤한 후 "판매수량(단위:대) 전체 평균"을 입력하고, 「H11」 셀에 판매수량(단위:대) 전체 평균을 구하시오(AVERAGE 함수, 테두리).
– '판매수량(단위:대) 전체 평균'이 '250'이 되려면 뉴페이스의 판매수량(단위:대)이 얼마가 되어야 하는지 목표값을 구하시오.

(2) 고급 필터 – 구분이 '고주파기'가 아니면서 판매가가 '300' 이하인 자료의 제품명, 구분, 판매수량(단위:대), 판매가 데이터만 추출하시오.
– 조건 범위 : 「B14」 셀부터 입력하시오.
– 복사 위치 : 「B18」 셀부터 나타나도록 하시오.

제3작업 정렬 및 부분합 (80점)

☞ **"제1작업"** 시트의 「B4:H12」 영역을 복사하여 **"제3작업"** 시트의 「B2」 셀부터 모두 붙여넣기를 한 후 다음의 조건과 같이 작업하시오.

≪조건≫

(1) 부분합 – ≪출력형태≫처럼 정렬하고, 제품명의 개수와 판매수량(단위:대)의 평균을 구하시오.
(2) 개요 – 지우시오.
(3) 나머지 사항은 ≪출력형태≫에 맞게 작성하시오.

≪출력형태≫

	A	B	C	D	E	F	G	H	I
1									
2		제품코드	제품명	구분	판매수량 (단위:대)	재고수량 (단위:대)	판매가	적합등록일	
3		SXT-13	벨라	초음파기	320	130	260만원	2023-06-03	
4		SZT-97	헤라스킨	초음파기	422	273	350만원	2023-07-17	
5		DZE-32	워터웰	초음파기	229	182	175만원	2023-09-16	
6				**초음파기 평균**	324				
7			3	**초음파기 개수**					
8		DAS-13	헤르킨	복합기	132	144	70만원	2023-02-26	
9		SES-11	플라덤	복합기	220	321	68만원	2023-02-09	
10				**복합기 평균**	176				
11			2	**복합기 개수**					
12		FSS-48	뉴페이스	고주파기	348	278	230만원	2023-05-22	
13		DVE-21	매직업	고주파기	137	143	440만원	2023-07-05	
14		SEE-21	리얼스타	고주파기	176	320	240만원	2023-10-04	
15				**고주파기 평균**	220				
16			3	**고주파기 개수**					
17				**전체 평균**	248				
18			8	**전체 개수**					
19									

제4작업 그래프 (100점)

☞ **"제1작업"** 시트를 이용하여 조건에 따라 《출력형태》와 같이 작업하시오.

≪조건≫

(1) 차트 종류 ⇒ 〈묶은 세로 막대형〉으로 작업하시오.

(2) 데이터 범위 ⇒ "제1작업" 시트의 내용을 이용하여 작업하시오.

(3) 위치 ⇒ "새 시트"로 이동하고, "제4작업"으로 시트 이름을 바꾸시오.

(4) 차트 디자인 도구 ⇒ 레이아웃 3, 스타일 1을 선택하여 《출력형태》에 맞게 작업하시오.

(5) 영역 서식 ⇒ 차트 : 글꼴(굴림, 11pt), 채우기 효과(질감-파랑 박엽지)

그림 : 채우기(흰색, 배경1)

(6) 제목 서식 ⇒ 차트 제목 : 글꼴(굴림, 굵게, 20pt), 채우기(흰색, 배경1), 테두리

(7) 서식 ⇒ 판매가 계열의 차트 종류를 〈표식이 있는 꺾은선형〉으로 변경한 후 보조 축으로 지정하시오.

계열 : ≪출력형태≫를 참조하여 표식(마름모, 크기 10)과 레이블 값을 표시하시오.

눈금선 : 선 스타일-파선

축 : ≪출력형태≫를 참조하시오.

(8) 범례 ⇒ 범례명을 변경하고 ≪출력형태≫를 참조하시오.

(9) 도형 ⇒ '말풍선: 모서리가 둥근 사각형 설명선'을 삽입한 후 ≪출력형태≫와 같이 내용을 입력하시오.

(10) 나머지 사항은 ≪출력형태≫에 맞게 작성하시오.

≪출력형태≫

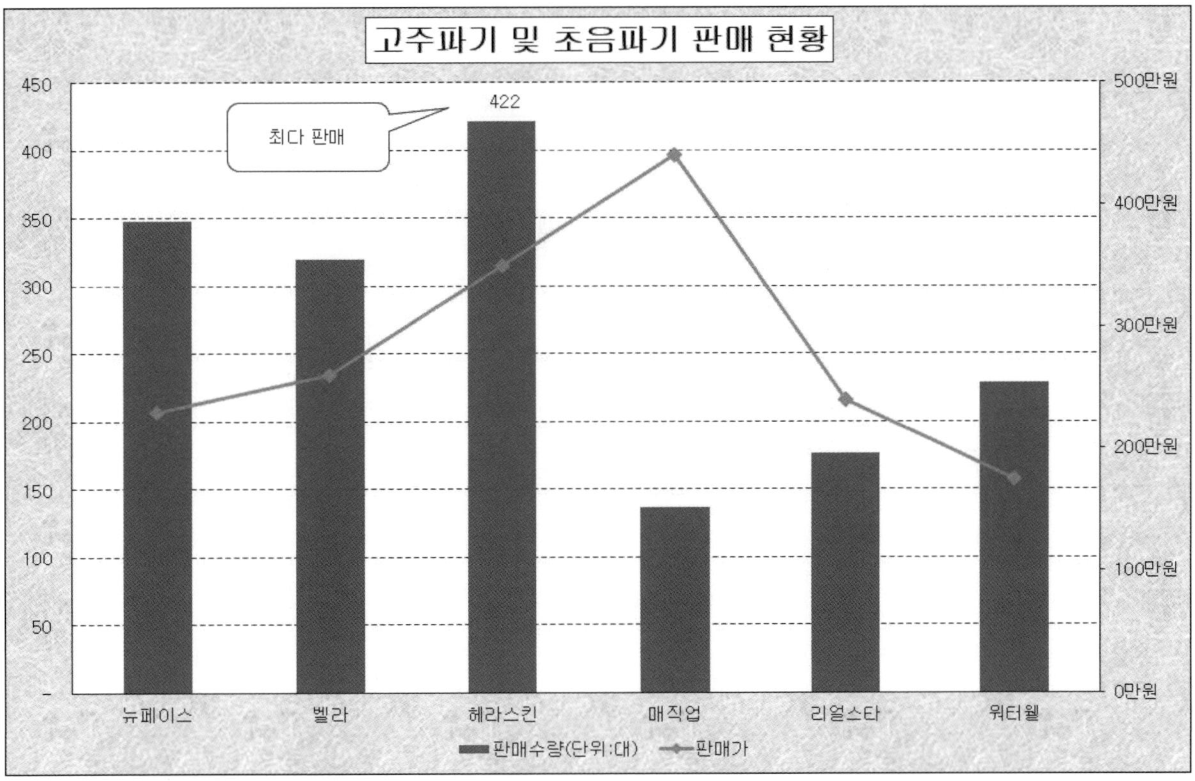

주의 ☞ 시트명 순서가 차례대로 "제1작업", "제2작업", "제3작업", "제4작업"이 되도록 할 것

제 06 회 최신기출유형

MS 오피스

과목	코드	문제유형	시험시간	수험번호	성명
한글엑셀	1122	B	60분		

수험자 유의사항

- 수험자는 문제지를 받는 즉시 문제지와 **수험표상의 시험과목(프로그램)이 동일한지 반드시 확인**하여야 합니다.
- 파일명은 본인의 "수험번호-성명"으로 입력하여 답안폴더(내 PC₩문서₩ITQ)에 하나의 파일로 저장해야 하며, 답안문서 파일명이 "수험번호-성명"과 일치하지 않거나, 답안파일을 전송하지 않아 미제출로 처리될 경우 실격 처리합니다(예:12345678-홍길동.xlsx).
- 답안 작성을 마치면 파일을 저장하고, '답안 전송' 버튼을 선택하여 감독위원 PC로 답안을 전송하십시오. 수험생 정보와 저장한 파일명이 다를 경우 전송되지 않으므로 주의하시기 바랍니다.
- 답안 작성 중에도 **주기적으로 저장하고, '답안 전송'**하여야 문제 발생을 줄일 수 있습니다. 작업한 내용을 저장하지 않고 전송할 경우 이전에 저장된 내용이 전송되오니 이점 유의하시기 바랍니다.
- 답안문서는 지정된 경로 외의 다른 보조기억장치에 저장하는 경우, 지정된 시험 시간 외에 작성된 파일을 활용할 경우, 기타 통신수단(이메일, 메신저, 네트워크 등)을 이용하여 타인에게 전달 또는 외부 반출하는 경우는 부정 처리합니다.
- 시험 중 부주의 또는 고의로 시스템을 파손한 경우는 수험자가 변상해야 하며, 〈수험자 유의사항〉에 기재된 방법대로 이행하지 않아 생기는 불이익은 수험생 당사자의 책임임을 알려 드립니다.
- 문제의 조건은 MS오피스 2021 버전으로 설정되어 있으니 유의하시기 바랍니다.
- 시험을 완료한 수험자는 답안파일이 전송되었는지 확인한 후 감독위원의 지시에 따라 문제지를 제출하고 퇴실합니다.

답안 작성요령

- 온라인 답안 작성 절차
  수험자 등록 ➡ 시험 시작 ➡ 답안파일 저장 ➡ 답안 전송 ➡ 시험 종료
- 문제는 총 4단계, 즉 제1작업부터 제4작업까지 구성되어 있으며 반드시 제1작업부터 순서대로 작성하고 조건대로 작업하시오.
- 모든 작업시트의 A열은 열 너비 '1'로, 나머지 열은 적당하게 조절하시오.
- 모든 작업시트의 테두리는 ≪출력형태≫와 같이 작업하시오.
- 해당 작업란에서는 각각 제시된 조건에 따라 ≪출력형태≫와 같이 작업하시오.
- 답안 시트 이름은 "제1작업", "제2작업", "제3작업", "제4작업"이어야 하며 답안 시트 이외의 것은 감점 처리됩니다.
- 각 시트를 파일로 나누어 작업해서 저장할 경우 실격 처리됩니다.

kpc 한국생산성본부

제1작업 표 서식 작성 및 값 계산 (240점)

☞ 다음은 '모바일 유료 게임 현황'에 대한 자료이다. 자료를 입력하고 조건에 맞도록 작업하시오.

≪출력형태≫

모바일 유료 게임 현황

확인	담당	대리	과장

게임코드	게임명	구분	특징	출시일	용량	판매금액 (단위:원)	추천	순위
SA-241	놀이공원이야기	시뮬레이션	가상현실체험	2021-11-03	59	4,000		
AC-152	물의순환	어드벤쳐	교육용	2018-08-14	61	6,600		
SA-233	뚜비의도넛가게	시뮬레이션	음식만들기	2019-07-09	30	5,000		
RE-323	보트경주	롤플레잉	3D그래픽	2019-02-13	108	4,300		
RT-342	피그모험	롤플레잉	목표달성	2020-08-24	73	8,800		
ST-232	톰의브리지	시뮬레이션	사고력	2020-06-01	123	2,500		
AA-121	양이의철도여행	어드벤쳐	가상현실체험	2018-10-15	44	5,800		
RA-321	드래곤키우기	롤플레잉	판타지체험	2021-06-24	45	2,400		
롤플레잉 게임 개수					최대 용량			
시뮬레이션 게임 판매금액(단위:원) 평균					게임코드	SA-241	판매금액 (단위:원)	

≪조건≫

○ 모든 데이터의 서식에는 글꼴(굴림, 11pt), 정렬은 숫자 및 회계 서식은 오른쪽 정렬, 나머지 서식은 가운데 정렬로 작성하며 예외적인 것은 ≪출력형태≫를 참조하시오.

○ 제목 ⇒ 도형(사다리꼴)과 그림자(오프셋: 아래쪽)를 이용하여 작성하고 "모바일 유료 게임 현황"을 입력한 후 다음 서식을 적용하시오(글꼴-굴림, 24pt, 검정, 굵게, 채우기-노랑).

○ 임의의 셀에 결재란을 작성하여 그림으로 복사 기능을 이용하여 붙이기 하시오(단, 원본 삭제).

○ 「B4:J4, G14, I14」 영역은 '주황'으로 채우기 하시오.

○ 유효성 검사를 이용하여 「H14」 셀에 게임코드(「B5:B12」 영역)가 선택 표시되도록 하시오.

○ 셀 서식 ⇒ 「G5:G12」 영역에 셀 서식을 이용하여 숫자 뒤에 'MB'를 표시하시오(예 : 59MB).

○ 「D5:D12」 영역에 대해 '구분'으로 이름 정의를 하시오.

☞ (1)~(6) 셀은 반드시 **주어진 함수를 이용**하여 값을 구하시오(결과값을 직접 입력하면 해당 셀은 0점 처리됨).

(1) 추천 ⇒ 게임코드의 마지막 값이 1이면 '인기작', 2이면 '할인중', 3이면 '가족용'으로 구하시오(CHOOSE, RIGHT 함수).

(2) 순위 ⇒ 판매금액(단위:원)의 내림차순 순위를 구한 결과값에 '위'를 붙이시오(RANK.EQ 함수, & 연산자) (예 : 1위).

(3) 롤플레잉 게임 개수 ⇒ 정의된 이름(구분)을 이용하여 구하시오(COUNTIF 함수).

(4) 시뮬레이션 게임 판매금액(단위:원) 평균 ⇒ 반올림하여 백원 단위로 구하시오. 단, 조건은 입력 데이터를 이용하시오(ROUND, DAVERAGE 함수)(예 : 4,722 → 4,700).

(5) 최대 용량 ⇒ (MAX 함수)

(6) 판매금액(단위:원) ⇒ 「H14」 셀에서 선택한 게임코드의 판매금액(단위:원)을 구하시오(VLOOKUP 함수).

(7) 조건부 서식의 수식을 이용하여 판매금액(단위:원)이 '5,000' 이상인 행 전체에 다음의 서식을 적용하시오 (글꼴 : 파랑, 굵게).

제2작업　필터 및 서식 (80점)

☞ **"제1작업"** 시트의 「B4:H12」 영역을 복사하여 **"제2작업"** 시트의 「B2」 셀부터 모두 붙여넣기를 한 후 다음의 조건과 같이 작업하시오.

≪조건≫

(1) 고급 필터 – 게임코드가 'R'로 시작하거나 판매금액(단위:원)이 '6,000' 이상인 자료의 게임코드, 구분, 출시일, 판매금액(단위:원) 데이터만 추출하시오.
- 조건 범위 : 「B14」 셀부터 입력하시오.
- 복사 위치 : 「B18」 셀부터 나타나도록 하시오.

(2) 표 서식 – 고급 필터의 결과셀을 채우기 없음으로 설정한 후 '표 스타일 보통 6'의 서식을 적용하시오.
- 머리글 행, 줄무늬 행을 적용하시오.

제3작업　피벗 테이블 (80점)

☞ **"제1작업"** 시트를 이용하여 **"제3작업"** 시트에 조건에 따라 《출력형태》와 같이 작업하시오.

≪조건≫

(1) 출시일 및 구분별 게임명의 개수와 판매금액(단위:원)의 평균을 구하시오.
(2) 출시일을 그룹화하고, 구분을 ≪출력형태≫와 같이 정렬하시오.
(3) 레이블이 있는 셀 병합 및 가운데 맞춤 적용과 빈 셀은 '***'로 표시하시오.
(4) 행의 총합계는 지우고, 나머지 사항은 ≪출력형태≫에 맞게 작성하시오.

≪출력형태≫

	A	B	C	D	E	F	G	H
1								
2			구분					
3			어드벤쳐		시뮬레이션		롤플레잉	
4		출시일	개수 : 게임명	평균 : 판매금액(단위:원)	개수 : 게임명	평균 : 판매금액(단위:원)	개수 : 게임명	평균 : 판매금액(단위:원)
5		2018년	2	6,200	***	***	***	***
6		2019년	***	***	1	5,000	1	4,300
7		2020년	***	***	1	2,500	1	8,800
8		2021년	***	***	1	4,000	1	2,400
9		총합계	2	6,200	3	3,833	3	5,167
10								

제4작업 그래프 (100점)

☞ **"제1작업"** 시트를 이용하여 조건에 따라 《출력형태》와 같이 작업하시오.

≪조건≫

(1) 차트 종류 ⇒ 〈묶은 세로 막대형〉으로 작업하시오.

(2) 데이터 범위 ⇒ "제1작업" 시트의 내용을 이용하여 작업하시오.

(3) 위치 ⇒ "새 시트"로 이동하고, "제4작업"으로 시트 이름을 바꾸시오.

(4) 차트 디자인 도구 ⇒ 레이아웃 3, 스타일 1을 선택하여 《출력형태》에 맞게 작업하시오.

(5) 영역 서식 ⇒ 차트 : 글꼴(굴림, 11pt), 채우기 효과(질감–파랑 박엽지)
그림 : 채우기(흰색, 배경1)

(6) 제목 서식 ⇒ 차트 제목 : 글꼴(굴림, 굵게, 20pt), 채우기(흰색, 배경1), 테두리

(7) 서식 ⇒ 용량 계열의 차트 종류를 〈표식이 있는 꺾은선형〉으로 변경한 후 보조 축으로 지정하시오.
계열 : ≪출력형태≫를 참조하여 표식(마름모, 크기 10)과 레이블 값을 표시하시오.
눈금선 : 선 스타일–파선
축 : ≪출력형태≫를 참조하시오.

(8) 범례 ⇒ 범례명을 변경하고 ≪출력형태≫를 참조하시오.

(9) 도형 ⇒ '말풍선: 모서리가 둥근 사각형 설명선'을 삽입한 후 ≪출력형태≫와 같이 내용을 입력하시오.

(10) 나머지 사항은 ≪출력형태≫에 맞게 작성하시오.

≪출력형태≫

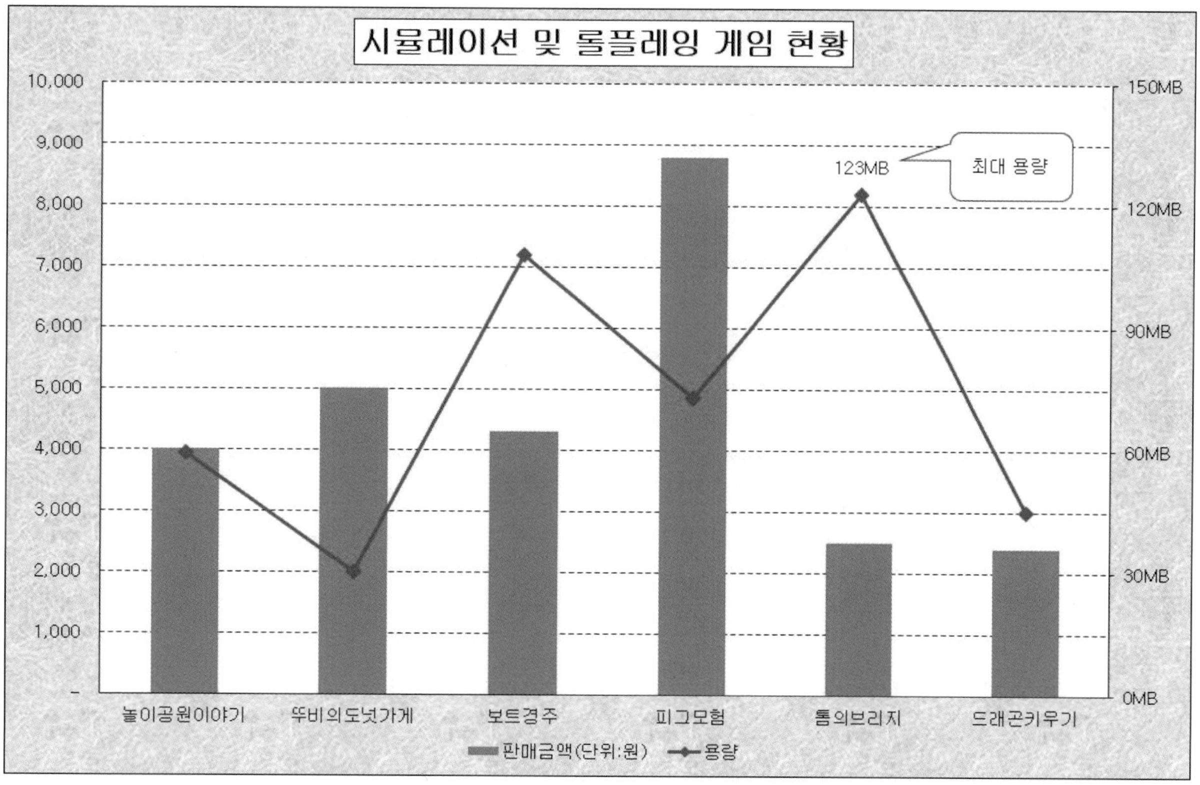

주의 ☞ 시트명 순서가 차례대로 "제1작업", "제2작업", "제3작업", "제4작업"이 되도록 할 것

제 07 회 최신기출유형

MS 오피스

과목	코드	문제유형	시험시간	수험번호	성명
한글엑셀	1122	C	60분		

수험자 유의사항

- 수험자는 문제지를 받는 즉시 문제지와 **수험표상의 시험과목(프로그램)이 동일한지 반드시 확인**하여야 합니다.
- 파일명은 본인의 "수험번호-성명"으로 입력하여 답안폴더(내 PC₩문서₩ITQ)에 하나의 파일로 저장해야 하며, 답안문서 파일명이 "수험번호-성명"과 일치하지 않거나, 답안파일을 전송하지 않아 미제출로 처리될 경우 실격 처리합니다(예:12345678-홍길동.xlsx).
- 답안 작성을 마치면 파일을 저장하고, '답안 전송' 버튼을 선택하여 감독위원 PC로 답안을 전송하십시오. 수험생 정보와 저장한 파일명이 다를 경우 전송되지 않으므로 주의하시기 바랍니다.
- 답안 작성 중에도 **주기적으로 저장하고, '답안 전송'**하여야 문제 발생을 줄일 수 있습니다. 작업한 내용을 저장하지 않고 전송할 경우 이전에 저장된 내용이 전송되오니 이점 유의하시기 바랍니다.
- 답안문서는 지정된 경로 외의 다른 보조기억장치에 저장하는 경우, 지정된 시험 시간 외에 작성된 파일을 활용할 경우, 기타 통신수단(이메일, 메신저, 네트워크 등)을 이용하여 타인에게 전달 또는 외부 반출하는 경우는 부정 처리합니다.
- 시험 중 부주의 또는 고의로 시스템을 파손한 경우는 수험자가 변상해야 하며, 〈수험자 유의사항〉에 기재된 방법대로 이행하지 않아 생기는 불이익은 수험생 당사자의 책임임을 알려 드립니다.
- 문제의 조건은 MS오피스 2021 버전으로 설정되어 있으니 유의하시기 바랍니다.
- 시험을 완료한 수험자는 답안파일이 전송되었는지 확인한 후 감독위원의 지시에 따라 문제지를 제출하고 퇴실합니다.

답안 작성요령

- 온라인 답안 작성 절차
  수험자 등록 ➡ 시험 시작 ➡ 답안파일 저장 ➡ 답안 전송 ➡ 시험 종료
- 문제는 총 4단계, 즉 제1작업부터 제4작업까지 구성되어 있으며 반드시 제1작업부터 순서대로 작성하고 조건대로 작업하시오.
- 모든 작업시트의 A열은 열 너비 '1'로, 나머지 열은 적당하게 조절하시오.
- 모든 작업시트의 테두리는 ≪출력형태≫와 같이 작업하시오.
- 해당 작업란에서는 각각 제시된 조건에 따라 ≪출력형태≫와 같이 작업하시오.
- 답안 시트 이름은 "제1작업", "제2작업", "제3작업", "제4작업"이어야 하며 답안 시트 이외의 것은 감점 처리됩니다.
- 각 시트를 파일로 나누어 작업해서 저장할 경우 실격 처리됩니다.

kpc 한국생산성본부

제1작업　표 서식 작성 및 값 계산　(240점)

☞ 다음은 '평생학습센터 온라인 수강신청 현황'에 대한 자료이다. 자료를 입력하고 조건에 맞도록 작업하시오.

≪출력형태≫

평생학습센터 온라인 수강신청 현황

확인	담당	팀장	센터장

수강코드	강좌명	분류	교육대상	개강날짜	신청인원	수강료(단위:원)	교육장소	신청인원 순위
CS-210	소통스피치	인문교양	성인	2023-04-03	101	60,000	(1)	(2)
SL-101	체형교정 발레	생활스포츠	청소년	2023-03-06	56	75,000	(1)	(2)
ST-211	스토리텔링 한국사	인문교양	직장인	2023-03-13	97	40,000	(1)	(2)
CE-310	어린이 영어회화	외국어	청소년	2023-04-10	87	55,000	(1)	(2)
YL-112	요가	생활스포츠	성인	2023-03-04	124	45,000	(1)	(2)
ME-312	미드로 배우는 영어	외국어	직장인	2023-03-10	78	65,000	(1)	(2)
PL-122	필라테스	생활스포츠	성인	2023-03-06	135	45,000	(1)	(2)
SU-231	자신감 UP	인문교양	청소년	2023-04-03	43	45,000	(1)	(2)
필라테스 수강료(단위:원)			(3)		최저 수강료(단위:원)			(5)
인문교양 최대 신청인원			(4)		강좌명	소통스피치	개강날짜	(6)

≪조건≫

○ 모든 데이터의 서식에는 글꼴(굴림, 11pt), 정렬은 숫자 및 회계 서식은 오른쪽 정렬, 나머지 서식은 가운데 정렬로 작성하며 예외적인 것은 ≪출력형태≫를 참조하시오.

○ 제목 ⇒ 도형(사각형: 잘린 대각선 방향 모서리)과 그림자(오프셋: 오른쪽)를 이용하여 작성하고 "평생학습센터 온라인 수강신청 현황"을 입력한 후 다음 서식을 적용하시오(글꼴-굴림, 24pt, 검정, 굵게, 채우기-노랑).

○ 임의의 셀에 결재란을 작성하여 그림으로 복사 기능을 이용하여 붙이기 하시오(단, 원본 삭제).

○ 「B4:J4, G14, I14」 영역은 '주황'으로 채우기 하시오.

○ 유효성 검사를 이용하여 「H14」 셀에 강좌명(「C5:C12」 영역)이 선택 표시되도록 하시오.

○ 셀 서식 ⇒ 「G5:G12」 영역에 셀 서식을 이용하여 숫자 뒤에 '명'을 표시하시오(예 : 30명).

○ 「H5:H12」 영역에 대해 '수강료'로 이름 정의를 하시오.

☞ (1)~(6) 셀은 반드시 **주어진 함수를 이용**하여 값을 구하시오(결과값을 직접 입력하면 해당 셀은 0점 처리됨).

(1) 교육장소 ⇒ 수강코드의 네 번째 글자가 1이면 '제2강의실', 2이면 '제3강의실', 3이면 '제4강의실'로 구하시오(IF, MID 함수).

(2) 신청인원 순위 ⇒ 신청인원의 내림차순 순위를 구하시오(RANK.EQ 함수).

(3) 필라테스 수강료(단위:원) ⇒ (INDEX, MATCH 함수).

(4) 인문교양 최대 신청인원 ⇒ 인문교양 강좌 중에서 최대 신청인원을 구한 후 결과값에 '명'을 붙이시오. 단, 조건은 입력 데이터를 이용하시오(DMAX 함수, & 연산자)(예 : 10명).

(5) 최저 수강료(단위:원) ⇒ 정의된 이름(수강료)을 이용하여 구하시오(SMALL 함수).

(6) 개강날짜 ⇒ 「H14」 셀에서 선택한 강좌명에 대한 개강날짜를 구하시오(VLOOKUP 함수).

(7) 조건부 서식의 수식을 이용하여 신청인원이 '100' 이상인 행 전체에 다음의 서식을 적용하시오(글꼴 : 파랑, 굵게).

제2작업 목표값 찾기 및 필터 (80점)

☞ **"제1작업"** 시트의 「**B4:H12**」 영역을 복사하여 **"제2작업"** 시트의 「B2」 셀부터 모두 붙여넣기를 한 후 다음의 조건과 같이 작업하시오.

≪조건≫

(1) 목표값 찾기 – 「B11:G11」 셀을 병합하고 가운데 맞춤한 후 "인문교양 신청인원 평균"을 입력하고, 「H11」 셀에 인문교양 신청인원 평균을 구하시오. 단, 조건은 입력 데이터를 이용하시오 (DAVERAGE 함수, 테두리).

– '인문교양 신청인원 평균'이 '85'가 되려면 소통스피치의 신청인원이 얼마가 되어야 하는지 목표값을 구하시오.

(2) 고급 필터 – 교육대상이 '성인'이 아니면서 수강료(단위:원)가 '50,000' 이상인 자료의 강좌명, 개강날짜, 신청인원, 수강료(단위:원) 데이터만 추출하시오.

– 조건 범위 : 「B14」 셀부터 입력하시오.

– 복사 위치 : 「B18」 셀부터 나타나도록 하시오.

제3작업 정렬 및 부분합 (80점)

☞ **"제1작업"** 시트의 「**B4:H12**」 영역을 복사하여 **"제3작업"** 시트의 「B2」 셀부터 모두 붙여넣기를 한 후 다음의 조건과 같이 작업하시오.

≪조건≫

(1) 부분합 – ≪출력형태≫처럼 정렬하고, 강좌명의 개수와 신청인원의 평균을 구하시오.

(2) 개요 – 지우시오.

(3) 나머지 사항은 ≪출력형태≫에 맞게 작성하시오.

≪출력형태≫

	A	B	C	D	E	F	G	H	I
1									
2		수강코드	강좌명	분류	교육대상	개강날짜	신청인원	수강료 (단위:원)	
3		CS-210	소통스피치	인문교양	성인	2023-04-03	101명	60,000	
4		ST-211	스토리텔링 한국사	인문교양	직장인	2023-03-13	97명	40,000	
5		SU-231	자신감 UP	인문교양	청소년	2023-04-03	43명	45,000	
6				인문교양 평균			80명		
7			3	인문교양 개수					
8		CE-310	어린이 영어회화	외국어	청소년	2023-04-10	87명	55,000	
9		ME-312	미드로 배우는 영어	외국어	직장인	2023-03-10	78명	65,000	
10				외국어 평균			83명		
11			2	외국어 개수					
12		SL-101	체형교정 발레	생활스포츠	청소년	2023-03-06	56명	75,000	
13		YL-112	요가	생활스포츠	성인	2023-03-04	124명	45,000	
14		PL-122	필라테스	생활스포츠	성인	2023-03-06	135명	45,000	
15				생활스포츠 평균			105명		
16			3	생활스포츠 개수					
17				전체 평균			90명		
18			8	전체 개수					
19									

☞ **"제1작업"** 시트를 이용하여 조건에 따라 《출력형태》와 같이 작업하시오.

≪조건≫

(1) 차트 종류 ⇒ 〈묶은 세로 막대형〉으로 작업하시오.
(2) 데이터 범위 ⇒ "제1작업" 시트의 내용을 이용하여 작업하시오.
(3) 위치 ⇒ "새 시트"로 이동하고, "제4작업"으로 시트 이름을 바꾸시오.
(4) 차트 디자인 도구 ⇒ 레이아웃 3, 스타일 1을 선택하여 《출력형태》에 맞게 작업하시오.
(5) 영역 서식 ⇒ 차트 : 글꼴(굴림, 11pt), 채우기 효과(질감-분홍 박엽지)
그림 : 채우기(흰색, 배경1)
(6) 제목 서식 ⇒ 차트 제목 : 글꼴(굴림, 굵게, 20pt), 채우기(흰색, 배경1), 테두리
(7) 서식 ⇒ 신청인원 계열의 차트 종류를 〈표식이 있는 꺾은선형〉으로 변경한 후 보조 축으로 지정하시오.
계열 : ≪출력형태≫를 참조하여 표식(세모, 크기 10)과 레이블 값을 표시하시오.
눈금선 : 선 스타일-긴 파선
축 : ≪출력형태≫를 참조하시오.
(8) 범례 ⇒ 범례명을 변경하고 ≪출력형태≫를 참조하시오.
(9) 도형 ⇒ '말풍선: 모서리가 둥근 사각형 설명선'을 삽입한 후 ≪출력형태≫와 같이 내용을 입력하시오.
(10) 나머지 사항은 ≪출력형태≫에 맞게 작성하시오.

≪출력형태≫

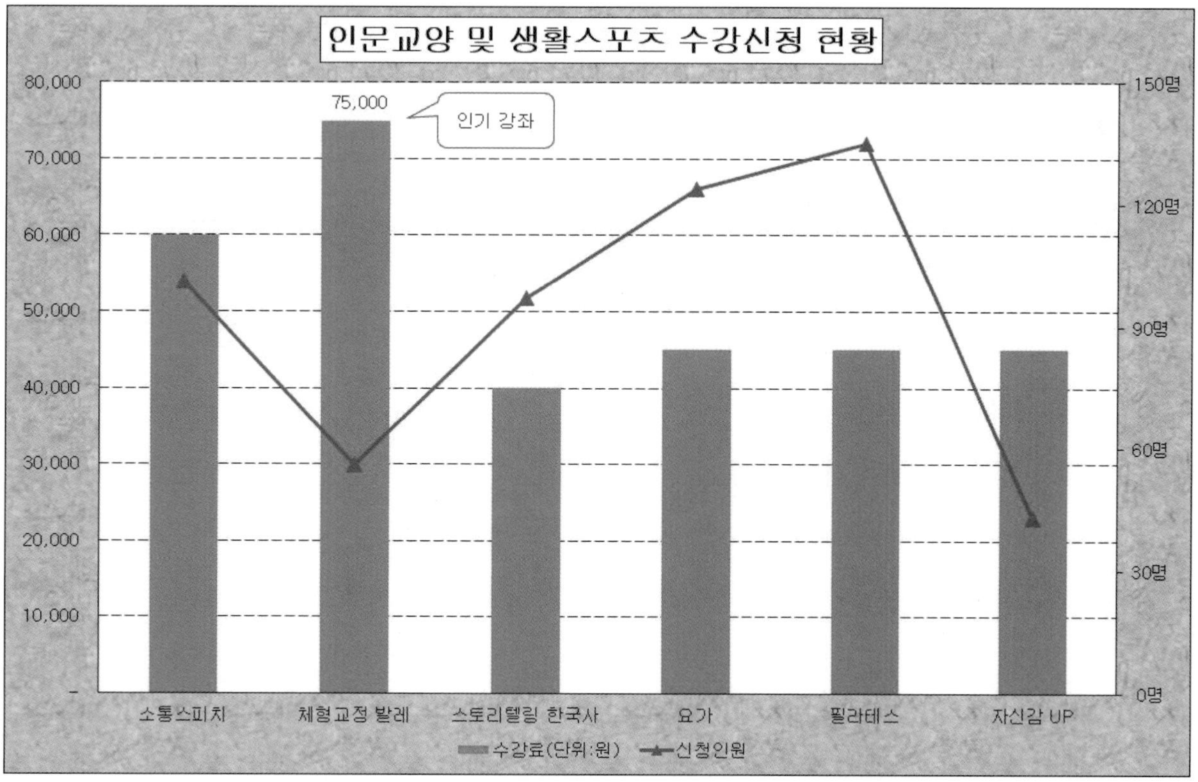

주의 ☞ 시트명 순서가 차례대로 "제1작업", "제2작업", "제3작업", "제4작업"이 되도록 할 것

제 08 회 최신기출유형

MS 오피스

과목	코드	문제유형	시험시간	수험번호	성명
한글엑셀	1122	D	60분		

수험자 유의사항

- 수험자는 문제지를 받는 즉시 문제지와 **수험표상의 시험과목(프로그램)이 동일한지 반드시 확인**하여야 합니다.
- 파일명은 본인의 "수험번호-성명"으로 입력하여 답안폴더(내 PC₩문서₩ITQ)에 하나의 파일로 저장해야 하며, 답안문서 파일명이 "수험번호-성명"과 일치하지 않거나, 답안파일을 전송하지 않아 미제출로 처리될 경우 실격 처리합니다(예:12345678-홍길동.xlsx).
- 답안 작성을 마치면 파일을 저장하고, '답안 전송' 버튼을 선택하여 감독위원 PC로 답안을 전송하십시오. 수험생 정보와 저장한 파일명이 다를 경우 전송되지 않으므로 주의하시기 바랍니다.
- 답안 작성 중에도 **주기적으로 저장하고, '답안 전송'**하여야 문제 발생을 줄일 수 있습니다. 작업한 내용을 저장하지 않고 전송할 경우 이전에 저장된 내용이 전송되오니 이점 유의하시기 바랍니다.
- 답안문서는 지정된 경로 외의 다른 보조기억장치에 저장하는 경우, 지정된 시험 시간 외에 작성된 파일을 활용할 경우, 기타 통신수단(이메일, 메신저, 네트워크 등)을 이용하여 타인에게 전달 또는 외부 반출하는 경우는 부정 처리합니다.
- 시험 중 부주의 또는 고의로 시스템을 파손한 경우는 수험자가 변상해야 하며, 〈수험자 유의사항〉에 기재된 방법대로 이행하지 않아 생기는 불이익은 수험생 당사자의 책임임을 알려 드립니다.
- 문제의 조건은 MS오피스 2021 버전으로 설정되어 있으니 유의하시기 바랍니다.
- 시험을 완료한 수험자는 답안파일이 전송되었는지 확인한 후 감독위원의 지시에 따라 문제지를 제출하고 퇴실합니다.

답안 작성요령

- 온라인 답안 작성 절차
  수험자 등록 ➡ 시험 시작 ➡ 답안파일 저장 ➡ 답안 전송 ➡ 시험 종료
- 문제는 총 4단계, 즉 제1작업부터 제4작업까지 구성되어 있으며 반드시 제1작업부터 순서대로 작성하고 조건대로 작업하시오.
- 모든 작업시트의 A열은 열 너비 '1'로, 나머지 열은 적당하게 조절하시오.
- 모든 작업시트의 테두리는 ≪출력형태≫와 같이 작업하시오.
- 해당 작업란에서는 각각 제시된 조건에 따라 ≪출력형태≫와 같이 작업하시오.
- 답안 시트 이름은 "제1작업", "제2작업", "제3작업", "제4작업"이어야 하며 답안 시트 이외의 것은 감점 처리됩니다.
- 각 시트를 파일로 나누어 작업해서 저장할 경우 실격 처리됩니다.

kpc 한국생산성본부

제1작업 표 서식 작성 및 값 계산 (240점)

☞ 다음은 '라온에스 인력 파견 현황'에 대한 자료이다. 자료를 입력하고 조건에 맞도록 작업하시오.

≪출력형태≫

라온에스 인력 파견 현황

확인	담당	팀장	부장

사원코드	파견자	근무지역	분야	계약일	계약금액 (단위:원)	연봉	계약기간	비고
AF-215	정하윤	순천	서비스	2023-07-25	3,180,000	45,792	(1)	(2)
AE-522	김태훈	나주	기술직	2023-09-25	2,356,000	33,926	(1)	(2)
BS-112	한청명	순천	전문직	2023-10-05	4,250,000	61,200	(1)	(2)
CA-455	노지원	목포	서비스	2023-09-26	2,560,000	36,864	(1)	(2)
BA-328	김태웅	나주	서비스	2023-08-21	2,960,000	42,624	(1)	(2)
CJ-914	정다겸	나주	전문직	2023-08-14	4,230,000	60,912	(1)	(2)
AK-636	박재원	순천	서비스	2023-07-01	3,000,000	43,200	(1)	(2)
BH-285	박은오	목포	기술직	2023-07-25	3,650,000	52,560	(1)	(2)
나주지역 연봉(단위:천원) 합계			(3)		순천지역 계약금액(단위:원) 평균			(5)
서비스직 최대 연봉(단위:천원)			(4)		사원코드	AF-215	계약금액 (단위:원)	(6)

≪조건≫

- ○ 모든 데이터의 서식에는 글꼴(굴림, 11pt), 정렬은 숫자 및 회계 서식은 오른쪽 정렬, 나머지 서식은 가운데 정렬로 작성하며 예외적인 것은 ≪출력형태≫를 참조하시오.
- ○ 제목 ⇒ 도형(직사각형)과 그림자(오프셋: 오른쪽 위)를 이용하여 작성하고 "라온에스 인력 파견 현황"을 입력한 후 다음 서식을 적용하시오(글꼴–굴림, 24pt, 검정, 굵게, 채우기–노랑).
- ○ 임의의 셀에 결재란을 작성하여 그림으로 복사 기능을 이용하여 붙이기 하시오(단, 원본 삭제).
- ○ 「B4:J4, G14, I14」 영역은 '주황'으로 채우기 하시오.
- ○ 유효성 검사를 이용하여 「H14」 셀에 사원코드(「B5:B12」 영역)가 선택 표시되도록 하시오.
- ○ 셀 서식 ⇒ 「H5:H12」 영역에 셀 서식을 이용하여 숫자 뒤에 '천원'을 표시하시오(예 : 45,792천원).
- ○ 「D5:D12」 영역에 대해 '근무지역'으로 이름 정의를 하시오.

☞ (1)~(6) 셀은 반드시 **주어진 함수를 이용**하여 값을 구하시오(결과값을 직접 입력하면 해당 셀은 0점 처리됨).

(1) 계약기간 ⇒ 사원코드의 첫 글자가 A이면 '1년', B이면 '2년', 그 외에는 '3년'으로 구하시오(IF, LEFT 함수).

(2) 비고 ⇒ 연봉의 내림차순 순위를 구하고, 결과값 뒤에 '위'를 붙이시오(RANK.EQ 함수, & 연산자)(예 : 1위).

(3) 나주지역 연봉(단위:천원) 합계 ⇒ 정의된 이름(근무지역)을 이용하여 구하시오(SUMIF 함수).

(4) 서비스직 최대 연봉(단위:천원) ⇒ 분야가 서비스인 사원의 최대 연봉을 구하시오. 단, 조건은 입력 데이터를 이용하시오(DMAX 함수).

(5) 순천지역 계약금액(단위:원) 평균 ⇒ 반올림하여 만원 단위로 구하시오. 단, 조건은 입력 데이터를 이용하시오(ROUND, DAVERAGE 함수)(예 : 1,256,364 → 1,260,000).

(6) 계약금액(단위:원) ⇒ 「H14」 셀에서 선택한 사원코드에 대한 계약금액(단위:원)을 구하시오(VLOOKUP 함수).

(7) 조건부 서식의 수식을 이용하여 계약금액(단위:원)이 '4,000,000' 이상인 행 전체에 다음의 서식을 적용하시오(글꼴 : 파랑, 굵게).

제2작업 필터 및 서식 (80점)

☞ **"제1작업"** 시트의 「B4:H12」 영역을 복사하여 **"제2작업"** 시트의 「B2」 셀부터 모두 붙여넣기를 한 후 다음의 조건과 같이 작업하시오.

≪조건≫

(1) 고급 필터 – 사원코드가 'C'로 시작하거나 계약금액(단위:원)이 '4,000,000' 이상인 자료의 사원코드, 파견자, 계약일, 계약금액(단위:원) 데이터만 추출하시오.

– 조건 범위 : 「B14」 셀부터 입력하시오.

– 복사 위치 : 「B18」 셀부터 나타나도록 하시오.

(2) 표 서식 – 고급 필터의 결과셀을 채우기 없음으로 설정한 후 '표 스타일 보통 7'의 서식을 적용하시오.

– 머리글 행, 줄무늬 행을 적용하시오.

제3작업 피벗 테이블 (80점)

☞ **"제1작업"** 시트를 이용하여 **"제3작업"** 시트에 조건에 따라 《출력형태》와 같이 작업하시오.

≪조건≫

(1) 계약일 및 근무지역별 파견자의 개수와 계약금액(단위:원)의 평균을 구하시오.

(2) 계약일을 그룹화하고, 근무지역을 ≪출력형태≫와 같이 정렬하시오.

(3) 레이블이 있는 셀 병합 및 가운데 맞춤 적용과 빈 셀은 '**'로 표시하시오.

(4) 행의 총합계는 지우고, 나머지 사항은 ≪출력형태≫에 맞게 작성하시오.

≪출력형태≫

	A	B	C	D	E	F	G	H
1								
2			근무지역					
3			순천		목포		나주	
4		계약일	개수 : 파견자	평균 : 계약금액(단위:원)	개수 : 파견자	평균 : 계약금액(단위:원)	개수 : 파견자	평균 : 계약금액(단위:원)
5		7월	2	3,090,000	1	3,650,000	**	**
6		8월	**	**	**	**	2	3,595,000
7		9월	**	**	1	2,560,000	1	2,356,000
8		10월	1	4,250,000	**	**	**	**
9		총합계	3	3,476,667	2	3,105,000	3	3,182,000
10								

☞ **"제1작업"** 시트를 이용하여 조건에 따라 《출력형태》와 같이 작업하시오.

≪조건≫

(1) 차트 종류 ⇒ 〈묶은 세로 막대형〉으로 작업하시오.

(2) 데이터 범위 ⇒ "제1작업" 시트의 내용을 이용하여 작업하시오.

(3) 위치 ⇒ "새 시트"로 이동하고, "제4작업"으로 시트 이름을 바꾸시오.

(4) 차트 디자인 도구 ⇒ 레이아웃 3, 스타일 1을 선택하여 《출력형태》에 맞게 작업하시오.

(5) 영역 서식 ⇒ 차트 : 글꼴(굴림, 11pt), 채우기 효과(질감-파랑 박엽지)
그림 : 채우기(흰색, 배경1)

(6) 제목 서식 ⇒ 차트 제목 : 글꼴(굴림, 굵게, 20pt), 채우기(흰색, 배경1), 테두리

(7) 서식 ⇒ 계약금액(단위:원) 계열의 차트 종류를 〈표식이 있는 꺾은선형〉으로 변경한 후 보조 축으로 지정하시오.
계열 : ≪출력형태≫를 참조하여 표식(마름모, 크기 10)과 레이블 값을 표시하시오.
눈금선 : 선 스타일-파선
축 : ≪출력형태≫를 참조하시오.

(8) 범례 ⇒ 범례명을 변경하고 ≪출력형태≫를 참조하시오.

(9) 도형 ⇒ '말풍선: 모서리가 둥근 사각형 설명선'을 삽입한 후 ≪출력형태≫와 같이 내용을 입력하시오.

(10) 나머지 사항은 ≪출력형태≫에 맞게 작성하시오.

≪출력형태≫

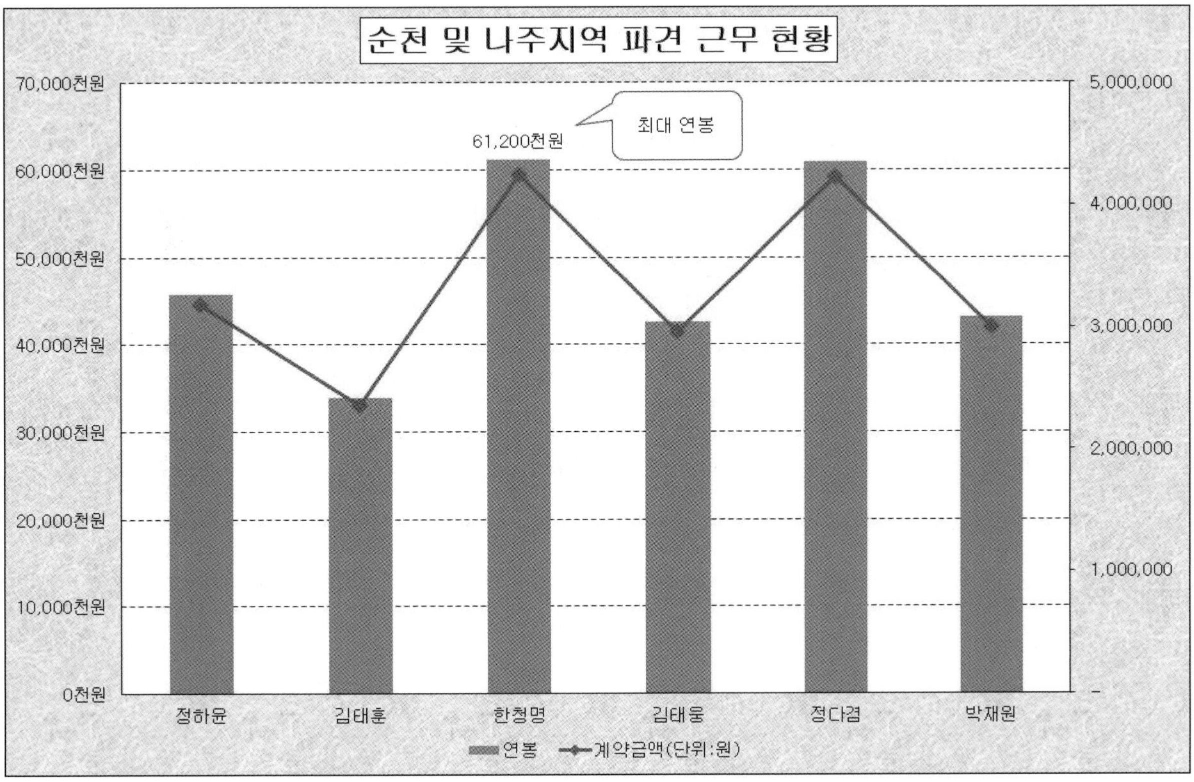

주의 ☞ 시트명 순서가 차례대로 "제1작업", "제2작업", "제3작업", "제4작업"이 되도록 할 것

제 09 회 최신기출유형

MS 오피스

과목	코드	문제유형	시험시간	수험번호	성명
한글엑셀	1122	A	60분		

수험자 유의사항

- 수험자는 문제지를 받는 즉시 문제지와 **수험표상의 시험과목(프로그램)이 동일한지 반드시 확인**하여야 합니다.
- 파일명은 본인의 "수험번호-성명"으로 입력하여 답안폴더(내 PC₩문서₩ITQ)에 하나의 파일로 저장해야 하며, 답안문서 파일명이 "수험번호-성명"과 일치하지 않거나, 답안파일을 전송하지 않아 미제출로 처리될 경우 실격 처리합니다(예:12345678-홍길동.xlsx).
- 답안 작성을 마치면 파일을 저장하고, '답안 전송' 버튼을 선택하여 감독위원 PC로 답안을 전송하십시오. 수험생 정보와 저장한 파일명이 다를 경우 전송되지 않으므로 주의하시기 바랍니다.
- 답안 작성 중에도 **주기적으로 저장하고, '답안 전송'**하여야 문제 발생을 줄일 수 있습니다. 작업한 내용을 저장하지 않고 전송할 경우 이전에 저장된 내용이 전송되오니 이점 유의하시기 바랍니다.
- 답안문서는 지정된 경로 외의 다른 보조기억장치에 저장하는 경우, 지정된 시험 시간 외에 작성된 파일을 활용할 경우, 기타 통신수단(이메일, 메신저, 네트워크 등)을 이용하여 타인에게 전달 또는 외부 반출하는 경우는 부정 처리합니다.
- 시험 중 부주의 또는 고의로 시스템을 파손한 경우는 수험자가 변상해야 하며, 〈수험자 유의사항〉에 기재된 방법대로 이행하지 않아 생기는 불이익은 수험생 당사자의 책임임을 알려 드립니다.
- 문제의 조건은 MS오피스 2021 버전으로 설정되어 있으니 유의하시기 바랍니다.
- 시험을 완료한 수험자는 답안파일이 전송되었는지 확인한 후 감독위원의 지시에 따라 문제지를 제출하고 퇴실합니다.

답안 작성요령

- 온라인 답안 작성 절차
  수험자 등록 ➡ 시험 시작 ➡ 답안파일 저장 ➡ 답안 전송 ➡ 시험 종료
- 문제는 총 4단계, 즉 제1작업부터 제4작업까지 구성되어 있으며 반드시 제1작업부터 순서대로 작성하고 조건대로 작업하시오.
- 모든 작업시트의 A열은 열 너비 '1'로, 나머지 열은 적당하게 조절하시오.
- 모든 작업시트의 테두리는 ≪출력형태≫와 같이 작업하시오.
- 해당 작업란에서는 각각 제시된 조건에 따라 ≪출력형태≫와 같이 작업하시오.
- 답안 시트 이름은 "제1작업", "제2작업", "제3작업", "제4작업"이어야 하며 답안 시트 이외의 것은 감점 처리됩니다.
- 각 시트를 파일로 나누어 작업해서 저장할 경우 실격 처리됩니다.

kpc 한국생산성본부

제1작업 표 서식 작성 및 값 계산 (240점)

☞ 다음은 '동호회 가을 여행 일정'에 대한 자료이다. 자료를 입력하고 조건에 맞도록 작업하시오.

≪출력형태≫

동호회 가을 여행 일정

확인	사원	팀장	부장

동호회코드	동호회명	여행지	구분	출발일자	참여인원	1인당 소요경비	국가	출발 요일
C-001S	북유럽	북경	독서	2023-11-23	18	637,000	(1)	(2)
C-004S	우드아이	청도	목공	2023-12-28	27	823,000	(1)	(2)
K-002S	한글벗	성산	독서	2023-12-25	32	275,500	(1)	(2)
J-002M	뚝딱이	요코하마	목공	2023-12-09	26	516,000	(1)	(2)
C-003P	제페토	상하이	목공	2023-11-15	18	610,000	(1)	(2)
J-005P	행복나무	가와사키	목공	2023-12-19	27	689,000	(1)	(2)
K-003M	퀼트나무	마라도	공예	2023-12-09	21	310,000	(1)	(2)
K-001M	뜨개사랑	우도	공예	2023-11-17	36	335,500	(1)	(2)
목공 동호회 참여인원 합계			(3)		최대 1인당 소요경비			(5)
독서 동호회의 개수			(4)		동호회명	북유럽	여행지	(6)

≪조건≫

○ 모든 데이터의 서식에는 글꼴(굴림, 11pt), 정렬은 숫자 및 회계 서식은 오른쪽 정렬, 나머지 서식은 가운데 정렬로 작성하며 예외적인 것은 ≪출력형태≫를 참조하시오.

○ 제목 ⇒ 도형(팔각형)과 그림자(오프셋: 오른쪽)를 이용하여 작성하고 "동호회 가을 여행 일정"을 입력한 후 다음 서식을 적용하시오(글꼴-굴림, 24pt, 검정, 굵게, 채우기-노랑).

○ 임의의 셀에 결재란을 작성하여 그림으로 복사 기능을 이용하여 붙이기 하시오(단, 원본 삭제).

○ 「B4:J4, G14, I14」 영역은 '주황'으로 채우기 하시오.

○ 유효성 검사를 이용하여 「H14」 셀에 동호회명(「C5:C12」 영역)이 선택 표시되도록 하시오.

○ 셀 서식 ⇒ 「G5:G12」 영역에 셀 서식을 이용하여 숫자 뒤에 '명'을 표시하시오(예 : 18명).

○ 「G5:G12」 영역에 대해 '참여인원'으로 이름 정의를 하시오.

☞ (1)~(6) 셀은 반드시 **주어진 함수를 이용**하여 값을 구하시오(결과값을 직접 입력하면 해당 셀은 0점 처리됨).

(1) 국가 ⇒ 동호회코드의 첫 번째 글자가 J이면 '일본', C이면 '중국', 그 외에는 '한국'으로 구하시오(IF, LEFT 함수).

(2) 출발요일 ⇒ 출발일자의 요일을 예와 같이 구하시오(CHOOSE, WEEKDAY 함수)(예 : 월요일).

(3) 목공 동호회 참여인원 합계 ⇒ 정의된 이름(참여인원)을 이용하여 구하시오(SUMIF 함수).

(4) 독서 동호회의 개수 ⇒ 결과값에 '개'를 붙이시오(COUNTIF 함수, & 연산자)(예 : 1개).

(5) 최대 1인당 소요경비 ⇒ (MAX 함수)

(6) 여행지 ⇒ 「H14」 셀에서 선택한 동호회명에 대한 여행지를 구하시오(VLOOKUP 함수).

(7) 조건부 서식의 수식을 이용하여 참여인원이 '30' 이상인 행 전체에 다음의 서식을 적용하시오 (글꼴 : 파랑, 굵게).

제2작업 목표값 찾기 및 필터 (80점)

☞ **"제1작업"** 시트의 「B4:H12」 영역을 복사하여 **"제2작업"** 시트의 「B2」 셀부터 모두 붙여넣기를 한 후 다음의 조건과 같이 작업하시오.

≪조건≫

(1) 목표값 찾기 – 「B11:G11」 셀을 병합하고 가운데 맞춤한 후 "독서 동호회 참여인원 평균"을 입력하고, 「H11」 셀에 독서 동호회 참여인원 평균을 구하시오. 단, 조건은 입력 데이터를 이용하시오 (DAVERAGE 함수, 테두리).

– '독서 동호회 참여인원 평균'이 '26'이 되려면 북유럽의 참여인원이 얼마가 되어야 하는지 목표값을 구하시오.

(2) 고급 필터 – 구분이 '독서'가 아니면서 1인당 소요경비가 '600,000' 이상인 자료의 동호회명, 출발일자, 참여인원, 1인당 소요경비 데이터만 추출하시오.

– 조건 범위 : 「B14」 셀부터 입력하시오.

– 복사 위치 : 「B18」 셀부터 나타나도록 하시오.

제3작업 정렬 및 부분합 (80점)

☞ **"제1작업"** 시트의 「B4:H12」 영역을 복사하여 **"제3작업"** 시트의 「B2」 셀부터 모두 붙여넣기를 한 후 다음의 조건과 같이 작업하시오.

≪조건≫

(1) 부분합 – ≪출력형태≫처럼 정렬하고, 동호회명의 개수와 참여인원의 평균을 구하시오.

(2) 개요 – 지우시오.

(3) 나머지 사항은 ≪출력형태≫에 맞게 작성하시오.

≪출력형태≫

	A	B	C	D	E	F	G	H	I
1									
2		동호회코드	동호회명	여행지	구분	출발일자	참여인원	1인당 소요경비	
3		C-004S	우드아이	청도	목공	2023-12-28	27명	823,000	
4		J-002M	뚝딱이	요코하마	목공	2023-12-09	26명	516,000	
5		C-003P	제페토	상하이	목공	2023-11-15	18명	610,000	
6		J-005P	행복나무	가와사키	목공	2023-12-19	27명	689,000	
7					**목공 평균**		25명		
8			4		**목공 개수**				
9		C-001S	북유럽	북경	독서	2023-11-23	18명	637,000	
10		K-002S	한글벗	성산	독서	2023-12-25	32명	275,500	
11					**독서 평균**		25명		
12			2		**독서 개수**				
13		K-003M	퀼트나무	마라도	공예	2023-12-09	21명	310,000	
14		K-001M	뜨개사랑	우도	공예	2023-11-17	36명	335,500	
15					**공예 평균**		29명		
16			2		**공예 개수**				
17					**전체 평균**		26명		
18			8		**전체 개수**				
19									

제4작업 그래프 (100점)

☞ **"제1작업"** 시트를 이용하여 조건에 따라 《출력형태》와 같이 작업하시오.

≪조건≫

(1) 차트 종류 ⇒ 〈묶은 세로 막대형〉으로 작업하시오.

(2) 데이터 범위 ⇒ "제1작업" 시트의 내용을 이용하여 작업하시오.

(3) 위치 ⇒ "새 시트"로 이동하고, "제4작업"으로 시트 이름을 바꾸시오.

(4) 차트 디자인 도구 ⇒ 레이아웃 3, 스타일 1을 선택하여 《출력형태》에 맞게 작업하시오.

(5) 영역 서식 ⇒ 차트 : 글꼴(굴림, 11pt), 채우기 효과(질감–분홍 박엽지)

그림 : 채우기(흰색, 배경1)

(6) 제목 서식 ⇒ 차트 제목 : 글꼴(굴림, 굵게, 20pt), 채우기(흰색, 배경1), 테두리

(7) 서식 ⇒ 참여인원 계열의 차트 종류를 〈표식이 있는 꺾은선형〉으로 변경한 후 보조 축으로 지정하시오.

계열 : ≪출력형태≫를 참조하여 표식(네모, 크기 10)과 레이블 값을 표시하시오.

눈금선 : 선 스타일–파선

축 : ≪출력형태≫를 참조하시오.

(8) 범례 ⇒ 범례명을 변경하고 ≪출력형태≫를 참조하시오.

(9) 도형 ⇒ '말풍선: 모서리가 둥근 사각형 설명선'을 삽입한 후 ≪출력형태≫와 같이 내용을 입력하시오.

(10) 나머지 사항은 ≪출력형태≫에 맞게 작성하시오.

≪출력형태≫

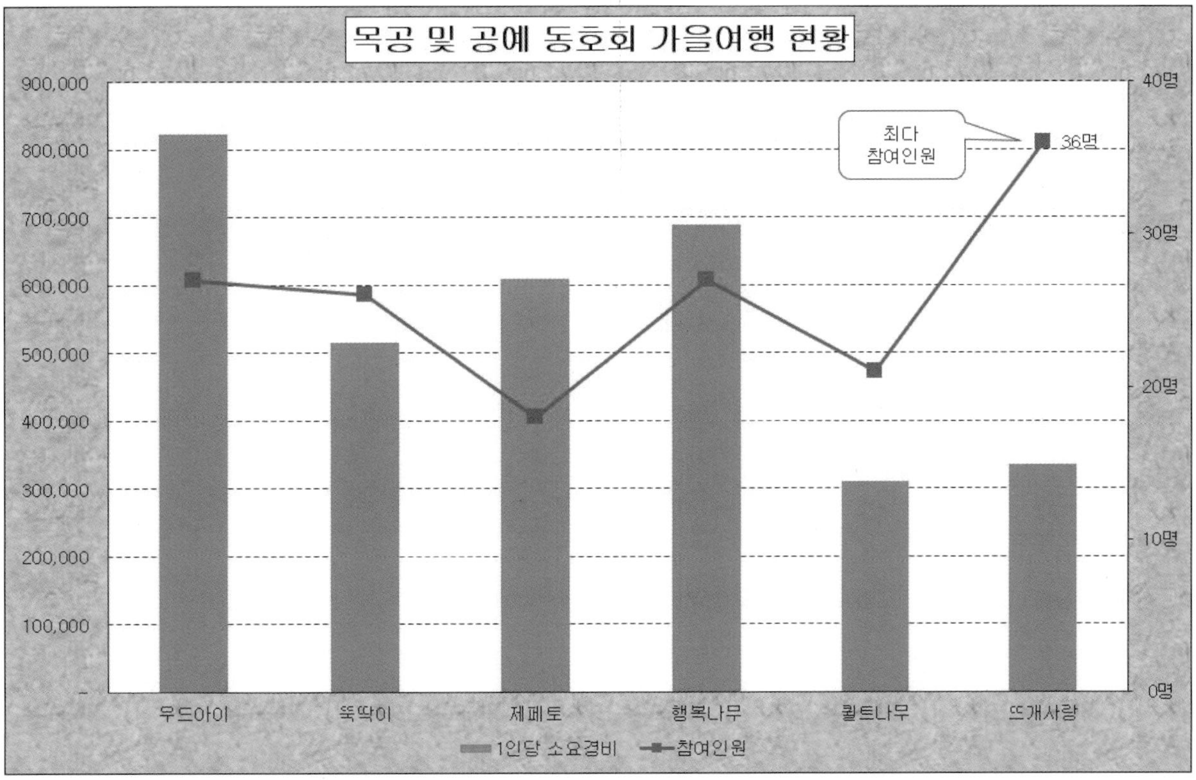

주의 ☞ 시트명 순서가 차례대로 "제1작업", "제2작업", "제3작업", "제4작업"이 되도록 할 것

제 10 회 최신기출유형

MS 오피스

과목	코드	문제유형	시험시간	수험번호	성명
한글엑셀	1122	B	60분		

수험자 유의사항

- 수험자는 문제지를 받는 즉시 문제지와 **수험표상의 시험과목(프로그램)이 동일한지 반드시 확인**하여야 합니다.
- 파일명은 본인의 "수험번호-성명"으로 입력하여 답안폴더(내 PC₩문서₩ITQ)에 하나의 파일로 저장해야 하며, 답안문서 파일명이 "수험번호-성명"과 일치하지 않거나, 답안파일을 전송하지 않아 미제출로 처리될 경우 실격 처리합니다(예:12345678-홍길동.xlsx).
- 답안 작성을 마치면 파일을 저장하고, '답안 전송' 버튼을 선택하여 감독위원 PC로 답안을 전송하십시오. 수험생 정보와 저장한 파일명이 다를 경우 전송되지 않으므로 주의하시기 바랍니다.
- 답안 작성 중에도 **주기적으로 저장하고, '답안 전송'**하여야 문제 발생을 줄일 수 있습니다. 작업한 내용을 저장하지 않고 전송할 경우 이전에 저장된 내용이 전송되오니 이점 유의하시기 바랍니다.
- 답안문서는 지정된 경로 외의 다른 보조기억장치에 저장하는 경우, 지정된 시험 시간 외에 작성된 파일을 활용할 경우, 기타 통신수단(이메일, 메신저, 네트워크 등)을 이용하여 타인에게 전달 또는 외부 반출하는 경우는 부정 처리합니다.
- 시험 중 부주의 또는 고의로 시스템을 파손한 경우는 수험자가 변상해야 하며, 〈수험자 유의사항〉에 기재된 방법대로 이행하지 않아 생기는 불이익은 수험생 당사자의 책임임을 알려 드립니다.
- 문제의 조건은 MS오피스 2021 버전으로 설정되어 있으니 유의하시기 바랍니다.
- 시험을 완료한 수험자는 답안파일이 전송되었는지 확인한 후 감독위원의 지시에 따라 문제지를 제출하고 퇴실합니다.

답안 작성요령

- 온라인 답안 작성 절차
  수험자 등록 ➡ 시험 시작 ➡ 답안파일 저장 ➡ 답안 전송 ➡ 시험 종료
- 문제는 총 4단계, 즉 제1작업부터 제4작업까지 구성되어 있으며 반드시 제1작업부터 순서대로 작성하고 조건대로 작업하시오.
- 모든 작업시트의 A열은 열 너비 '1'로, 나머지 열은 적당하게 조절하시오.
- 모든 작업시트의 테두리는 ≪출력형태≫와 같이 작업하시오.
- 해당 작업란에서는 각각 제시된 조건에 따라 ≪출력형태≫와 같이 작업하시오.
- 답안 시트 이름은 "제1작업", "제2작업", "제3작업", "제4작업"이어야 하며 답안 시트 이외의 것은 감점 처리됩니다.
- 각 시트를 파일로 나누어 작업해서 저장할 경우 실격 처리됩니다.

kpc 한국생산성본부

제1작업 표 서식 작성 및 값 계산 (240점)

☞ 다음은 '상반기 주말근무 현황'에 대한 자료이다. 자료를 입력하고 조건에 맞도록 작업하시오.

≪출력형태≫

상반기 주말근무 현황

결재	담당	대리	팀장

사원코드	사원명	부서	나이	근무일	근무시간	근무수당 (단위:원)	근무월	근무요일
BU7-31	최서준	홍보	26	2023-04-08	6	52,000	(1)	(2)
CY2-22	전영희	마케팅	35	2023-05-07	7	45,000	(1)	(2)
CA2-22	문지영	마케팅	29	2023-06-18	8	72,500	(1)	(2)
BE2-11	권현호	홍보	43	2023-01-28	9	77,000	(1)	(2)
CL3-51	기현석	기획	45	2023-03-11	5	54,500	(1)	(2)
MY9-31	김현승	기획	50	2023-06-10	4	51,000	(1)	(2)
PR5-22	정현숙	마케팅	43	2023-05-28	6	45,000	(1)	(2)
SR6-22	이은주	홍보	44	2023-04-15	6	63,500	(1)	(2)
최대 근무시간			(3)		마케팅부서 사원 수			(5)
홍보부서 근무수당(단위:원) 평균			(4)		사원명	최서준	근무수당 (단위:원)	(6)

≪조건≫

○ 모든 데이터의 서식에는 글꼴(굴림, 11pt), 정렬은 숫자 및 회계 서식은 오른쪽 정렬, 나머지 서식은 가운데 정렬로 작성하며 예외적인 것은 ≪출력형태≫를 참조하시오.

○ 제목 ⇒ 도형(십자형)과 그림자(오프셋: 오른쪽 위)를 이용하여 작성하고 "상반기 주말근무 현황"을 입력한 후 다음 서식을 적용하시오(글꼴–굴림, 24pt, 검정, 굵게, 채우기–노랑).

○ 임의의 셀에 결재란을 작성하여 그림으로 복사 기능을 이용하여 붙이기 하시오(단, 원본 삭제).

○ 「B4:J4, G14, I14」 영역은 '주황'으로 채우기 하시오.

○ 유효성 검사를 이용하여 「H14」 셀에 사원명(「C5:C12」 영역)이 선택 표시되도록 하시오.

○ 셀 서식 ⇒ 「G5:G12」 영역에 셀 서식을 이용하여 숫자 뒤에 '시간'을 표시하시오(예 : 6시간).

○ 「D5:D12」 영역에 대해 '부서'로 이름 정의를 하시오.

☞ (1)~(6) 셀은 반드시 <u>**주어진 함수를 이용**</u>하여 값을 구하시오(결과값을 직접 입력하면 해당 셀은 0점 처리됨).

(1) 근무월 ⇒ 근무일의 월을 추출하여 '월'을 붙이시오(MONTH 함수, & 연산자)(예 : 1월).

(2) 근무요일 ⇒ 근무일의 요일을 구하시오(CHOOSE, WEEKDAY 함수)(예 : 월요일).

(3) 최대 근무시간 ⇒ (MAX 함수)

(4) 홍보부서 근무수당(단위:원) 평균 ⇒ 올림하여 천원 단위까지 구하시오. 단, 조건은 입력 데이터를 이용하시오 (ROUNDUP, DAVERAGE 함수)(예 : 12,345.6 → 13,000).

(5) 마케팅부서 사원 수 ⇒ 정의된 이름(부서)을 이용하여 구하시오(COUNTIF 함수).

(6) 근무수당(단위:원) ⇒ 「H14」 셀에서 선택한 사원명의 근무수당(단위:원)을 구하시오(VLOOKUP 함수).

(7) 조건부 서식의 수식을 이용하여 근무수당(단위:원)이 '50,000' 이하인 행 전체에 다음의 서식을 적용하시오 (글꼴 : 파랑, 굵게).

제2작업 필터 및 서식 (80점)

☞ **"제1작업"** 시트의 「**B4:H12**」 영역을 복사하여 **"제2작업"** 시트의 「B2」 셀부터 모두 붙여넣기를 한 후 다음의 조건과 같이 작업하시오.

≪조건≫

(1) 고급 필터 – 부서가 '기획'이거나 근무일이 '2023-03-31' 이전인(해당일 포함) 자료의 사원코드, 사원명, 근무시간, 근무수당(단위:원) 데이터만 추출하시오.
- 조건 범위 : 「B13」 셀부터 입력하시오.
- 복사 위치 : 「B18」 셀부터 나타나도록 하시오.

(2) 표 서식 – 고급 필터의 결과셀을 채우기 없음으로 설정한 후 '표 스타일 보통 4'의 서식을 적용하시오.
- 머리글 행, 줄무늬 행을 적용하시오.

제3작업 피벗 테이블 (80점)

☞ **"제1작업"** 시트를 이용하여 **"제3작업"** 시트에 조건에 따라 《출력형태》와 같이 작업하시오.

≪조건≫

(1) 근무수당(단위:원) 및 부서별 사원명의 개수와 근무시간의 평균을 구하시오.
(2) 근무수당(단위:원)을 그룹화하고, 부서를 ≪출력형태≫와 같이 정렬하시오.
(3) 레이블이 있는 셀 병합 및 가운데 맞춤 적용과 빈 셀은 '***'로 표시하시오.
(4) 행의 총합계는 지우고, 나머지 사항은 ≪출력형태≫에 맞게 작성하시오.

≪출력형태≫

	A	B	C	D	E	F	G	H
1								
2			부서					
3			홍보		마케팅		기획	
4		근무수당(단위:원)	개수 : 사원명	평균 : 근무시간	개수 : 사원명	평균 : 근무시간	개수 : 사원명	평균 : 근무시간
5		25001-50000	***	***	2	7	***	***
6		50001-75000	2	6	1	8	2	5
7		75001-100000	1	9	***	***	***	***
8		총합계	3	7	3	7	2	5
9								

제4작업 그래프 (100점)

☞ **"제1작업"** 시트를 이용하여 조건에 따라 《출력형태》와 같이 작업하시오.

≪조건≫

(1) 차트 종류 ⇒ 〈묶은 세로 막대형〉으로 작업하시오.

(2) 데이터 범위 ⇒ "제1작업" 시트의 내용을 이용하여 작업하시오.

(3) 위치 ⇒ "새 시트"로 이동하고, "제4작업"으로 시트 이름을 바꾸시오.

(4) 차트 디자인 도구 ⇒ 레이아웃 3, 스타일 1을 선택하여 《출력형태》에 맞게 작업하시오.

(5) 영역 서식 ⇒ 차트 : 글꼴(굴림, 11pt), 채우기 효과(질감-파랑 박엽지)
그림 : 채우기(흰색, 배경1)

(6) 제목 서식 ⇒ 차트 제목 : 글꼴(굴림, 굵게, 20pt), 채우기(흰색, 배경1), 테두리

(7) 서식 ⇒ 근무수당(단위:원) 계열의 차트 종류를 〈표식이 있는 꺾은선형〉으로 변경한 후 보조 축으로 지정하시오.
계열 : ≪출력형태≫를 참조하여 표식(세모, 크기 10)과 레이블 값을 표시하시오.
눈금선 : 선 스타일-파선
축 : ≪출력형태≫를 참조하시오.

(8) 범례 ⇒ 범례명을 변경하고 ≪출력형태≫를 참조하시오.

(9) 도형 ⇒ '말풍선: 모서리가 둥근 사각형 설명선'을 삽입한 후 ≪출력형태≫와 같이 내용을 입력하시오.

(10) 나머지 사항은 ≪출력형태≫에 맞게 작성하시오.

≪출력형태≫

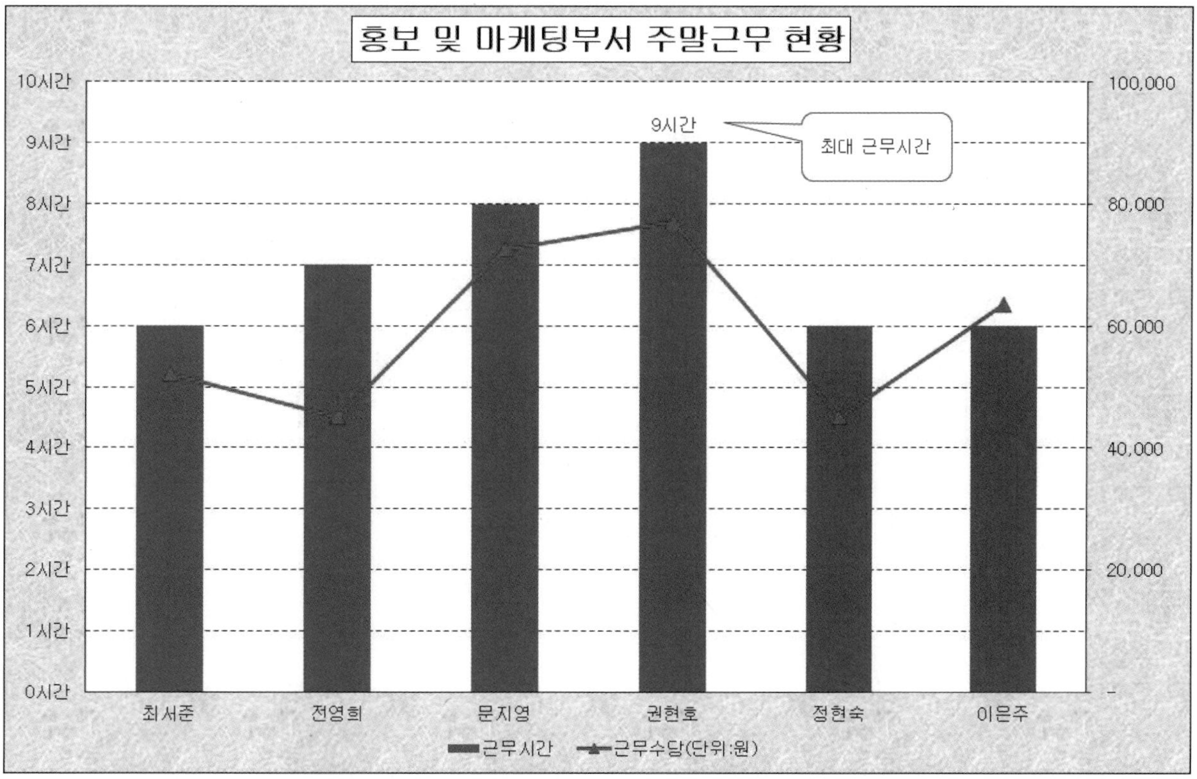

주의 ☞ 시트명 순서가 차례대로 "제1작업", "제2작업", "제3작업", "제4작업"이 되도록 할 것

memo